本书由江苏省优势学科建设经费资助出版

姑苏语林何其芳

——纪念苏州市语言学会成立30周年

王建军　高　群　李建邡　主编

苏州大学出版社

图书在版编目(CIP)数据

姑苏语林何其芳:纪念苏州市语言学会成立30周年/王建军,高群,李建邡主编. —苏州:苏州大学出版社,2021.7
ISBN 978-7-5672-3582-3

Ⅰ.①姑… Ⅱ.①王… ②高… ③李… Ⅲ.①汉语-语言学-文集 Ⅳ.①H1-53

中国版本图书馆 CIP 数据核字(2021)第 100819 号

| 书　　名：姑苏语林何其芳——纪念苏州市语言学会成立30周年 |
| 主　　编：王建军　高　群　李建邡 |
| 责任编辑：周建国 |
| 装帧设计：吴　钰 |
| 出版发行：苏州大学出版社(Soochow University Press) |
| 出 版 人：盛惠良 |
| 社　　址：苏州市十梓街1号　邮编：215006 |
| 印　　刷：苏州工业园区美柯乐制版印务有限责任公司 |
| 网　　址：www.sudapress.com |
| 邮　　箱：sdcbs@suda.edu.cn |
| 邮购热线：0512-67480030 |
| 开　　本：787mm×1 092mm　1/16　印张：23.25　字数：509千 |
| 版　　次：2021年7月第1版 |
| 印　　次：2021年7月第1次印刷 |
| 书　　号：ISBN 978-7-5672-3582-3 |
| 定　　价：98.00元 |

凡购本社图书发现印装错误,请与本社联系调换。
服务热线：0512-67481020

序 言

日本熊本学园大学　石汝杰

光阴荏苒,当年苏州市语言学会成立时的艰难、复杂的过程还历历在目,转瞬间30年过去了。回首往事,令人感慨万千。

20世纪80年代中后期,在改革开放的大背景下,江苏省各地的语言学会先后成立。到1991年,作为苏州市语言学界的重镇,苏州大学中文系的几位前辈学者怀着紧迫的历史使命感,和苏州铁道师院、苏州教育学院等院校的老师协商,共同努力,终于筹备组织了苏州历史上第一个语言学会。学会的成立,不仅在语言研究和语言教育(包括语文教学)方面,为苏州大市的语言研究者和语文教育工作者创造了一个交流学术心得与研究成果的空间,同时也标志着江苏省语言学界一支劲旅的横空出世。

在纪念这一重大日子的时候,我们首先要缅怀故去的王迈教授、唐文教授、骆伟里教授等前辈;其次要特别感谢筚路蓝缕创立学会,并为学会的正常运行和健康成长做出巨大贡献的初任会长翁寿元教授、章锡良教授;还要感谢继任的各届会长、副会长、秘书长和众多理事,他们尽管年龄不同、单位不同,但人人志同道合,最终凝聚成为一个团结友爱、积极向上的中心。正是依靠大家的齐心协力和共同奋斗,苏州市语言学会才能长期保持青春活力,才能不断促进苏州市语言研究的发展,才能帮助一代代的青年学者和教育工作者茁壮成长。

苏州,是一个古老的城市,从先秦时代就成为吴地的中心,在政治、经济、文化等方面,都有重大的影响。苏州自古就有悠久的学术传统,单是在语言学、语文学等方面,就出了很多著名学者。这里参考南京大学鲁国尧教授(1996)在介绍江苏语言学家时所列举的名单,来回顾一下历史。

早在南北朝时,苏州就出现了两位语言学家:《玉篇》的作者顾野王、《经典释文》的作者陆德明。明清之际的学人则有昆山人顾炎武(1613—1682),其大作《音学五书》开启了新一代的音韵学。清代"《说文》四大家",有两位是江苏人:一位是《说文解字注》的作者金坛人段玉裁(1735—1815),另一位则是《说文通训定声》的作者苏州人朱骏声(1788—1858)。

清末民初,声名赫赫的语言学家则有吴县(今苏州)人汪荣宝(1878—1933),他的《歌戈鱼虞模古读考》《音译梵书与中国古音》开辟了古音研究的新途径。当时汉字改革的风云人物朱文熊(1883—1961)则是昆山人,著有《江苏新字母》,"普通话"一词最早出于此书。

现当代同样有很多苏州出身的大名鼎鼎的学者,不妨罗列如下:郭绍虞(1893—1986),苏州人,著名的中国文学批评史专家,"文化大革命"结束后不久即出版了《汉语语法修辞新探》(上下册);叶圣陶(1894—1988),苏州人,著名的小说家、散文家和语文教育家,著有《文章例话》《文心》,编有《开明国语课本》等;袁家骅(1903—1980),沙洲县(今张家港市)人,在汉藏语和汉语方言学方面都有高度成就,他主编的《汉语方言概要》是汉语方言学的经典著作;叶籁士(1911—1994),吴县人,青年时代即投身于拉丁化新文字运动,后来成为文字改革工作委员会的实际主持人;朱德熙(1920—1992),苏州人,以汉语语法研究和古文字研究著称。

还有几位外地出身的著名学者,也与苏州有着深厚的渊源。被誉为晚清学界宗师的俞樾(1821—1907),浙江德清人,罢官后移居苏州,潜心学术达40余载;朴学大师章太炎(1869—1936),浙江余杭人,多次在苏州讲学,并于晚年定居苏州;中国语文现代化的奠基人周有光(1906—2017),常州人,1955年开始专职从事语言文字现代化的研究,曾参加拟订《汉语拼音方案》,其人生道路与苏州有难分难解的关系。

当然,这个名单,还能列得更多、更长。至于当下,活跃在国内外语言学界的苏州籍学者更是举不胜举,其中成绩卓著、影响巨大者不在少数。

可以说,苏州这样一个人杰地灵的地方,不但有值得骄傲的语言学传统,更有成绩斐然的前辈和时贤。我相信,在这样天时地利人和的环境下,在各位会员的共同努力下,未来的苏州市语言学会一定会更兴旺,一定会取得更大的成绩。这既是我的热切期盼,也是我的美好祝愿。

参考文献

1. 中国语言学会《中国现代语言学家传略》编写组. 中国现代语言学家传略(1—4卷)[M]. 石家庄:河北教育出版社,2004.
2. 鲁国尧. 话说江苏语言学家[J].(南京师范大学)文教资料,1996(4);又载:鲁国尧. 鲁国尧语言学论文集[M]. 南京:江苏教育出版社,2003:629-640.

目录

历史回眸（图片集）

苏州市社科联关于同意成立苏州市语言学会的批复 ……………………………… (3)
苏州市民政局关于准予"苏州市语言学会"登记的批复（一） ………………… (4)
苏州市民政局关于准予"苏州市语言学会"登记的批复（二） ………………… (5)
苏州市语言学会在交通银行的开户申请书 ………………………………………… (6)
苏州市语言学会成立大会暨第一届学术讨论会合影 ……………………………… (7)
苏州市语言学会会员登记表 ………………………………………………………… (8)
苏州市语言学会小学语言教育研究会成立大会合影 ……………………………… (9)
苏州市语言学会2003年年会暨会员代表大会合影 ………………………………… (9)
苏州市语言学会幼儿语言教育研究会成立大会暨首届教育研讨会合影 ………… (10)
苏州市语言学会2010年年会合影 …………………………………………………… (10)
苏州市语言学会2013年年会合影 …………………………………………………… (11)
苏州市语言学会2019年年会合影 …………………………………………………… (11)
苏州市语言学会2019年年会会场 …………………………………………………… (12)
苏州市语言学会活动剪影（一） …………………………………………………… (12)
苏州市语言学会活动剪影（二） …………………………………………………… (12)
苏州市语言学会活动剪影（三） …………………………………………………… (12)
苏州市语言学会活动剪影（四） …………………………………………………… (12)
苏州市语言学会活动剪影（五） …………………………………………………… (12)
苏州市语言学会活动剪影（六） …………………………………………………… (12)

往事述怀

苏州市语言学会成立初期那些事儿——翁寿元先生访谈录 ……… 柯爱凤 刘双双(15)
苏州市语言学会的成立与初期工作——章锡良先生的回忆 ………………… 黄婷萍(19)

携手同行30载　姑苏盛开语言花——苏州市语言学会成立30周年有感 ……………………………………………… 朱明珠(20)
学术研究活动的温馨之家——祝贺苏州市语言学会成立30周年 ……… 徐俊良(22)
庆祝苏州市语言学会30周年随感 ………………………………………… 杜敏华(24)
赤子之心——琐忆王迈老师 ……………………………………………… 张长霖(25)
略谈骆伟里副会长的学术活动与学术贡献 ……………………………… 王海男(27)

学科认知

我的语文教学认知——兼论"走心语文" …………………………………… 周永沛(33)
"互联网+"离语文教学还有多远 …………………………………………… 傅嘉德(40)
略论幼儿教学的跨界问题 ………………………………………………… 王玲玲(45)
语文核心素养之间的共生关系 …………………………………………… 黄厚江(49)
《月迹》有禅意 ……………………………………………………………… 蒋祖霞(58)
适时适度:教学的自然之道 ………………………………………………… 钱建江(63)
此时无声胜有声——谈语文阅读教学中的"留白"教学法 ……………… 封　华(68)
言语品质:语文教学的价值指向 …………………………………………… 王晓奕(73)
论初中文言诗文对写作资源开发与运用的价值 ……………… 张明明　王家伦(79)
少一点浮夸　多一点朴素 ………………………………………………… 李耀辉(84)
语文很小　语文也很大 …………………………………………………… 孙　艳(88)
虚中有实意——聚焦言语思维　品析虚词之美 ………………………… 宋静娴(91)
聚焦"教学做"　聚焦"教学生长点"——"教、学、做合一"思想在议论文阅读
　教学中的运用 …………………………………………………………… 王敏芳(97)
为思维力生长而教　让学习真正发生 …………………………………… 俞　佼(101)
生命的醇熟:美因悲存在　悲让美升华——《故都的秋》备课札记 …… 桑　苗(106)
思维导图在培养中学生写作素养中的应用性研究 ……………………… 吴　琴(111)
知今宜鉴古　无古不成今——从古代蒙学教育中汲取营养训练作文的思考
　…………………………………………………………………………… 严　青(116)

教学集锦

论"语言的建构与运用"在作文教学中的落实 ………………… 王家伦　张长霖(125)
活动体验是语文教学实施的有效路径 …………………………………… 李建邡(131)
组块教学:指向言语智能发展 ……………………………………………… 薛法根(135)
《红楼梦》专题式阅读的基本策略 ………………………………………… 孙晋诺(141)
必须"较真"的语文阅读教学内容 ………………………………………… 仲捷敏(148)

中考语文非连续文本的考查特点和趋向 ………………………………… 赵祎侍(153)
小议语文阅读教学中的问题设置——以林清玄的《木鱼馄饨》的教学为例
　……………………………………………………………………………… 潘　珍(158)
借群文阅读了解柳宗元——以部编版教材八年级下册《小石潭记》的教学为例
　……………………………………………………………………………… 平兰芳(163)
"教学合一"助力初中语文课堂教学实践研究 ……………………………… 黄　贝(166)
将线形教学转变为块状教学——薛法根组块教学基本原理述评 ……… 沈正元(170)
"三问"：语文教学高效起来的应然之道——以归有光《项脊轩志》教学为例
　……………………………………………………………………………… 庞培刚(176)
腾挪跌宕　曲径通幽——让"故事"在记叙文中"拔节" ………………… 张来群(181)
部编版初中语文教学中插图的运用路径探赜 …………………………… 潘淑婉(186)
另类的边塞佳构——王维边塞诗的美学探析 …………………………… 宁建英(190)
"三微"：初中作文教学的有效途径 ………………………………………… 刘　明(193)
中职作文教学要让学生有话可说 ………………………………………… 丁　松(197)
增强衔接意识　指导学生写好记叙文探赜 ……………………………… 叶　婷(201)
优化初中语文微课教学点设计　促进学生深度学习——以《我爱这土地》
　《乡愁》《你是人间的四月天》为例 ……………………………………… 汪　澄(203)
文化视角下整本书阅读的内容选择与教学策略 ………………………… 沈舒静(207)
古诗词情境教学的基本策略 ……………………………………………… 万凌霄(212)
论语文知识教学的有效实施 ……………………………………………… 黄婷萍(217)
从学习有效性的三个指标例谈语文有效教学 …………………………… 周旬月(221)
"浅文深教"有效教学方法探究 …………………………………………… 曹志红(226)
单元整合教学设计的三种形态 …………………………………………… 许云彤(230)
课前三分钟演讲内容对语文阅读教学的影响研究 ……………………… 方志诚(235)
带着问号出发——谈语文教学中对学生质疑能力的培养 ……………… 魏月琴(239)
问出趣味　问出精彩——初中语文课堂问答模式改革激活语文课堂 … 陆竹婷(242)
陶行知生活教育理论的实践与探究 ……………………………………… 钱玉兰(245)
初中语文生活化阅读教学探究 …………………………………………… 耿丽霞(249)

语海探珠

略论黄季刚先生的小学研究观——重读《文字声韵训诂笔记》有感 … 王建军(257)
从地方志看明清时代的苏州方言 ………………………………………… 石汝杰(263)
苏州方言俗语选 …………………………………………………………… 汪　平(273)
《海上花列传》中的"苏白"研究 …………………………………………… 高　群(282)
为动·因动·把动——古汉语特殊动宾关系探骊 ……………………… 周永沛(286)

近代汉语选择复句的语用分析 ················· 戚　悦(293)
先秦两汉时期经解类典籍中所反映的语气观 ········· 袁　也(300)
汉语夸张性量词修辞特点探析 ················· 刘双双(312)
现代汉语意愿类情态动词的对比研究 ············· 柯爱凤(319)
豫剧电影《花枪缘》字幕中的异体字 ············· 李子晗(328)
古代汉语课程网络教学新尝试 ················· 齐圣轩(335)
初级汉语水平留学生领有义"有"字句的教学探究 ····· 郭博菡(339)
情境式教学法下的对外汉语词汇教学线上与线下教学活动设计
　　　　·················· 杨　漾　李亚宁(347)

附录 ······························ (357)
后记 ·························· 王建军(360)

历史回眸

苏州市哲学社会科学联合会（　　）

苏社科字〔1991〕第6号

关于同意成立苏州市语言学会的批复

苏州市语言学会筹备组：

1990年5月10日报告悉。

经研究，同意成立苏州市语言学会，并作为苏州市哲学社会科学联合会的团体成员会员。

此复。

苏州市哲学社会科学联合会
一九九一年四月十日

抄送：苏州市民政局、苏州大学中文系，

分发：市社科联主席、副主席，存档。 【共印15份】

图1-1　苏州市社科联关于同意成立苏州市语言学会的批复

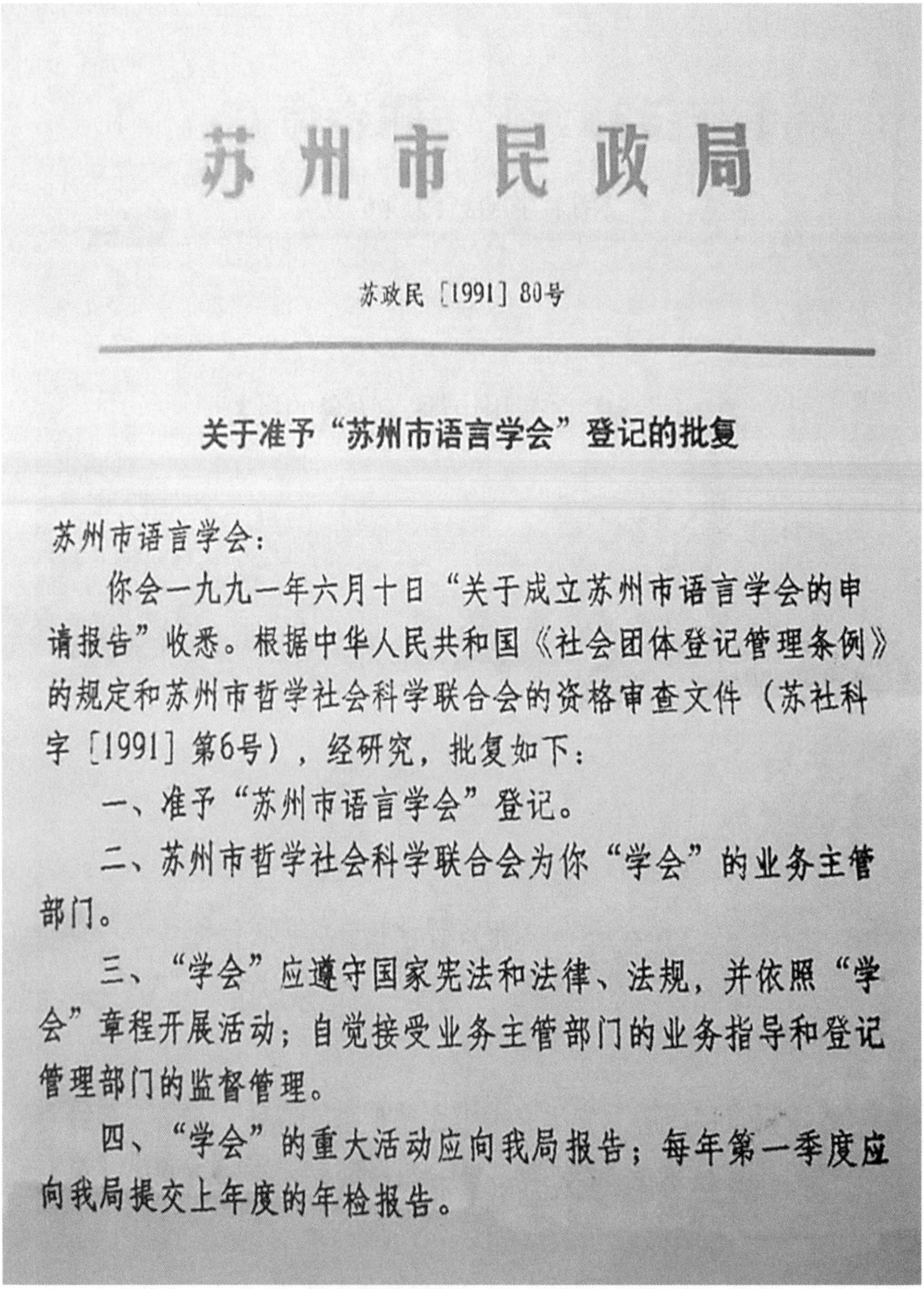

苏州市民政局

苏政民〔1991〕80号

关于准予"苏州市语言学会"登记的批复

苏州市语言学会：

你会一九九一年六月十日"关于成立苏州市语言学会的申请报告"收悉。根据中华人民共和国《社会团体登记管理条例》的规定和苏州市哲学社会科学联合会的资格审查文件（苏社科字〔1991〕第6号），经研究，批复如下：

一、准予"苏州市语言学会"登记。

二、苏州市哲学社会科学联合会为你"学会"的业务主管部门。

三、"学会"应遵守国家宪法和法律、法规，并依照"学会"章程开展活动；自觉接受业务主管部门的业务指导和登记管理部门的监督管理。

四、"学会"的重大活动应向我局报告；每年第一季度应向我局提交上年度的年检报告。

图1-2　苏州市民政局关于准予"苏州市语言学会"登记的批复（一）

五、"学会"如变更名称、负责人、地址等应在变更后十日内向我局办理变更登记手续。

此复。

苏州市民政局
一九九一年六月十七日

主题词：社团　登记　批复
报：市委办公室、市政府办公室、市委政法委员会
抄送：市委宣传部、市社科联、市公安局、市政府法制局

图1-3　苏州市民政局关于准予"苏州市语言学会"登记的批复（二）

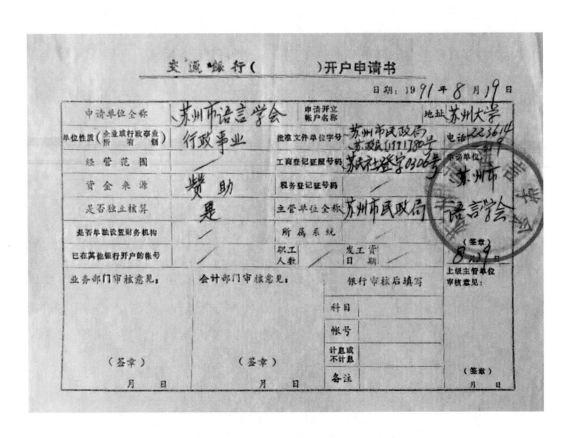

图 1-4 苏州市语言学会在交通银行的开户申请书

图 1-5　苏州市语言学会成立大会暨第一届学术讨论会合影

表 1-1 苏州市语言学会会员登记表

姓　　名		出生年月		党　派		照　片 （电子版）
家庭地址				邮编		
单位名称				邮编		
电话（1）		电话（2）		电子邮箱		
主要学术成果及得奖情况						
理事会意见						
备　注						

图 1-6　苏州市语言学会小学语言教育研究会成立大会合影

图 1-7　苏州市语言学会 2003 年年会暨会员代表大会合影

图 1-8　苏州市语言学会幼儿语言教育研究会成立大会暨首届教育研讨会合影

图 1-9　苏州市语言学会 2010 年年会合影

图 1-10　苏州市语言学会 2013 年年会合影

图 1-11　苏州市语言学会 2019 年年会合影

图 1-12　苏州市语言学会 2019 年年会会场

图 1-13　苏州市语言学会活动剪影（一）

图 1-14　苏州市语言学会活动剪影（二）

图 1-15　苏州市语言学会活动剪影（三）

图 1-16　苏州市语言学会活动剪影（四）

图 1-17　苏州市语言学会活动剪影（五）

图 1-18　苏州市语言学会活动剪影（六）

往事述怀

苏州市语言学会成立初期那些事儿
——翁寿元先生访谈录

苏州大学文学院　柯爱凤　刘双双

转眼间,苏州市语言学会已经成立了30载。苏州市语言学会是在什么样的大背景下成立的?学会成立的宗旨是什么?成立之初有哪些难事、趣事?为了解开这些疑惑,我们特意走访了苏州市语言学会首任会长、苏州大学文学院退休已逾30年的翁寿元老师。

"时间过得真快,也许是因为生活在盛世年代吧,苏州市语言学会成立已30年了。今年5月我住进了老年公寓,手头没有什么可查的资料。即使家里有,恐怕一时也难以找到。关于成立语言学会的事,我只能就想得起来的说一些。"面对我们探寻的目光,翁老师打开了话匣子。

说起苏州市语言学会,就不得不提它成立前的一些情况。"文化大革命"造成文化学术领域万马齐喑的局面。1976年,党中央粉碎了"江青反革命集团",宣告了"文化大革命"的结束,国内各方面情况开始有了一点起色,但是真正彻底改变的局面还是要在十一届三中全会以后,在实行了拨乱反正、改革开放以后。

据翁老师说,1978年春,中国社科院语言研究所暨所属《中国语文》杂志社和中国文改会所属某部门几乎同一时间分别在苏州召开了会议。翁老师认为,这是很好的学习机会,两次会议他都去了。他至今还清楚地记得语言研究所召开的会议地点是在当时的苏州地区招待所(今临顿路隔河的一条巷子里),那里的住宿和供应条件都是当时比较好的。参加会议的人员里,有很多著名的专家学者。所谈的内容除了述说过去的一些事情外,主要是展望未来、表达愿望。会议期间,翁老师觉得应借此机会请一些专家学者来苏州大学(当时称江苏师范学院)做学术报告,这样不但可以开阔同学们的眼界,也能提高大家对语言学习的认识和兴趣。翁老在提出申请并获准同意后,最终以学校的名义邀请著名语言学家吕叔湘和李荣两位先生来校做学术报告,反响很好。两位先生报告的内容后来专门还刊发于当时的《江苏师范学院学报》(报告摘要见本文附件1—3)。

从那时起,特别是在十一届三中全会以后,国内各项学术交流活动陆续展开并活跃起来,学界也开始重视语言研究与文字改革方面的活动。在这样的浪潮推动下,各省陆续成立了语言学会。20世纪80年代中期,江苏省语言学会在南京成立,翁老师也去参加了成立大会。其后,在某次江苏省语言学会年会上,与会者在交流中提到,有些地级市其他学科门类已开始成立学会,语言学也应该积极跟进,成立语言学会。

会议结束后,翁老师向苏州大学中文系领导做了汇报。系里认为,苏州市成立语言学会应该由苏州大学牵头筹组,并提出由翁老师负责这一工作。翁老师向来低调,不喜欢做抛头露面的事,也不擅做与人打交道的工作。最后实在推辞不了,只能勉为其难。当时《汉语大词典》有一编纂组在苏州大学办公,人员由苏州大学、苏州铁道师院、苏州教育学院、常熟师专等校教师组成。谈起成立语言学会的事,大家都积极支持并愿意促成。于是就由翁老师和章锡良老师牵头,开始苏州市语言学会成立的筹备工作。回想起来,主要做了以下几件事:

1. 去苏州市委宣传部请示和了解成立苏州市语言学会有哪些要求和要办哪些手续;分管这类事项的负责同志做了说明,并表示支持苏州大学开展该学会成立的筹备工作。

2. 与苏州各高校和各县市有关方面及大家熟悉的各中学语文老师联系,并通过他们介绍,接受要求入会的会员。与之同时,积极协商、协调学会成立时的班子成员构成。

3. 筹措学会成立时的必要经费,主要由各高校出一点,各县市的有关单位赞助一点。数额虽然不大,但大家都尽力了。

这些事看起来似乎很简单,办起来有时却很繁琐。如翁老师和章老师就去了苏州市委宣传部好多次才最终办完所有手续,而且都是走着去的。翁老师说到这里,不由得感慨地说,当时苏州市的公交线路还不如现在的地铁线路(包括在建的)多呢。筹建学会的过程中,有时还会遇上一些意想不到的麻烦事要协调、要解决。正因如此,学会筹备工作前后历经了两年时间。

1991年7月,苏州市语言学会成立大会在苏州大学召开,会议地点在原体育馆旁边的老招待所(原校图书馆)。会议决定由翁寿元老师担任学会第一任会长,雷应行、周永沛、倪鼎金等老师担任副会长,章锡良老师担任秘书长,黄岳洲、唐文、王迈三位老师为顾问。会议召开得很顺利,很多会员还带来了论文。

最后,翁老师还谈了几件事。他特别提到,在成立语言学会的宗旨上,苏州市语言学会一直注重形成自己的特点。当时全国的省级语言学会均以学术理论研究为主,而苏州市语言学会的会员中,有很多是富有教学经验的中学语文老师。他们除了进行语言研究外,还会结合语文教学来研究语言,从而提高语文教学水平。学会只有将语言研究与语文教学有机地结合起来,对他们来说才有意义,他们也才有兴趣,这是我们当时的认识。

此外,翁老师还说了学会成立前后的一些事。学会成立前,大家认为成立大会上总得送一件有纪念意义的小礼品。新苏师范学校的张家茂老师主动提出他的一个学生会刻图章,刻工手艺还不错,因此,学会决定用经费买一些玉石刻成印章,给参加大会的人员每人发一个。这枚印章翁老师至今还保存着,并相信一定还有其他老师也保存着。现在想起来,大家真要感谢那位同学!此外,大会开会那天,天公不作美,雨水一直不止,于是大家商量了一下,决定用剩余的经费买一些伞,给每人发一把,让大家免遭雨淋。

学会成立后,经费始终是一个困扰学会正常运转的问题。除了争取赞助外,有老师提出利用我们语文方面的优势,组织力量给人起名字,借此筹措一些经费,但考虑到没有专人负责,最后也只能作罢。再后来有人提出年会在哪里开,就由哪里负责经费开支。当时学会也没有什么专职人员,一切日常工作由章锡良老师负责,他很认真,非常辛苦。

在访谈时,我们也简略地向翁老师汇报了目前苏州市语言学会的进展情况。翁老师认为,学会坚持了 30 年,而且有了很大发展,取得了很大成绩,这是很不容易做到的,难能可贵。他祝苏州市语言学会长存长盛!

时至今日,苏州市语言学会已步入 30 周年。念过往,怀往昔,怎能不令人感慨万千!作为语言学的后辈,我们更应该牢记创业的艰难。在此,我们真诚祝愿学会始终坚持将语言理论研究与语文教学紧密结合的宗旨,在未来继续谱写新篇章、争创新辉煌。

附件 1:

中小学语文教学问题①(摘要)

吕叔湘

今天讲的题目是:中小学语文教学问题。原来不打算讲这个。在和我联系的时候,是希望我讲这个的。我当时开会很忙,没时间准备,就想讲一篇现成稿子。后来在会议中间,有一天,我参加一个小组的讨论,南京师院的叶祥苓同志在发言中谈语文教学这个问题,他谈得很好,受他的启发,我觉得确实现在应该谈这个问题。我自己没有在中学、小学里教语文的经验,因此,谈得不一定中肯。我若讲错了,同志们就狠狠地批,就说"你讲错了,不对"。我一定虚心接受。

附件 2:

吕叔湘同志在同出席二十所高校写作教材协作会议教师座谈时的讲话②(摘要)

吕叔湘

同志们送来的会议纪要和提出的几个问题我已经看到了。我准备分三个问题谈:作

---

① 吕叔湘.中小学语文教学问题[J].苏州大学学报(哲学社会科学版),1978(2).
② 吕叔湘.吕叔湘同志在同出席二十所高校写作教材协作会议教师座谈时的讲话[J].苏州大学学报(哲学社会科学版),1978(2).

文,学作文和教作文。我这里用"作文"而不用"写作"这个说法,为什么?"写作"一般指文学创作这一方面,是作文已没问题了,再提高一步。现在遇到的问题是怎样把文章写好,主要不在于创作("写作"),所以用"作文"两个字来代替。

附件3:

言文一致①(摘要)

李荣

一九七八年四月二十一日,作者在苏州的江苏师范学院跟中文系及其他各系师生讨论《有关语言的几个问题》。发言承师院同志们记录。其中第三节主要是讨论作文的。这里摘取若干段,略加删改,姑且命题为《言文一致》。此前几年,"四人帮"横行,帮八股泛滥成灾。有一段话是斥责"四人帮"控制舆论的,那就是"小报抄大报,大报抄梁效,无论说什么,都是一个调"。

---

① 李荣.言文一致[J].苏州大学学报(哲学社会科学版),1978(2).

苏州市语言学会的成立与初期工作
——章锡良先生的回忆

苏州大学文学院　　黄婷萍

　　时光荏苒。转眼间,苏州市语言学会已经走到了第30个年头。为进一步了解苏州市语言学会的成立与发展历史,更好地纪念学会成立30周年,我们特地走访了学会首任秘书长、第二任会长章锡良先生。

　　在吴中区瑞颐老年公寓,章先生向我们娓娓道来。于是,苏州市语言学会成立的经过与成立之初的足迹就大致展现在我们眼前了。

　　说起苏州市语言学会,最早可以追溯到高校的语言研究和学术交流活动。后来,为了扩大其影响范围,学会开始吸收中小学语文教师和外语教师,以及有关语言文字的工作机构(如报社、电台、电视台等)人员参加。

　　20世纪80年代改革开放之初,江苏省各项学术交流活动开始活跃。当时,热心人士提议成立江苏省语言学会,并在南京师范学院(现南京师范大学)召开成立大会。而江苏师范学院(现苏州大学)中文系翁寿元先生则提出苏州市争取首个成立市级语言学会。但是受各方面条件的限制,会长人选迟迟难以确定,加之学会经费困难等问题,苏州市语言学会一直难以真正成立。后来苏州市委宣传部资助了300元筹建基金,并提议江苏师范学院(现苏州大学)中文系为会长单位,推出学会会长人选,具体筹备由章锡良先生和翁寿元先生负责。尽管如此,由于种种原因,学会迟迟未能成立,300元基金也就一直存放在学校财务处。

　　直至1991年夏天,在著名语言学家、中国训诂学会会长、江苏省语言学会会长徐复教授及南京大学许惟贤教授等人的共同协调与努力之下,学会推举翁寿元先生为会长,章锡良先生为秘书长,聘请唐文、王迈、黄岳洲三位老师为顾问。借江苏省语言学会年会在苏州大学召开的东风,苏州市语言学会终于宣布成立了。

　　学会成立后,经费问题迫在眉睫。当时,吴县教育局教育研究室主任、苏州市特级教师周永沛先生积极到中学等各单位进行资金募集。昆山教育局局长倪鼎金先生也请"好孩子"集团等提供赞助。在多方努力之下,学会终于开始步入正轨,并从此欣欣向荣、蒸蒸日上。

　　今天,苏州市语言学会迎来30周年纪念日。回顾学会酝酿成立之时,可谓困难重重,如领导人选难以决定、启动资金严重不足等。在拖了近10年之后,学会最终成立,实属不易。为此,我们一定要牢记前人为学会所付出的艰辛,将苏州市语言学发扬光大。

携手同行30载　姑苏盛开语言花
——苏州市语言学会成立30周年有感

常熟理工学院　朱明珠

千呼万唤始出来,1991年苏州市语言学会终于成立了!这是江苏省各大市中最后一家成立的语言学会。正因为"难产",所以大家倍加珍惜,用心呵护,精心培育,如今终于到了而立之年。30岁的苏州市语言学会,可谓兵强马壮,成果累累。自从参加学会后,每次年会我都积极参与。学会让我有机会结识了语言学界的老前辈和同行,聆听了一场场精彩的学术报告,观摩了一堂堂精彩的公开课,收获了众多的学术论文、教学心得,堪称受益匪浅。

30年来,苏州市语言学会虽步履维艰,却精彩纷呈、惊喜多多,至今历历在目,让人回味无穷。学会首任会长翁寿元老师以他和蔼可亲、平易近人、独特的人格魅力团结起苏州各高校、中学等语言学界人士,开创了凝心聚力的良好局面。顾问唐文、王迈、黄岳洲三位老教授甘于当好参谋、助力前行。接着章锡良老师任会长,他热情奔放,调动各方力量,扩充语言学会队伍,以扎实的工作增强了学会的吸引力和影响力,逐渐摸索出办好学会的经验。随后是石汝杰老师任会长,他锐气十足,以自己的学术水平发挥了中青年语言教学、学术骨干科学研究的积极性。后来汪平教授任会长,他沉着稳健,不事张扬,默默奉献于学会工作。另外,周永沛、王家伦、骆伟里、邹鉴平、李国平、韩星婴、钱文辉、徐俊良等理事会骨干甘当配角,为学会出谋划策,主动承担办好年会的各项具体工作。还有各校的中学语文教师,积极参与,踊跃投稿,热切交流。这是一支活力四射、好学上进的生力军。学会举办的几届论文评奖也给他们的职称评定增加了一点砝码。我校(常熟理工学院)2002届学生邵天松,他的论文也获得了奖励,并激励他从此走上了语言研究的道路,本科毕业后,他一路攻读南京师范大学硕士、博士研究生,现在已是江苏第二师范学院的学术骨干。邵天松至今还感谢学会对他的影响和引导。

语言教学要从娃娃抓起——成了大家的共识。随之,学会会员扩大到小教和幼教,路子越走越宽,越办越接地气。学会会员逐渐囊括了苏州市所有的语言工作者:文化馆、电视台、博物馆……凡是与语言搭界的行业都有我们学会的成员,他们都是语言研究的忠实爱好者。

苏州市语言学会的工作不仅仅停留在学术交流上,每次年会还安排专题讲座、主题报告等。很多学员是冲着听报告、受教育、补充知识营养而来的。周永沛老师关于论文撰写的专题报告为中青年语言工作者拓宽了研究思路、指明了探索路径。王家伦老师的教学法研究,无疑是针对中小学语文教师的授课指导。

学会还组织了一堂堂精彩的公开课:汪兆龙、彭尚炯、薛法根、薄俊生、葛柔等特级教师和教学骨干生动活泼、各具特色的示范课令人振奋,让与会者饱尝了精美的"营养快餐"。专家评委们的精辟点评,更是锦上添花,与会者备受教育。评委们爱才、惜才、育才的真诚令人折服。其精心组织设置的公开课对中小学及幼儿园的语文教学起到了不可估量的推动作用,影响极其深远。同时学会凭借着长期以来从事教研工作专家的威望、为人师表的深远影响力,也聚集起众多的教学骨干,在语言学会年会上公开授课献技。

2005年,常熟理工学院有幸承办了纪念段玉裁270周年诞辰暨江苏省语言学会第17届学术年会。南京大学鲍明炜、许惟贤、卞觉非三任江苏省语言学会的老会长亲临会场,23所高校、江苏凤凰出版社、江苏教育出版社的专家学者、中学语文教师等100多位代表出席会议,另有50多位硕士、博士研究生列席了大会。苏州市语言学会借此机会出席了本届年会,同时举行了苏州市语言学会2005年年会。这次大会得到了常熟理工学院校系两级领导的大力支持,由此也扩大了学校在江苏省语言学界的影响。

苏州市语言学会尤其值得称颂的是风清气正、廉洁奉公、不谋私利、团结齐心的精神。每次举办年会困扰我们最大的问题是经费。为了筹措经费,我们常常四处奔波,个中的辛酸苦辣,唯有会长、秘书长最清楚。

值此纪念学会成立30周年的日子里,我对学会的怀念油然而生,一幕幕情景仿佛即在眼前。30年来,我们老、中、青三代携手同行,风雨兼程,只因对语言学的热爱和追求,其中凝聚着会长、秘书长的多少心血和精力。现在,学会由苏州大学文学院王建军教授等新生力量来扛大梁、担主角,更具创新活力。我深信学会将会越办越好,越来越兴旺。衷心祝愿苏州市语言学会三十而立扬帆远航,更著语言妙笔新华章,为苏州市语言教学和研究工作提供新动力,做出新贡献。

学术研究活动的温馨之家
——祝贺苏州市语言学会成立30周年

江苏省昆山中学 徐俊良

苏州市语言学会成立30周年了,作为学会的一员,我在此表示衷心的祝贺。

我的一生,参加过许多学会与研究会。积极参加各个层级的学术研究活动,也许是我生平的一个情结。不过,因为有些学会与研究会离昆山较远,或者因种种原因持续时间不长,我参与其间的活动也就不甚多。而以苏州大学为大本营的苏州市语言学会一直是我学术活动的主阵地。30年间,我参加了学会组织的大多数活动,所以我对苏州市语言学会有着一种特殊的感情,深感这是我的一个学术研究的温馨之家。

30年来,我的不少有关语言研究的学术论文,诸如《鲁迅作品语言艺术的结晶——论"鲁迅笔法"》《鲁迅作品词语运用的独特性与丰富性》《论〈红楼梦〉语言艺术中的谐音现象》《略论安子介先生〈解开汉字之谜〉一书的创新意识》《说"者"》《说"琼"》等,都是苏州市语言学会年会上的交流论文。

我始终感到,在苏州市语言学会里,集中了吴地的许多语言研究专家,有国际语言的、汉语言的、吴地方言的、辞书编撰的和各级各类学校从事语言教学的等。学会中的许多成员,是我的师长、朋友与忘年之交。与他们在一起,我能得到很多启发,学到许多东西。所以我不愿意放弃任何一次学习的机会。加之活动地点又与昆山近在咫尺,因而我参加了苏州市语言学会组织的许多活动。就是在退休以后的近20年间,我也还是如此。

30年来,苏州市语言学会的学术研究活动一直都正常举办,这是很不容易的。一个学术研究会能坚持30年而依然具有生命力,原因是多方面的。

苏州市教育部门领导与苏州市社科联领导对苏州市语言学会一以贯之的支持,是学会得以持续发展的重要因素。学会历任领导都是学养很高的专家、学者、教授,受人敬仰,具有号召力;他们团结一心,具有凝聚力;他们平易近人,具有亲和力。这些,我们作为学会成员,都能深深地感受到。

苏州市语言学会的学术研究氛围很浓。每次学术年会的议程安排都很紧凑,而且都会紧紧围绕某一个中心议题或几个相互关联紧密的议题开展活动,不放野马。学会还十分注重将语言理论研究与语言教学实践紧密结合,而且有所侧重。来自高校会员的论文,往往相当具有语言理论研究的深度与广度;来自中小学会员的论文,则更多注重对语言教学实践活动的研究。这样一来,大家各得其所,取长补短,相互融通,相得益彰。

点面结合,群策群力,是苏州市语言学会始终保持学术研究活动活力的又一重要因素。30年来,苏州大学始终起着苏州市语言学会大本营的作用。学会的历任会长都是苏州大学很有声望的学者、教授,起到了领头羊的作用。在开展年会与其他活动时,水平很高的秘书长所带领的工作团队,很多是有活力、有能力的苏州大学研究生。常熟理工学院等苏州地区的高校,有力地充当了副手,各县市有条件的一些学校,积极承担了历届年会的一些活动,组织筹集了相关经费。各个层面的群策群力,使苏州市语言学会能够长期保持组织活动的能力与学术研究的生命力。苏州市语言学会还与苏州市语文教学研究会、苏州市教育学会、江苏省中华成语研究会等联合开展活动,增强了学会的活力。老、中、青三代结合,热爱语言研究的青年教师不断地参加到学会里来,使学会得以发扬光大和健康运转。

三十而立。苏州市语言学会这个温馨之家的"而立"之年,当是学会的一个新起点、一个新阶段、一批新收获的开始。预祝苏州市语言学会百尺竿头更进一步。

庆祝苏州市语言学会30周年随感

江苏省昆山第一中等专业学校　杜敏华

作为一个普通平凡的中学教师，能于1991年7月参加苏州市语言学会成立大会，我既高兴又惶恐。面对一个个大学教授、一个个学术权威，我不由得产生自卑感。名单上出席会议的60个会员，都是我所敬仰的老师。我带来的一篇论文《职业高中语文课本中文言虚词"之"的评析》相形见绌。会上见到的翁寿元会长、章锡良秘书长及特级教师周永沛等都很平易近人，高级知识分子身上有一股感人的魅力。从此我下定决心，要好好学写论文，提高自己的理论水平和语文素养。

1992年8月，我到常熟市参加苏州市语言学会第二次年会。徐俊良同志是我的良师益友，和我一起上了虞山。在活动中，我开阔了眼界，找到自己与其他人的差距，并在学会的引导和教育下努力迈开新的步伐。之后，我又鼓励我的大女儿加入了苏州市语言学会。1995年3月，在吴县胥口举办第五届苏州市语言学会年会，我递交的论文是《谈复杂单句与复句的几个重要区别》，论文挖掘还不够深刻。这时学会发展到136人，规模不小。与会者尤其是苏州大学王迈教授与苏州中学特级教师蔡大镛的精辟见解极大地启发了我。苏州市语言学会这个大家庭使我得到了成长。正是在学会的培养与指导下，我有幸评上了中学高级教师。作为学校语文教研组长，我从此更加专心致志地在论文写作和语文教学中起示范作用。每年接到王家伦秘书长的来函，我总是力争参加学会年会。

苏州市语言学会是教育系统中高级知识分子汇集的学术组织，其中许多专家学者为苏州、江苏乃至全国学术研究做出过很大贡献。作为一名职教系统的教育工作者，我需要学的东西还很多。2000年，在常熟市梅李中学召开的年会上，我撰写的年会论文《略谈语文教学中的文道结合》获得《中国教育报》领衔举办的征文大赛二等奖，发表于《全国优秀教育论文选萃》。2001年，我的论文《浅谈职中语文教学的改革》获得新世纪优秀社科论文特等奖。我有幸成为江苏省语言学会的一员，这都来自苏州市语言学会的指导与培养。

回顾苏州市语言学会30年的历程，我感慨万千。如今我已年届80，人生已过了大半辈子，但学会每次的活动都深深印入我的脑海。2019年，我参加了在江苏省外国语学校召开的苏州市语言学会年会，深感后辈人才济济，学会发展前程灿烂似锦。王建军会长要我这个老会员写点回忆的文字，于是我写下这篇随感。我衷心祝愿苏州市语言学会在新的起点上闯出一番新天地。

赤 子 之 心
——琐忆王迈老师

苏州第五中学　张长霖

2021年2月10日,苏州大学教授、中国音韵训诂学会常务理事、苏州市语言学会顾问、我的老师王迈先生仙逝整20周年了。时间过得真快啊,在先生家窗前神聊的景象至今还历历在目,不觉已是很久之前的事了。

王迈老师教我们时已经50岁,但是满头白发,看上去更像60岁。他常常笑着说自己"40岁时像30岁,50岁时像60岁,10年长了30岁"。看着王老师年轻时在东欧当"外教"教授对外汉语时的照片,真是帅气得很。

不过,王迈老师尽管面相如60岁,一开口仍是一派率真。王迈老师的口无遮拦在苏州大学中文系是出了名的。他仗义执言,毫无心机。"文化大革命"中掌握中文系大权的那个不学无术的C某就很怕王迈老师。王迈老师有时谈话提及C某总是嗤之以鼻;偏偏C某还拿王迈老师没办法,人家王迈老师可是在"反饥饿、反迫害"大游行时蹲过国民党大狱的、解放初期的老党员,出过洋,见过世面,论资格和阅历,C某与他根本不是一个档次,以致C某在路上碰到王迈老师,只好绕道走。

王迈老师的笑声畅快、爽朗,特别富有感染力。我时常去王迈老师家。老师冬天照例是在床上拥被而坐,高谈阔论;夏天就穿着一件旧旧的白纱圆领汗衫,一条半旧的白纺绸中式睡裤,一边妙语如珠,一边挠痒痒,大有魏晋名士扪虱而谈的遗风。说到得意之处就纵声大笑,笑得活像弥勒佛。

最好玩的是王迈老师也会耍"小手段"。王迈老师是苏州古旧书店的常客,总能"淘"到一些好书,因为王迈老师已经"收买"了古旧书店的营业员。有时他会给书店的营业员小女孩送点小礼品,比如手绢等小玩意;有时给闲得无聊的小女孩讲讲各类掌故趣闻。久而久之,店里不常见的旧书一到货,营业员就会打电话通知王老师,于是他就捷足先登了。王老师的好多冷门书就是这样"淘"来的。每当说起自己的"小手段"时,王老师就会忍不住开心地笑起来,像个恶作剧得逞的孩子。

王迈老师虽然"述而不作",但是诲人不倦。我的老朋友王家伦教授经常说起这样一件事。当年家伦当苏州市语言学会秘书长,曾经带队到南浔嘉业堂藏书楼参观。旅游点上安排的讲解员一知半解、错误百出,当时就让腹笥甚广的王迈老师深感不满。于是王老师说一声"胡说八道",然后摆出一本正经的面孔,对讲解员小姑娘说:"丫头,搬张凳子来,我说点给你听听。"待自己坐下后,王迈老师就细细给小姑娘讲起了嘉业堂藏书楼的种种趣闻轶事。这一下,不仅小姑娘听傻了,就连同去参加语言学会活动的老师也听入迷了,旁边的游客更是听得惊呆了。而他老先生,讲够了,拍拍屁股走人了。

一个人常保"赤子之心"很难,因为刻意为之,所以难。而对于如王迈先生这般浑然天成者而言,则不难。王迈老师的赤子之心,完全得自两个字——天然。

略谈骆伟里副会长的学术活动与学术贡献

苏州市职业大学　王海男

一、生平(1941—2011)

骆伟里研究员原籍浙江安吉,是杰出的语言学家,曾任国家重点科研项目《汉语大词典》编委、第10分卷副主编。他长期担任苏州市语言学会副会长,从事辞书编纂和训诂学的教学、研究,曾在《辞书研究》《词典研究丛刊》《语言研究集刊》《咬文嚼字》《苏州教育学院学报》等刊物上发表了《〈三礼〉郑注与辞书释义》《诗天子、诗夫子孰是孰非》《训诂拾零》《释"街鼓"》《释"行香"》《觥筹交错和觥》《"解手"来源之我见》《"三阳开泰"的来历》等文章。1994年5月10日,作为《汉语大词典》主要编纂人员之一,骆伟里老师在北京人民大会堂受到党和国家领导人的集体接见。

二、学术成就与特点

骆老师1960年从苏州师范专科学校毕业,到苏州市第七中学任语文老师,很快就成长为教学骨干。1975年,《汉语大词典》项目启动,骆老师应征编写的词条得到编委会的肯定,以普通中学教师的身份被借调到上海新华路200号《汉语大词典》编纂处工作。由于业务能力突出,他逐渐被提拔为第10分卷的副主编,同时担任其他多卷的编委,负责审稿、定稿等,为顺利完成《汉语大词典》做出了突出贡献。

可以说,参与编纂《汉语大词典》改变了骆老师的人生轨迹。如果不参与编纂《汉语大词典》,他最多只能成为一名杰出的中学语文教育工作者,但是经过编纂《汉语大词典》的历练,骆老师完成了从中学语文教师到语言学家的提升。

1. 学术成就

首先,担任《汉语大词典》分卷副主编,专注于词典学的研究。

《汉语大词典》是国家重点科研项目,是在1975年邓小平同志主持中央工作时,经周恩来同志批准,由华东地区五省一市(山东、江苏、安徽、浙江、福建和上海)的专家学者历时18年共同编写的一部大型汉语语文辞典。全书共13卷(正文12卷、检索及附录1卷),共收词目约37万条,内容5 000余万字。《汉语大词典》以"古今兼收,源流并重"为编写方针,它"所涉及的知识面极为广泛,与社会生活、古今习俗、中外文化,乃至各种宗教教义,都发生纵向或横向联系"(《汉语大词典·前言》)。袁正平、郑红在《中文工具书实用教程》中评价这部书为"所收条目义项完备,释义确切,层次清楚,文字简练,符合辞书的科学性、知识性和稳定性的要求。代表了当今语词辞书编写的最高成就。"①这个成就的取得,是与骆老师等人的学术努力分不开的。

在《汉语大词典》编纂之初,骆老师认为:"我们《汉语大词典》在编写初稿时,如能及时妥善处理相关条目,必将有助于提高质量。"②就"相关条目"的处理,他结合自己的编纂体会,提出了四点想法。其一,相关条目的立目,除了应遵循总的收词原则之外,还要考虑读者的实际需要,要注意同类条目之间的平衡与照应。其二,同一部首中的相关条目,要尽可能认真处理,力求避免矛盾与重复。不同部首间的相关条目则要从严控制,力求防止滥用"参见"。其三,相关条目在确定主次及引例格式诸方面,应有统一的标准。其四,相关条目在编纂时,最好由专人执笔。③ 在《汉语大词典》首卷的复审定稿会上,骆老师强调"出版《汉语大词典》是百年大计",一定要"保证质量"。对已经取得的成果,他认为:"由于种种原因,词典的初稿质量上还存在参差不齐的情况。"因此,他提出:"复审定稿工作,一言以蔽之,就是一个'改'字。"就如何"改"的问题,他提出了三点看法:其一,复核资料,纠谬勘误;其二,研究释义,务求精当;其三,注意相关,力求统一。④ 无论是"四点想法"还是"三点看法",骆老师都不是泛泛而谈的,每一条建议的下边都有大量的例子来证明自己的观点,听来让人信服。

骆老师不仅自己编纂词典,也时刻关注同行专家的工作,为他们的新尝试而欣喜。如商务印书馆1982年出版的《新华字典》,在同一部字典中采取两种不同的编排方法,他认为便于读者的使用。

其次,长于考据,专注于《三礼》的研究。

对于自己的学术生涯,骆老师曾这样描述道:"余十数年来专事辞书编纂,蜻蜓点水,无所长进,惟披览之际,偶有管见,随以片纸记之,以为乐趣。虽不图集腋成裘,却渐喜积少成多。鸡肋敝帚,不忍舍弃。"⑤确实,骆老师继承了乾嘉学派的朴学传统,长于考据,靠扎实的材料说话。这种考据不是泛泛而来,而是有着相对集中的目标,最终形成了《〈辞源〉"三礼"条目疏误例析》等系列文章。这组文章共有11篇,从2000年开始写起,一直持续到2005年,共例析了《辞源》里"三礼"条目的疏误115处。其实,骆老师对《三礼》的研究起步很早。早在1995年,他就发表了《〈三礼〉郑注与辞书释义》一文,其中引用了《辞源》《辞海》《汉语大字典》《汉语大词典》等辞书,只是后来才把精力集中到《辞源》上来。如果假以时日,骆老师能把《汉语大字典》等书中与《三礼》有关的条目都梳理一遍的话,那必将会更加泽被后人。

2. 学术特点

首先,辨析疏误,一丝不苟。

---

① 袁正平,郑红. 中文工具书实用教程[M]. 成都:四川大学出版社,1998:177.
② 骆伟里. 谈相关条目的处理[J]. 辞书研究,1981(1).
③ 骆伟里. 谈相关条目的处理[J]. 辞书研究,1981(1).
④ 骆伟里.《汉语大词典》首卷复审定稿札记[J]. 辞书研究,1986(6).
⑤ 骆伟里. 释词偶记[J]. 青岛教育学院学报,1990(2).

在《辞书疏误举例》一文中,骆老师谈到他对辞书中的疏误这么"斤斤计较"的原因。他指出:"质量是书籍的生命,更是辞书的生命。辞书编纂是一项艰巨而复杂的综合工程,要确保辞书的质量,在编纂过程中,必须时时处处小心谨慎,防微杜渐。"①《辞源》作为一部被广泛使用的大型工具书,任何疏误都会因使用者的众多而被放大,因此,对其质量的要求也就特别高,对其疏误的勘核也就特别严格。在骆老师所做的115条疏误例析中,完全错了或错得很厉害的并不多,大多数只是疏漏或不完善,意思上的差别比较细微,一般应用也是可以的。如第94条关于"輮"的例析。骆老师首先指出:"《辞源》此条把'輮'视为名物词,解释为'车轮的外周,亦称辋(网)或牙'。当然不错。"②接着认为:"但问题在于所引《周礼·考工记·车人》例中的'輮'并非名词,而是动词。"③为此,他引用大量的资料来说明"輮"在不同场合下词性的变化,条分缕析,论据充分,让人信服之至。此外,骆老师主张:"现代辞书的编纂应尽量注意义例词性相应,《辞源》此条的不足之处就在于忽略了这一点。"④由此,我们不仅能感受他广博的学识、锐利的眼光,也能感受到他踏实严谨的学风。

其次,咬文嚼字,务求精当。

咬文嚼字是语言学家的特点,骆老师也不例外。生活中时时刻刻与语言文字接触,凡遇到错误的例子,他往往都能信手拈来,分析阐释,挥笔成文。如在《〈围城〉与〈文化苦旅〉中的两处书名讹误》一文中,他既指出了"癸巳"和"癸已"这样的校对错误,也从专业的角度分析了"字典"和"词典"的不同。又如专题论文《"诗天子""诗夫子"孰是孰非》,针对王昌龄到底是称"诗天子"还是"诗夫子"这一学界一向众说纷纭的问题,骆老师利用扎实的材料,广征博引,抽丝剥茧,有力地论证了"诗夫子"之讹。

三、主要社会活动

1. 参与领导苏州市语言学会

骆老师不是枯坐书斋的书呆子,相反,他一直坚持语言的社会应用,他是苏州市语言学会的创会成员之一,长期担任学会的副会长一职。从第一届学会开始,他坚持参加每一届年会,为苏州市语言学会的发展做出了杰出的贡献。在每一届年会上,大家总能看到他神采奕奕的模样,听到他铿锵有力的发言。2010年的太仓年会,尽管他的身体已经衰弱不堪,他依然坚持参加完了年会。当时,他已被病痛折磨得不能主持会议,更不能做长篇发言了。于是在秘书长王家伦教授的建议下,骆老师向全体参会代表简略地回顾了自己参加苏州市语言学会的经历,并向学会表达了诚挚的希望和良好的祝愿。

2. 主编《苏州教育学院学报》

1984年,《苏州教育学院学报》的前身《苏州教育学院学刊》创刊,1988年改名为《东

---

① 骆伟里.辞书疏误举例[J].苏州教育学院学报,1996(4).
② 骆伟里.《辞源》"三礼"条目疏误例析(之十)[J].苏州教育学院学报,2005(3).
③ 骆伟里.《辞源》"三礼"条目疏误例析(之十)[J].苏州教育学院学报,2005(3).
④ 骆伟里.《辞源》"三礼"条目疏误例析(之十)[J].苏州教育学院学报,2005(3).

吴教学》,1991年改名为《苏州教育学院学报》。从该刊创建之初,骆老师就是编辑骨干,逐渐成为编委会副主任、主编。

2004年苏州教育学院与苏州市职业大学合并的时候,两校都有自己的校级学报。有人主张撤销《苏州教育学院学报》,骆老师极力反对,向校领导陈述《苏州教育学院学报》悠久的办刊历史及取得的成就,并最终说服校领导保留了该刊。今天,《苏州教育学院学报》已成为高职类院校学报中的佼佼者。

学科认知

我的语文教学认知
——兼论"走心语文"

苏州市吴中区教学与教育科学研究室　周永沛

一、导言

自新中国成立以来,在历次教学改革中,语文学科一直是最为热闹、最为敏感、最有争议的学科,也是最让人莫衷一是的学科。虽然有许多钟情于语文教改的前辈和同行从理论与实践上进行过不少可贵的探索,开展过不同形式、不同规模的教改实验,提出过一些可资借鉴的教学主张和教学建议,在一定程度上推动了语文教学的发展,但由于语文学科教学内容的宽泛性、教材体例的多变性、教学方法的多样性、教学目标的模糊性、教学评价的随意性,语文教改总是迈不开大步而走向硕果累累的理想天地,总是难以获得有效的实践提升和真正意义上的理论繁荣。因此,语文教学很有进一步加强实践、深入研究的必要。这里,笔者不惴冒昧,根据自己数十年的教学感受,谈一些粗浅的认知,以就教于大方。

二、"走心语文"的提出

在笔者看来,作为语文教学,不管是教学内容多么宽泛繁博,教学体例怎么变来变去,教学方法如何巧妙灵活,教学目标怎样多元设置,教学评价有哪些条目;不管是谈什么文以载道,还是教学相长;不管是谈什么工具性、人文性,还是工具性和人文性的统一;不管是谈什么读写结合,还是语文学习的外延与生活的外延相等;不管是谈什么整本书阅读,还是学习任务群教学;等等,都始终脱离不了一个宗旨:语文教学要千方百计地让语文走进学生的心中。这种走心,或曰入心,就是要让学生在语文教学的过程中经历一次次浸润、熏陶、升华和淬炼,从而让语文知识和学生的心灵融合,让语文能力与学生的心智牵手,让语文素养驻足学生的心房。总之,只有让教学内容走进学生心里,深入学生心中,留存学生心底,充满学生心怀,语文教学才能算得上是真正的到位。或者说,只有这种"走心"的语文课,才是实实在在的语文课、彻彻底底的语文课;才是反映语文教学实质、体现语文教学使命的语文课;才是教有成效、学有所得的语文课。作为语文教学,如果能够做到真正的"走心",那就达到了语文教学的最高境界。基于这种认识,笔者便将这样的语文教学称为"走心语文"。换言之,倡导和实施"走心语文",就是笔者的语文教学主张。

当然,一项语文教学主张的提出,一个语文教学思想体系的建立,不能凭着支离破碎的认识来主导,也不能凭着东拼西凑的观点来组装,更不能凭着花里胡哨的只言片语来装潢,而应该有自己新鲜独到的核心理念、合乎规律的逻辑思路、坚实有据的实践支撑和系统严谨的理论架构,体现出独特性、新颖性、系统性和实践性的特点。笔者所主张的"走心语文",和这些"要点"甚相契合,或者说,这些"要点"也正是"走心语文"的内涵所在,具有独特性、新颖性、系统性和实践性的特征。

三、"走心语文"的内涵

1."走心语文"的核心理念

先说核心理念。所谓理念,《辞海》里讲是"思想、观念"的意思。那么,核心理念,当然指的就是理念中的核心部分,亦即"最根本的指导思想和价值追求"。作为"走心语文",其教学理念的核心部分是什么呢?就是上文所说的"让语文知识和学生的心灵融合,让语文能力与学生的心智牵手,让语文素养驻足学生的心房"。毋庸置疑,这样的"和心灵融合",这样的"与心智牵手",这样的"驻足心房",正是对"走心"的理性解读,正是"走心语文"的内涵所在,也正是"走心语文"的"最根本的指导思想和价值追求"。因此,这个对于语文的"一融一牵一驻足"就是"走心语文"的核心理念。如果再做进一步的分析,这种"走心语文",其实就是在语文视角上对学生的一种"生命建构",让语文与学生的生命交融。在这个交融的过程中,语文教学就可以消弭"热闹语文"的华而不实,褪去"花哨语文"的哗众取宠,克服"空洞语文"的凌空蹈虚,以其独具一格的"走心"教学特征卓立于语文教改的领地,呈现出新颖独特的语文教学风景。

2."走心语文"的逻辑思路

再说逻辑思路。思路,顾名思义,是思考问题的路径。既然是"思考路径",当然就应该有符合逻辑顺序的起点、过程和终点。那么,"走心语文"的思考路径,或者说"逻辑思路"的起点、过程和终点分别是怎样的呢?其"起点",当是学生学习语文的正确动机。因为"走心语文",强调的是"走心",没有正确的语文学习动机、学习心理,"走心"是"走"不起来的。即使能够勉强地"走"起来,也难以顺利地"走"下去。因此,在实施"走心语文"的初期,作为语文教师,一定要十分重视学生学习动机的激发。其"过程",即教学中的语文知识的浸润、语文气质的熏陶、语文素养的升华和语文能力的淬炼。而浸润、熏陶、濡化和淬炼,都需要"心"的投入,"心"的较真,"心"的磨炼。也就是说,只有经过"走心""入心""潜心""铭心"的过程,语文才能真正在学生心中安营扎寨,融入学生的血液中,融进学生的生命里。至于"走心语文"的"终点",那当然就是语文的"教有成效,学有所得"了。这样的终点,是拥有正确的语文学习动机,经过语文知识的浸润、语文气质的熏陶、语文素养的升华和语文能力的淬炼的必然结果。达到这样的结果,"走心语文"才算系统地走完了它的逻辑链条的周期,完成了它的阶段性的使命。

3."走心语文"的实践支撑

接下来说说实践支撑吧。任何正确的理论,都要靠着坚实的实践作为支撑来显示其正确的程度。马克思主义之所以是放之四海而皆准的真理,就是因为资本主义社会发展的实践、无产阶级与资产阶级斗争的实践证明了它的正确性。数学领域的杨张定理之所以被国际数学界广为认可，正是因为有着杨乐、张广厚这两位中国数学界的翘楚以"万事不离其'数'"的毅力进行海量演算的研究实践作为支撑。

那么，"走心语文"作为一种教学主张，它的实践支撑是什么呢？例子是不胜枚举的。20世纪80年代，于漪老师在电视里上直播公开课《海燕》，大上海几乎家家户户守在电视机旁争睹她上课的风采，连高教界都在谈论这件事情。复旦大学一位历史系教授回忆当年的盛况，说有同事出差回上海，问他上海最近有什么动静，这位教授说，都在看《海燕》直播呢。"做老师，要走进学生心里"，这是于漪老师曾经说过的话。是的，她的这一堂课，就不但走进了学生的心里，而且走进了大学教授的心里，也走进了广大上海人民的心里。这样的课，不就是"走心语文"教学主张的最为有力的实践例证吗？再如，1981年4月，钱梦龙老师在杭州学军中学借班讲授《愚公移山》一课，尝试运用导读法代替传统的文言文串讲法。课上，钱老师采用千姿百态的导读方法，引发学生的阅读兴趣，激发学生的阅读热情。他或是把握教学时机，一会儿先读先导，一会儿读后再导，一会儿读导相生；或是变换导读方式，时而重锤敲击，时而轻拢慢捻，时而言此意彼；或是根据内容需要，有时语感切入，有时语法点拨，有时思维触发，有时情感引动。钱老师就是这样运用摇曳多姿的导读方法，把学生带进了课文的情景之中，把愚公的伟大精神植入了学生的灵魂。甚至当时在场听课的著名语文教育专家刘国正先生都说他自己也情不自禁地进入了"角色"，忘记了自己是个听课者。毫无疑问，这一堂课，又是"走心语文"教学主张的一个妥妥帖帖的实践例证。通过这一堂课，钱老师不仅借着它的导读法让语文走进了学生的心中，而且还拨动了语文教育专家的心弦，这真不能不让人相信"走心"的莫大能耐。记得也是在20世纪80年代初期，笔者教学归有光的《项脊轩志》，在讲到文中的"老妪"和"大母"时，曾经触动了学生的内心，多次让学生感动得留下了辛酸的眼泪，这同样是"走心语文"的实际例证，此处不拟详述。

4. "走心语文"的理论架构

最后应该讨论一下"走心语文"的理论架构了。在笔者看来，"走心语文"之所以能够成立，除了上面论述的核心理念、逻辑思路、实践支撑三个方面以外，更为重要的是因为"走心语文"有着四个以"心"为内蕴的教学要则构成理论架构。现略述于次。

教学要则之一叫作"发趣"。宋儒程颐《二程遗书》有言："未见意趣，必不乐学。"意思是说，在教学的时候，如果不能让学生发现学习内容本身的乐趣，那么学生必定不乐意去学习。这就告诉人们，教学内容本身是有许多"内生趣点"的，尤其是语文教材，"内生趣点"就特别多，语文教师一定要善于发掘教学内容本身的"内生趣点"，让其成为激发学生学习动机的原动力，从而让学生发自内心地热爱学习，自觉地沉浸在浓厚的兴趣中去钻研、去探索，直至达到"走心"的状态。笔者曾对语文教材有过较长期的研究，认为每篇课文都是具有"内生趣点"的。这些"内生趣点"有时出现在内容上，有时出现在结构上，有时出现在语言上，有时也可能出现在其他方面。

例如，朱自清的《绿》，文章首句说"我第二次到仙岩的时候，便惊诧于梅雨潭的绿了",而尾句则说"我第二次到仙岩的时候,我不禁惊诧于梅雨潭的绿了"。两相比较,"便"换成了"不禁",尾句还多了一个"我"字。不难看出,这是一种换字反复的修辞手法。对于这种语言上的修辞现象,授课教师就可以作为"内生趣点",在授课伊始抛出"为什么文章首尾两句会采用这种类似写法"的问题,用来激发学生的思考兴趣,进而引起学生的争论,然后便可自然地导入对全文的赏析和讲解。其间,教师只须相机点拨,课堂就会灵动起来,教学效果也一定会是令人满意的。再如,教学鲁迅的《孔乙己》,教师不妨把孔乙己"不多不多!多乎哉?不多也"的话语作为"内生趣点",要求学生把文中孔乙己的所有话语汇集起来,通过对其话语的研讨,转入对课文的研析:既可通过其话语梳理课文情节,认识人物形象;也可通过其话语归纳文章主题,提取文章的内蕴。这样的教学设计,新颖别致,学生容易产生兴趣,容易"走心",课堂就一定会富于生趣,充满活力。总之,语文教师只要认真钻研教材,都能够找到各篇课文的"内生趣点",为语文教学带来源头活水,为语文教学能够走进学生心中找到一个准确恰当的切入点,为语文教学实现"走心"化带来一个良好的开端。

但是有的语文教师常常会脱离教学内容而凭空地采用"放噱头、逗乐子"之类的外加方法去激发学生的兴趣,结果往往是收不到预期激发兴趣的效果,当然就更谈不上"走心"了。因此,这些做法显然是不足取的。

教学要则之二叫作"品味"。品味,意即品尝味道。任何事物都有其本来特有的未经过人为添加的味道。即以食品而言,鸡有鸡味,肉有肉味,善于烹饪的厨师总是会通过巧妙的制作,保持食品的原汁原味,供人品尝以至余味无穷。语文教师也要像高明的大厨那样,在教学过程中巧妙地把握住教材的原味,带领学生啧啧品尝并陶醉其中。如果在教学中靠着添加"教学味精"来提味,就会原味尽失,虽然不至于味同嚼蜡,也绝对享受不到原味之纯、原味之乐、原味之趣,说不定还会兴味索然,这样的教学效果是肯定好不到哪里去的。

需要指出的是,语文课的原味是其本身固有的,它存在于语文教材的内容里、结构上和语言中,关键在于怎样把原味发掘出来,让美妙的原味沁入学生的心田。这里要关注的有两点:一是要善于"发掘",二是要善于"品尝"。关于"发掘",比照着罗丹"生活中不是缺少美,而是缺少发现美的眼睛"的名言来说,那就是"语文教材中不是缺少原味,而是缺少发掘原味的味觉"。这就启示着语文教师,对于教材的分析,要穷尽究里,在爬疏攘剔中及时敏锐地发现"原味"的踪影。关于"品尝",是说对于已发掘出来的"原味"要着眼于咂摸、忖度、体会,仔细辨别真伪,引导学生感受"原味"之醇,赏鉴"原味"之美,这样,学生就一定会在心中产生深切的体验,感受到语文课的魅力。

举例来看,在文章结构上,鲁迅的《药》写了明暗两条线,其原味就很值得品味。明线是华老栓买人血馒头给儿子治病,暗线是夏瑜的牺牲。明线是主线,表现了当时"群众的愚昧";暗线是次线,表现了当时"革命者的悲哀"。鲁迅把明暗二线巧妙地交织、融合起来,就表达了辛亥革命因为未能贴近群众、发动群众,以致由于群众的愚昧而带来革命者牺牲的主题。通过这样对结构的品味,学生就能对当时的社会现实和鲁迅的巧妙笔法产生深刻的认识,达到"走心"的程度。特别是华老栓的形象,学生会刻印在心中,不会忘怀。在语言上,学生通过品味而"走心"的例子就更多了。如茅盾的《白杨礼赞》,文中直接赞美白杨树的句子一共有四句:"白杨树实在是不平凡的,我赞美白杨树!""那就是白杨树,西北极普通的一种树,然而实在是不平凡的一种树。""这就是白杨树,西北极普通的一种树,然而绝不是平凡的树。""我要高声赞美白杨树!"这四个对白杨树的赞美句,意思相同,句式略有变化,是依次安排在文章之中的。细加比较和品味,就可看出作者的感情是随着不同句式的出现而逐步发展变化的,直到结尾时才达到高峰,以发自内心的"高声赞美"一句戛然而止,产生了极大的语言震撼力。通过这样的品味,学生就能和作者产生共鸣而"走心","白杨树伟岸而伟大"的形象也就会长驻于学生的心中。由此可见,"品味"确实是语文教学中一种极其重要的教学手段。广东有一位名叫程少堂的教师,曾提出过"语文味教学法",认为语文课要教出"语文味",可通过"语言-文章-文学-文化"的"一语三文"教学流程来实现。这种观点和笔者在这里强调的"品味"观是颇有异曲同工之妙的。

　　教学要则之三叫作"引情"。清代学者魏际瑞在《答友人论文书》中说:"夫所以为文者非他,则情是也。……故曰,无情者不得尽其辞。"的确,文章不是无情物,它是人的情感的文字载体。人的情感上来了,就会有诉诸文字的冲动,情动于中而形于言了。这是说作文和情感有着密不可分的关系。那么,语文教学和情感有什么关系呢?语文教学是要教文章的,教文章就必然要打触到文章的情感,也会触动着教师的情感。因此,凡是语文课,都是自始至终伴随着情感进行的。

　　具体而言,这种"伴随",有三种情况:其一,教师在教学时要善于汲取并生发出文章的内置情感,让文章的内置情感散发出摄人心魄的情愫,弥漫于课堂里,这叫作引出"文情";其二,教师在教学时要善于引导和激发学生去感受并融入文章的内置情感,与文章的内置情感相沟通、相碰撞、相交流,直至产生共鸣,并不时外露出来,这叫作引出"生情";其三,教师在教学时要善于调动自己的情感,用充满激情的教学安排和教学语言授课,让自己情感的溪流在课堂上哗哗地流淌,渗透进学生的心坎里,这叫作引出"师情"。毋庸置疑,课堂上能够三情相生、三情融一,应该说是语文教学所要追求的"走心语文"的理想境界。例如,教学都德的《最后一课》,就完全可以营造出这样的境界。首先,就"文情"的引出而言,这篇课文的内置情感是显而易见的,那就是贮满在字里行间的爱国主义激情。教师在教学过程中要有意识地把握住这样的"内置情感",用巧妙的教学方法将其移植到课堂里,让整个课堂笼罩在这片爱国情感的氛围里。其次,就"生情"的引出而言,教师要根据课文情节的推进,借韩麦尔先生最后一堂悲怆的法文课和小弗郎士觉醒的视线大力渲染法国领土被普鲁士侵占的国家悲情,让内置于课文中的爱国情感向学生延伸,从而让学生自心中升腾起爱国主义情愫,甚至要在课堂上控诉普鲁士的侵略罪行。最后,就"师情"的引出而言,教师在教学过程中也要将自己因为受到韩麦尔先生痛失家国的情怀的触动和受到小弗郎士怅惘情绪的影响而产生的爱国情绪与学生的情感呼应起来,推动学生爱国情感的升华。这样,"文情"引发"生情","生情"又与"师情"交织,三情相融,就构成了一堂充满浓烈的爱国主义情感的"走心语文"课了。这个课例无可辩驳地说明,"情感"是语文教学过程中的重要元素,要使语文课实现真正的"走心","引情"不啻是一种行之有效的教学方法。

也正因为"引情"对于提高语文教学效果具有如此重要的作用,所以引起了众多语文教师的重视和研究。这其中,于漪老师是最为杰出的代表,她早在20世纪80年代,就致力于情感教学的探讨,形成了"重情境,重诱发,重陶冶,重感受"的教学风格和"声情并茂,潇洒自如"的教学风貌。

教学要则之四叫作开思。这里的"思",说的是"思维"。谁都知道,上课总是离不开思维的,而且这个思维是贯穿于教学过程始终的。但是,有的课,学生思维活跃,气氛浓烈,教学效果好;有的课,学生思维板滞,气氛沉闷,教学效果差。为何?关键在于学生的思维是否打得开。思维打开了,教学内容就会"走"进学生"心"里,课堂也就会因为思维的碰撞而"活"起来。思维打不开,教学内容难以"走"进学生"心"里,学生就会感到茫无头绪,课堂上当然就要死气沉沉了。所以,有经验的语文教师非常注重这个"打开"。打开,就是开启思维,就是启发想象,就是走心思考。《礼记·学记》云:"开而弗达则思。"意思是说,教师的教学,要注重启发学生的思维,但不要把答案和盘托出,这样,学生就会开动脑筋去思考,进入一种积极的开思状态。

那么,为什么要"开思",或曰启发学生的思维呢?因为语文教材是由一篇篇文章组成的,每一篇文章又各有不同的思路,人们要理解这些文章,其思维路线和方法都各不相同。有时需要形象思维,有时又需要逻辑思维;有时需要顺向思维,有时又需要逆向思维;有时需要发散思维,有时又需要聚合思维;有时需要想象思维、灵感思维,有时又需要综合思维、辩证思维。不一而足。因此,语文教师一定要锤炼多种多样的灵动的"开思"本领和技巧,引导学生打开思路,采用恰当的思维方式,经历"走心"的过程,才能够真正地理解教材,提高学习效果。

说到开思的方法,一般来说,教师可以就教材的内在思路来开思,也可以就学生的学习路径来开思,还可以通过创新教学流程来开思。

例如,有一篇从《伊索寓言》中选来的课文《蚊子和狮子》,内容是:蚊子和狮子比武,蚊子打败了狮子,非常得意地飞走了,结果撞到了蜘蛛网上,成了蜘蛛的美食。一般的分析都认为这篇寓言的寓意在于讽刺骄傲自大的人,说明为人要有自知之明。这当然没错。而当年宁鸿彬老师教学这篇课文时,却将这个故事概括为"蚊胜雄狮"和"蚊落蛛网"两件事,并在"讽刺骄傲自大"寓意的基础上进一步引申出"偶然与必然"的问题让学生去思考,指出蚊子获胜是偶然的,而"骄兵必败"则是必然的道理。这就棋高一着,将思维引向了更深的层次,实现了"走心"的深入化,加大了教学的厚重度。显然,这是就教材的内在思路,运用辩证思维而开思的有力例证。

又如,当年袁金华老师教学《谈骨气》,因为面对的是刚刚接触议论文的初中生,所以他按照学生的学习路径,运用顺向思维来开思,采取和学生讨论的方式,从文章的题目《谈骨气》的"谈"字谈起,沿着课文的内容和议论文知识两条线齐头并进地展开教学程序。

一堂课下来,不但让学生明白了"中国人有骨气"的道理,接受了"骨气教育",而且也把议论文的基本写法讲清楚了,教学容量之大,教学方法之巧,教学效果之显著,"走心"程度之深邃,令人称赞。

至于通过创新教学流程来开思的教例也很多。如徐开质老师教学《孔乙己》一课,就创新了教学流程,一改常见的小说授课方法,用形象思维开思,以孔乙己的"偷"为切入点设计教学流程,提出了"孔乙己偷了什么?为什么要偷?偷的结果怎样?作者写孔乙己偷的意图是什么?孔乙己的偷是否值得同情?"等一系列围绕"偷"的问题,供学生思考和讨论,接着再以聚合思维进一步开思,形成了趋于一致的认识:文章是由"偷"引出"酒",表现了孔乙己好喝懒做的性格;又由"偷"引出"笑",表现了当时社会环境的冷漠;还由"偷"引出"打",表现了封建社会的罪恶;更由"偷"引出"情",表现了作者鲁迅对孔乙己"哀其不幸,怒其不争"的态度。可见,这种开思方法,是让学生通过一个"偷"字走进作品,认识作品中人物的命运及其性格特征,进而认识造成孔乙己悲剧的社会根源,其"走心"的程度是十分深入的。这种创新性的教学流程,中心明确,重点突出,能够深刻地揭示作品的思想内涵,集中地呈现作品的写作特点,使教学过程变得清晰精练,使教学节奏变得简洁明快,也的确不失为一种十分有效的教学构思。

此外,当前语文教学界流行着一种"思维导图"教学法,也是值得肯定的开思方法。但是,需要强调的是,不论是何种开思方法,都要指向学生的心理体验和思维能力的提升,实现教学内容的真正"走心"。

四、结语

上面,笔者从自己多年的教学实践和教学认知出发,就"走心语文"的教学主张,从其核心理念、逻辑思路、实践支撑和理论架构诸方面做了较为详细的论述,尤其对"理论架构"着墨颇多。这是试图证明"走心语文"的命题是一种客观存在的语文教学思想体系,具有理论上的科学合理性和实践上的可操作性。当然,尽管"走心语文"是一种客观存在,作为一个新的语文概念,还需要经过时间的深度检验和理论的反复叩问,方能真正显示它的正确性。现在,笔者将其栽种在语文教学的园地里,愿它能够沐浴着中国教育的阳光雨露,在广大语文人的呵护下欣欣向荣地成长!

"互联网+"离语文教学还有多远

苏州市汉语国际推广中心 傅嘉德

随着教育技术现代化的发展,"互联网+"成了教育界关注的热点之一,一时间电子触摸屏白板取代了黑板,iPad取代了课本,互联网走进了师生之间、生生之间的学习空间,一场新的课堂教学革命正在悄然兴起。但我们不能只在技术上进行革命,还必须关注内容和方法的革命,用现代化的手段去提高本学科的学习效率。

一、不能让"互联网+"绑架语文教学

"互联网+"无论是在内容上还是在手段上,都将是对传统教育的挑战,在接受挑战的同时,我们还必须对语文教学的特点、功能和作用有一个准确的认识,不能只顾追风而迷失了语文教学的方向。

1. "互联网+"和人工智能不能替代学生的阅读

自古以来,语文教学并不以传授知识为主要任务,语文学习就是多读多写。阅读也并没有多少技巧可言,由阅读数量积淀而成阅读经验和语文修养,不是一个个知识点的叠加,也不能用任何手段替代。古代启蒙阶段读《三字经》《千家诗》《朱子治家格言》等书,之后便按照朱熹的要求,"先读《大学》,以定其规模;次读《论语》,以定其根本;次读《孟子》,以观其发越;次读《中庸》,以求古人之微妙处"[1]。接着读"五经"及诸子百家、《楚辞》《乐府》与汉魏六朝赋、唐诗、宋词、元曲及《古文观止》《史记》《资治通鉴》《文选》等一系列诗文,方法就是读与背。这样的阅读,文史哲有机结合,道德文章融于一体,对学生语文能力的培养和人文素养的提高起着潜移默化的作用。如巴金所说,"我仍然感谢我那两位强迫我硬背《古文观止》的师塾老师。这两百多篇古文可以说是我真正的启蒙先生。我后来写了二十本散文,跟这个启蒙先生很有关系"[2]。古代只是读经而不学其他科目,所以读书的量很大,而民国时期,学生在学数理化英语等科目的情况下,仍然会读大量的书。国学大师钱穆任教于苏州中学时,在1930年与沈颖若等人制定了苏州中学《国文程纲要》,高中国文的目标是"使学生明了中国文学源流及各种文字体裁之大概。增进其自由发表及记述的技能。培养欣赏中国文学名著的能力。继续指导课外阅读使学生

---

[1] 朱熹.大学[M]//黎靖德.朱子语类(卷十四).王显贤,点校.北京:中华书局,1986:49-50.
[2] 巴金.谈我的散文[J].作文升级,2009(8).

明了中国学术思想变迁的大概,并养成自动研究国学的基础"①。其中"学术文"须阅读胡适的《国学季刊发刊宣言》、梁启超的《治国学的两条大路》和《戴望颜先生传》、朱熹的《大学章句序》、司马迁谈论六家要旨及《论语》《庄子》《老子》共23种。"国学概论"须阅读孔子与六经、诸子学之流变、秦人之焚书坑儒、两汉经学、晚汉之新思潮、魏晋清谈、隋唐之佛与翻译及经学注疏、宋明理学、清儒考证学、最近期之学术思想这10种。② 这样大量的阅读是今天的语文教学无法企及的。如今,互联网等现代技术可以将纸质化阅读变为数字化、视听化阅读,如网络在线阅读、手机阅读、电子阅读器阅读、光盘阅读等,但这改变的只是阅读的方式,并不能取代人们的纸质阅读,况且纸质书所承载的文化意义更是各类电子阅读器无法企及的。网络广播电台也有大量的小说、诗歌、历史、文化等有声书籍,但听与读是有区别的,听适合于一般的小说或消遣类书籍,入耳则未必入心;阅读是用眼睛接受信息,注意力更加集中,精彩之处可以停下来细细品味,也可以浏览、略读和跳读。如果学生只是一味地去听书,他们的阅读理解能力必然会下降。

2. 读书须整体把握,快餐化与碎片化的阅读不能代替整本书的阅读

读整本书既是生活和语言的积累,也是思维历练和思想提升的过程。作品中一个个鲜活的生活场景,一幅幅风格迥异的时代画卷,以及不同年代、不同作家的个性化语言范式,是语言实践活动的范本。读书要整体把握,否则不能够了解作品的全貌,读书更要自我内化,融会贯通才能学以致用。古代读书功利性十分明显,但也讲究融会贯通。明代以后,科举考试"专取四子书及《易》《书》《诗》《春秋》《礼记》五经命题试士"③,所以"四书""五经"也就成了学子们的必读教材。但是,那些得中功名者,除了其他因素之外,他们能把书读"活"是一个很重要的原因——死读书是没有出路的。到了近现代,我们的前辈们更是重视读书的融会贯通和学以致用。钱穆等先生在苏州中学《国文学程纲要》中要求高二结束以后,学生既要具备"国学基础",还要有"学术研究之观念",因此,高三国文的教学目标是:"学生能于课外各阅读物中所得之中国古今学术思想之变迁大概,做系统整理,并确能于整理中,做出句读之标点,有新颖之批评,并能留意前人考证之未发义、未确义为余事。"④也就是说,高年级的学生除了读好《国文学程纲要》那些规定的书之外,要在"课外"阅读中有"所得",并能"整理"发现"前人""未发或未确"的观点、材料或题目,提出"有新颖之批评",还要把它作为自己的"余事"(业余爱好)。这是钱穆先生竭力推行的读书方法,对学生未来发展的影响不可估量。现在有不少教师为了应付高考,在"互联网"的名义下,用看图片、看电影和电视剧等手段来代替读原作,或者读一些名著的故事梗概、片段节选、人物简介,这种快餐化与碎片化的阅读并不是语文阅读的本意。

3. 阅读需要沉入文本而不是靠现代技术花样翻新

汉语是音、形、意结合且偏向于感悟和体验的语言,字词句中感性的审美功能与理性

---

① 金德门.苏州中学校史[M].苏州:苏州大学出版社,1999:122.
② 金德门.苏州中学校史[M].苏州:苏州大学出版社,1999:122.
③ 张廷玉,等.明史[M]//选举志(卷七十).北京:中华书局,1974:1693.
④ 金德门.苏州中学校史[M].苏州:苏州大学出版社,1999:122.

的信息传递功能是结合在一起的。因此,语文学习是一种特殊的认知方式,它是由语言感受而获得审美体验的思维过程,要重视体验和感受的过程。有人教杜甫的《春望》,让学生用 iPad 查百度中的杜甫和《春望》,讨论是什么原因使得诗人的心情非常悲伤。最后得出结论,是"安史之乱"所致。这显然违背了语文学习的规律。读诗要从语言入手,"国破山河在"中的"破"字,在视觉上,给人以破损的形象感受,诗人用来形容国家的破碎,让人心惊胆战。在音韵上,"破"是仄声,读来喷发而出,似破碎之声爆发。"山河破碎"这一形象还可以从纵向或横向铺开,引发我们无限的联想。抛弃了这个活生生的形象去讲"安史之乱",就失去了读诗的趣味。优秀作品的内蕴是丰富的,它所引起的阅读感受往往是多样的,而学生的生活经验、思想认识、性格爱好等各不相同,他们对作品的体验或领悟就可能不同,教师既要尊重他们,也要对他们加以引导。但是,绝不是简单地让学生去用 iPad 查阅资料,这样会养成思维依赖的习惯。

二、不断探究"互联网+"的工具作用

互联网等现代教育手段是教学的辅助工具。所谓辅助工具是辅助进行某项任务、某项操作或完成某件事时所需要使用的工具。这些工具可以使操作过程变得更加简单、便捷。互联网、人工智能在语文教学中的作用就是帮助学生更好地学习、帮助教师更有效地教学,但是这些工具的先进性并不能代表学习与教学的先进性。我们不可以因互联网、人工智能等现代化的工具而抛弃语文学科自身的特点,更不能以给语文学习划分"边界"为由,将语文分解成一个个的知识点、训练点,对学生进行机械化的训练。

1. "私人订制"与"泛阅读资料库"

基于移动互联网模式下的教育,其最大的优势是能够实现老师与学生之间一对一个性化的教学,正如比尔·盖茨所说,要改变这一点,计算机和移动设备必须致力于提供更多个性化的课程并提供有启发性的反馈①。

对语文教学而言,为学生"私人订制"阅读资料库与建立适合于所有学生使用的"泛阅读资料库"是值得推荐的方法。

"私人订制"是指给学生提供个性化的学习链接,它是课堂学习和纸质阅读的延伸与补充。教师可根据不同学生的阅读需要,制订出个性化的阅读方案,因人而异,因学习任务群而异,定期"推送"不同类型的文本。数量可多可少,难度可深可浅,文本内容可以是同一类型的,也可以是不同类型的;可以是同一个作家的不同作品,也可以是不同作家甚至是不同民族、不同国别作家的作品。这些作品不仅能让学生产生阅读共鸣,也能让他们在举一反三之后,获得某种灵感。这样的"订制"是多元化、个性化的,以精要、精品为原则。要反对阅读课文之前学生通过网络接收教师发来的视频讲座、电子学案等资料进行所谓的"自主学习",这样会给学生的阅读造成先入为主的印象,影响他们自主探究的思

---

① 沃尔特·艾萨克森.史蒂夫·乔布斯传[M].管延圻,魏群,余清,等,译.北京:中信出版社,2011:398.

维走向。尤其要抵制那些试题式的电子学案,那些学案将一篇篇鲜活的课文变成了一道道僵死的题目,破坏了阅读的原始意义,严重影响了学生阅读的积极性。

换一个角度看,学生对自己的阅读期待和学习中遇到的问题,比教师更为清楚,"泛阅读资料库"就给学生的自主阅读提供帮助。其特点是"泛",资料丰富,内容庞杂,包括跨学科领域的各项内容,让学生获得更宽的阅读视野。当然,他们还可以在互联网这一更大的海洋中获取他们需要的各种资料。善于在海量的资料中找到适合于自己的阅读材料,善于辨别材料的"有意义"与"无意义",善于在众多材料的比较中获得启发,这是阅读教学的新要求。

2. "同伴交流"与"精准指导"

读书的要义在于融会贯通,否则读得再多也收效不大,师生之间、生生之间的讨论可以缩短学生融会贯通的进程。班级授课制使得《论语·侍坐章》中呈现的师生间的平等、酣畅的讨论成了奢想,而借助互联网则可以使这种教学成为常态。学生阅读中遇到的困惑、对作品的解读和质疑,可随时交流,不受时间和空间约束;甚至可以开放讨论的平台,寻找更多的学习伙伴一起探讨。此时,教师要阻止外来人员的"无意义入侵",更应该及时"推送"一些相关的评论文章,把学生的思维引向更高的层次。当然,这样的"推送"一定是在学生有了自己的阅读感悟之后。

在现代科技飞速发展的今天,现代传播媒介逐渐扩大了人们交际的范围,"第二媒介时代"的到来,也使得原来少数人对多数人的单向传播,变成了去中心化的、多向的传播。每一个公民既是受众,也可能是传播者,媒体变得个人化了。为了适应这样的现代生活,语文教学要培养学生批判性地接收和解码影视、广播、网络、报刊及广告等媒介信息的能力,也要培养他们在不同场合简洁、顺畅、得体表达的能力。为此,PISA(Program for International Student Assessment,国际学生评估项目)考试也对包括博客、网络论坛、电子报在内的电子阅读素养进行了评估,我们也应该借助SNS(Social Networking Services,社交网站或社交网)、微博、微信等工具培养学生的网络阅读与表达的素养。

此外,大数据分析可以帮助教师及时并精准地发现学生在个体学习过程中遇到的共性和个性问题,进而通过网络平台,对学生实施精准化的学习指导。精准化指导重视学生深度特征的获取和指导的高度精准性,与传统的泛化指导相比更具针对性。大数据的科学分析和教师经验性的准确判断,是实施精准指导的体系保证,个别化、多层次、多样式的交流是基本手段,把握好学生个体发展的多态性特征,以形成精准的判断,并实施精准的"靶向"指导是关键,这是传统课堂难以做到的。

3. "未来教室"与"同课异学"

"未来教室"有高清摄像头和话筒,可以对教学过程进行录像,还可以将现场视频同步传输,实现优质资源的有效共享。可现在的交流还只是停留在教师之间"同课异构"的观摩层面,我们应该更多地去关注"同课异学"的辐射效应。"未来教室"能让学生在同一时间、不同空间听课,也可以让他们在不同时间和不同空间听课。学生听完自己任课教师的课后听一听其他教师的课,定会获得新的体验,产生"异学"效应。如果学生对课堂教学还存有未能解决的问题,就可以回放这些教学录像,以寻找问题的症结,这是"反刍"效应。有了这两个效应,一堂课的原生价值将被大大超越。但前提是把好课的质量关,把真正的好课拿出来交流,否则其负面影响也不容小觑。

互联网技术改变了教育环境和教育方式,但是并不会改变教育的本质与功能、教育的基本规律和学科特点。我们大可不必抛弃书本去追赶时髦,而是要与专业技术人员一起去研究互联网技术与语文教学的最佳契合点,开发出既适合学生自主学习,又具有语文教学特点的教学资源与网络学习资源。

略论幼儿教学的跨界问题

苏州科技大学教育学院　王玲玲

幼儿教育有不同的领域和内容,而这些领域往往是由同一位幼儿教师任教的。因而,幼儿教师的思维会经常游走于各领域之间。在具体的教学活动中,也就比较容易产生"跨界"的问题。有人认为,跨界是幼儿教学的严重缺点,并提出了幼儿教学的"不跨界原则",或"守界原则"。在幼儿教育的教学研讨活动中,我们经常看到把是否跨界作为评课的重要参数,甚至有人主张若跨界就一票否决。在具体的讨论中,对于什么是跨界,跨界的具体表现,某种教学现象、某一教学环节、某一教学内容是否跨界,经常会发生争议甚至争执。在给幼师专业学生上课时,或是在幼教培训中,也经常会有学生或学员和笔者讨论这方面的问题。看来,我们有必要对"跨界"问题进行理论的研究和实践的探讨。

一、跨界的合理性

任何事物都有其规定性。人类的实践活动更应当有明确的规定性,以便使实践活动卓有成效。教学包括幼儿教学同样如此。教育部《3—6岁儿童学习与发展指南》规定了幼儿学习与发展的五大领域:健康、语言、社会、科学、艺术,而且规定了每个领域的主要内容。例如,语言领域的主要内容是"倾听与表达"和"阅读与书写准备",艺术领域的主要内容是"感受与欣赏"和"表现与创造"。因此,幼儿教学自当中规中矩,该教什么就教什么。总不能信马由缰说到哪儿是哪儿,或想到哪儿就说到哪儿。总不能把语言课上成科学课,把科学课上成艺术课,或前半堂课是艺术课后半堂课是科学课。幼儿教学的活动课也是这样。

然而,世界本来就是浑然一体的。事物的分类或分解只能是且永远是相对的。

同时,各类事物之间的关系并非都是并列的全异关系,更多的是交叉关系。犹如一种网状结构,线条之间纵横交错,你中有我,我中有你。网络上的任何一个点,既属于这条线,又属于那条线,既是你,又是我。例如,"青年教师",既是"青年",又是"教师";"石桌"既属于"石头",又属于"桌子";"经济法"既是"经济",又是"法"。幼儿学习和发展的领域同样如此。有关健康的科学知识,既属于"健康"领域,又属于"科学"领域;有关科学的儿歌,既是科学,又是语言。各领域之间往往是你中有我、我中有你。因此,幼儿教学的跨界,在本质上是不可避免的、合理的。

为了具体地说明问题,这里不妨以一首歌谣为例:"小朋友,起得早,到室外,做做操,踢踢腿,弯弯腰,天天锻炼身体好。"这首歌谣,健康领域的教学活动可以用,因为该歌谣旨在启发引导幼儿健身,养成良好生活习惯。语言领域的教学活动可以用,因为其中有不少语言运用的规律。比如节奏,三字的短句体现了节奏的明快;连着几个三字句,体现了节奏的齐整;最后一个长句,体现了节奏的舒缓、从容不迫;长短变化,体现了节奏的错落。再如叠音词,不仅可以表达重复的语义,而且语感亲切又灵动,"做做操,踢踢腿,弯弯腰",如果说成"做操、踢腿、弯腰",那是很生硬的。又如押韵,"早""操""腰""好"都是韵脚,在说歌谣的过程中,幼儿可以感受到祖国语言的美妙。一堂健康教育课,我们不能因为采用了歌谣而批评其跨界到了语言领域;反过来,一堂语言课,我们也不能因其采用的歌谣是健身的内容而指责其跨界到了健康领域。

二、主动跨界

幼儿教学活动的跨界,不仅是不可避免的、合理的,而且是有益的。这益处就在于融会贯通、整体发展。因此,教师在教学活动中不仅应当打消跨界的顾虑,而且应当以积极的态度主动跨界。主动跨界,就是整合,就是综合发展、整体发展。如果说分析性思维是现代文化的重要特征,那么综合思维就是后现代文化的重要特征。综合发展或整体发展已经成为崭新的教育观念,并且已经体现在课程、教材、教学的众多层面。

教育部颁发的《幼儿园教育指导纲要(试行)》在规定幼儿学习发展五大领域的同时,明确指出:"幼儿的学习是综合的、整体的。在教育过程中应依据幼儿已有经验和学习的兴趣与特点,灵活、综合地组织和安排各方面的教育内容,使幼儿获得相对完整的经验。"南京师范大学出版社先后出版了由国内一流专家领衔和上百位幼儿教育骨干教师编纂的"幼儿园整合课程"丛书和"幼儿园渗透式领域课程"丛书。在教材层面,一些相同的教学内容或教学资源出现在不同领域的教材。例如儿歌《小熊过桥》,就同时出现在中班的语言课教材和大班的音乐课教材中。在教学层面,一些优秀的幼儿教师主动地增强教学内容或教学方式的渗透性。

我们来看看《小熊过桥》的教学案例。

小熊过桥

小竹桥,摇摇摇,有只小熊来过桥。
立不稳,站不牢,走到桥上心乱跳。
头上乌鸦哇哇叫,桥下流水哗哗笑。
"妈妈,妈妈,快来呀!快把小熊抱过桥。"
河里鲤鱼跳出来,对着小熊高声叫:
"小熊,小熊,不要怕,眼睛向着前面瞧。"
一二三,走过桥,小熊过桥回头笑,鲤鱼乐得尾巴摇。

杭州赵永芳老师在中班语言活动课中的教学目标主要是:欣赏儿歌,学习有节奏地朗诵儿歌。教学的主要方式是朗诵,从教师示范,到教师领诵,再到幼儿朗诵。整合因素有配乐、表演,通过音乐的旋律和表现的动作,强化了3-3-4-3和4-3-4-3的节奏特点。苏州朱丽叶老师大班音乐课的教学内容:一是引导幼儿唱出歌曲中2/4拍和3/4拍的不同节拍,二是引导幼儿在歌曲表演中运用脸部表情和肢体动作与他人交往。唱歌,把握节拍、脸部表情和肢体动作,本来是艺术领域的内容,而与他人交往则是社会这一领域的内容。朱老师将社会领域的因素整合到音乐课中,既促进了幼儿的交往意识,更是将艺术促进与和谐人际关系的社会功能潜移默化地渗透给孩子们。同一首儿歌可以用于不同领域的教学,这本身就是跨界的表现。而在不同领域的具体教学中,又可以有不同的跨界整合。

三、跨界而不越界

跨界具有合理性和积极意义,并不意味着幼儿教学的随意性,也不意味着幼儿教学可以放弃幼儿学习和发展各领域本身的规定性和规范性。因为每一个领域毕竟都有其独特的内在规律,有其独立的教育目标。幼儿教学应当"跨界而不越界"。这里有质、量、度的规定性及其辩证关系。"跨界"是某一领域的教学与其他领域有相同的因素,或是将其他领域的因素整合到自己的领域,在本质上是该领域的教学。而"越界"则是由这一领域跑到其他领域去了,或者说发生了质的变化,变成了其他领域的课,而不再是本来领域的课。正是:"真理再前进一步便成了谬误。"

伴随着后现代文化和后现代课程观所崇尚的整合对教育的促进,教学中的越界也成了常见的消极现象。例如中小学的语文教学,当教师滞留于文本的语言形式让学生不厌其烦地讨论文本的文化内涵时,语文课就成了政治课、思想品德课、科技常识课,或是泛文化课。当音乐、美术、表演或视频等整合因素成为语文课堂主体的时候,语文课就成了音乐课、美术课或别的什么课。教《一次大型的泥石流》,主要的教学方式是看科教片《泥石流》,语文课也就不再是语文课,而是科普课。教《中国石拱桥》,留的作业是"为家乡设计一座拱桥",教师是把语文课当作桥梁专业的设计课了。这种越界的教学现象在幼儿教育中同样存在。例如语言课的《小熊过桥》,有的教师自制了小木桥,上课时让孩子在小桥上体会摇晃的感觉;教学过程中,让学生欣赏小熊的头饰和小熊过桥的挂图,戴上头饰表演小熊过桥。就是不诵读或很少诵读《小熊过桥》的儿歌。于是语言课也就不是语言课了。

在幼儿教学中要做到跨界而不越界,关键在于认清和处理好目标与手段的关系。例如语言课《早操歌》的教学。既然是语言领域的课,那么教学目标就是语言的习得,其具体目标就应当是体会押韵、节奏、叠音的优美,因此,教学的主要方式就应当是说歌谣或唱歌谣。为了让孩子们更好地体会歌谣的节奏,可以将音乐和肢体动作等艺术领域的因素整合进来;为了让孩子们更好地理解歌谣的意义,可以让他们简单地说说做早操的体会,这是将健康领域的因素整合进来。这就是跨界。但是,如果你确定的教学目标是"通过《早操歌》的学习,认识做早操的意义",那就不是语言课,而是健康课了。如果你在课堂上用很长时间让全体小朋友做操或讨论做操的好处,就是不好好地说歌谣或唱歌谣,即使你没有确定上述教学目标,也是健康课而不是语言课了,因为你在客观上将健康作为教学目标了。

分清主次也是坚持不越界的重要方法。打个比方，以记叙为主的文章叫作记叙文，以议论为主的文章叫作议论文。这就是根据主次来把握事物的方法。记叙文的写作，除了用记叙的表达方式外，还可以用甚至需要用议论的表达方式，这叫作夹叙夹议，这是更高级的记叙文写作能力。议论文的写作，也可以或也需要记叙，因为议论文需要事实论据。但是如果你用写记叙文的方法来写议论文中的事实论据，从而使得记叙多于议论，记叙成了主要的表达方式，那就不是议论文了。幼儿教学同样如此，那就是看整合进来的其他领域的元素在整个教学过程中是主要的还是次要的，是占据了主导地位还是辅助地位。其他元素为辅，是次要的，就是跨界；其他元素成了主要元素甚至主导元素，那就是越界了。例如同样是儿歌，语言课上就应当以说为主，不妨伴以音乐；音乐课就应当以唱为主，也不妨在某个阶段说说。

"看山是山，看山不是山，看山还是山。"人们借此来说明认识和把握事物的过程与阶段。其实第一个阶段看山只是山；第二个阶段看山不仅是山；第三个阶段看山主要是山。对幼儿教学的认识同样如此。第一个阶段把握事物的规定性，但有较大的局限，不敢跨界；第二个阶段敢于跨界，甚至主动跨界，但有时难免越界；第三个阶段，跨界而不越界，是谓胸有成竹，得心应手。

语文核心素养之间的共生关系

江苏省苏州中学　黄厚江

近期以来,对备受关注的语文核心素养这个话题,新修订的高中语文课程标准(送审稿)似乎给出了一个比较明确的说法:"语文素养是学生在积极的语言实践活动中积累与构建起来,并在真实的语言运用情境中表现出来的语言能力及其品质;是学生在语文学习中获得的语言知识与语言能力,思维方法和思维品质,情感、态度与价值观的综合体现。语文学科核心素养是指语文素养的核心要素和关键内容,主要包括'语言建构与运用''思维发展与提升''审美鉴赏与创造''文化传承与理解'四个方面。"尽管这个说法未必能够成为定论,而且可以肯定地说还会有人提出许多不同的说法,我们认为至少可以说这是对前一阶段讨论的一个"交代"。而且我们相信,后一阶段人们关注的焦点更多的是对这种说法本身的理解及它的实践体现。因此,本文试图从课程实践的角度谈谈对四大核心素养之间关系的思考。

一、四大核心素养之间不应该是这样的关系

1. 不是简单的叠加关系

我们担心,提出这四个核心素养的概念之后,就像当年对待三维目标一样,有些语文课的教学目标便会简单罗列,一是什么素养,二是什么素养,三是什么素养,四是什么素养,文本解读也会按照这四个核心素养对号入座地进行解剖;我们更担心课堂教学按照这四个核心素养一一去落实,把语文课搞成一个四个核心素养的拼盘,甚至都能说得出每一个步骤是针对什么素养目标的。

2. 不是简单的交叉关系

也会有人以为,既然不是简单的相加,那么就应该是相互之间的交叉和穿插。在"语言建构与运用"中穿插"思维发展与提升""审美鉴赏与创造""文化传承与理解",在"思维发展与提升"中穿插"语言建构与运用""审美鉴赏与创造""文化传承与理解",在"审美鉴赏与创造"中穿插"语言建构与运用""思维发展与提升""文化传承与理解",或者在"文化传承与理解"中穿插"语言建构与运用""思维发展与提升""审美鉴赏与创造"。这样的所谓穿插其实仍然是一种叠加,仍然是对四个核心素养割裂的理解,只是把四个核心素养的拼盘搞成了"三明治"或者"四明治",最多就是做南瓜米饭或胡萝卜稀饭。

3. 不是简单的主次关系

长期以来,人们对语文核心素养始终存在不同的观点,有人以为主要是"语言建构与

运用",有人以为主要是"思维发展与提升",有人以为主要是"审美鉴赏与创造",有人以为主要是"文化传承与理解"。尽管现在提出四个核心素养,说明它们都重要,有些人的心结很可能并没有全部打开,仍然会认为其中某一个素养更为重要,在具体教学中把它作为最主要的素养放在突出的位置,而其他的素养则淡化处理,甚至置之不理。其实,即使并不简单放弃,只要有所谓主次,就还是将四个核心素养割裂开来理解的。

4. 不是简单的平等对待

有人也会以为既然四个核心素养没有主次,那么就应该是同样重要,于是在教学里平均用力,有的课会大搞"语言建构与运用",有的课会大搞"思维发展与提升",有的课会大搞"审美鉴赏与创造",有的课会大搞"文化传承与理解"。某种意义上说,这似乎有一定道理。但我们以为这仍然是对四个核心素养关系的错误理解,至少是肤浅的理解。如果语文课淡化了"思维发展与提升""审美鉴赏与创造""文化传承与理解",去大搞"语言建构与运用";或者淡化了"语言建构与运用""审美鉴赏与创造""文化传承与理解",去大搞"思维发展与提升";或者淡化了"语言建构与运用""思维发展与提升""文化传承与理解",去大搞"审美鉴赏与创造";抑或淡化了"语言建构与运用""思维发展与提升""审美鉴赏与创造",大搞"文化传承与理解",都不是正常的状态。其实质还是将四个核心素养互相割裂的理解。

二、四大核心素养之间应该是以"语言建构与运用"为基础的相融共生的关系

1. 为什么说一定是以"语言建构与运用"为基础呢?

最新版的《普通高中语文课程标准(送审稿)》明确指出:"语言建构与运用是语文核心素养的重要组成部分,也是语文素养整体结构的基础层面。在语文课程中,学生语文运用能力的形成、思维品质与审美品质的发展、文化的传承与理解,都是以语言的建构与运用为基础,并在学生个体言语经验的建构过程中得以实现的。"(据我们所知,这是最新送审稿新加内容)。强调"语言建构与运用"是语文素养整体结构的基础层面,并不是说它特别重要,而是说其他三者都是在"语言建构与运用"实现的过程中实现的,缺少了"学生个体言语经验的建构过程",思维品质与审美品质的发展、文化的传承与理解便无法得以实现。似乎"思维发展与提升""审美鉴赏与创造""文化传承与理解"在语文课程之外都有着丰富的内涵与广阔的空间,但缺少了"语言建构与运用"的"思维发展与提升""审美鉴赏与创造""文化传承与理解",都已经不再是语文课程范畴内的"思维发展与提升""审美鉴赏与创造""文化传承与理解"了。

从课程标准对四个核心素养的描述中也很容易可以看出"语言建构与运用"是四个核心素养相融共生的基础。课程标准指出:"语文素养是学生在积极的语言实践活动中积累与构建起来,并在真实的语言运用情境中表现出来的语言能力及其品质;是学生在语文学习中获得的语言知识与语言能力,思维方法和思维品质,情感、态度与价值观的综合体现。""在积极的语言实践活动中积累与构建起来""在真实的语言运用情境中表现出来的""在语文学习中获得的",这样的限制性表述,很清楚地强调了四个核心素养中"语言

建构与运用"是基础,其他三个核心素养都必须在"语言建构与运用"实现的过程中得以实现。课程标准在具体表达四个核心素养中的其他三个核心素养时分别是这样表述的:"思维发展与提升是指学生在语文学习过程中,通过语言运用,获得的直觉思维、形象思维、逻辑思维和创造思维能力的发展,以及思维的深刻性、敏捷性、灵活性、批判性和独创性等思维品质的提升。""审美鉴赏与创造是指学生在语文学习中,通过审美体验、评价等活动构建起来的审美意识、审美情趣与鉴赏品位,以及在此过程中逐步掌握的表现美、创造美的能力。""文化传承与理解是指学生在语文学习中,继承中华优秀传统文化,理解、借鉴不同民族和地区文化的能力,以及在语文学习过程中表现出来的文化视野、文化自觉意识和文化自信态度。"四个"在……中"和"通过语言运用"等修饰限制明确表明,语文核心素养中的"思维发展与提升""审美鉴赏与创造""文化传承与理解",不是一般意义上的"思维发展与提升""审美鉴赏与创造""文化传承与理解",是融合在"语言建构与运用"的过程之中的,"语文学习过程"和"语言运用的过程"是提高"思维发展与提升""审美鉴赏与创造""文化传承与理解"三个核心素养的必然途径。

2. 为什么说四种核心素养是相融共生的关系呢?

这从课程标准的表述中,也能找到非常明确的答案。课程标准在描述"语言建构与运用"时说:"语言建构与运用是指学生在丰富的语言实践中,通过主动的积累、梳理和整合,逐步掌握祖国语言文字特点及其运用规律,形成个体的言语经验,在具体的语言情境中正确有效地运用祖国语言文字进行交流沟通的能力。"很显然,"祖国语言文字特点"中既蕴含着审美,也包含着"文化传承与理解"。它还要求:"积累丰富的语言材料和言语活动经验,形成良好的语感;在已经积累的语言材料间建立起有机的联系,理解、探索、掌握祖国语言文字运用的基本规律。""建立起有机的联系","理解、探索、掌握祖国语言文字运用的基本规律",这里必然包含有"思维发展与提升"。它又说:"能将具体的语言作品置于特定的交际情境和历史文化情境中理解、分析和评价。"这里必然有"文化传承与理解",也必然有"审美鉴赏与创造"。在对"思维发展与提升"的描述之中要求:"获得对语言和文学形象的直觉体验;在阅读与鉴赏、表达与交流、梳理与探究活动中运用联想和想象,丰富自己对现实生活和文学形象的感受与理解,丰富自己的经验与语言表达。"这里有语言建构与运用,也有审美鉴赏与创造。"能够辨识、分析、比较、归纳和概括基本的语言现象和文学形象,并能有理有据地表达自己的观点和阐述自己的发现;运用基本的语言规律和逻辑规则,分析、判别语言,准确、生动、有逻辑地表达自己的认识;运用批判性思维审视语言作品,探究和发现语言现象和文学现象,形成自己对语言和文学的认识。"这里有语言建构与运用,也有审美鉴赏与创造,更有"思维发展与提升"。在对"审美鉴赏与创造"的表述中要求,"感受祖国语言文字独特的美,增强热爱祖国语言文字的感情",这里是对"审美鉴赏与创造"的要求,也是对"语言建构与运用"的要求,同时也有对"文化传承与理解"的要求。"能运用祖国语言文字表达自己的审美体验,表达自己的情感、态度和观念,表现和创造自己心中的美好形象;讲究语言文字表达的效果及美感,具有创新意识。"这里包含了"语言建构与运用",也有"文化传承与理解"。同样,在对"文化传承与理解"的描述中,"通过祖国语言文字运用的学习,体会中华文化的博大精深、源远流长,增强文化自信,理解、认同、热爱中华文化,继承、弘扬中华优秀传统文化","通过语言文字作品的学习,尊重和包容、初步理解和借鉴不同民族、不同区域、不同国家的文化,吸收人类文化的精华",这里有语言建构和运用,更有审美理解和创造。很显然,四个核心素养之间是你中有我,我中有你,相互融合,无法剥离的;更重要的还是互相促进、相得益彰的共生关系。

三、语文教学实践中如何实现以"语言建构与运用"为基础的四个核心素养的共生

1. "语言建构与运用"为"思维发展与提升"提供载体和平台,"思维发展与提升"使"语言建构与运用"更加丰富和理性

课标指出:"思维发展与提升"是指学生在语文学习过程中获得的思维能力发展和思维品质的提升。一般来说,思维能力包括理解力、判断力、推断力和想象力等基本思维能力,思维品质是指人在长期的思维活动中提炼和积淀而形成的比较稳定的思维素养,包括逻辑性、深刻性、灵活性、敏捷性、批判性和创造性等思维特点。所谓理解力是对某个事物或事情的认识、认知、转变过程的能力,也是对已经掌握的知识领悟接受的能力;所谓判断力是通过选择和抉择的形式将其价值观付诸事件的性格体现能力,指对事物的性质做出判断的能力;所谓推断力是指根据已知事实或条件推断出相关结果的能力;所谓想象力是指在已有形象的基础上,在头脑中创造出新形象的能力。思维的逻辑性是指能够按照思维的规律进行思维,思维过程中概念清晰,定义准确,推理合理;思维的深刻性集中表现为善于概括归类,逻辑抽象性强,善于抓住事物的本质和规律,善于预见事物的发展进程,能开展系统的理解活动;思维的灵活性是指思维活动的灵活程度,主要指善于从不同的角度与方面思考问题,能较全面地分析、思考问题,解决问题;思维的敏捷性是指思维流畅迅速、灵活多变,能在短时间内对问题做出正确的判断;思维的批判性是指个体对知识的过程、理论、方法、背景、论据和评价知识的标准等做出自我判断的思维品质;思维的创造性是指能够运用超出常规的思维方式进行思维,有人称之为任意性思维。

人类究竟用什么方式思维? 思维和语言到底是什么样的关系? 对于这些问题,至今仍存在许多不同的观点。很多人主张从语言和思维的关系把人类思维分为语言思维与非语言思维两种形式。

毫无疑问,语言思维中思维和语言有着紧密的联系。那么两者是什么关系呢? 对此又存在两种观点:"等同说"和"分离说"。"等同说"认为,语言与思维是合而为一、不可分离的,即没有语言的思维和没有思维的语言都是不存在的。"分离说"认为语言与思维是分离的,思维可独立于语言之外,语言并非思维所不可缺少的元素。

一般认为,语言思维又包括了自然语言思维、特殊语言思维和形式语言思维。自然语言思维是现代人类进行思维的最重要手段。这里的自然语言思维指的是除特殊语言之外的语言思维,是一种用内化语言处理概念的过程。除自然语言思维外,人类也借用一些特殊的语言进行思维,如手语和盲文,对于特殊人群而言,它们在功能上几乎和自然语

言一致。形式语言专指构造数学与逻辑学等学科的形式化符号系统,有数字、逻辑符号、计算机语言等,建立在这些人工形式符号之上的思维,统称为形式语言思维。非语言思维又可以分为形象思维和副语言思维。所谓形象思维,就是把各种感官所获得并储存于大脑的客观事物形象的信息,运用比较、分析、抽象等方法,加工成为反映事物的共性或本质的一系列意象,并以这些意象为基本单位,通过联想、类比、想象等形式,形象地反映客观事物的内在本质和(或)规律的思维活动。副语言思维在人们的非语言交际中大量存在。人们通过可以传递信息的面部表情、手势及其他身体动作构成的身势语进行的交际,便是一种非语言交际。

毫无疑问,语言思维中的自然语言思维和非语言思维中的形象思维是思维的主要形式。从语文教学的立场看,它们也是实现"语言建构与运用"和"思维发展与提升"二者互动共生的主要领域。可以说,语言思维中的自然语言思维能力的培养离开"语言建构与运用"则无法进行。因此课标要求:"能运用基本的语言规律和逻辑规则分析、判别语言,有效地运用口头语言和书面语言与人交流沟通,准确、清晰、生动、有逻辑地表达自己的认识;能运用批判性思维审视言语作品,探究和发现语言现象和文学现象,形成自己对语言和文学的认识;能自觉分析和反思自己的言语活动经验,提高语言运用的能力和思维的深刻性、灵活性、敏捷性、批判性、独创性。"而形象思维也不得不借助"语言建构与运用"的过程得以实现。因此,课标要求:"通过本课程的学习,学生能获得对语言和文学形象的直觉体验;能在阅读与鉴赏、表达与交流、梳理与探究活动中运用联想和想象,丰富自己对现实生活和文学形象的感受与理解,丰富自己的经验与语言表达;能够辨识、分析、比较、归纳和概括基本的语言现象和文学形象,并能有依据、有条理地表达自己的观点和发现。"

很显然,尽管理论上还有这样那样的分歧,从语文教学实践的角度看,"语言建构与运用"和"思维发展与提升"之间必然有着极其紧密的内在联系。那么两者是什么样的关系呢?我们的看法是:"语言建构与运用"为"思维发展与提升"提供载体,搭建平台,而"思维发展与提升"使"语言建构与运用"更加丰富和理性。对于前者,似乎不必进行过多的论证和说明。既然立足语文教学谈"思维发展与提升",毫无疑问,这应该主要是语言思维,不管是"等同说"的语言思维还是"分离说"的语言思维。我们应该关注的是如何在"语言建构与运用"的过程中融进"思维发展与提升",借助"思维发展与提升"使"语言建构与运用"更为理性和丰富,具有更高的品质。

而事实上,缺少"思维发展与提升"的"语言建构与运用"是当前语文教学的一个严重问题。由于缺少和"思维发展与提升"的融合,语文教学中的"语言建构与运用"的显得狭隘和逼仄,效果深受影响。有些教师的提问,或者活动组织没有明确的要求,学生的发言常常是随意发挥,最后只能是你好他好大家都好;或者是为活动而活动,看似精彩热闹,其实效果寥寥,基本没有达成"语言建构与运用"。当学生回答的问题或者所谓讨论脱离核心话题和要求,学生的观点表述互相矛盾、论证难以自圆其说、明显不合逻辑的时候,教师却视而不见、听而不闻,无动于衷,听之任之,或不能做出及时的纠正和引导。甚至有时候打着所谓培养创造性思维的幌子,违背思维的基本规律进行对话和批判,或者脱离共同话题进行抬杠式的质疑,最后陷入公说婆说、鸡说鸭说式的论辩。正是因为种种诸如此类的做法,许许多多"语言建构与运用"的活动基本没有效果甚至适得其反。

因此,我们尤其应该强调和加强研究的,是如何实现"思维发展与提升"对于"语言建构与运用"的意义和价值;如何借助"思维发展与提升"提升"语言建构与运用"的意义和价值,使"语言建构与运用"更加丰富和理性;如何在"语言建构与运用"中加强"思维发展与提升",在进行"语言建构与运用"时同步实现"思维发展与提升",真正达到"思维发展与提升"和"语言建构与运用"共生双赢的效果。

2."语言建构与运用"为"审美鉴赏与创造"提供了凭借,"审美鉴赏与创造"使"语言建构与运用"更有品位和魅力

审美素养是个体在审美经验基础上积累起来的审美素质涵养,主要由审美知识、审美能力和审美意识三要素组成。其中,审美知识是基础,审美能力是核心,审美意识是灵魂。个体的审美知识涵养主要包括进行审美活动所需要的美学知识和相关的学科知识。审美知识是个体从事审美活动所必需的,提高审美知识涵养对于提高个体的审美素养具有重要的基础性作用。审美能力是从事审美活动所必需的心理特征。没有审美能力就不可能使潜在的审美对象在意识中呈现,不可能有审美感受和审美表现,所以也谈不上任何审美活动的发生。因此,审美能力在学生审美素养的构成中处于核心地位。审美意识是一种审美的价值观念形态,在审美过程中起着意义规范和价值评判的重要作用。就个体的审美素养而言,审美意识主要是指在审美活动中涉及审美选择、判断、评价的观念意识。个体的审美意识是其世界观、人生观、价值观的有机组成部分之一,是其人生志趣与社会理想在审美方面的体现。课程标准指出:审美鉴赏与创造是指学生在语文活动中体验、欣赏、评价、表现和创造美的能力及品质。我们理解,"体验、欣赏、评价、表现和创造美的能力及品质",就是我们通常说的审美素养。

凡是审美活动都一定有所凭借。音乐的审美借助声音和旋律,绘画的审美借助线条和色彩,舞蹈的审美借助形体和动作。毫无疑问,语文教学范畴中的"审美鉴赏与创造"都是借助"语言建构与运用"进行的。

语文和审美有着天然的紧密联系,我国历来就有在语文教育中重视"审美鉴赏与创造"的传统。从汉字的创造词语的构成,从句式运用到修辞手法,从语段到篇章,从文体到思想,从先秦散文到汉代辞赋,从唐诗到宋词,从元明杂剧到清代小说,这一切为我们提供了一个浩瀚的审美宝库。即使把视野缩小到语文教材和语文课堂,无论是阅读教学还是写作教学,无论是教学内容还是教学方法、教学过程,无不是培养审美鉴赏和创造的资源。可令人遗憾的是,目前语文教学中"语言建构与运用"和"审美鉴赏与创造"这两者常常是互相剥离的,更多的时候"审美鉴赏与创造"是缺失的,其基本的表现是只见"语言建构与运用",难见"审美鉴赏与创造"。现代文的阅读教学,很少引导学生去感受汉语言的美,感受和体验语言文字作品所表现的形象美和情感美,更不用说培养学生热爱祖国语言文字的感情。哪怕是文学作品,教师眼中也只有"知识点""能力点""考点",好一点的教师,也只有所谓"语言点",独独没有"审美鉴赏与创造"。有时候,在诗歌等文学作品的教学中,看似在引导学生欣赏、鉴别和评价不同时代、不同风格的语言和文学作品,分析其思想情感和语言特点,而其实质是在硬塞给学生一个命题的答案,大讲文体的知识和解答题目的技巧,没有具体的审美体验的活动,更不能培养学生正确的价值观、高雅的审美情趣和高尚的审美品位。即使对古诗鉴赏这样审美趣味非常浓厚的教学内容,我们很多教师也将之高度技巧化,生搬硬套地让学生从语言揣摩和运用的角度掌握所谓"答题方法",大讲意象、意境、衬托、烘托、白描等鉴赏知识,甚至让学生背诵诸如比拟的作用、叠词的效果等答案要领。

作文课常常是满眼的技巧和方法,如何开头,如何结尾,如何安排结构,如何选择材料,甚至如何立意,都能归纳出一套套方法。教师研究作文教学和课堂的作文教学,就是立足于"写作文"的"写"的过程,而对作文前的过程基本全然不顾,更不用说培养学生运用祖国语言文字表达自己的审美体验。学生没有生活发现的意识,更缺少生活思考的自觉,普遍觉得生活没有东西可写,所以胡编乱造成风。甚至有教师也认为学生生活太单调,没有什么东西可写。其实根源是学生不能发现生活的"美",更缺少自己的审美体验。有些教师则脱离了"语言建构与运用"进行"审美鉴赏与创造"。有的对作品所表现的形象美和情感美大讲特讲,而不是让学生在阅读中抓住语言文字去感受和体验。有些教师虽然具有"审美鉴赏与创造"的意识,但常常是贴个标签了事,比如欣赏诗歌,先是什么音乐美,再是什么结构美,最后是情感美。其实学生得到的还只是一个个结论。

总之,脱离了"语言建构与运用"的"审美鉴赏与创造",则空洞而虚无;脱离了"审美鉴赏与创造"的"语言建构与运用",则低俗而无趣。因此,我们要好好研究"语言建构与运用"和"审美鉴赏与创造"两者的融合,探索在语文教学过程中如何通过"语言建构与运用"使"审美鉴赏与创造"更好地得到落实,如何通过"审美鉴赏与创造"使"语言建构与运用"更加丰富而具有品位。

3. "语言建构与运用"为"文化传承与理解"提供了依托,"文化传承与理解"使"语言建构与运用"更有厚度和广度

文化是一个比较复杂的概念。所以人们对文化素养的理解差异也甚大。一般认为,文化素养即文化素质,是指人们在文化方面所具有的较为稳定的内在品质,表明人们在这些知识及与之相适应的能力行为、情感等综合发展的质量、水平和个性特点。文化素质不只是学校教给的科学技术方面的知识,更多的是指你所接受的人文社科类的知识,包括哲学、历史、文学、社会学等方面的知识,通过你的语言或文字的表达体现出来,通过你的举手投足反映出来的综合气质或整体素质。更多的人认为,文化素养不仅指知识,还包括一个人的文化视野、文化眼光和文化意识。文化视野是指一个人对文化了解的广度和深度,文化眼光是指一个人评价文化优劣和进行文化取舍的能力,而文化意识是指对文化有无包容、尊重、珍惜、创造和享受的自觉。一般来说,文化素养越低,享受文化的能力也就越低。总之,就一般意义而言,文化素养和人的语文素养几乎是无法分开的。课程标准说:文化传承与理解是指学生在语文学习中,继承中华优秀传统文化,理解、借鉴不同民族和地区文化的能力,以及在语文学习过程中表现出来的文化视野、文化自觉的意识和文化自信的态度。很显然,课标的制定者所持的基本是后一种观点。对课标里的"文化视野""文化自觉""文化自信""文化传承与理解"这些概念,自然有待课标组的专家进行专业而权威的诠释,但我们以为简单明了地说,就是在语文教学中培养学生的文化素养。

自从2000年的课程标准指出"语文是文化的一部分"以来,似乎语文和文化的紧密联系就引起了人们特别的关注。无论在理论研究上还是在教学实践中,都有不少人在竭力强调和突出语文与文化的紧密联系。但不能不说,这些人常常是将文化和语文强拉硬扯到一起的多。比较普遍的做法是,在教学过程之中专门安排一个或几个非常具有"文化味"的教学活动。比如教学鲁迅的《拿来主义》,就安排一个活动让学生讨论我们应该如何对待外来文化和传统文化;教学汪曾祺的《胡同文化》,就安排一个活动让学生讨论如何看待传统文化的消逝。也有的是强拉一个文化概念来给文本或课堂贴标签。比如有教师教学孙犁的《荷花淀》,就拉来"和谐"文化解读小说;教学《兰亭集序》,则先是大谈书法文化,然后引经据典谈古今名人的生死观。另外,中西文化的互相拉扯也是一个时髦的做法。比如教学《我与地坛》,就要先把中国人的生死观说一遍,然后再列数西方人的种种生死观来与之进行比较。现在课堂上一种流行的做法就是动不动一连串古今中外的语录,看上去非常有文化也非常有学问,但到底有多少学生明白,和文本理解或写作到底有多大关系,对学生学习有多大帮助,真的不太清楚。

表面上看,文化色彩很强烈,而实质上却缺少基本的文化。教学《渔夫》这篇课文,一位教师讲解"沧浪之水清兮,可以濯吾缨;沧浪之水浊兮,可以濯吾足"居然是热爱山水,热爱自然。一位教师在引导学生抓住"举世皆浊我独清,众人皆醉我独醒"这个句子中的"众人"和"我"这两个词讨论对比手法的运用,最后的结论是"当时的人民群众还是麻木不仁的,而作者'哀其不幸,怒其不争',通过对比表现了屈原以天下为己任的强烈责任感,和要唤醒盲目民众的愿望"。这个结论有多少合理的成分,我们姑且不论。这里的"众人"是"人民群众"吗?这里真的是将屈原和民众对比吗?稍有一点文化的人就会知道这是不可能的。屈原所处的年代,恐怕还不会有人要求人民群众也能"先天下之忧而忧"。那时候"惟上智下愚而不移"的思想还是主流意识,人们只是要求"士大夫"应该以天下为己任。这里的对比毫无疑问是将屈原和其他随波逐流的士大夫进行对比。教学《逍遥游》,竟然有教师能从"北冥有鱼,其名曰鲲。鲲之大,不知其几千里也;化而为鸟,其名为鹏。鹏之背,不知其几千里也;怒而飞,其翼若垂天之云。是鸟也,海运则将徙于南冥"这一段中引发出以下几个结论对学生进行励志教育:(1)人要有远大理想;(2)要实现远大理想就要有强大的实力;(3)强大的实力来自不断的蜕变和自我升华。这是庄子的思想吗?这是《逍遥游》的主题吗?有教师教学杜牧的《遣怀》"落魄江湖载酒行,楚腰纤细掌中轻。十年一觉扬州梦,赢得青楼薄幸名",大肆渲染古代文人的生活方式,嘲笑作者生活的不检点。教学柳永的《雨霖铃》,则在思念情人还是妻子上大做文章。教学苏轼的《赤壁赋》更弄不清楚主客关系和作者的思想矛盾,虽然在介绍作者时说作者的思想是儒释道三家融合,但对作品具体内容蕴含的思想则不得要领。如此等等,可以说是文本理解肤浅庸俗的问题,其实也是文化缺失的问题。至于将古与今、中与外进行简单对比,得出古人比今人好、外国比中国好的结论,更是常见的现象。

因此,要真正实现"语言建构与运用"和"文化传承与理解"的融合,首先要提高教师的文化素养,教师自己要有一定的文化视野和文化自觉,要具备文化自信和文化包容,然后再努力在语文教学中使"语言建构与运用"和"文化传承与理解"相融共生,将"文化传承与理解"融于"语言建构与运用"之中,依托"语言建构与运用"体现"文化传承与理解",借助"文化传承与理解"使"语言建构与运用"更有厚度和广度。

语文核心素养到底是什么?目前所说的四个核心素养之间到底是什么关系?都是很复杂、理论性很强的问题。以一个普通中学语文教师的学养和学力来谈这个问题,实在力不从心,难免捉襟见肘,谨以此求教于大方之家。

《月迹》有禅意

苏州市立达中学　蒋祖霞

教学《月迹》,一般多围绕童真童趣,赞美儿童追求美好事物的情怀,表现儿童期盼美好事物以及人人都享有的纯真愿望。这样的处理与教材"童年趣事"的单元主题完全吻合,然而每次教学,都有一种意犹未尽之感。原因很简单,《月迹》中的杯中饮月、溪边寻月的趣,与双喜的月下偷豆、闰土的月下刺猹、鲁迅的百草园雪地捕鸟、沈复的鞭打蛤蟆等的趣,本质很不一样。《月迹》的娓娓叙述与描写所发散出来的童趣之中,更多地蕴含了禅理和禅趣,因此,《月迹》的表层看是童趣,内里读却有许多禅意,掩卷而思,让人幡然了悟。

作者贾平凹是受禅宗影响很深的当代作家,他喜欢在禅道文化中寻找自己的体悟。《月迹》《月鉴》《对月》《夜在云观台》等作品都体现着作家的这种追求。他说:"对于佛道,看的东西不多,看了也不全懂,但学会了'悟',他们的一些玄理常常为我所悟,悟得与人家原义相差甚远,但我满足了,反正只是悟出了对我有用的东西,便不管它原本是什么。"以此观察《月迹》,不难读到作家对佛道玄理的某些形象之"悟"。我觉得,如果不能把握这一层"悟",也就不能走进作者所构建的心灵世界。

一、月境如禅境

《月迹》的月境描写,可谓独特,清空安宁,充满诗意和灵性,处处引人展开禅道的遐想。

院门外,便是一条小河。河水细细的,却漫着一大片的净沙;全没白日那么的粗糙,灿灿地闪着银光,柔柔和和地像水面了。我们从沙滩上跑过去,弟弟刚站到河的上湾,就大呼小叫了:

"月亮在这儿!"

妹妹几乎同时在下湾喊道:"月亮在这儿!"

我两处去看了,两处的水里都有月亮,沿着河沿跑,而且哪一处的水里都有月亮了。我们都看起天上,我突然又在弟弟妹妹的眼睛里看见了小小的月亮。我想,我的眼睛里也一定是会有的。噢,月亮竟是这么多的:只要你愿意,它就有了哩。

上面的几段文字描写的是溪边寻月,从情节看是全文高潮,孩子们从院中寻到院外,世界进一步扩大,认识进一步升华,作者通过三个层次展示出这种精神提升。第一层是外,他们先在"上湾""下湾",看"两处的水里都有月亮"。接着"沿着河沿跑",无论是"哪一处的水里"都发现了月亮,经过了这番历练之后是第二层的"突然发现",每一个人眼里也都有月亮,这是内。第三层是最高层,是心。"只要你愿意,它就有了哩。"这三层,由外在到内在,从无意到有意,从不自觉到自觉,从渐悟到顿悟,写出孩子对美的发现和认识过程。

研究者都发现,这段描写其实是有来历的。

《住持禅宗语录·圆瑛江法》有云:"一月在天,影含众水,月无临水之心,水无现月之意,感应道交,法尔如是。试问此月,是一是多?为同为异?若言是一,千江有水千江月;若言是多,千江月只一月摄。若言为同,则天涯相隔;若言为异,则一相圆明。"又云:"人人自心月,无古亦无今,灵光常无昧,体性本晶莹。辉映天地,迥脱根尘,不离当处,岂假外寻。"对照《月迹》的描写,作者的水中映月、处处有月,实际上正暗合了这段禅性阐述,与"千江有水千江月,万里无云万里天"的禅境如出一辙。贾平凹妙悟此中禅意,并巧妙将"一切水印一月,一月印一切水"的禅意禅理通过形象的描绘,传达给读者,让人突然了悟。江里有水,天上有月,只要千江有水,千江上便都有月;只要人心有美,心中有爱,自可涵盖一切,光明永恒。

宋朝罗大经的《鹤林玉露》中载某尼悟道诗云:"尽日寻春不见春,芒鞋踏遍陇头云。归来笑拈梅花嗅,春在枝头已十分。"禅道认为,相由心生,宋朝某尼寻找不到美的踪迹,是由于她的内心没有觉悟。其实,《月迹》中孩子们能达到"只要你愿意,它就有了哩"这样的深度之悟,和宋朝某尼一样,不也是经过了"芒鞋踏遍"似的苦苦追寻?这个过程有"镜中月"的失望、"杯中月"的满足,亦有"院中月"的美妙、"水中月"的神奇、"眼中月"的惊喜,在这番种种历练,孩子们的心灵经过一番洗涤之后,他们克服了小己的私欲和利害计较,领悟到"心中有月,处处有月"的永恒,所以,这里的月境描写禅意浓郁,启迪智慧。

《月迹》中其他几处月境描写亦不乏禅思之妙。

> 我们看时,那竹窗帘儿里,果然有了月亮,款款地,悄没声儿地溜进来,出现在窗前的穿衣镜上了:原来月亮是长了腿的,爬着那竹帘格儿,先是一个白道儿,再是半圆,渐渐地爬得高了,穿衣镜上的圆便满盈了。我们都高兴起来,又都屏气儿不出,生怕那是个尘影儿变的,会一口气吹跑呢。月亮还在竹帘儿上爬,那满圆却慢慢儿又亏了,末了,便全没了踪迹,只留下一个空镜,一个失望。

这里写出"月有阴晴圆缺"的优美意境,更有"向之所欣,俯仰之间,已为陈迹"的感叹,给人以美好的都是短暂的认识。

> 我们都面面相觑了,倏忽间,哪儿好像有了一种气息,就在我们身后袅袅,到了头发梢儿上,添了一种淡淡的痒痒的感觉;似乎我们已在了月里,那月桂分明就是我们身后的这一棵了。

此处分明就是"冷露无声湿桂花"的意境再现,人在月中,月在人间,月我同一,天人融和,虚实一体而又忘我忘神。读着这样的"远尘世"的文字,顿感滤去了烟火俗气。

最后一段:"大家都觉得满足了,身子也来了困意,就坐在沙滩上,相依相偎地甜甜地睡了一会儿。"这一境界，不立文字，直指心性，意韵深远，已经纯乎禅的境界了。

总之，《月迹》中月境描写，与《社戏》《荷塘月色》等名篇中对月的描写迥异，后两者都是渲染气氛，以景写情，不会让人产生禅性意味，而《月迹》除了表现环境之外，更多的是将月作为人物心灵成长的象征，随着对月认识的变化，孩子的心灵也随之成长，所以无论是寻月还是议月，都与禅境的自然空灵高度一致，禅的意味十分浓郁，这样的禅理禅思在同样写到月的《社戏》《荷塘月色》中是找不到的。

二、童言似禅语

儿童是离自然本真最近的人，他们的语言常常稚拙却如天籁，似禅语。《月迹》的童言表现了孩童的想象力和好奇心，笼着禅辉，泛着禅意，让人会心，让人豁然。

①"月亮是属于我的了！"

三妹快言快语，口言心声，毫不遮掩。当奶奶说嫦娥和她一样漂亮时，她脱口而出，"啊，啊！月亮是属于我的了！"因为她是嫦娥，所以月亮成了她的一部分。呵呵，孩子，也只有孩子才能有这样的本真语言，这样的慧语童心。你不能说她是自私的，只能说她是可爱的，是伟大的。泰戈尔有言："只要孩子愿意，他此刻便可飞上天去。"每一个孩子心里，总有一个大的世界。孩子们从屋里走到屋外，他们的精神状态从混沌走向清晰，用冯友兰在《人生的境界》中的话理解，就是他们对世界开始"觉解"，有了"悟"。虽然"属于我的"是"功利境界"，层次不高，但与"自然境界"相比，已经是一个很大的进步。

更重要的是，三妹在"寻月"过程中，她的思想是逐步提升的。

②"月亮是我所要的。"

③"月亮是个好。"

在回答"我"的"月亮是个什么呢？"的问题时，弟弟说"月亮我所要的"，三妹说"月亮是个好"。回答顺序是先弟弟后三妹，这与前面"溪边寻月"中"弟弟刚站到河的上湾，就大呼小叫了"一处描写相呼应，写活了一个急切、纯真、可爱的小孩形象。急躁的弟弟其实是答非所问，哥哥问的是"月亮是什么"，他的回答是"月亮是我所要的"，也正是如此，他的耿直单纯才如在眼前。比较而言，三妹就显得稳重，在经过了饮月、寻月后，心灵得到陶冶和净化，对美好事物有了新的感受。她从原先的"属于我的"的"狂样儿"到"月亮是个好"，她觉得月亮是心中向往的美丽境界，月亮是个客观存在，不会属于某一个人，这里的认识有了变化。

请不要小看这个变化，从"占有"上升至"欣赏"，这是一个了不起的审美进步，一个了不起的"觉解"。梭罗说："只管欣赏大地，可不要想去占有。"妹妹能做到这一步，距离哲人已经不远了。而弟弟仍然停留在"月亮是我所要的"，显然他对三妹的"月亮是属于我的了"的那句话耿耿于怀，换句话说，在一系列的围绕"月"的活动之后，弟弟的认识没有得到提升。这也让人感叹，人的成长有时需要一辈子，有时只在一瞬间。这是渐悟与顿悟的区分，神秀与慧能的差别，世界允许这样不同的人存在，所以作者没有必要把弟弟也写成三妹那样的"哲人"。

只有如此，作品也才真实可信。

丰子恺有一幅漫画，也是写孩童对月亮的情感的，它的题目《"要！"》（图1），简洁之至，醒人耳目，表现出"孩抱中物"对月亮、对美好事物的渴望。弟弟也许就是图画中的那个"小人"吧。

第一次读贾平凹"……是个好"的句式表达，是在他的《明月清泉自在怀》一文，文章最后说："浣女是个好，渔舟是个好，好的质地在于劳作，在于独立，在于思想——这是物质的创造，更是精神的明月清泉。"在《月迹》中再一次读到，不觉莞尔，这个语言好玩，有意思，或者说有禅意。

④ "只要你愿意，它就有了哩。"

图1 贾平凹《"要！"》

这是一句掷地有声的语言，如上分析，这句话代表了孩子们心灵的最高境界，虽出童言，却极富哲理，给人启迪。林清玄在《月到天心》中写道："我们看月，如果只看到天上之月，没有见到心灵之月，则月亮只是短暂的偶遇，哪谈得上什么永恒之美呢？"显然，"只要你愿意，它就有了哩"。这句话表明孩子们已经完成了从天上之月到心灵之月的跨越，他们于是可以"坐在沙滩上，相依相偎地甜甜地睡了一会儿"。

蒲宁说："我们缺少领悟和见闻，而幸福只给予能领悟的人们。"所以，"人生的幸福来自自我心扉的突然洞开"①，天空可以无月，但是心灵的月亮不能缺失，孩子们能有此见解，他们的人生旅程一定充满智慧与光明。可以这样说，如果我们只看到《月迹》的童趣而不见禅趣，就是只见天上之月而不见心灵之月。

"只要你愿意，它就有了哩。"你要相信，懵懂的孩童也可以成为哲学家。

三、奶奶即禅师

在我们读过的含有禅意的文章中，禅师总有着沉着、冷静、睿智的大脑，有着看透一切的敏锐。文中奶奶正与之相同，她具有禅师的从容机智，面对孩子们的"不满足"，她常常一语解难，妙化纷扰，如"佛祖拈花"，一切尽在其掌控之中。

文章开头描写三个小孩子"缠奶奶说故事"，"说了一个，还要再说一个"，面对永不满足的这些孩子，奶奶没有厌倦、没有发脾气，有着禅师的从容和耐心。

而最能体现奶奶的禅师睿智的当属"酒杯盛月"和"杯中饮月"两节描写了。

当孩子们为"月亮属于谁"这一问题争执不休时，"奶奶从屋里端了一壶甜酒出来，给我们每人倒了一小杯儿，说：'孩子们，你们瞧瞧你们的酒杯，你们都有一个月亮哩！'"每次读到这里，我总想，是先有"圆瑛江法"还是先有奶奶之法，实在是奇妙的"酒杯盛月"

---

① 林清玄.平常茶非常道·家家有明月清风[M].河北：河北教育出版社，2008：271.

啊,既巧妙化解了矛盾,又把孩子的兴趣引入一个新的精神高地,为"饮月""寻月"铺垫。

奶奶十分注重引领之道,她如禅师一样往往在平淡无奇的现象中读到常人难以发觉的人生真谛。

"它走了,它是匆匆的;你们快出去寻月吧。"这里既有时光岁月之感触,亦有"花开堪折直须折,莫待无花空折枝"的劝慰。无须刻意,自然而成。而"月亮是每个人的,它并没有走,你们再去找吧。"与上句巧妙呼应,更是由外在之月到心灵之月的递进。她不愤不启,不悱不发,从家里到院中再到溪边,层层推开,步步引领,开阔孩子们的视野,点燃孩子们的心灵火花,不愧为高明的人生启蒙导师。

奶奶富有爱心和慧心,是一位能创造奇迹的神奇奶奶。

① 奶奶突然说:"月亮进来了!"我们看时,那竹窗帘儿里,果然有了月亮……

② 奶奶说:"它走了,它是匆匆的;你们快出去寻月吧。"我们就都跑出门去,它果然就在院子里……

③ 奶奶从屋里端了一壶甜酒出来,给我们每人倒了一小杯儿,说:"孩子们,你们瞧瞧你们的酒杯,你们都有一个月亮哩!"我们都看着那杯酒,果真里边就浮起一个小小的月亮的满圆。

④ 奶奶说:"月亮是每个人的,它并没有走,你们再去找吧。"我们越发觉得奇了,便在院里找起来。妙极了,它真没有走去……

⑤ 我同意他们的话。正像奶奶说的那样:它是属于我们的,每个人的。

从上面引用的五句话中,我们可以读到孩子们对奶奶的信赖和崇拜(与《丑石》中的"奶奶"截然不同)。"果然""果然""果真""真",这一系列表示结果的词语,串起寻月的过程,这个过程暗含着"奶奶提示""我们寻找""找到月迹"的过程,如大明湖畔的白玉说书,"几啭之后,又高一层,接连有三四叠,节节高起",让人惊奇。孩子们在奶奶提示后见证并印证了一个又一个奇迹的出现。心理学家认为,要想改变一个人,最有效的教育影响来自身边最崇拜的人。"奶奶"是"我们"最可信赖崇拜的"神"一样的一个人。"正像奶奶说的那样",在奶奶的不断引领下,禅被彻底理解,于是"我们"得到心的绝对平和,而结尾一句就写出了这种平和:

大家都觉得满足了,身子也来了困意,就坐在沙滩上,相依相偎地甜甜地睡了一会儿。

总之,如果《月迹》是一篇禅意十足的散文,那么奶奶无疑就是一位得道的禅师了。她得的是引领之道和教育之道。

《月迹》是苏教版初中教材中唯一一篇叙说禅意的文章,借此让学生领略一点禅知,我觉得是一件很有意义的事。否则,单纯以童真童趣教学《月迹》就与买椟还珠没有什么两样了。

适时适度:教学的自然之道

苏州市教育科学研究院 钱建江

公元6世纪,希腊新柏拉图主义哲学家奥林匹奥德鲁斯在《反射光学》一书中,强调了自然界的"经济本性",他认为"自然界不做任何多余的事,或者不做任何不必要的工作"[1]。英国神学家、牛津大学校长格罗斯泰斯特则认为,自然界总是以数学上最小和最优的方式运动和变化。[2]

反观我们的教育,似乎总与自然背道而驰。人类进入工业化社会以后,教育也发生了巨大的变革。在工业思维的主导下,教育的发展呈现出学校工厂化、教学流水线化和产品标准化的态势。客观地讲,工业思维主导下的教育,促进了教育公平,提高了教育质量;但是,教育一旦追求模式化、标准化,教育过度便不可避免,因材施教必然成为空谈,个性的泯灭最终将导致人类社会整体平庸化。

现在国际上比较不同国家地区之间的教学质量,是通过PISA测试等,当然这不是唯一的方式。上海两次参与PISA测试都勇夺桂冠。但是,通过其他测试发现上海学生的学习时间远远超过西方国家,这就说明,这些成绩的取得是以学生过重的学业负担为代价的。

教育的本质是促进人的成长,是培养"充分发挥作用的人、自我发展的人和自我实现的人",换言之,教育的本质在于帮助学生追求幸福。当教育出现过度过滥现象时,其对学生产生的负面影响是不可估量的。有关研究结果表明,教育过度人群发生严重抑郁症状的概率要比一般人群高出27%。[3] 虽然该统计数据源于高等教育的样本分析,但是,我们也应对基础教育中存在的教学过度过滥现象进行反思。

一、学科立场:催生教学过度的酵母

迄今为止,在基础教育领域,我国先后实施过八次课程改革,每一次都提出"减轻学生的学习负担"这一目标任务。中国教科院院长田慧生指出,一开始设定课改目标的时候,只要说减负,减少知识量,降低知识难度,专家们都不反对,这是有共识的,但是真正进入开始设计每个学科的周总课时,原来举双手赞成减负的专家都会表示反对,他们会提出每

---

[1] 塔拉.最小作用量原理与简单性原则[J].内蒙古大学学报,2003(1).
[2] 塔拉.最小作用量原理与简单性原则[J].内蒙古大学学报,2003(1).
[3] 杜安娜.中国教育过度状况严重容易催生抑郁[N].广州日报,2015-03-04.

周减一个课时,一个学期、一个学年下来就是几十个学时。每门学科的专家都站在本学科的立场上来呼吁,最终使每一次课改"减负"任务都落空。

19世纪末,英国教育家斯宾塞就提出一个问题:什么知识最有价值?现在已过去100多年,这个问题依然没有得到解决。当初斯宾塞所设计的七八类知识,也不见得就是最有价值的知识。时代飞速发展,科学技术日新月异,但是核心的知识究竟是哪些?我们学哪些东西就够了?很难有一个科学的定论。

当学科本位主义倾向难以消弭,当核心知识体系难以建构时,教学过度现象便不可避免地产生了。

二、失德失格:教学过度过滥的本相

1. 教学"失度"的原因,在于教育的"失德"

克里希那穆提说过,教育的目的"并非制造学者、专家、寻找工作的人,而是培养完整的男男女女……"①也就是说,教育应该培养完整而有智慧的人。这是学校教育的"德行"所在。然而,在缺失思想引领的学校,面对社会整体压力,考试成绩几乎成为衡量学校办学质量的唯一要素。在追求"教育GDP"的大环境下,课堂上一味加大容量,课堂时间不够,就拼命挤占学生的课余时间。"量"与"质"似乎成了正比例关系。一些年轻教师,他们在实习期间曾经师从比较优秀的教师,对课堂教学有一定的追求;然而,当他们正式入职以后,发现身边同学科教师基本上按相对固定的程序组织日常的教学,用这样的方式组织教学,所花的时间相对较少,这样,剩下来更多的时间就可以用来盯住学生,在一遍遍反复训练中去提高他们的应试成绩。而教学中那种心灵的愉悦、艺术的享受都是对有限课堂时间的浪费,学校文化、课堂文化所带给人的心灵温度,在冰冷的数字面前成为笑谈。在这样的背景下,年轻教师每天所花的时间,全部集中在研究如何快速提高分数上。而对课堂教学艺术的追求越来越成为一个美丽的泡影。这些年轻教师从开始的彷徨,慢慢地趋同于身边那些"有经验"的教师,直到有一天,他们也理所当然地认为课就是这样上的。

事实上,这种教育就是"失德"的教育,它失去了教育应有的德行与德式。

2. 教学"失度"的原因,在于教育的"失格"

结合教材内容的课堂活动,能有效激活学生的思维,激发学生的情感,对文本进行深层次的审美与探究。而很多时候,教师设计活动是为标新立异,让神圣的课堂成为追逐流行的舞台。当课堂活动脱离文本和正常的教学内容,成为课堂教学的"游离成分"时,尽管师生、生生之间都积极参与活动,而且气氛炽热,最终只能是一出毫无意义的"闹剧"。某次全国好课堂巡回展示活动中,一位教师执教《邯郸冬至夜思家》,他将学生分为若干个小组,每个小组都有一个诸如"雷霆战舰队"之类的代号,课堂上小组成员表现好就给加上一朵红花。但后来似乎就忘了这回事,直到下课,教师都没有进行统计或者做出说明为何这样做。此外,在"读一读""议一议""背一背"的基础上,教师让各组学生用富有创

---

① 克里希那穆提.一生的学习[M].深圳:深圳报业集团出版社,2010:34.

意的形式来展示《邯郸冬至夜思家》这首诗,各组准备之后,相继进行表演:唱歌、演小品、配乐朗诵、跳舞、画素描……形式之丰富,令人目不暇接。课后,点评专家极力称赞这样的课堂充满生命活力,并以一个小组将诗歌改写为优美的散文为例,反复强调这是现场生成的课堂,它激发出了学生的无穷潜能。事后,我特意去询问了那位代表小组朗读所改写散文的学生,她的回答解开了我心中的疑团。原来,她在课堂上朗读的散文,是课前就写好的,而且是她一个人单独构思的,也根本不是小组讨论的结果;此外,开课教师事先让学校停课,便于他去教室和学生进行排练。作为颇有影响的一次全国性教学活动,如此公然造假作秀,以此追求教学的"高性价比",实可谓"失格"矣。这不仅是"过度"的教学,甚至还是"过失"的教学。

3. 教学"失度"的原因,在于教育的"失道"

由于教师对新课程标准理解和体悟的层面不同,因此,不少教师在教学实践中产生了盲从心理。他们没有真正领会新课程理念,对课程、教材、教法缺少个性理解,缺少深入思考,只求形式,不问实质。例如,三维目标设置机械化,教学设计多余、烦琐,将"合作学习"简单理解为"小组学习",过度诠释,无原则拓展,等等。意多必乱,在课堂教学的诸多方面,教师茫然不知所措,结果就是不问青红皂白,凡是新课程倡导的就一股脑儿搬到自己的课堂中来。以"合作学习"为例,很多教师将它等同于分组讨论,且不管每堂课都进行小组讨论有没有必要,单就小组讨论的形式来看,往往是教师提出问题后,马上让学生分成几个小组讨论。其实从本质上说这种做法违背了新课程理念。首先,新课程倡导自主、合作、探究的学习方式,目的是帮助学生树立主体意识,进行个性化的独立思考和学习探究,并能形成个性化的理解和结论。独自解决不了的问题才有必要提交小组讨论,并在师生、生生的互动中解决问题,而现在则是以小组讨论代替了个体的独立思考。其次,真正的分组讨论,应该是"异质同组",每个小组内的成员应该有好有差,也就是组内异质,而组与组同质,这样才能确保每个小组水平均等,实现同质竞争,同质竞争下的"合作学习"才有实效;而现在则是按座位的前后顺序进行简单分组。可见,一味采用分组讨论的形式是极不适宜的,而不合时宜的分组讨论也暴露出不少教师无法找到富有实效的途径组织教学。路径的迷失,势必造成课堂教学的"失度"。其他如滥用课件、满堂发问等莫不如此。

4. 教学"失度"的原因,在于教育的"失真"

不知从什么时候起,教育也开始融合诸多新元素,特别是将教育新时尚、新概念程式化地引入课堂,包括最新的"互联网+"概念,似乎成为流行趋势。

在2016年全国"互联网+教育"下多种教学模式探究研讨会上,一位教师执教《阿长与〈山海经〉》。课前,教师布置学生完成一项作业:给阿长设计一个微信头像,并交给教师;同时去下载教师发给大家的阿长微信头像图集,选出自己觉得最符合课文中阿长形象的一幅,参加投票。在课堂上,教师展示得票数比较高的几幅微信头像,让学生以"模拟点赞"的方式互动,发表简短评论。其余时间,教师指导学生对《朝花夕拾》中的部分篇目进行连读,以求"更深更好地理解鲁迅对阿长的感情"。其间教师下发了纸质材料,主要内容为《琐记》《父亲的病》《五猖会》《藤野先生》《二十四孝图》《猫　鼠　狗》《从百草园到三味书屋》等文章片段。且不说互联网技术对本堂课而言是否必需,单就课堂上教师设计的"微信点赞"这一环节来说,也只是学生模拟口头表达,要让它体现"互联网＋教育"模式,恐怕过于勉强了吧。况且,语文学习本来就需要在阅读教学中加强表达与交流,提高学生的思辨能力,何必一定要如此生硬地加上"互联网"的印记呢？教师提供的教学简案中,在"背景与学情"中提出"在这节研究课中要体现互联网技术对初中语文教学的重要辅助作用,并探索如何在网络时代开创新的语文学习活动模式,激发学生学习兴趣",然而,观察这一节课,互联网技术的作用体现得并不鲜明,恰恰相反,教师的这一预设反而成为一种束缚:因为要刻意体现"互联网＋"模式,教案中不时有不合时宜的设计,例如"插入教师对第29段的讲解微课""学生在课堂上根据教师提醒现场查阅资料"等。而事实上,这几项预设都没有在课堂上呈现,可见教师在授课过程中也意识到这种"互联网＋"元素纯属累赘。失去"本真"的教育,它还是"适度"的教育吗？

三、回归自然:追求适度教学的路径

过度教育使教育超过了学生身心健康成长的需要,而失当的教学内容、教学方法等,超出了学生生理、心理成熟程度及现有知识经验水平,损害了学生的学习兴趣、学习积极性,扼杀了学生的潜能,甚至导致严重的心理问题。

迷途而知返,失道而思归。我们还是以自然之道求自省吧。

大自然中的花卉,大多以开得硕大耀眼为荣,然而,菜圃里那些植物所开的花,绝大多数是小小的。因为那些观赏花,专为悦人眼目的,大抵是只开花不结果,因此,能不计前程,恣意盛开;而菜圃中开花的植物,它们的使命是为人类提供食物,花开得就规矩、适度、收敛,它们要留着精气神儿结果子。所以,唯有适度,才可修得正果。

平原上,与水稻、棉花、玉米等生长期较短的作物相比,只有麦子才完整地经历了四季。"白露早,寒露迟,秋分种麦正当时。"从那一刻开始,萌芽的苦难,等候的煎熬,风霜的历练,成熟的艰辛,它都体验过了。同时,麦子也看过冬天的瑞雪,闻过春天的花香,饮过夏天的甘露,沐过秋天的清风。北方农村里的老人,到城市里看望孩子的时候,总是要背上一袋用麦子磨出的面粉,因为麦子是田野里长得最慢的作物,那里面除了蛋白质以外,还有别的东西在。所以,唯有适时,方能焕生能量。

英国哲学家威廉·奥卡姆指出:能以较少者完成的事,若以较多者去做,即是徒劳。①中国古人的治学要诀也是"少则得,多则惑"。教学的适时适度,需要教师让自己的课堂慢下来,遵循人的认知规律,既不急于求成,也不耗费时间。只有遵循自然规律的教育,才是道德的、优雅的、富有情感的教育,才是健康的、核心的、卓有成效的教育。一个作家说:只要我们仔细观察一下长得慢的树木的年轮,就一定会听到那密集的木质深处传来的风

---

① 塔拉.最小作用量原理与简单性原则[J].内蒙古大学学报,2003(1).

雨之声。① 我们要摒弃贪多求全的教育,慢一点,缓一缓,不要急求开花结果。麦子长得慢,它的营养价值就最高,舐之而成魁伟之躯;槐树长得慢,它就可以做成精致坚固的家具,叩之而有金属之声。教育,是坚守,坚守以人为本是为义的人文信念;教育,是恪守,恪守有所为、有所不为的哲学至境。

以语文教学为例,教师要遵循"简约性原则",从教学目标的确定、文本诠释的把握、教学环节的设计、课堂拓展的规划等方面对课堂进行"瘦身",使语文课变得精致而富有实效。

三维目标应融合。三维课程目标应是一个整体,知识与技能是课堂教学的基础系统,过程与方法是课堂教学的操作系统,情感态度与价值观是课堂教学的动力系统。三维目标的融合应该成为课堂教学设计过程中的一种自觉意识,这样才能避免因刻意分解三维目标而导致的教学过度。

文本诠释须有度。用接受美学家伊瑟尔的话说,"文本的规定性严格制约着接受活动,以使其不至于脱离文本的意向和文本结构,而对文本意义作随意理解和解释"②。课堂上,就应当集中力量去研读"文本的意向和文本结构",紧紧围绕文本的语文核心价值组织教学,切不可随意引申,无限拔高。

教学环节要精简。课堂教学环节应该是一个严谨而又自然的流程,好的教学环节,能科学安排教学步骤,巧妙设计教学内容,恰当使用教学手段,灵活运用教学方法,合理分配教学时间,使教师的教和学生的学,相得益彰,和谐融洽。精彩的课堂都是简洁的、巧于设计的;繁多而杂乱的环节安排,则会扰乱学生的思维,也会使课堂过于匆忙,缺少从容气度。

课堂拓展有节制。拓展要着眼于文本的深化,必须以文本为基础,切忌舍本求末,喧宾夺主。安排拓展内容时,要挑选那些与文本联系最紧密、与拓展目的最相符、与学生认知水平最贴近的具有"高附加值"的材料,使课堂拓展形成教学深度。此外,要注意把拓展的简单叠加变为有效整合。③

目前,《中国学生发展核心素养》尚处于向社会各界广泛征求意见和建议时期,但它已经给我们提供了设计教学、实施教学最根本的依据。将来就是要在一定的学段内,从本学科的核心思想、教学重点、关键问题等学科特点出发,对同一学科的相关内容做加减乘除这样的整合工作,有一些可以合并,同类主题或专题的就可以整合在一起,这样才能凸显教育规律。

适时适度,这是教学的自然之道。

---

① 李星涛.长得慢的植物[N].广州日报,2012-01-09.
② 沃尔夫冈·伊瑟尔.阅读活动:审美反应理论[M].金元浦,周宁,译.北京:中国社会科学出版社,1991:17.
③ 钱建江.阅读教学的"瘦身"策略[J].语文教学通讯,2012(4).

此时无声胜有声
——谈语文阅读教学中的"留白"教学法

江苏省外国语学校 封 华

许多艺术家在作品中常常有意识地留白,即在作品中给欣赏者留有思考想象的空间,借此来激发读者的创造性。如中国传统画就很讲究留白,常用一些空白来表现画面中山水、云雾等实景以外的景象。画论中有"大抵实处之妙,皆因虚处而生""画在笔墨处,画之妙在笔墨之外"之说。南宋的马远画了一幅《寒江独钓图》,画面中,画家用少量的篇幅画着一只小舟,一个渔翁在垂钓,大部分画面都是空白。可正是这样的留白给人带来了"恰是未曾着墨处,烟波浩渺满眼前"的感受。齐白石画《十里蛙声出山泉》,也是一湾溪流,几只蝌蚪,而让人感到蛙鸣虫唱,意兴盎然。这就是"留白"的妙处,它让人在"无"中生"有",于"虚"处见"实",从而显得气韵生动,给人无限的遐想。"格式塔心理学反对把意识分解为元素,而强调心理作为一个整体、一种组织的意义。"[①]其"完全压强理论"认为,当人们在观看一个不规则不完美的形状时,就会产生一种内在的紧张力,迫使大脑皮层紧张的活动,以填补"缺陷",使之成为"完形",从而达到内心的平衡。如果马远画满水波,齐白石画几只老蛙,观众看到的又能有多大的空间? 只有疏密相间、虚实得当,给读者以思考空间的画才是一幅好画。同样,在语文教学中我们也可以抓住时机,巧妙运用"留白"教学法,使得课堂达到言有尽而意无穷的效果。

一、阅读教学留白的含义及必要性

简单地说,阅读教学中的留白指的是留给学生想象、感悟、再创造空间。我们常常看到这样的教学场面,教师讲得眉飞色舞,滔滔不绝,一节课满满当当,而学生有的狂记笔记,有的如霜打的茄子,昏昏欲睡。这就是"满堂灌"教学模式,它在一定意义上是有预谋地制定好一些自认为是金科玉律的条条框框,然后逼迫学生就范;是变相斩断他们的双腿,然后抱着他们走;是武断地剥夺学生自主学习的机会,甚至掠走他们的大脑,让他们成为课堂上的植物人。然而教学真正的终极目的之一是"育人","培育"出具有鲜活生命意识、独立创造能力和审美品位的个体,离开了学生自我感悟,自我历练是绝不能达到这个目的的。因此,在教学过程尤其是阅读教学过程中要有意"留白",通过对文本中作者预设的留白之处,巧妙地设计教学环节,给予学生充分的思考空间,实现教师、学生、文本三

---

① 沈德立. 心理学[M]. 北京:北京师范大学出版社,2012:160.

者的对话,来达到阅读教学的初衷。

二、留白的条件

1. 文学作品本身意义的多重性

一篇优秀的文学作品的意义往往是多重的,模糊的,不确定的。作品的描写只能是某些方面显得明确,而某些方面是模糊的,如果作品事无巨细都写,文学的艺术感染力也会大打折扣。文学作品本身具有内在张力,譬如文本设疑之处、内涵丰富之处、内在矛盾之处等,有很多是作者的有意留白。正因文学作品本身有许多空白之处在召唤读者去"填空",去体验,去联想,生发出感悟,在阅读教学中,教师才可以抓住文学作品的这个特性,为实施"留白"教学法创造可能。譬如南宋诗人叶绍翁《游园不值》一诗:

> 应怜屐齿印苍苔,小扣柴扉久不开。
> 春色满园关不住,一枝红杏出墙来。

诗中描写了一位诗人想去游历园子,可是长久叩打柴扉而不开,兴许是向来游园人少,台阶上都长满了苔藓,诗人感到扫兴。就在这时,一枝怒放的红杏不甘寂寞,枝条伸出了墙外。诗人的心情由扫兴变为兴致盎然。首先,诗歌描写了园外一枝红杏的实景,诗人由一枝红杏的锁不住带来的喜悦而联想推测到一园姹紫嫣红的春景,这就是第一层审美空间,这也是作品的一个留白点。其次,美好的东西不是简单靠墙就可以禁闭的,美是锁不住的,这就赋予了作品更高的哲理意义上的内涵。这是第二层审美空间,可以说是作品的第二个留白点。两个留白点都可以说是虚境,都是由一枝红杏这个实境引发出来的。虚是对实的开拓,不是凭空捏造。对一切虚境的解读都是以实境为本,不可脱离实境。正所谓"虚实相生""真境逼而神境生",是实境创造了作品的留白点,给读者以丰富虚境的创造可能与创造空间。"因此,文学作品的最终完成,必须依靠读者自己去体验、去'填空'。"①

2. 师生与文本的对话、填白

文学作品意义的不确定性,这就是说艺术家所创造的艺术作品作为审美对象还只是一种隐性的存在,它需要读者去鉴赏。读者以自己的阅读期待为基础,对作品进行再创造。波兰现象美学家罗曼·英加登认为,一部文学作品在描写某个对象或对象的环境,无法全面地说明,有时也并未说明这个对象具有或不具有某种性质。每一件事物,每一个人物,尤其是事物的发展和人物的命运,都永远不能通过语言获得全面的确定性。我们不能通过有限的词句把某个对象的无限丰富的性质表现出来。对文学作品的解读必须依靠读者自己去体验领悟,并且这种领悟需要多次才能完成。譬如在教学杨绛先生的《老王》一文时,一位教师另辟蹊径让学生找出文本语言表达的一些不同寻常之处,并感悟不寻常背后作者想要表达的情感与思考。可以说这位教师抓住了杨绛先生在创作这篇文章时候的有意留白,从而在阅读教学中主动采用了"留白"教学法与学生对话,引导学生与文本对

---

① 童庆炳. 文学理论教程(修订版)[M]. 北京:高等教育出版社,2000:296.

话。作者想让读者通过这篇文章的语言表达上的一些特殊处理，来感悟在那样一个特殊的年代下，老王保有的那份淳朴善良，不失去道德良心的本性，以及作为知识分子的作者善良、善于自我反省的品格。学生们在教师的留白教学法引导下，积极主动地寻找文章语言的特殊之处，比如老王在临终前给作者送东西一处："我谢了他的好香油，谢了他的大鸡蛋，然后转身进屋去。他赶忙止住我说：'我不是要钱。'"学生提出送鸡蛋香油还在前面加"好""大"字不同寻常，从中可见到杨绛对老王所送物品的感激，侧面表现老王的善良，对作者夫妇在那样特殊年代不带有偏见的尽力帮助与真诚关心。作者这样的有意留白有很多，学生通过教师的有意留白教学法的引导启发，积极地阅读文本，发现留白处并进行充分的思考，进行填白。

优秀的文本本身的内在张力的确可以引起读者兴趣，激发读者探究欲望，激发学生思考的意识，是培养学生良好思维品质、提高阅读能力的必要途径。但并不是所有人都能与作者产生共鸣的，这时候教师的能力就显得尤为重要。教师必须吃透文本，在作者有意设置的留白处留心，并能设置一些颇有启发性的问题让学生去关注思考这些留白处，从而促进思维水平的提升，这也势必能改变以往满堂灌、教师牵着学生鼻子走的老旧教学模式。

三、文本阅读教学的留白点

1. 在文本内容矛盾处

"文学即人学"，人是复杂的生命体，在特定的情况下会表现出性格上、利益上、观念上的矛盾，表现在文学作品中则是认识上的复杂甚至矛盾。比如说文本内容出现的矛盾对立，可以说就是作者有意而为之，作者希望读者能从这样的矛盾之处感受到他们的匠心。

如马国福的《活着的祖先》一文，读者单从题目上看就有矛盾，祖先自然是死去的，为什么作者认为祖先还活着？又如梁实秋的《雅舍》，读者初读尽是一个"陋"字，可作者称之为"雅舍"，是何由？这些明显的矛盾处，就是教师教学可留白处。抓住这些矛盾点设置问题，激发学生思考。再如在教学江苏高考真题汪曾祺的小说《侯银匠》一文时，学生质疑侯菊不孝，原因是侯菊出嫁后不常来看父亲。笔者就此处留白，反问学生：侯银匠是不是希望女儿侯菊常在身边？事实上女儿出嫁能不能常在身边？学生经过思考发现做父亲且鳏居的侯银匠自然希望女儿多陪在自己的身边，但现实是女儿已出嫁且在夫家很被看重，不能常回家。如果常回家，做父亲的又担心女儿在夫家生活不和谐。所以这里就是一个矛盾之处。接着启发学生思考汪曾祺为什么要写这样的矛盾，从而一步步深入作者所刻画的侯银匠独特的人生况味。

2. 文本有悬念处可以留白

所谓"悬念"，即读者、观众、听众对文艺作品中人物命运的遭遇，未知情节的发展变化所持的一种急切期待的心情。"悬念"是小说、戏曲、影视等作品的一种表现技法，是吸引广大群众兴趣的重要艺术手段。在阅读教学中常见到作者设置悬念的地方，这也是作者在行文过程中有意留白，可以引人入胜，也可为下文的揭秘做好伏笔。教师在教学中，切不可忽视这些悬念留白处,就此精心设计问题,激发学生的阅读思考的兴趣。

譬如迟子建的散文《光明在低头的一瞬》,文章主体是为了刻画一个小教堂里一位扫烛油的老妇人,可是文章开头写了俄罗斯几座著名的大教堂。作者是有意在此处留白的,她不说出写著名教堂的目的。作为读者读完全篇自然会心生疑问。教师就要引导学生思考作者此处留白的目的。

3. 文本有多重含义处可以留白

对具有丰富意蕴的文本是可以多元化理解的,教师可以引导学生依据文本从不同的角度、不同的层面挖掘,从而培养学生思维品质的广阔性、发散性。

譬如散文《羌去何处》,其标题意蕴丰富。文本写到了古老的羌民族羌文化魅力、羌文化毁灭性的灾难及保护羌文化的学者的责任心与困境,就此可以引导学生思考探究标题的丰富含义。学生经思考挖掘出了多层含义:羌民族遭受巨大灾难后,如何重建家园、重返家园;羌文化遭到毁坏后,如何将其修复、整理、保护和传承下去;表达了作者对羌民生活、羌文化保护传承深深的思考和担忧之情。可以说这样的留白教学,就是在培养学生多角度、多层次思考问题的能力,达到增强学生思维品质的深度与广度的目的。

四、留白教学的方法

教师在教学中应该有意识地引导学生抓住作品中的"留白处",激发学生思考的欲望,让学生主动"填白",尽情地驰骋在思维的跑马场上。常见的留白教学法是通过提问留白,还可以通过巧妙设计板书来留白。譬如一位教师在上萧红的《春意挂上了树梢》一文时,设计的板书是在题目后面加了一个感叹号和一个问号。教师就引导学生结合文本,思考这两个标点符号的深意。作为学生自然会对此产生疑问,进而想要寻求答案。这就是教师在板书上巧妙设计,有意留白,激发学生主动"填白",探究文本的兴趣。教师还可以通过播放音乐创设情境,如教授《听听那冷雨》,教师可以预先准备好与雨有关的一些轻音乐,适时播放,创设留白情境。

教师还可以在教学中展示与文章内容情感契合的绘画作品,或让学生根据自己的阅读体验进行绘画创作来感受留白的艺术魅力。如教授《旅夜书怀》《山居秋暝》等画面感较强的作品。"我们要让学生深入诗人为我们提供的多维审美空间和艺术意境中,领悟到艺术美的真谛,就必须引导学生调动自己的生活经验、情感思想等积淀而成的审美经验,展开联想和想象的翅膀,将文字符号变成生动活泼、色彩纷呈的生活图画。这样,才能使学生对诗歌的意境和主旨具有深层次的审美体味。"[①]

---

① 李建郯.古典诗歌的鉴赏和教学[M].南京:东南大学出版社,2013:21-22.

五、留白误区

1. 留白等于"空白"

我们发现留白教学运用得好的课堂是张弛有度、节奏井然的课堂。教师对文本留白处的深入思考,对学生的恰到好处的指导,使得学生学习有了明确的方向,随着针对文本展开深入对话,师生思维碰撞的火花精彩纷呈。而有些课堂是为了留白而留白,不知道留白真正的内涵,简单地以为只要把问题抛给学生,再给学生时间以思考就算留白了。由于教师对文本留白处没有深入的体验思考,提出的问题缺少针对性,难以达到预想的留白效果,留白便成了课堂的"空白"、思考的停滞、时间的浪费。

2. 脱离文本,天马行空

前文我们已经阐述了实境与虚境的关系,实境是虚境的活水源头,因而脱离了实境的、异想天开或天马行空式的留白是我们教师在设计留白时应该主动避免的。譬如很多阅读教学的课堂在结尾时教师常常会安排拓展式的留白环节。有时这样的拓展留白设计本身就是脱离文本的,当然有时拓展留白本身没有问题,但是学生在思考这个留白点的时候,方向跑偏,这时候教师就要及时将之拉回并进行匡正。

留白教学法的巧妙实施,需要教师、学生、文本三者找到精神上的一个契合点,即文本本身给读者多重含义;教师有能力或者尽可能对这些多重含义有自己的深刻思考并能善于引导学生,给学生提供一个切入这些丰富含义的通道;最后还需要学生调动自己的情感体验,主动去思考教师所提出的有关留白点的问题。只有如此,留白教学法才能在方寸课堂中绽放出乎意料的精彩!

言语品质：语文教学的价值指向

苏州市吴江区盛泽实验小学　王晓奕

运用语言文字表情达意，是语文教学的价值目标。语言文字与思想情感是形式与内容的关系，也是一个人"表"与"里"的体现。文如其人、言由心生，一个人的言语行为及其言语作品，折射出一个人的内在精神与思想人格。杨绛先生将兰德的诗句"I strove with none, for none was worth my strife."译作"我和谁都不争，和谁争我都不屑"。李霁野先生则译作"我不和人争斗，因为没有人值得我争斗"。诗人绿原又译作"我不与人争，胜负均不值"。"不屑"与"不值"折射的是不同的生活姿态和情怀境界，言语是有"品"的。遣词造句的正误、雅俗，谋篇布局的巧拙、优劣，是一个人言语能力及内在品格的整体反映，我们称之为"言语品质"。

语文学的是汉语，素以典雅和诗性为美，创造了璀璨的唐诗宋词等言语作品，其言语品质为后世摹效。然而随着市场经济的介入、消费文化的泛滥与网络文学的影响，一些汉语言文字难免老化和平庸，部分文学作品的言语品质日渐滑落。《咬文嚼字》杂志主编郝铭鉴认为，汉语正面临"草率化、朦胧化、粗鄙化、游戏化"四大危机。语文教学以"言语品质"为价值指向，激发学生热爱汉语、自觉纯洁汉语，是责无旁贷的历史使命。在语言文字上的推敲，骨子里是在思想感情上的推敲。唯有这样的推敲，才能推敲出言语的品质来。以言语品质为教学取向，才能消除汉语学习中的种种浮躁和误解，始终走在语文教学的正道上。

一、架设言语品质的提升阶梯

菜肴的品质以色、香、味来评判，诗歌的品质以24种不同的风格来界定，而言语的品质是以"言语形式"与"言语内容"的契合程度来衡量的。言不达意或言过其实，是言语之"质次"；粗言秽语或矫揉造作，用语杂色或冗陈啰唆，则是言语之"品差"。语文教学的起点就是学生已有的言语水平，从学生的所言所作中，准确把脉其言语活动中的各种"病象"，设计有针对性的矫正训练活动，促进学生的言语品质拾级而上。从言语形式的表达效果来看，言语品质有三个层次。

1. 规范：清通易懂

人们说话、作文的目的就是将自己的思想情感传递给他人。生活中常见各种语病的通知、公告及错用汉字的招牌、滥用成语的广告等，都是言语失范的表现。教学便是要将这些病例作为对象，在修改中习得各种言语规则，并增强言语的规范意识，在写作中将每一个意思都表达得清楚明了。

一是语句形式上的明了,就是语句的清通。单个句子要按照语法规范,写完整、写通顺;多个句子要按照句与句的关系,写连贯、写严密。有人认为这并不难,怎么说就怎么写,说的话别人听得懂,写出来的话别人自然就能看得明白。其实并非如此,生活中不完整的话语也能根据语境领会意思,而写作是一种言语独白,交谈的对象不在现场,只能凭语言将意思说清楚,语句的完整性和连贯性就显得至关重要,稍有疏漏就会让人费解。

二是内容意义上的明了,就是句意的准确。汉语的字词及其组合,往往有多种含义,写作时不注意区分,就会产生歧义,造成阅读障碍。苏教版《我和祖父的园子》这篇课文,有人理解为"我和祖父"的"园子",也有人理解为"我"和"祖父的园子"。因题中的"和"与"的",可以有多种组合,产生多个意义,不如改为"祖父的园子"更为清晰明了。思想内容要表达准确,关键是你要想通透。当思想处于混沌状态的时候,你的言语表达也会含混不清。

要做到清楚明了,最简单的办法是"读"。叶圣陶先生总让他的孩子大声地朗读所写的作文,听不懂的地方让他停下来改一改,听得懂就往下读。天长日久,就会练出一双善于听读的耳朵,耳顺则文通。

2. 审美:得体妥帖

合乎言语规范的文字,是言语表达的基本功夫。在具体的语境中,面对特定的对象,我们需要适当修饰语言文字,使之更具表现力,让读者或听者受到感染。《鞋匠的儿子》一文中,林肯面对参议员的羞辱,不卑不亢,义正词严地说了三段话:"我非常感谢你使我想起我的父亲。……如果你的鞋子不合脚,我可以帮你改正它。……如果你们穿的那双鞋是我父亲做的,而它们需要修理或改善,我一定尽可能地帮忙。……"所有的嘲笑都化作了赞叹的掌声,何故?一是林肯有对象意识。面对自以为高人一等的参议员,作为总统,既不自卑又不自傲,而是心平气和、以礼相待。"非常感谢""帮你改正""尽可能帮忙",平等的姿态,谦卑的人格,得体的话语,无形之中消解了参议员的傲慢。二是林肯有目的意识,即改变参议员的态度。面对羞辱,作为总统不是以牙还牙,而是以理服人,让人认同"人人平等"的普世价值;他以鞋匠父亲引以为荣,并深深地怀念,以情动人。三是林肯有语境意识。在参议院里,不能谩骂,也不能讽刺,只能选择柔中带刚的说服方式。

由此,林肯的话语让人听了如沐春风,荡涤心灵,具有道德美感。美好的言语行为及言语作品,都如同林肯的话语,适人、适时、适地、适境,富有审美性。这种言语之美,并非一定是华丽的,而是自然贴切、得体妥当。

3. 创造:新颖别致

言语品质的提升贵在推陈出新,而不是因循守旧。有人说,那是作家才具有的创造才能和创新品质。似乎学生的言语品质难以超越范文,言语目标不能设得过高。然而,我们听了诗人雪野上的童诗创作课,发现学生的言语潜能是无限的。福建7岁的黄馨仪写的小诗《光》:"光喜欢/穿过窗帘缝/躺在地板上睡懒觉/光喜欢/把花蕾/一点点用力掰开/让花香流出来/光的心里/都热乎乎的。"都说儿童是天生的诗人,常常会运用"想象+拟人"，或者"想象＋比喻"，抑或"想象＋其他"，寻常的话语就变成了诗的语言，那么新颖，那么别致。

言语是一种生命创造，没有丰富的想象力，即使教给他再多的修辞手法，儿童也难写出充满生命感的诗句来。语文教学要让学生保有言语创造的活力，一是呵护学生的想象力，呵护想象力就是发展言语创造力；二是珍视学生的独特性，让儿童用自己的眼睛看世界，看到那个属于他们的世界；三是给予学生足够的言语自由，鼓励他们写自己的话，而不是重复成人的话、复制课文中的话。言语的自由，往往可以打破言语规范，创造出新鲜而有意味的言语作品。让儿童活得像个儿童，才能看得到鲜活的言语。

二、铺设言语作品的研习路径

言语品质是在言语活动或言语作品中体现出来的。言语活动处于动态变化之中，言说的话语稍纵即逝，干预性的教学指导往往会打断正常的言语交际；而口语交际教学采用模拟活动，可以进行"切片式"的即时评析及会话改进，为学生设置一个研习言语品质的教学现场。言语作品可以是文本，也可以是非文本的音像视频。教材中的选文大多是文质兼美的典范性作品，其教学价值就在于让学生在阅读中品味、感受高品质的语言范式，从而具有辨别文章好坏的眼光，进而提高学生的阅读品位和写作旨趣。"久熏幽兰人自香"，浸润在一篇篇精美的范文中，学生的言语品质便会受到熏染与陶冶。而语文教学，则在这自然熏陶的过程中对学生加以必要的点拨，不但要理解词句的意思，而且要领会作者的意图，更要领悟作者遣词造句、谋篇布局背后的种种意味，揣度一下"为何这样写而不那样写""一般人会怎么写""如果是我会怎么写"。这样的阅读研习才能抵达作品的言语品质。

1. 透视：从文中看到人

言语作品的作者，有的直接出现在作品中说话，比如议论文，就是作者直接向读者发表自己的观点；有的隐身在作品背后说话，比如散文，就是借助所写的人事景物表达自己的思想情感。作者在场的作品，阅读时仿佛和作者在直接对话；而作者不在场的作品，阅读时就需要透过作品看到背后的那一个"人"，这个"人"并非一定是生活中的作者，而是作品投射出来的理想中的那个"人"，他的胸怀、情操、眼界、思想，潜移默化地影响着学生，让他们的内心世界变得丰富而又高尚。季羡林先生的《夹竹桃》中有一段关于花影的幻想，在常人看来是一团模糊的影子，在作者眼里居然幻化成了地图、荇藻和墨竹，更妙的是连爬过的虫子、飞过的蛾子和吹过的微风，都成了饶有情趣的事物。阅读这样的文字，你可以想象得到作者该是多么有趣的一个老头儿，知识渊博、阅历丰富且有孩童般的情趣，你还可以想象得出他写这些文字时的表情和心境。如果没有这样的情趣，即使要学生想象仿写，也绝难写出如此有趣如此美妙的幻想来。言语中有什么样的"人"，就会有什么样的"品"。

2. 还原：逆向追寻思路

言语作品是一个严密的整体，就像一个鸡蛋一样，你看不到它生成的过程，而一旦用外力打破,就变得支离破碎不可收拾。条分缕析就破坏了文本的整体结构,看到的都是碎片化的知识。如果时光可以穿越,我们能够看到作者创作的完整过程,就可以把握作品生成的关键环节,可以把握言语品质的锤炼契机。这个过程就是由言语作品到语境生成的逆向转换过程,就叫"语境还原"。学生凭借作品中的语言描述,设身处地地像作者当时那样地去想、去写,就能最大限度地体验到作品中蕴含的独特思想与情意,进而能更加真切地领会作者如此说、如此写、如此遣词造句、如此谋篇布局的奥妙所在。阅读最要紧的就是从文本的叙述线索中,逆向推断作者的写作思路,还原出最初的写作状态及后续的写作过程,这样的阅读还原实际上就是一种写作思维的训练。

3. 转换:积淀敏化语感

经典作品的言语形式,具有艺术表现力。艺术的语言不宜分析,而宜通过诵读、复述转换内化于心,将范文的语言转化、积淀为学生的言语养料。丰厚的语言积淀,可以逐渐提高学生遣词造句的品位,增强学生对作品语言的敏锐感。"腹有诗书气自华",满腹经典,可以改变一个人的气质,自然也可以改变一个人的话语风格和言语品质。《匆匆》这样的抒情性诗文,最适合朗读背诵。朗读时将无声的文字转换成了有声的语言,可以通过声音的抑扬顿挫品味语言的节奏和韵律之美。在这样的美读中,学生将精美的语言连同诗意的情感一起内化于心。《陶校长的演讲》这样的实用性作品,可以在模拟演讲中,发现陶校长"每天四问"中四处重复的部分:"自己的××有没有进步?有,进步了多少?为什么要这样问?"从这样的"故意"中揣摩到陶校长的用意及演讲的秘诀:用熟悉的追问引起听众的关注和深思,渲染四问的重要性和紧迫性。可以确定的是,没有丰富的典范语言的积累,就没有言语品质的根本改变。在记忆的黄金期,语文教学鼓励学生诵读经典之作,丰厚语文学养。

4. 批判:甄别修正粗劣

教材中的范文,即使是经典作品,也可能因篇幅所限而大多经过了编者的改编。删改之中就与原文的文意产生了落差,难免留下一些斧凿的痕迹,甚至会造成文句上的断裂、失误。我们要尊重教材文本,但也不能膜拜文本,应该本着实事求是的态度,正视文本的瑕疵,鼓励学生"咬文嚼字""吹毛求疵",用批判的眼光审视文本,比较甄别,不断提高自己的阅读审美水准,锻炼自己的言语品质。比如苏教版的《珍珠鸟》,删掉了原文中开头的一句话"这是一种怕人的鸟"。这一删无异于将"文眼"挖掉了,因为这篇散文正是借鸟从本来怕人到后来的不怕人,这个转变的过程体现了"关爱产生信赖、信赖创造美好境界"的主题。所谓前后照应,因缺了前面的这一句,后面的"信赖就能创造美好的境界"就无从所应了。正因如此,我们须对文本保持一种批判的阅读态度,在思想内容和语言形式上用更高的品质要求去审读。

三、创设言语交际的任务语境

言语品质不是靠讲出来的,也不是靠做练习做出来的,而是在言语实践中锤炼出来的。愈是复杂的言语环境,就愈能锻炼一个人的言语机智和言语品质。语文教学要立足课堂,将学生在学习、生活中可能面对的言语问题引入教学,呈现生活化的任务语境,教给学生实战型的言语策略、方法,以期获得言语能力和言语品质的提升。

1. 仿真任务,品质读写

学生在文本阅读中积累了丰富的词句,获得了遣词造句及谋篇布局的诸多方法、策略,只有在具体的语境中加以运用,才能转化为学生的言语能力,从而提高读与写的品质。语文教学就是要精心设计适合学生迁移言语材料和言语法则的任务语境。

一是言语任务与文本语境的相似度。相同的语境,学生有一种熟悉感,可以直接迁移所学的读写方法;相似的语境,学生便有一种陌生感,需要对所学的读写方法加以创造性地运用,要有变通的能力。这样的言语任务更能激发学生的言语动力。比如《航天飞机》从智慧老人的角度介绍航天飞机的外形特点、飞行姿态及功能作用,要求学生向别人介绍自己的长相、爱好和特长,就是远迁移。介绍的人称变了,介绍的对象从物到人、从他者到自我,充满了变数,充满了挑战。迁移读写方法的任务型语境,与文本语境要有一定的距离,才能促进学生在"变式"中得到锻炼。

二是言语任务与真实生活的一致性。尽管言语任务是一种教学的假设,但如果脱离学生的真实生活,一看便是假的,那么就失去了言语的本真意义,这样的迁移表达也不是学生的本色,难免带有"做作业"的应付色彩。比如读完《给家乡孩子的信》,要求学生迁移写信的方法,以文中班级学生的名义,给巴金爷爷写一封回信。显然,巴金爷爷早已逝世,失去了写信的对象;巴金爷爷在信中所写的问题,并非学生自己面临的问题,没有共同话题。这样的迁移活动,与学生的真实生活错位,就很难让学生写出有品质的话语来。

2. 问题解决,品质表达

言语品质的提升不是一朝一夕的事情,语文教学和学科读写奠定了学生言语品质发展的基石,进一步的提升则必定是在鲜活的生活中锤炼出来的。生活中到处都有用"言语"解决的人际问题,申请书、倡议书、通知书、建议书……这些都是交际性的言语实践,应社会生活之需、实用的;而生活中还有用"言语"解决的私人问题,日记、随笔及各种文学作品,这些都是审美性的言语活动,应个体精神之需,看似无用。交际性的言语表达贵在明了与得体,审美性的言语创作贵在个性与创意,这些都是言语表达的品质内涵。

一是要有语体意识。人们所说的话语,有的平直简易,使人明了,是为生活语体;有的典雅含蓄,富有美感,是为文学语体;有的严谨缜密,极富逻辑,是为科学语体。在不同的语境中,面对不同的人和事,要选择恰当的语体。比如在课堂上,师生之间的对话,宜用规范的生活语体,自然亲切,通读易懂,便于交流和沟通。如果用文学语体,或许就会给人做作的感觉。而在演讲场合,如用文学语体,则更具感染力,可以取得更好的效果。私下和人交流,在用词用语上,可以根据两个人的亲密程度,选择让对方听着自然舒适的语句,才能达成心灵的沟通。

二是要有文体意识。小学教材中的范文,大多数经过编者的改编后成了"普通文",即我们常说的记叙文,写人记事写景状物,目的在于方便学生阅读与写作,尤其是便于学生初学写作。然而,记叙文是作为教学文类编入语文教材,实质上不是一种独立的文体。

在生活中只有各种实用型的文体,比如书信、通告、说明书、广播稿、新闻稿等,都有鲜明的文体特征和写作规范,一旦错用就会造成误解。在文学创作中,也只有诗歌、小说、散文、戏剧等文体,创作时须遵循文学文体的基本规律。就言语交际来说,学生最为紧迫的是要学会各种实用型的文体,掌握这些文体的写法,可以更好地解决生活中的言语交际问题。一位学生在春游的时候,私自离队爬上了一座山,最后归队时迟到了半个小时,老师责令他写一份检讨书。然而这个学生从未学过检讨书的写法,于是写成了一篇400多字的春游历险记,让老师哭笑不得。可见,从学生的生活需要出发,教会学生各类实用型文体写作,是让学生学会有品质地表达的重要任务。

  三是要有主体意识。表达不仅仅是能力问题,更是一个人的精神和品格问题。无论是说话还是写作,我们都要让学生确立"主体意识",那就是保持个体的独立性,说自己的话,表达自己的思想和见解,而不是迎合别人,也不是人云亦云。写作中的主体意识体现在三个方面:第一,要真实,说真话,不说假话;第二,有个性,用自己的话语方式表达,而不是简单机械套用别人的话,更不写那些只有成人才写的话;第三,负责任,对所写的人、事、景物及思想感情,要有清晰的体会与认识,既是对自己负责,也是对别人负责。对自己所写的每一个字、每一句话都有强烈的责任感,就不会马虎敷衍,就会有品质的追求。

  说到底,言语品质就是一个人做人做事的品质和品格。话说好了,文写好了,事也做成了,人也做好了。指向言语品质的语文教学,就是在培养有品质有素养的人。

论初中文言诗文对写作资源开发与运用的价值

苏州工业园区娄葑学校　张明明
苏州大学文学院　王家伦

教材是例子,应充分发挥教材的教学价值。鲁迅说:"凡是已有定评的大作家,他的作品,全部就说明着应该怎么写。"①当今被编入教材的文言诗文,经过大浪淘沙,是精华中的精华。若能充分发挥文言诗文的教学价值,通过文言诗文学习写作,将是一条提高学生作文能力的有效途径。

一、从文言诗文中积累写作素材

"无米下锅",是学生写作的常态,然而,选进中学语文教材的文言诗文,就是一个巨大的"粮仓"。文言诗文可以作为议论文事实论据的来源,可以作为记叙类文章拓展联想的素材,这是不争的事实。教师可以在教学文言文时,对学生进行策略性指导,如引导学生整体把握教材中的文言文篇目,按主题进行分类,充实作文的素材库。

1. 关于人生观与高尚情操

教师引导学生进行写作要有正确的价值观和人生观的导向,在写作中体现爱国之情不能只是喊口号,可充分利用教材文本文言文中有关高尚情操的文章作为素材。如《岳阳楼记》中的范仲淹,将个人荣辱置之度外,有着"先天下之忧而忧,后天下之乐而乐"的广阔胸襟,具有"大我"的精神情怀。《唐雎不辱使命》一文中,身负重任的唐雎面对咄咄逼人的秦王,不卑不亢,用"布衣之怒"表达与秦王同归于尽的决心,最终维护了国家利益。再如,《邹忌讽齐王纳谏》一文中,邹忌通过个人小事,联想到国家大事,讽劝齐王纳谏除弊,是一位责任感强、具有远见卓识的爱国良臣。这些比较有代表性的人物,在表达爱国之情的作文中,可充实文章内容。

2. 关于刻苦学习

学生的作文,有相当一部分内容是与学习相关的,在学习方面的文章又多为"挑灯夜战"之类,内容雷同,缺乏新意。文言诗文中关于学习的文章可以让学生打开素材思路。如《送东阳马生序》中,作者通过叙述青年时期求学之难和读书之勤的经历,并与当时太学生求学之易对比,得出业有不精、德有不成,主要是因为用心不专,不知勤苦求学之理的

---

①　鲁迅.且介亭杂文二集［M］.南昌:江西教育出版社,2019:75.

结论,以劝勉马生及太学生在优越的学习环境中更要勤奋、专心致志地学习。那么文中的作者形象就是一个勤学好问、专心致志的典型人物。同样,《孙权劝学》一文中,吴下阿蒙"士别三日当刮目相待"也是一个典型的努力学习的例子。

3. 关于社会面貌,民间习俗

文言诗文可以为学生展现当时的社会面貌与民间习俗,这可以让学生挖掘出社会及写作背景资源。如《醉翁亭记》中,作者就为我们展现了山水之乐图、宴酣之乐图、与民同乐图,让我们感受到当时民风淳朴、其乐融融的场景。如果这是写实,那么《桃花源记》中对民风的描写就是写虚。在此文中,作者为我们展现了阡陌交通、鸡犬相闻、黄发垂髫、怡然自乐的场景,虽然这里作者描写的是一个理想的世外桃源,但我们也可以窥探出当时社会并不如作者意,作者无法在现实社会中找到理想的社会,只能寄托在理想之中。实际上,这就是对"文化的传承与理解"的最好诠释。

古诗文中的主题并非仅仅上述三种,还有描写大好河山、表达个人情志、叙说人物经历等主题。面对众多的文言诗文,分类是个学习的好办法,这个分类的指向就是习作的需要。如上,写议论文时,便可以作为事实论据,同样,在写记叙文时,仍旧可以用来充实内容。

二、从文言诗文中学习篇章结构

当部分教师好不容易树立了"跟着课文学写作"[1]这样的意识后,就有人认为以教材文本作为写作范例不妥,甚至说"作家写文章时就没考虑写作指导价值""作家的个人经历情感精神无法复制""模仿作家写作,是在扼杀孩子的创造力"等。笔者实在想议上几句。

1."平民"学生最需要的是模仿的样本

我们多年来在中学语文教坛上耕耘,当年教过的那些学生,至今一般尚未见成为专门从事文学创作的作家,就是专门从事文案工作的,也是寥寥无几。实际上,我们的学生中的绝大部分人学习作文,并不是为了写出"高大上"的文学作品,仅仅是为了今后表达的需要。就学生而言,最现实的是有能够模仿的"样本"。模仿是一种最基本、最有效的学习方法,更是写作指导中重要的策略。模仿是有心理学基础的,也是人的社会化的主要手段。儿童的动作、语言、技能、行为习惯及品质等的形成和发展都离不开模仿。作文作为一种技能就有模仿的可能。[2] 在平时的作文教学中,没有恰当的指导与适量模仿,会产生一个突出的问题——学生盲目学习各类"满分作文",东施效颦,漠视文体,写出的作文"四不像",就如开头一句"题记",文中或叙或议乱七八糟,除了堆砌辞藻外没任何内容。

2.最好的例子来自教材

入选语文教材的文章,绝大部分是文质兼美的经典篇章,教材编者之所以选用它们并

---

[1] 卢佐兴.亲情散文写作引导与互评:跟着课文学写作[J].新作文,2009(4).
[2] 柳咏梅.语文教学三部曲:解读、设计、演绎[M].重庆:西南师范大学出版社,2015:166.

分别将他们编入合适的单元,是因为它们不仅有阅读鉴赏价值,还有写作指导价值,对教材文本进行阅读教学,这是必要的教学环节。但"教材无非是个例子",我们不仅要用教材教,还要超越教材。阅读教学中,教师带着学生阅读文本,理清文章结构,把握文本内容,分析文本写法,做得相对扎实深入,同时将写作指导融入阅读教学中,以"物尽其用"。

其一,学构思。

教材选用的文言文不仅经典且有代表性,是不同文体的典范。如《杞人忧天》是寓言典范,《木兰诗》是民歌典范,《愚公移山》是神话典范,《小石潭记》是游记典范,《鱼我所欲也》是议论典范,《核舟记》是说明典范,《醉翁亭记》是写景典范。

构思巧妙是佳作重要的特色之一,古诗文的构思应该是教师非常值得关注的事情。《大道之行也》一文,开篇进行全文概括,对"大同"社会进行纲领性说明,然后具体描述大同社会的特征,最后总结全文,鼓舞人心。这样的议论文结构比较简明,利于学生模仿。再如《鱼我所欲也》,就论证角度而言,有对比论证,特别是作者在进行"舍生取义"论点的论证过程中,主要运用一正一反来论证,层层相扣,论证严密,论点鲜明;从论据使用而言,有道理论证、举例论证;另外还类比论证……如果将论证的结构技巧运用于学生所作中,可有效解决议论文写作的构思问题。

再如抒情性散文《岳阳楼记》的构思也很巧妙,值得教师迁移到作文指导之中,文中多维度采用对比手法,如春和景明之景与淫雨霏霏之景一明一晦进行对比,春和景明触发之情与淫雨霏霏触发之情一喜一悲进行对比,面对春和景明与淫雨霏霏时"以物喜以己悲"的迁客骚人与"不以物喜不以己悲"的古仁人进行对比。这样的构思,巧妙且清晰,很适合学生模仿写作。

其二,学描写。

在阅读教学中,教师常引导学生关注描写的景物,抓住景物的特征。在写作教学中,教师也常强调写景要抓住景物的特点来写。

在初中教材中,写景的文言诗文相对比较多,教师不妨选取一个训练点进行有针对性的指导。如《醉翁亭记》一文中描写了朝暮之景与四时之景,这六幅画面,生动描绘了山间的迷人景象。"朝"通过"日出""林霏开"来凸显明亮,"暮"通过"云归""岩穴暝"凸显晦暗;通过野芳开放且花香凸显春美,通过树木繁茂成荫凸显夏秀,通过风霜高洁凸显秋清,通过水落石出凸显冬寒。由此可以看出,对景的描写,不仅要抓住其特点,还要会选择能表现其特点的典型景物。所以,可以让学生把抓住特征描写景色的写作技巧运用于描写学校或者家乡的朝暮或四季景色之中。需要提醒的是,训练写作内容的设置,要让学生有话可说,这要建立在细致观察的基础之上。

同样,在《岳阳楼记》中,迁客骚人眼中的春和景明图与阴雨霏霏图的描写景物的方法也可以被迁移到写作之中。作者同样结合选取典型的景物来表现景的特点,相比《醉翁亭记》的朝暮与四时之景的描写,《岳阳楼记》前部分绘景,后部分景中情,景情合一、由景生情的写法也值得学生借鉴模仿。

从古诗文中学描写,不仅仅局限于景物描写,也适用于人物描写。欲使人物形象鲜明丰满,恰当地使用描写方法必不可少。在《周亚夫军细柳》中,作者使用正、侧面描写相结合、多次对比衬托的手法凸显周亚夫治军严明、不卑不亢的"真将军"形象。同样,《愚公移山》虽然是一篇寓言故事,但也通过对比不同人物间的语言描写,凸显愚公的坚持不懈、大智若愚的形象。再如《唐雎不辱使命》,通过唐雎与秦王的语言描写、动作描写,刻画了不畏强权、勇敢无畏的唐雎。所以,教师在指导学生进行写人叙事的写作时,可以灵活运用描写手法。

三、从文言诗文中积累并学习遣词造句

古诗文语言凝练隽永,言简义丰,寥寥数字便能展现画面,或倾尽道理。文言诗文的学习重在积累,积累名句,学习遣词造句,这在一定程度上可以避免写作中重复堆砌文字的弊病,还能增添文采。

1. 学习遣词的凝练形象

古诗文中有很多用得极其精妙的字词句,非常值得玩味。比如《湖心亭看雪》中的"惟长堤一痕,湖心亭一点,与余舟一芥,舟中人两三粒而已"。通过量词的传神使用与白描的手法,寥寥数笔便传达出景物的形与神,极其形象生动地表现出了"上下一白"时,在这寂寥空旷的雪景之中,极其"渺小"的人物与苍茫的自然构成的梦幻般的意境画面。这里便可以引导学生在描写景物时可以模仿量词的使用,同样,也可以用在描写人物外貌之中,避免重复用"有"字。

《湖心亭看雪》中"痴"字也值得玩味——"莫说相公痴,更有痴似相公者",这一句与"湖中焉得更有此人"一句相呼应,前者借"客"偶遇知己的惊喜,赞美作者"痴",后者借舟子的话,说"客"之"痴"的,让人若有所悟。一字传神,透出作者的情感。这与《记承天寺夜游》有异曲同工之妙,"但少闲人如吾两人者耳"中的"闲"字,表露出作者的复杂情感。这里,我们通过一字传神法,可以引导学生在写作中,注意炼字,还要围绕立意去组织材料,组织语言。

2. 学习各种修辞手法的合理运用

要把文章写得生动形象,必要的修辞手法引导是不可少的。在文言文中,这方面的引导素材也很多。如《小石潭记》中关于潭水清澈的描写:"潭中鱼可百许头,皆若空游无所依,日光下澈,影布石上。怡然不动,俶尔远逝,往来翕忽。似与游者相乐。"这句话,综合运用了夸张、拟人等修辞手法,突出了潭水清澈,体现作者游玩之乐的情感。《木兰诗》中"万里赴戎机,关山度若飞。朔气传金柝,寒光照铁衣。将军百战死,壮士十年归",作者综合运用了比喻、互文简要地概括了木兰多年征战与一朝凯旋的情景。再如《马说》中"策之不以其道,食之不能尽其才,鸣之而不能通其意,执策而临之,曰'天下无马!'呜呼!其真无马邪?其真不知马也!"作者一连用了排比、设问的修辞手法,增强语气,点明主旨。综上不难看出,古诗文中,可以在写景、叙事、议论中合理运用修辞手法。

再如,《得道多助 失道寡助》中"天时不如地利,地利不如人和",这句话使用了顶真

的修辞手法。同样是句式的排比,在《木兰诗》中又与互文修辞手法结合起来,如"东市买骏马,西市买鞍鞯,南市买辔头,北市买长鞭"……虽然说课程标准中没有对"顶真""互文"修辞手法做具体要求,但使得一些学生了解这种手法,或许日后有用。

综上,学生从文言诗文中学会写作,尝到了"甜头",很可能就此喜欢上文言诗文,于是,文言诗文教学难的问题或许就能很大程度上得到改变,一举两得,何乐而不为!

(原载《新作文》2021年第6期)

少一点浮夸　多一点朴素

江苏省木渎高级中学　李耀辉

时下的语文课堂教学往往追求大容量,因面面俱到而蜻蜓点水,造成烦冗的教学现状。特别是公开课教学,往往崇尚完美的包装,花样繁多。过度使用多媒体等辅助性的教学手段,大有喧宾夺主之嫌。课堂上毫无原则地肯定和表扬学生,答案明明是错误的,老师却不加以否定,教师的做法从以前的"棒杀"演变成为"捧杀"学生,这样的表扬对学生的成长是不利的。

这些浮夸的课堂教学,华而不实。我们要刹住这股浮夸风,追求返璞归真的教学境界。语文课堂要瘦身,围绕教学重点简明教学目标,力求一课一得;简化教学内容,注重"留白"的艺术;简选教学评价,让学生明辨是非。语文教师要远离浮夸行为,多一点朴素,少一点浮夸。

一、多些求真务实的目标,少些哗众取宠的作秀

在课堂教学中,谨记郑板桥的"删繁就简三秋树",苏格拉底的"千鸟在林,不如一鸟在手"。教学目标过于复杂,会造成课堂教学顾此失彼,对目标的落实浮于浅表。因而要求真务实,简明教学目标,培养学生的质疑能力。简明的教学目标要根据教学内容的特点和学生的实际需要而确定。学生懂的基础性问题不要多讲,学生不懂或者懂了却不知好在何处,需要教师点拨的,才是重点的教学目标。

笔者曾观摩江苏省特级教师李建邡开设的《论厄运》活动体验课。李老师预设的课堂教学目标是围绕顺逆境的话题展开探讨,让学生能够辩证地思考。这一目标简明扼要,体现了哲理散文的特点,有助于培养学生的思辨能力。可课堂上有位学生突然提出对文本语句的困惑:为什么说最美的刺绣,是以明丽的花朵映衬于黯淡的背景,而绝不是以黯淡的花朵映衬于明丽的背景? 面对这一突发情况,他并没有按预设好的目标组织教学,而是因势利导让学生探讨课堂生成的问题,曲线完成既定的目标。学生们在探讨中相互启发思路。一位学生有条不紊地陈述观点:最美好的品质是在厄运中被显示的,就如同明丽的花朵映衬于黯淡的背景。另一位学生认为它生动地论述了厄运砥砺品格的作用。李老师在学生发言时巧妙地引导、以小见大地提升,让他们思维的火炬熊熊燃烧。最后一位学生说,培根将抽象的道理用比喻的修辞娓娓道来,启示我们航行在茫茫无际的人生之海上总会遭遇暗礁,要保持淡定的心态,因为它带来沉重打击时也会磨砺出美好的品质。李老师的活动体验课善于根据课堂灵动生成,引导学生展开思想的碰撞,让他们在寻幽探微中

进入深度阅读的状态,巧妙地完成了预设的教学目标。

笔者也十分重视课堂生成的问题,确立教学目标。在学习《今生今世的证据》一文时,学生提出了很多新颖、有价值的问题。譬如,为什么文章第8自然段中有人称的变化,说到童年青年时用第一人称"我",而写快乐等情感时又用"他"呢?对于句子人称的变化,笔者在课前并未敏锐地洞察到。看似琐细的人称变化却内藏玄机,笔者就这一问题组织学生展开讨论。学生认为用第一人称可以拉近昨日与今日的距离,而第三人称拉开了距离。在讨论的过程中笔者受到了学生的启发,并生成了自己的看法。前面用第一人称"我",是作者在写作时将自己还原到旧日家园中,沉浸其中,如同正在经历那段时光,多了一份感性。而后面转换成第三人称,作者已经把自身从过往剥离出来,站在今日来审视昨日的自己和旧日家园的意义,增添了文章的理性。而本文的特点就是穿梭于昨日与今日之间,在感性与理性之间徘徊,情中见理,诉说旧日家园便是我们今生今世的证据。立足学生的需要来确立简明目标,学生才能体验到在原初感受上的修正、发展和提升。

笔者执教《琵琶行》时,学生提问:为什么小序里写被贬官后"恬然自安",而正文里描写的却是"黄芦苦竹""杜鹃啼血"等凄凉景象?是不是前后矛盾了?这个问题十分有价值。学生们在笔者的点拨下明白了"恬然自安"是表象,诗人被贬后努力追求宠辱偕忘、恬淡自适的心境。可凄凉景象的反复渲染,道出了掩盖在表象背后的实质:仕途偃蹇、人生失意的苦闷。白居易以苦闷之眼来观浔阳,因而黄芦、修竹、杜鹃、猿鸣等自然景色都被点染上浓浓的情感色彩。山歌、村笛在诗人耳中听来也变得"呕哑嘲哳"、粗陋不堪,因为之前在京城做官听惯了丝竹管弦等精美的音乐。听觉上的不习惯正流露出沦落九江的精神苦闷。因而本诗前后并不矛盾,只是抑郁之思以恬然出之,以恬然的心境来反衬迁谪沦落之苦,突出琵琶曲的艺术魅力。

二、崇尚简约朴素的内容,摒弃喧宾夺主的花哨

语文教师披沙拣金、删繁就简,围绕一条清晰的主线("草蛇灰线")组织环环相扣的教学环节,贯穿并推动课堂教学。古典小说安排情节结构有"草蛇灰线"这一传统技法。意即情节如同草中之蛇、灰里之线,似断似续,形断实续,起伏照应。语文教师借用这一技法来组织教学,使教学内容不蔓不枝,让学生在紧凑的环节中玩味领悟语言。相反,松散繁杂的教学环节和问题设计,只会让学生云里雾里、不知所云。

江苏省语文特教教师黄厚江教学艺术炉火纯青,驾轻就熟地运用"草蛇灰线"的技法来组织本色语文课堂。在读写结合的写作课教学中,他以《雪地贺卡》作为学生写作的蓝本,紧扣"关注特别之处,写出特别故事"的明线,"鼓励学生自主思考、敢于质疑"的暗线,安排了阅读和三次片段写作的环节。写完后并当堂阅读贺卡,师生共同参与评价。在评价时,注重结合人物心理和特别之处玩味语言,培养学生的语言感受力和鉴赏力。整堂课双线交织,层层向前推进。学生在深入阅读中关注特别之处,预测故事发展的可能走向,尝试写有趣的贺卡。学生在推测情节时发生了分歧,贺卡写给朋友是雪人?黄老师引导学生思考写给谁故事更浪漫,使课堂回归到主线。课堂教学的中间环节,学生又为是否安

排作者和小孩见面的情节争执不下。他则明确：见面情节仿佛很时尚，可让小孩收到贺卡便完全不相信是雪人写的，那不相信童话的孩子不能发现生活的美好，情节设计让人顿感悲哀，故事便落入窠臼。最后环节，他总结道：假如所有的鸭不会飞，一只鸭飞得高，这背后一定有故事，在写作时要善于关注特别之处，写出特别的故事。

执教《项脊轩志》第二课时，笔者曾围绕运用联想、想象还原生活画面来体悟伉俪深情为主线，来组织课堂教学。确立它为主线的原因，是学生不能体会文中叙写亡妻部分的妙处。写亡妻为何寥寥数笔？小妹为何对阁子充满了好奇心？面对学生的困惑，笔者确定了课堂教学的主线，引导他们边读边想。师生共同勾勒生活画面：婚前，作者独自在轩中读书，虽偃仰啸歌自得其乐，但难免寂寞。婚后，娇妻来轩中伴他读书，询问他熟稔的古事，眼神中流露着对丈夫的崇拜。她靠着案几郑重其事地拿起羊毫，一笔一画地写着。丈夫从旁欣赏她执着的模样和娟秀的笔迹，间或指点一二。从此，项脊轩不只有读书声，还有爱意无限的欢声笑语。这种夫唱妇随、红袖添香的温馨生活引人联想，当年赵明诚与李清照赌书消得泼茶香的场景历历在目。归有光妻子会将阁中的趣事眉飞色舞地讲给娘家人听，连不谙世事的小妹也被其感染，因而对此产生好奇。文中虽摄取了夫妻生活的寻常镜头，妻亡之后它却化作永久的追忆。阁子也便成了情深意笃的见证。小妹对那神秘而欢乐的阁子充满了好奇心就不足为怪了。简单的文字却蕴含着深情，有情味的文字需要在诵读、沉潜中慢慢品味。合理、丰富的想象和联想会主动地填补作者的"留白"。

三、提倡中肯实在的评价，避免虚假廉价的表扬

在课堂教学评价上，不少语文教师都能采用激励性的评语表扬学生，"朗读得声情并茂""问题提得有水平""悟性真高"。与一味地棒杀否定学生相比，这无疑是一种好现象。但片面追求表扬学生，其廉价的肯定对学生真的起到鼓励作用吗？不敢否定错误的答案，不能指出学生知识性的错误、理解上的误区，忽略了教师的评价职责。长此以往，学生会漠视虚假的赞扬。《语文课程标准》指出："语文课程评价的目的不仅是为了考查学生达到学习目标的程度，更是为了检验和改进学生的语文学习及教师的教学，改善课程设计，完善教学过程，从而有效地促进学生发展。"在语文课堂上，学生要敢讲，教师亦应该提出中肯实在的评价，让学生全面地审视自我，明了在语文学习上的发展处和增长点。精当幽默的教学评价取决于语文教师深厚的教学功力和教学智慧。

黄厚江老师在课堂上决不吝啬对学生的表扬，但也不轻易送出一顶高帽。赞扬或否定都要言之有据、言之有理。在点评贺卡的环节中，绝大部分学生高度评价了下面的文字："雪人，愿你不为琐事烦恼，愿你像激浪中的船一样，势如破竹。"黄老师并未表扬写出这段文字的同学，而是询问它的优点。学生的回答是运用成语和比喻使句子更优美、有内涵。黄老师听后，幽默地点拨道：用成语真的就好吗？大家用"老态龙钟"来形容我，我会哭笑不得。进而让同学们再次揣摩语言。他们很快发现比喻不贴切，雪人和船无关联。黄老师再次表明自己的观点：假若我是雪人，那看到这张贺卡很难受。因为我到浪里就消融了，如何势如破竹呢？他的教学评价幽默机智，一针见血地指出语言的弊病。只有当学

生真正写出"这真的不是童话吗？你一定是个有魔法的雪人"的句子时,他亦肯定学生心理描写和构思的水平,以预言长大后能成为出色的讲故事的人而褒奖。

笔者在执教《故都的秋》一文时,一位学生这样赏鉴"秋槐落蕊"秋味图：选取了槐树的落蕊及灰土上留下的扫帚丝纹,以"似花还似非花"的落蕊来表现秋色中似有若无、可望而不可即的静美；又以落蕊的消失以小见大地写出秋天万物枯落的寂寥；落蕊之消失本难以描写,作者将其具象为灰土上的丝纹,仿佛是落蕊留下的生命残迹,便令人对生命的衰亡而感伤,有一种"侘寂"之美。这位同学的赏鉴能力超群,这时我们就可以不吝溢美之词了,称赞他能从景物的选取、采用的手法、秋味的特点做出细腻点评,称赞他对美敏锐的感受力和跨文化阅读的鉴赏力。

当然,要避免廉价的表扬,并不代表就全盘否定学生,矫枉不可过正。有效的课堂教学评价会点亮学生的心灵和智慧。在无关知识性和科学性的语文内容上,我们尊重孩子原始阅读的体验感悟,培养他们的质疑精神和思辨能力。譬如,在学习《今生今世的证据》时,一位学生曾在课堂上公然表示对文章观点的质疑。她认为"有一天会再没有人能够相信过去"这句话很矫情,过于绝对。这是学生对文本的原初体验,笔者认为要尊重她的感受,但同时要引领学生在语境中理解句子,不可断章取义。趁机让其他同学发表不同看法,在论辩中拨开迷雾。最后,大家达成相对一致的看法：这句话看似说得绝对,实则含有潜台词——那便是当家园完全废失,旧日家园的物件如灰飞如烟灭时,我们将失去过往生活的全部证据,便不会相信以往的自己,而走向怀疑。貌似矫情的话语实则含有丰富的潜台词,正面点出证据的价值。

语文教学本是以学生的需要为前提,以学生的成长为目的,培养具有健全完善的人格、丰富细腻的情感、自由独立的思想之人,那么,我们的语文教师何不远离浮夸之风,朴素真诚地从事教学,学生也会形成真正有价值的深度阅读。唯有如此,师生才能达到共生共荣的局面,课堂才会拥有无法超越的精彩。

（原载《中学语文教学参考》2014年第9期）

语文很小　　语文也很大

西安交通大学苏州附属初级中学　孙　艳

梁文道在《那个时代早已结束》中说:"文化人下海做生意,那种自傲又自怜的难堪心情,我们隔了几代依然体会得到。但中国文字训练的功底到底还是进了他们的血液,洗不清,放不掉……"语文人做管理,自然在血液中流淌着浓厚的书卷气息、深沉的人文情怀等基因,无法弥散和消释。正因如此,笔者会把课堂看得很神圣,把育人看得很郑重,把管理看得很严谨,把精神家园的构筑、精神文化的引领、精神品质的发扬看得很崇高……

一、从"有格课堂"到"润泽课堂"——情有独钟

下面是笔者二十岁初登讲台时写下的小诗:

　　站在三尺讲台上/唯一拥有的自豪/是这支粉笔/这根教鞭/不要说我的粉笔很渺小/我用它诠释着美丽的人生/不要说我的教鞭很普通/我用打开青春蓝色的大门/我的脚步很平凡/每天敲响那仄仄的楼梯/我为我的攀登感到骄傲/把一种坎坷踩成平坦之后/又笑迎另一种坎坷/人生的答卷就在我的脚下/纵然每一步都平淡无奇/可我依然走得脚踏实地/因为那分分秒秒的汇聚/就是我永不再回的青春/我有一双明亮的眼睛/日不能代替/月不能代替/我注视着懵懂未开的孩子/生命的绿树节日般地缀上花朵/我关心着成长中的孩子们/生命的橄榄树拔节似的猛长/岁月无语/青春无悔/不必说我的浩瀚/我只愿是一滴水/滋润我的一方土地/不必说我的刚强/我只愿是一株小草/装饰我的一处风景/不必说我的伟大/我只愿是一颗星星/就这样——/走过四季/不求花香/不求树高/生长的信念紧紧地抓住脚下的泥土/绿色的希望牢牢地撑开头顶的天宇/我骄傲,我是个教师。

已然人到中年时笔者又写下了散文诗:

　　我愿我的课堂自然而润泽,如苏州园林,精致而自然,不露斧凿痕迹,不见生硬的匠气,如行云流水,浑然天成/如吴门画派,清雅端然,巧于构思,精致有趣,润泽人心/如粉墙黛瓦,简约丰盈,貌似随意,却得地域文化之神韵,展形态灵动、内涵细腻文化之格局/如昆曲评弹,洋溢着永恒苍穹的美妙节律,富有人文内涵和审美情趣,让人心性受益/如泼墨书法,汪洋恣肆,纵横捭阖,却开合有度,生生不息,传递智慧之火,给予春花一样繁荣,满月一样丰盈的精神资源/如苏扇微雕,思想情致不落狭隘,情貌潇洒天然,如林中一缕清风,花间一滴清露,怡情怡趣,全凭教者慧心存焉/如天澹云

闲,有竹楼听雪落、阳光看花开的清雅与温馨,形似恬淡,却意在纯粹/有寡淡中的深刻扎实,闲淡中的言近意远,散淡中的疏朗开阔,平淡中的不凡境界……

从青涩的年轻老师,到有些成熟的教师,三十年语文教学历程弹指一挥,然而融入了多少对课堂的真情热爱与投入!在孜孜以求的年华中,笔者在课堂中研究问题,在课堂教学中研究课堂教学,在课堂教学中探索语文教学的规律。笔者的语文课堂从"有格"到"有品质"到"有智趣",笔者的教学追求也经历了从讲求形式的"多"到力求课堂的"得";从挖掘教材的"深"到注重教材的"研";从追求教学的"美"到讲求教学的"活";从力求教学的"广"到力求教学的"厚";从拓展教学的"宽厚宏博"到形成"自然而润泽"的课堂风骨。三十年来,笔者从"寻梦,做一位优秀教师"到"学思,做一个智慧型教师";再从"修炼,做一个魅力教师"到"平和,做一个专家型教师"。三十年来,笔者思考能力培养,思考教学设计,思考教学创新,思考内容创新,思考自主学习,思考教学艺术,思考教育自觉,思考教育个性,思考教学问题,思考诗意课堂,思考阅读教学,思考生态课堂,思考教学途径,思考教学的"度",思考教学的"生命意识",笔者不断汲取苏派教育土壤之气息,在课堂中历练和成长,笔者一路采撷着思想和智慧的叶子,炼制成功的果浆,当每一个小小的进步与成功占据心灵每一个角落的时候,所有的辛苦劳累,或许只是旁人眼中歪斜的投影,而在笔者的心中,山不动,地不摇,不屈的神情写满了山脊般的刚毅——工作是美丽的,追求是充实的,语文课堂是美好的。

二、从"英伦风范"到"草根适切"——情到深处

语文人的人文情怀会自然植入校园文化的构造中。2010年,在筹建一所新校时,笔者是抱着国际化教育梦想的,华美精装下宽敞的图书馆,世界名校校训及古今中外教育思想展示墙,现代而魔幻的纳米膜触摸展示大屏及纳米魔镜,高度信息化的虚拟实验室与探索发现互动空间,风能发电实验室,加拉帕克斯群岛生态馆等"高大上"教育硬件设施的投入,无不体现书院雅韵,英伦风范。走在校园中,当你看到凝固如交响乐般卓越的建筑时,会感受到浓郁典雅庄重的气息;当你徜徉在无处不在的信息化下载展示终端前,活跃的校园文化视窗会给你以时代的强烈的冲击力。基于这种理解,笔者提炼了"成就优雅而智慧的人生"办学理念。笔者创作并执导拍摄了校歌MV,歌词开头是:

有一个梦,由我启动/在星空闪烁着智慧火种/春天播种/心中的梦/让希望纷飞到南北西东/嘿呀,嘿呀,谁不为美好的期待感动/嘿呀,嘿呀,东沙湖成就着你的成功/每一个人,一样有用/自告奋勇,不约而同/忘了自己/宽了心胸/梦想飞腾/点缀天空/……忘我投入/快乐心胸/将优雅展现得与众不同/未来之门,由我推动/让智慧幻化成飞翔的风/……

丰富而精致的校园文化的设计与实施形成学校英伦风范的独特的文化格调,人文教育、精英气质是笔者当时教育的理想。而当笔者来到一个达标升级学校园区五中时,笔者所面对的更多的是乡镇及外来务工人员子女,怀着对生命神圣而美好的期待,如何衍展陶

行知"生活即教育"的思想,以"滋养生命,滋润生活,滋长生趣"为教育追求,营造"生趣化的课堂""生本化的教育""生态化校园"的优美教育场景,是摆在笔者面前的教育命题。本着"生本""生态""生活""生长"的理念进行教与学的改变的行动研究,本着"育人""育心""育情""育理"的方式,改变德育说教模式,让德育情境化、生活化、适切化。通过硬件改造和"吾土吾民"主题校园文化的打造,让学生静下心来,气定神闲,在民族和本土的文化中悠然行走和得到滋养;通过开设"雕刻雅趣""苏式建筑造型""编织艺术"等十一个类别的百科创意特色课程,给予学生生活化的教育,增强他们的社会实践能力,让学生在校本文化课程的开发与传播中,掌握一种生存技能,一项艺术爱好,一项素质发展,让学生因其能而成其能,为学生走向未来储值。通过"服务好每一个家庭系列套餐"行动,一方面对外来务工子女困难家庭学生实施资金援助,另一方面对"有潜质有特长"的学生,进行"教育培养"资助,帮助这些有天赋和特长的学生,外聘教师,进行特长培养。牵手家庭,开展"教育嘉年华"活动,邀请"各路名家""非遗文化传承人"进校园,共同为教育出力,让学生在丰富的文化精神和文化引领者下获得更优质、更适切的教育。这种草根式的文化力量,也使得学校走出了一条生态发展的独特路径——即以实施"自然而润泽"的教育为办学理念,深化办学内涵,助推全人教育,形成学校的独有的草根文化地图和文化坐标体系。基于对这样一个发展历程的记录,笔者创作和执导了这样的微电影,电影脚本都来源于师生真实的生活状态,以一个学生、一位年轻教师、一对师徒、一对夫妻为线索,串起校园生活的方方面面,以小见大,追索出学校每一个人对校园生活幸福点的挖掘和理解,反映出作为一所老校的"文化传承"与"家人般幸福守望"的心路,电影最后结束语为:

> 这是一个追梦的时代,更是一个幸福生存状态的时代,在园区五中,每个人的成功,都有他人温暖的扶持,每个人的梦想都与校园上空幸福清风相伴,摩天轮转动时代的脉搏,也引领着园区五中人追求幸福与梦想的路——我在园区五中,幸福就像摩天轮。

从"有格"课堂到"润泽"课堂,让课堂成为关注生命、放飞生命、提升生命质量的所在;从"英伦风范"的校园文化精神构建到"草根适切"教育的本土文化的传承与坚守,是语文人文情怀在学校管理中的自然流淌,是对生命关爱的人文情怀与情趣的自然流露。让教育成为生命发展的需要,成为成全生命的根本,是语文人不变的情结。

语文就是这样,可小,可大。

语文人就是这样,让高悬云端的、有点浪漫的文人的梦想追求一点点接了地气,可近,可远。

(原载《语文学习》2015年第4期)

虚中有实意

——聚焦言语思维　品析虚词之美

昆山市教师发展中心　宋静娴

现代汉语中,人们依据语法功能和语汇意义,将词分为实词和虚词两大类。与实词不同,在语言表达过程中,虚词只是作为辅助的语法手段,不能单独充当句子和语法成分,大多不表示事物的实在意义,也很难直接表情达意。比如"让暴风雨来得更猛烈些吧",助词"吧"用于句末,表示某种语气;"苏州园林与北京的园林不同,极少使用彩绘",副词"极"本身没有意义,在句中跟"少"组合在一起,才能起到强调突出的作用。又如"千万条腿来千万只眼,也不够我走来也不够我看",句中的"来"是满足信天游这种民歌衬字添音的需要。

但虚词所具有的独特的语法意义和功能,往往使其在促进表意精确、实现语意连贯方面起到实词无法取代的作用。比如,副词可以用来表明范围、程度、时间、情状等,增强表达的准确性。如"西起九江(不含),东至江阴,均是人民解放军的渡江区域"(《人民解放军百万大军横渡长江》),副词"均"起到了强调无一例外的作用,更能准确说明人民解放军由东到西的渡江范围。又如,虚词中的连词,常用于连接词、短语、句子,表达细致缜密的逻辑语义关系。如"以君之力,曾不能损魁父之丘,如太行王屋何?且焉置土石?"(《愚公移山》)愚公之妻对移山行为提出"如太行王屋何""焉置土石"两点疑问,用"且"相连,表示语义的递进。

如果说"消极的修辞只使人理会",那么"积极的修辞,却要使人感受"。作家写文章"以传达给读听者为目的,也以影响到读听者为任务",若要使笔下文字足以打动读者,仅仅做到表意清晰准确,显然远远不够。作者借助文字实现与读者在感受层面的交流,才是产生影响、引发共鸣的关键。清代刘淇在《助字辨略·序》中说:"构文之道,不过实字虚字两端,实字其体骨,而虚字其性情也。"在言语实践中,虚词往往可以与实词自然地结合在一起,成为语言文字的催化剂,对其中的意境美感、作品形象、情感表达等起到积极的作用。

本文以统编版初中语文教材文学作品中的虚词运用为例,重点品析虚词在语境中的美感意蕴,探究虚词在积极修辞中的语用规律,从而在教学实践中发展学生的言语思维。

一、音韵美

要获取文字音韵的审美体验,最直接的方式是诵之于口、得之于耳。借助部分字词的增删比较,通过诵读,学生可以对虚词赋予文段的音韵之美产生最准确、最深刻的体会。

如《醉翁亭记》中的"若夫日出而林霏开,云归而岩穴暝,晦明变化者,山间之朝暮也。野芳发而幽香,佳木秀而繁阴,风霜高洁,水落而石出者,山间之四时也。朝而往,暮而归,四时之景不同,而乐亦无穷也",让学生对句中的"而"和"也"进行留与删的对比朗读,说出自己的朗读体会。学生很容易发现,有了这些"而"字,句子形式更整齐,音韵更和谐,同时也为山林美景增加了时间和空间上的动态变化。每句皆以"也"字作结,不疾不徐,摇曳多姿,令读者仿佛置身山间,既可赏玩眼前美景,又能体味到作者胸中的陶醉之气。

又如《春》中的"盼望着,盼望着,东风来了,春天的脚步近了。一切都像刚睡醒的样子,欣欣然张开了眼。山朗润起来了,水涨起来了,太阳的脸红起来了",同样让学生以朗读的方式体会多以"着"和"了"结尾的妙处:构成音韵上的统一,读来整齐悦耳。在生动描摹春天到来时山色葱郁、春潮初涨、春光明媚特点的"朗润""涨""红"后的三个"起来了",读来一个比一个响亮,一个比一个激昂,因为它们不仅展现了春天悄然而至的变化过程,更赋予了这一组句子结构整齐、音韵和谐的特点。

二、修辞美

虚词以其特有的方式参与文本的修辞。小到一个拟声词、叹词甚至助词,都可能在文段中起到积极作用。只有引导学生充分关注这些细节,文字的修辞之美、运用之妙才能更加淋漓尽致地展现在学生面前。

1. 拟人

如《台阶》中的"那根很老的毛竹扁担受了震动,便'嘎叽'地惨叫了一声,父亲身子晃一晃,水便泼了一些在台阶上",扁担自然不会惨叫,"嘎叽"是扁担不堪重负时发出的声音。启发学生思考:为什么要描摹这种声音?为什么要说那是一声"惨叫"?很显然,这声惨叫不仅是扁担发出的,更是父亲那一刻内心的惨叫,是劳碌了一辈子的农民突然发现自己衰老后发出的一声悲鸣。运用拟声词"嘎叽",突破听觉的范畴,唤起读者的想象,使父亲艰难的情状、痛苦的神情形象地呈现于眼前。

2. 排比

如《土地的誓言》中的"在故乡的土地上,我印下我无数的脚印。在那田垄里埋葬过我的欢笑,在那稻棵上我捉过蚱蜢,在那沉重的镐头上留着我的手印"一句,为什么要选择"田垄""稻棵""镐头"这些景物?因为它们象征了故乡的每一寸土地。为什么要记录"我的欢笑""捉过蚱蜢""留着我的手印"?因为它们象征了故乡留给"我"的美好回忆。这些语意相关的内容是构成排比的必要条件之一,而"在……里""在……上"的介宾短语,则将这些景物和生活叠加成动人的画面,使结构一致、语义连贯、语势渐强,使作者对每一寸故土深沉而难以抑制的眷恋,表达得更为强烈,更动人心扉。

3. 反复

如《安塞腰鼓》中的"隆隆隆隆的豪壮的抒情,隆隆隆隆的严峻的思索,隆隆隆隆的犁尖翻起的杂着草根的土浪,隆隆隆隆的阵痛的发生和排解……"可引导学生进行改写比较,"这鼓声,是豪壮的抒情,是严峻的思索,是犁尖翻起的杂着草根的土浪,是阵痛的发生和排解",与原句表达的意思一样吗?表达的效果一样吗?看似语义并无变化,但"隆隆隆隆"的反复使用,形成回环往复的效果,使震撼人心的鼓声不仅响彻耳畔,更似撞击在听者的心上,那声响带你走进激情昂扬的火热场面,感受沉寂的土地上蓬勃着的生命激情。

4. 摹状

如《一着惊海天》中的"'咔嚓!''咔嚓!'……随着照相机的快门声响起,中国第一位成功着舰的航母舰载战斗机飞行员的风采,定格在人们的镜头里,镌刻在共和国的史册上","摹状是摹写对于事物情状的感觉的辞格",可以摹写视觉,也可以摹写听觉。此处的拟声词"咔嚓""咔嚓"有怎样的表达作用呢?学生最浅层的理解是现场此起彼伏的相机快门声,教师需要在此基础上引导学生展开联想,形成人潮涌动、热情欢呼的画面感,更进一层地体会中华儿女此时此刻的喜悦、激动与自豪,"咔嚓"声是我国航母舰载战斗机首架次成功着舰这一伟大时刻的生动记录。

5. 感叹

如《范进中举》中的"噫!好了!我中了!""深沉的思想或猛烈的情感,用一种呼声或类乎呼声的词句表出的,便是感叹辞。"《岳阳楼记》中有"噫!微斯人,吾谁与归",要求学生进入情境读一读,体会两处的"噫"在语气语调上有什么不同。显然,与范仲淹的一声长叹不同,范进的"噫"是短促的。屡试不第,一朝得中,那是何等的出人意料,难以置信!一个"噫"字,是范进内心极度惊讶与激动的最直接、最贴切的表达,涵盖了范进对科举考试所有的酸甜苦辣。

三、形象美

虚词之妙在于它往往能于无声处滋润文本,细心的学生总能通过一些并不起眼的虚词,发现作者反复琢磨和细腻点缀的匠心,作品中的形象也因而变得圆润丰满、光辉耀眼起来。

如《紫藤萝瀑布》中的"这里春红已谢,没有赏花的人群,也没有蜂围蝶阵。有的就是这一树闪光的、盛开的藤萝。花朵儿一串挨着一串,一朵接着一朵,彼此推着挤着,好不活泼热闹!"品读此段文字,学生都会说到拟人的修辞及"挨""接""推挤"等动词的形象性,却很少关注句中"着"的使用。不妨让学生比较一下,如果把原句改成"花朵儿一串挨一串,一朵接一朵,彼此推挤,好不活泼热闹",表达效果有没有变化呢?确实,"挨""接""推挤"等动词生动描写紫藤花密集盛开的情状,然而附加上助词"着",便让这种动作和状态有了持续性与动态感,把"热闹活泼"的场面表现得更为真切,把对紫藤萝旺盛生命力的赞美表达得更强烈。

又如《故乡》中的"阿呀呀,你放了道台了,还说不阔?你现在有三房姨太太;出门便是八抬的大轿,还说不阔?吓,什么都瞒不过我",杨二嫂为了捞取好处,不惜夸大事实,冷嘲热讽。教学中可以通过演读,让学生揣摩人物的语气,想象人物的表情,感受人物的心理。从"啊呀呀"读出杨二嫂对"我"的嘲讽与鄙视,从一个"吓"字读出杨二嫂对"我"的不满与憎恶。叹词的单独成句不仅为人物的情感表达增色,生动地展露出了人物的内心世界,更是将杨二嫂尖酸刻薄的嘴脸刻画得淋漓尽致。

四、情蕴美

言浅情深是虚词之长。虚词往往在一两字中便蕴藏了深刻的含义或多端的情绪。那些看似不符常理的表述也能让学生感受到悠长的情韵,引发更深广的思考。

如《昆明的雨》中的"这东西也能吃?!这东西这么好吃?!"把原句与"这东西能吃"比较,去掉了"也"的句子只是一般疑问句,表示对干巴菌是否能吃的猜测。加上"也"字,明显强化了作者怀疑、惊讶、嫌弃的内心情感。与后面"这东西这么好吃"的惊叹形成强烈对比,而作者对昆明深深的喜爱和怀念之情也在由怀疑到惊叹的变化中得以凸显。

又如《阿长与〈山海经〉》中的"我的保姆,长妈妈即阿长,辞了这人世,大概也有了三十年了罢。我终于不知道她的姓名,她的经历,仅知道有一个过继的儿子,她大约是青年守寡的孤孀",教学这段文字时,我们可以询问学生哪些词语需要重读,为什么。每个人会根据自己的阅读体验给出 N 种答案,句中的多个副词是学生比较集中的选择。"大概"一词似乎作者在回忆往事,推算时间,更深地蕴含了对时光流逝、故人长辞的哀叹;"终于",饱含对于阿长姓名一无所知的深深遗憾与愧疚;"仅"表明了唯一性,"大约"也只是一种猜测,蕴含了对阿长不幸遭遇的深切同情。虚词的使用,使文末"仁厚黑暗的地母呵,愿在你怀里永安她的魂灵"的深情呼告与诚挚祝福更水到渠成,加深了鲁迅对下层小人物的"欣其善良"之情韵的表达。

五、技巧美

虚词之中还藏有作者的构思之妙,或对比衬托,或设置悬念,或伏笔铺排,或勾连文脉……种种妙处,需要学生在与文本的亲密接触、思维碰撞中捕捉、体味。

1. 衬托

如《与朱元思书》中的"泉水激石,泠泠作响;好鸟相鸣,嘤嘤成韵",借助拟声词的有声性,可以衬托出无声的景物,达到无声胜有声的效果,给人以独特的艺术体验。品读此段文字,不妨引导学生一方面从拟声词"泠泠""嘤嘤"入手,感受声音的清越悦耳,和谐动听;另一方面,通过想象与联想,在头脑中描绘与此声音相应而生的画面,"鸟鸣山更幽"的特点便显露无遗了。

2. 悬念

如《我的叔叔于勒》中的"可是每星期日,我们都要衣冠整齐地到海边栈桥上去散步。那时候,只要一看见从远方回来的大海船进口来,父亲总要说他那句永不变更的话:'唉!如果于勒竟在这只船上,那会叫人多么惊喜呀!'"对于这段文字,可以让学生选择其中的虚词写批注。比如,加上"每"和"都",强调行为频率之高,无一例外;用"只要……总……"强调"海船进港"的条件与"父亲说话"的结果之间"有之必然"的关系;去掉"竟",并不影响意思的表达,但是有了它,更能看出父亲对于勒盼望之急切;"唉""呀"两个叹词更是内心企盼的直接表达。这一组虚词通过层层渲染,不断强化菲利普夫妇望眼欲穿盼于勒归来的情绪。于勒究竟是怎样的人?为什么值得我们一家人如此期待?引发思考,学生便能自觉地体会到,虚词的使用可以加深悬念,与下文情节形成更为强烈的对比,更能突出菲利普夫妇荒唐可笑的举止和虚伪冷漠的人性。

3. 伏笔

如《猫》一文中有这样几句话:

> 我很愤怒,叫道:"一定是猫,一定是猫!"于是立刻便去找它。
> 妻听见了,也匆匆地跑下来,看了死鸟,很难过,便道:"不是这猫咬死的还有谁?它常常对鸟笼望着,我早就叫张妈要小心了。张妈!你为什么不小心?"
> 张妈默默无语,不能有什么话来辩护。
> 于是猫的罪状证实了。大家都去找这可厌的猫,想给它以一顿惩戒。找了半天,却没找到。真是"畏罪潜逃了",我以为。

作者认为,第三只猫的死因是"我"的"妄下断语"。课堂上,可以组织学生到文中找一找"我"做此判断的依据。学生往往会将目光聚焦在上面的语段,阅读中也会发现其中多个副词反复使用的现象。一是两个"于是"。第一个连接的是"我"未做调查就怒下结论和找它算账这两件事,第二个"于是"承接的结果是"猫的罪状证实了"。二是两个"一定",强调事实的毋庸置疑,事实上全无调查。三是两个"便",表示时间的短促。反复推敲,便能发现这些副词,强化了结论的不合理性和定论者的草率随性,为我"妄下断言""冤苦了一只不能说话辩诉的动物"设下伏笔。

4. 思路

如《雨的四季》一文中有这样一段:

> 春天,树叶开始闪出黄青……
> 而夏天,就更是别有一番风情了。
> 当田野上染上一层金黄,各种各样的果实摇着铃铛的时候……
> 也许,到冬天来临,人们会讨厌雨吧!但这时候……

《雨的四季》一文分段描绘了春、夏、秋、冬四季雨的特点,如何将四季相互结合起来,连接成文,又不显得呆板呢?可以让学生找一找连接四季的词与句,说出他们的发现。文章以"春天"开篇,用连词"而"表示承接,转入对"夏天"的描写,又用副词"更"突出夏季的与众不同;接着用"当……的时候"这一介宾短语,描写秋天特有景致,并自然切换到描写秋雨;最后先用"也许……吧"揣摩读者对冬雨的心理,再用"但"转折,展示雪花的美丽,巧妙转入对"冬雨"的描写。通过研读文字,学生可以体会到虚词还能使行文思路清晰自然,布局错落有致。

如果说文学是具有文采的表情达意的语言作品,那么虚词就是文学作品实现表情达意不可或缺的一大助力。从某种意义上说,虚词与实词合力,对促进语言文字表情达意的细腻和深广起到了相辅相成的作用。甚至,虚词若用得妥帖精妙,可以带来"于极细微处见精神""含不尽之意于言外"的效果。因而,在日常的语文教学中,我们应当充分利用教材中的语言材料,引导学生结合具体语境,体会虚词在刻画形象、表达情感、突出主旨等方面的作用;积极引导学生熟练掌握虚词的特点及其运用规律,形成个体的言语经验,在丰富的语言实践中正确有效地加以运用,进一步促进学生言语思维品质的发展与提升。

(原载《教育研究与评论》2020年第5期)

聚焦"教学做" 聚焦"教学生长点"
——"教、学、做合一"思想在议论文阅读教学中的运用

苏州大学实验学校 王敏芳

陶行知先生指出:在教学过程中,先生的责任不在于教,不在于教学,而在于教学生学。先生如果只"教"或只"教学",就把学生当作"容器",被动地接受知识,调动不起学生学的积极性,更不能启发学生的独立思考。① 教、学、做合一,是陶行知教育思想的重要组成部分。也就是说,事怎样做就怎样学,怎样学就怎样教;教的方法要根据学的方法来,学的方法要根据做的方法来。教、学、做是一件事,不是三件事。我们处处要以"做"为立足点。在做中教,改一味地教授法为教"学法",引导学生在主动思考中发现学习规律;在做中学,改变被动的学习方式,激发学生主动探究和学习的意识。

现代文的阅读一直是我们教学的焦点,既是教学中精力的聚焦点,也是我们在教学中的焦虑点,但更是教学的生长点。在孜孜以求的教学中,我们试图去捕捉阅读教学的脉搏,试图梳理出卓有成效的阅读方法,让学生在阅读的海洋中能更好地独自掌舵,这就需要教、学、做合一,在教中学,在学中做,在做中学。

一、聚焦考点,有的放矢

1. 概括考点

《义务教育语文课程标准(2011版)》中对于现代文阅读有较详细的阐述:在通读课文的基础上,理清思路,理解、分析主要内容,体味和推敲重要词句在语言环境中的意义和作用。对课文的内容和表达有自己的心得,能提出自己的看法。在阅读中了解叙述、描写、说明、议论、抒情等表达方式。欣赏文学作品,有自己的情感体验,初步领悟作品的内涵,从中获得对自然、社会、人生的有益启示。对作品中感人的情境和形象,能说出自己的体验;品味作品中富于表现力的语言。阅读简单的议论文,区分观点与材料。阅读新闻和说明性文章,能把握文章的基本观点,获取主要信息。② 再结合考试说明,我们可以梳理概括一下,使之更明晰。概括起来主要包括八个点:词句理解,理清思路,内容理解,信息筛选,表现手法,文体把握,欣赏评价,阅读方法与习惯。当然不同的文体会有一些细微的差别。

---

① 陶行知.中国教育改造[M].北京:东方出版社,1996:100.
② 中华人民共和国教育部.义务教育语文课程标准(2011版)[M].北京:北京师范大学出版社,2012:15.

2. 细化考点

"闽派语文里面有一条'求实',就是要落实到操作上。我们不能空'求实',要给它一个可操作的方法。"①以上的概括看似清晰了,但是比较线条化,为了更具操作性,我们可以将这些点再细化,如词语的理解就可细化为:词语的指代、词句的引申义及比喻义的理解、词语的深层含义的理解、词语的选用、词句的表达效果或者作用等;内容理解可细化为主要事件、人物性格、事物特征、思想情感、主要观点等。平时可以关注不同地区不同类型的考试题,注意一些变化,并及时增补到自己的考点系统归类中。这样的细化可以让我们的思路更加明晰,走向纵深化,也可以明确出题者的依据,清楚考题类型,内化到平时的教学中。

3. 需要注意三点

(1)在相应的文本中渗透相应的考点训练;(2)在整个教学过程中,考点既要平面铺开,又要有纵向延伸;(3)在一节课的教学中尽量精选考点,注重一课一得。

在这样有的放矢的教学中,学生可以学着分类归纳,积累整理,学起来有方向,做起来有支架。

二、聚焦问题,重点突破

做中学,最有效的切入口就是从学生出现的问题入手。平时要注意收集问题,教学内容从问题中来,教学指向到问题中去。在问题中发现解决的方法,归纳总结,举一反三。我们可以从平时的作业、考试阅卷过程中发现问题,从问题入手,重点突破。比如议论文阅读。议论文阅读这个主题可讲的内容是很多的,如果泛泛而谈的话,对于学生来说收益不大。可以聚焦某个点,那到底立足哪个点呢?首先我们可以先梳理一下议论文阅读的七大考点:(1)分析概括文章的中心论点;(2)辨析论据的种类,概括或补充论据;(3)明晰论点与论据之间的关系;(4)辨析文章的论证方法及作用;(5)理清议论文的论证思路;(6)议论文语言的分析理解(含词句理解、语言赏析);(7)拓展、感悟、启示(开放性试题)。在此基础上,我们关注学生出现的问题,发现好像每一考点都会有问题,鉴于这样的情况,我们可以逐个按照考点进行训练,安排好训练的序列。也可以根据问题的严重性和出现的频繁度,先后选择进行。教师要善于分析,善于选择。如论证方法及其作用这个考点出现的频率很高,这个考点还关联其他考点,比如判断论点,找到论据,判断论点与论据之间的关系,也能理清文章的论证思路,等等。根据课标,议论文阅读的任务就是要区分观点与材料,发现观点与材料之间的联系,并通过自己的思考,做出判断。所以这是一个主要考点,可以说牵制众多,这应该是一个很好的突破口。最主要的是学生在实际答题过程中,出错率很高。教学中我们一直秉持着学生是主体、教师是主导的理念。还需要有这样的观念:学生是源头,学生的需要是教学的源头。"学生需要什么,是教师重点教的;学

---

① 钱理群.钱理群语文教育新论[M].上海:华东师范大学出版社,2010:13.

生不能发现,但教师认为很重要的,也要提出来教。"①在问题中体验,最直接,最迫切,最真切。心智得到淬炼,技能得到提升。聚焦问题,有时能让学生豁然开朗,甚至触类旁通,达到四两拨千斤的效果。

从问题入手,从学生需要入手,才能更有针对性,才能更好地把教、学、做结合在一起。教是为了学,学是为了做。

三、聚焦文本,情境精练

内容确定好了之后我们就要分析学生出现问题的根源,从而细化问题,细化教学环节。比如在论证方法及其作用这个考点上,学生会出现以下问题:(1)论证方法写不全,或者写错,或者胡乱写几种;(2)表述作用时,论证方法本身的效果不明确,证明的观点不写或者写错。出现问题的原因:(1)不会概括论点;(2)论点与论据之间的关系还不够明确;(3)对四种常见的论证方法的区别不是很清楚。问题根源找到之后,就要寻找解决问题的方法。我们能不能通过一些方法帮助学生去思考和辨析,这是最重要的任务,也是教学效果差异的体现。论证方法的区别如何通过捕捉一些规律性的东西,尽可能地提高识别度,应该可以归纳为两个方面:一个是它的表现形式上,一个是表达效果上。可以通过比较的方法让学生发现这两个方面体现出的一些规律。更重要的是判断作者的观点,因为论证方法是为观点服务的。判断观点的方法也很多,比如根据文中位置,根据语言形式,根据语段内容,根据论据,等等。这样分析之后教学环节就可以细化成以下几个先后步骤:(1)判断观点;(2)运用了什么论证方法;(3)有什么作用。教学环节中要尽量呈现上面那些思考的体现,当然也要适当取舍,还有精选文本。取舍选择的原则是:从常式入手,兼顾变式。学生既要有常见形式的固化,也要有一些变化形式上的感知。

选择文本的原则:在一个文本中体现,这样更利于学生对于观点的整体把握,理解才会更全面准确。《学问和智慧》这个文本能很好地体现以上要求,它包含常见形式:(1)主要观点在常见位置,有现成的语句;(2)常见的四种论证方法全部涉及,且比较典型;(3)多次出现,可以讲练结合。也能体现变式:(1)主要观点没有现成语句,需要概括(第二节);(2)观点句是承上启下句,前后段观点分属不同语段,概括要精准(第四节);(3)有类似观点句,根据语段要选择更为全面的论点句(第五节);(4)同一种论证方法多次论证同一个观点(比如举了三个例),不同的论证方法结合使用,甚至融合,比如对比论证和比喻论证、对比论证和道理论证等;(5)看似是某种论证方法,但是无法证明观点。当然还是常式多于变式,教学中注意从常式到变式的推进,也注意常式与变式相结合的刺激与比较。

语文学科首先是"行为的学科",夸美纽斯说:"所教的科目若不常有适当的反复与练习,教育便不能够达到彻底的境地。""无论'训练'有怎样的弊端,但训练本身对知识技能内化的价值不容否认,没有适当的训练,就不会有扎实的生长。"②光注重认知,而不注重

---

① 李政涛.教育常识[M].上海:华东师范大学出版社,2016:206.
② 李政涛.教育常识[M].上海:华东师范大学出版社,2016:210.

"语文行为",最终导致的可能就是语文能力、习惯的训练和培养的"空置"。代表性的文本可以提供具体的情境,提供"精练、巧练"的机会,成为学生内心体验的源泉。在课堂上有心智活动,可以"每练有所得",真正实现教学做合一。学生不仅知其然,还能知其所以然,并从中总结出规律性的东西,举一反三,学以致用。

四、聚焦序列,辐射延伸

议论文论证方法和作用这个点,可以看成一个开始,一个引子、线头,就其中的每个点其实还可辐射延伸,多线条纵深化的点线辐射,最终形成一个序列、一个面。比如就判断观点而言,像《学问和智慧》这个文本中的第二节其实是个难点,就此可以平面同向延伸。首先开头句是个问句,可以通过变换句式,改成陈述句表达作者观点;其次改后的陈述句还不能成为语段的主要观点句,是片面的,只涵盖了部分内容,还需要结合其他语句进行概括。最后发现语言表述比较啰唆,在此基础上需要简化语言。这其实是一个很好的思考提炼的过程训练,一个观点的得出要经过好几个思考的步骤,所以可以寻找与之类似的相关语段进行同向强化训练。这种训练还可以进行纵向异向延伸:(1)标题就是观点;(2)开头提出观点;(3)在叙述现象后稍加分析提出观点;(4)在摆出对方错误观点分析否定后提出自己的观点;(5)在结尾提出观点;(6)在文中或者语段中间提出观点;(7)在提出观点基础上有进一步的推论;等等。再往纵深延伸,在这些类型基础上,观点表述不明确,特别是一些文学性强的哲理性议论文,语言比较含蓄,我们需要通过对语言的重组和理解,用通俗易懂的词句替换原文的生僻、含蓄词句。比如《珍惜愤怒》中的语段:"愤怒是我们生活中的盐。当高度的物质文明像软绵绵的糖一样簇拥着我们的时候,现代人的意志像被泡酸了的牙一般软弱。小喜小悲缠绕着我们,我们便有了太多的忧郁。城市人的意志脱了钙,越来越少倒拔垂杨柳强硬似铁怒目金刚式的愤怒,越来越少见幽深似海水波不兴却孕育极大张力的愤怒。""没有愤怒的生活是一种悲哀。犹如跳跃的麋鹿丧失了迅速奔跑的能力,犹如敏捷的灵猫被剪掉胡须。当人对一切都无动于衷,当人首先戒掉了愤怒,随后再戒掉属于正常人的所有情感之后,人就在活着的时候走向了永恒——那就是死亡。"这两个语段应该是这方面很好的训练文本。"教学不仅仅是一种'告诉',但也不是排斥'告诉',高明的'告诉'应该是与学生探究的结合。"[①]学力的形成绝不是"客观"知识强加于个体的被灌输的过程,而是一种充满生命活力的意义生成的探究过程。选择好突破点,运用好文本,规划好序列,就能逐步引导学生进入思考的纵深处,使得学习更具逻辑性、生长点。

总之,现代文阅读的教学应该努力实现聚焦,实现纲举目张,具体要求如下:以"课标"和"考试说明"为纲,以教材文本为目;以课内为纲,以课外为目。只有构建"以教材文本为基础,以思维为重点,以课堂为中心,以能力为核心,以教法为保障,以学生所需为源头"的教学体系,才能使学生认识有序。教、学、做结合,教有方,学有得,做有果,促生长。

---

① 成尚荣.教学律令[M].上海:华东师范大学出版社,2018:234.

为思维力生长而教 让学习真正发生

苏州工业园区唯亭学校 俞 佼

《义务教育语文课程标准(2011年版)》指出：语文课程在丰富语言积累的同时，还应该发展学生的思维能力。思维的发展与提升是语文核心素养的一个重要层面，阅读教学应将思维品质的提升贯穿于教学的整个过程中，多角度、多层次、多维度地进行思维训练。对于统编版教材而言，按人文主题和语文要素"双线并举"组织单元是其一大特征，阅读要素呈现出整体化、序列化的特点，各个年级的阅读要素紧密相连、螺旋上升，并且从三年级到六年级，每个年级上册安排了一个阅读策略单元，分别是"预测""提问""提高阅读的速度""有目的地阅读"，可见，教材在编排上对于阅读策略的指向十分明显，如何在阅读策略的引领下促使小学生建构思维结构、提升思维力显得尤为重要。

一、聚焦目标，构建思维的系统性

新课标指出："在发展语言能力的同时，发展思维能力。"为达成这样的总目标，统编版教材的教学应立足整体，教师要了解各年段阅读教学内容的关联性是什么，明晰各年级阅读策略的重点和衔接。构建以思维为核心的阅读活动体系，需要明确学生思维训练的起点，培养学生运用阅读策略的意识和基本能力。学习目标设计更应聚焦"这一学段""这一单元""这一文类"，紧扣单元要素，落实重点目标，通过阅读策略的习得和实践开展积极的思维和情感活动，加深理解和体验，从而促使学生发展阅读思维品质，享受阅读乐趣。

四个阅读策略单元虽然分别散落在四个年级，但其内在联系本身就体现了编者的缜密构思，这四种阅读策略涉及逻辑推理思维能力、概括归纳思维能力、对比分析思维能力、判断思维能力、批判性思维能力等，有利于构建学生思维的系统性。对于部分学生而言，由于统编版教材与原有教材的衔接问题，会出现缺少阅读策略的现象，这时就要有意识地随文补学策略。尤其到了第三学段，阅读过程往往需要多种思维能力的作用才能完成，这时多种阅读策略的综合运用就能"大显神通"。如六上《盼》这一课，可以根据不同的阅读任务有目的地阅读，例如为完成"课文哪些地方具体描写了'盼'这一心理活动，挑选出写得生动的两处并说说好处"这一阅读任务，就可以采用跳读的方法，根据任务中的关键词勾画出相关内容，并结合生活实际感受人物内心，体会文章的写法。除此以外，这篇课文的阅读还可以抓文眼(题目)"盼"这一关键词，找到不同时间"我"在"盼"什么，结果如何，心情如何，从而有效提高阅读速度，这就关联了"提高阅读的速度"这一阅读策略。小组成员还可以围绕"盼"从中心内容、文章选材、语言风格、表达方法等不同角度提出问题，在讨论整理问题清单的基础上筛选出对"理解课文、发展思维、指向写作"有帮助的问题，从而实现"发现-归纳-运用-表达"的语文能力形成。

就同一个单元而言，思维能力的培养也具有系统性。六上第三单元的阅读策略是"有目的地阅读"，学习《竹节人》应紧扣单元学习目标，采取浏览性泛读、探究性速读、品味性精读等阅读方法；学习《宇宙生命之谜》时，可根据本单元及本课批注提示，精读与略读相结合，帮助学生掌握阅读科普文的基本方法。《故宫的博物馆》是本单元颇具特色的一篇略读课文，以具体任务为阅读导向，四则材料选用了文字材料、网站资讯和平面示意图，为达成学习目标，就须引领学生自主运用多种阅读策略，在具体的思维活动中更好地进行阅读体验、自我评价和反思。

语文学习就是阅读思维的旅行，有质量的思维，是真正阅读的前提，而系统化思维的构建，则是高质量思维的根基。

二、依托习题，训练思维的梯度化

统编版教材的课后习题运用多种形式传递着阅读策略。三上第四单元为"预测"阅读策略学习单元，以《总也倒不了的老屋》为例，课后第一题启发学生在预测时与文本的"旁批"相对照，借助旁批不断思考，不断预测后面的内容；课后第二题则可以启发学生借助题目、插图、文章中的一些线索、生活经验和生活常识来进行合理预测，从而使思维的产生和拓展有章可循、有法可依。教师通过引导学生学会有根据地预测和推理，组织学生在阅读中观察比较、提取整合、预测验证、做出结论，学会从文本表层发现规律，并让思维迈向深层化。

四上第二单元为"提问"阅读策略学习单元，本单元前三篇课文围绕"提问"设计了有梯度的课后习题，《一个豆荚里的五粒豆》引导学生仿照问题清单整理问题并发现提问可以针对部分内容，也可以针对全文；《蝙蝠和雷达》借助三个学习小伙伴的交流内容，启发学生思考提问的角度，对问题进行多角度归类；《呼风唤雨的世纪》则要求学生筛选出有价值的问题。横向来看，三篇精读课文围绕"提问"的策略层层推进，从而演绎归纳出"汇总问题-分类整理-价值筛选"的问题整理方法。纵向来看，五年级《什么比猎豹的速度更快》课后习题引导学生带着标题中的问题阅读，并综合其他多种阅读方法来提高阅读速度；六年级《宇宙生命之谜》则启发我们要查阅相关资料进行判断，学会批判性阅读和探究性阅读。由此可见，随着年段的提升，课后习题对思维能力的广度、深度的要求都在逐层提高。

在阅读策略主题单元习得的阅读策略时，要有意识地运用迁移到其他单元的课文学习中，而统编版教材的阅读策略不仅仅局限在这四个单元中，很多课文还渗透了其他阅读策略，比如默读、复述、评价、自我监控等，教学时要充分依托课后习题进行阅读策略的训练，促进思维品质的形成与发展。三上《在牛肚子里旅行》课文后有一题："从哪里可以看出青头和红头是'非常要好的朋友'？默读课文，至少找出三处来说明。"后面单元中的

《父亲、树林和鸟》一文有这样一题:"你同意下面这些对父亲的判断吗?说说你的理由。"这两题都属于思维类习题,都是为证明某个观点到文中去寻找依据,除此以外,还分别有"有依据性的预测"和"有依据性的评价"的思维功能,这样教材前后也体现出了坡度。总之,教师要进一步研读课后习题,充分利用好这些习题,让课后习题成为阅读教学时的"主抓手"和"助推器"。

需要注意的是,尽管三年级开始学生的思维由形象思维慢慢向抽象逻辑思维过渡,语文课的文学阅读与写作都离不开"想象",而"想象力"的培养往往需要依托"直觉思维"和"形象思维",课后习题在这方面同样很好地体现了训练梯度。如三上《大青树下的小学》要求一边读一边想象课文描写的画面,到了五上《牛郎织女》中,课后要求将文中写得简略的情节通过想象说得更具体;而六上《月光曲》中不仅要求通过反复诵读想象描绘的画面,感受乐曲的美妙并背诵积累,还要求与"写"相结合,通过联想和想象,将自己听音乐时想到的情景写下来。这样的形象思维的训练与拓展,有利于还原和加工画面,让文字变得更鲜活,而"写"的实践活动又通过文字的描述让画面增添了文学气息,此时学生的思维就链接了画面、情感和文字,学生学得积极,学得灵动,这对文学类文本的学习是大有裨益的。

在这样梯度化的习题训练过程中,学生的直觉思维、形象思维、逻辑思维、辩证思维、创造思维得以发展,形成综合思维力,从而让学习真正发生。

三、借助工具,促进思维的可视化

运用思维工具,能将看不见的思维可视化,将零碎的知识结构化,从而易于监控和评价,这是一种深度处理信息、深度构建思维结构、深度探寻价值意蕴的过程,能有效地帮助学生整合和内化语文知识与能力。可视化工具一般有结构式(如线性结构、网状结构)、图解式(如条幅式、扇形式、金字塔式、阶梯式、辐射式、简笔画式)、表格式、图文结合式、对比式、流程式等,教师可以通过板书呈现或者指导学生进行绘制,促使学生的思维从最简单的线性思维向发散性思维、跳跃性思维和创造性思维发展。

统编版教材为我们提供了一些可视化的图表工具,如三上《在牛肚子里旅行》一课要求学生"画出红头在牛肚子里旅行的路线",再凭借所画路线图"把这个故事讲给别人听"。《总也倒不了的老屋》提供了一份样表,梳理了部分"预测依据"及"预测内容",让学生照样子说说旁批中的其他预测是怎样得出来的。《大自然的声音》一课后面有一题更是采用了简单的思维导图的方式,让学生"填一填,再说一说课文写了大自然的哪些声音"。中年段对思维工具的介绍为高年段自主运用恰当的思维工具做了铺垫,如比较阅读统编版教材六上《桥》一文与苏教版教材《爱之链》一文,教师可指导学生综合运用这些可视化工具进行比较阅读,学生在阅读这两篇文本前可根据题目进行适当的预测,并提出有价值的问题,确定比较阅读时的主要任务,分别围绕"相同点"和"不同点"有目的地进行阅读。统编版教材的阅读策略教学其实是在向学生提供思维的材料和方法,引导学生经历一定的思考步骤,从而使他们学会思维,并且借助思维工具将思维过程结构化,在多角度的思考中将思维推向纵深。如图1所示。

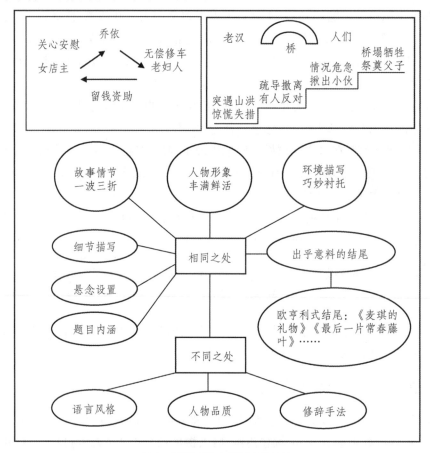

图1 《桥》《爱之链》思维结构

四、优化问题，助推思维的发展力

无论是"预测"还是"提问"的阅读策略，都离不开问题设计。问题的角度和内容要多元，推论要强调线索和依据。为了提高学生的语文核心素养，发展学生的深度思维，对教师来说，一方面，在设计问题时可以抓住"学生已有的背景知识或生活经验、文本中的有用细节、阅读同类文本的经验"等线索和依据，为学生提供支架，让学生在回答时可以"顺藤摸瓜"；另一方面，要减少琐碎化、表层化的问题，让学生减少无效的、浅层的思维，从而能赢得大量的思考和学习时间，聚焦核心内容的学习，发现文本之美，体验情感之真，感受创作之趣。在学生自主筛选问题和讨论过后，教师可以引导学生进行问题的提炼，使问题指向更有价值。初次提炼过后还可以进行二次提炼，把几个重点问题再次归纳整合，形成最终的若干个核心问题。除此以外，问题的设计还要能体现思维的张力，如六上《丁香结》一课，可设计这样的问题："作者是如何把丁香花、丁香结和人生的愁怨联系在一起的？并结合生活实际说说丁香结引发了作者怎样的人生思考。"这样的问题就能引导学生阅读时前后关联，发现联系并准确表达，让学生能在诵读、揣摩语言文字的过程中驰骋思维、发展思维。同时,教师要鼓励学生提出挑战性问题,给学生更多的思考空间,课堂上要给予学生充分的提问自信,让学生敢于运用批判性思维、求异性思维进行质疑,在思维的碰撞中点燃课堂的活力。

  好的思维品质决定了阅读的品质。在阅读策略的引领下,多方位发展学生思维,有的放矢,循序渐进,才能让思维培养落到实处,让思维训练真正在阅读教学中生根开花。

生命的醇熟：美因悲存在　悲让美升华
——《故都的秋》备课札记

西安交通大学苏州附属初级中学　桑　苗

在宏阔醇厚的文化背景的映衬下，在窅远幽深的时空背景的调和下，在情感个性的酝酿下，高中语文教材《故都的秋》焕发着别有的韵致，为读者所青睐。在阅读教学中，语文教师大多围绕文中所描绘的"五幅秋景图"引导学生赏读。"为赏景而赏景"的阅读，使学生"混混沌沌"——对郁达夫笔下故都的"秋味"及"秋的意境与姿态"，看不饱、尝不透、赏玩不足。

经调查，笔者发现学生的阅读困惑主要集中在三个方面：①文章的主题是"悲秋"还是"颂秋"？若是"颂秋"，为什么作者选择的是秋草、落蕊、秋蝉、秋雨等衰败凄凉的意象？若是"悲秋"，如何理解文中对"秋虫""秋雨""秋果"的赞美？②为什么写欧阳修、苏东坡这些"文人秋士"？③为何取题为"故都的秋"而不是"北平的秋"，即"故都的秋"对郁达夫有何特殊意味？

学生的疑惑正是深读文本、体会故都秋之味和秋之韵的津梁。

笔者以为，若从"赏秋景""感秋士""悟秋心"三个方面分别引领学生细细赏读、玩味，学生不仅能解决"疑惑"，全面、深刻理解故都秋的生命形态和作者独特的审美情趣，还能收获众多审美享受和启迪。

一、赏秋景——玩味生命的悲凉与醇熟

一直以来，关于《故都的秋》的主旨，存在着"悲秋说"与"颂秋说"的争论："是从郁达夫内心深处流淌出来的人生感伤的涟漪"[1]；时代是苦闷的，作家的每一篇作品必然充满单一的苦闷感[2]；"《故都的秋》写于1934年8月，全文呈现沉郁色彩。三年后的8月，北平失守，郁达夫不经意中为一座名城提前唱出了一首凄恻而真切的挽歌"[3]；"郁达夫作此文时，他的心境不是悲凉的，而是愉悦的"[4]；"虽然发现文中有'悲凉''落寞'等字眼，但全无消极、颓丧之气，反而让读者在沉浸秋的世界里领略到生命另一种灵魂在高处的境

---

[1] 陈鲁峰.走进言语的生命深处：《故都的秋》的文本细读[J].语文建设，2016(11).
[2] 钱理群.名作重读[M].上海：上海教育出版社，1996：89.
[3] 丁怡.互文视野下看《故都的秋》的语言风格[J].文学教育，2017(6).
[4] 李卓.郁达夫的营构之秋：以《故都的秋》教学为例[J].语文学习，2018(6).

界——那就是'跳出悲凉的喜悦'……对北国之秋的喜悦之情表现得淋漓尽致,使人崇敬"①;等等。笔者认为,简单粗暴地把《故都的秋》的主旨归结为"悲秋"或"颂秋",正是文本阅读的浅层化、泛化的主要表现之一。

"物过盛而当杀""绚丽之极归于平淡"是生命的本质,即生命进入成熟的巅峰时刻,枯败凋零往往也蕴含其中。可以说,秋季最能展现醇熟生命的本质。

在北国的秋季,郁达夫用独特的审美视角和审美情趣,静对幽微生命,捕捉"幽微个体"所展现的"枯与荣""生与灭"的较量,玩味生命之秋所袒露的炽烈与静穆、庄严与深情。

在郁达夫眼中,"秋蝉的衰弱的残声",不是在进行悲戚告别,而是在恣意地"绝唱",秋蝉用流传千年的"妙音佳曲",歌唱岁月,歌唱生命,向死而生;"落蕊"随秋风翩然,慷慨从容,铺满一地,把谢幕化作最后的绚丽奉献给秋天,"灰土上留下的一条条扫帚的丝纹"是"落蕊"最后的深情告别,亦是其"今生今世的证据",静美得令人遐想;"秋雨"不做凄苦的缠绵,飘然而至,潇洒而去,在时令更替、生命的代序中,承担着应有的使命;"秋果"在故都之秋里馈赠着亲切的香甜……在逼仄的生命历程里,每个生命体都是那么诚挚而惊心动魄。它们挥洒着深情的告别,上演着静美的回归,展现生的浓挚,袒露死的安详。

古人认为"物之情趣,秋为上"。秋之情趣蕴藏在顺其自然的生命醇熟里,寄寓在"向死而生"的深情中。秋是丰收,也是告别;秋是萧条悲凉,也是绚烂多彩;秋是苍劲雄浑,亦是宁静温和;秋,饱含生命的逼仄与挣扎,亦展现着生命的通透与博大。

《故都的秋》正是"立意于'赏玩',以'趣味'为旨归"②,情趣濡染下故都的秋景,展现了郁达夫对自然之秋、生命之秋的独特审美体验与感悟——美因悲存在,悲让美升华。

二、感"秋士"——体悟落寞中的悲凉与深情

不少学生对文本第12自然段的议论,尤其是对以欧阳修、苏东坡为代表的"秋士"深感疑惑。有教师认为,"历史上这些孤独的秋士用心中燃烧着的热望与严酷的现实作最无助而又无奈的抗争,这是何等的'清、静、悲凉'"③。对于这种说法,笔者不全赞同。

在历史的长河里,欧阳修和苏轼不仅是"秋士"的代表,更是精神美学的典范。苏轼师承欧阳修,是其得意弟子,欧、苏二人无论是经历、才学,还是气度、思想志趣,都有着惊人的相似。

拥有政治家、文学家、诗人多重身份的欧阳修,生命里存在太多无法回避的衰病、悲恸与孤独,且"'死亡'似乎是其生命中的'常客'"④。四岁而孤,自少多病;两度丧妻,数子早夭(儿女十二,仅存四子);前辈至交(范仲淹、杜衍、梅圣俞等)相继辞世;谤谮言祸被贬谪夷陵、滁州……以直言谏诤自许自任的欧阳修,可谓尝遍"秋心"滋味。但对欧阳修而

---

① 郑琳.因悲生爱 因爱生喜:《故都的秋》主题解读[J].中学语文教学,2018(7).
② 苏宁峰.《故都的秋》:幽赏的雅趣[J].名作欣赏,2014(24).
③ 安娜.生命的热情与悲凉:《故都的秋》主旨探究[J].语文学习,2019(12).
④ 陈湘琳.欧阳修的文学与情感世界[M].上海:复旦大学出版社,2012:194.

言,"文学止于润身,政事可以及物",政治是其一生的理想,所以,欧阳修虽曾嗟叹、怀疑、徘徊,却不曾真正放弃对理想的追求、对生命意义的叩问。写于嘉祐四年(1059)的《秋声赋》是最好的证明——"夫秋,刑官也,于时为阴;又兵象也,于行用金,是谓天地之义气,常以肃杀而为心",虽倾吐着对生命秋声和宦海浮沉的悲慨,仍不失忠义忠直之气;"念谁为之戕贼,亦何恨乎秋声",嗟叹感伤亦不乏超脱旷达。从"醉翁"到"六一居士",他总是"带着看惯世事的悲哀与枯淡,又总是怀抱智者澄明的豁达与独立思考,似乎徘徊犹豫,实则又有沉淀与反思,以谐趣的方式表述对苦难的包容,以自娱娱人的玩笑坚持对不完美生命的美好追求"①。

苏东坡,忠君爱国、学优而仕、满怀抱负、谨守儒学之道,但命途多舛。"乌台诗案",九死一生。被贬黄州,纵情山水,在一个个月明星稀的秋夜,一次次静观自我、审视人生,最终完成精神的突围。在黄州,"他讽刺的苛酷,笔锋的尖锐,以及紧张与愤怒,全已消失,代之而出现的,则是一种光辉温暖、亲切宽和的诙谐,醇甜而成熟,透彻而深入"②。"盖将自其变者而观之,而天地曾不能一瞬;自其不变者而观之,则物与我皆无尽也",苏东坡洗尽铅华,澄澈通脱,饱满温和。

《秋声赋》与《赤壁赋》均是以"清、静、悲凉之秋"为背景,采用"主客对话"的形式,在今与昔、乐与悲、盛与衰、情与理的激烈思辨中,展现对生命的悲叹与执着。"苦难的人生既是一种毁灭性的冲击,又是历练的加倍收获。"③在秋夜,他们怀疑宇宙、洞察人生、省视自我;他们用文学、用博大的胸怀化解苦难,超越悲患;他们如秋般纯熟练达。欧、苏所展现的丰富而深刻的生命体验、文化省思和高尚人格,启迪并影响着一代又一代的文人。

阅读《故都的秋》,师生的注意力往往集中在"北国的秋,却特别地来得清,来得静,来得悲凉",这无可非议;但笔者以为"足见有感觉的动物,有情趣的人类,对于秋,总是一样地特别能引起深沉,幽远、严厉、萧索的感触来的"和"不单是诗人,就是被关闭在牢狱里的囚犯,到了秋天,我想也一定能感到一种不能自已的深情;秋之于人,何尝又国别,更何尝有人种接机的区别呢"这两句亦不容忽视。这两句,一言以蔽之——"只要是有感觉有情趣的人,面对秋,都能引发深沉、幽远、严厉、萧索的感触和不能自已的深情",即"秋"是与心灵最相契的季节,能引发"有情感、有思想的人"心灵的广泛共鸣。笔者以为,此处隐藏着文本的情感暗线。正是这两句话把文章情感更进一步,由对秋天的"一己之情思"扩展到"古今中外人们的心理共鸣",由"情"到"理",丰富、升华了"秋的情趣与意蕴"。

我们应以欧、苏为典范,做一个"有感觉的人、有情趣的人"。在幽怨、严厉的世界里,学会静对自我,审视自我,沉淀自我,"学习认识欣赏这个世界,明白这个虽逼仄而又富足、虽凝重而又放逸、虽悲愤而又潇洒的心灵世界对个体的宝贵"④,收获生命的圆融与丰满。

---

① 陈湘琳.欧阳修的文学与情感世界[M].上海:复旦大学出版社,2012:288.
② 林语堂.苏东坡传[M].张振玉,译.长沙:湖南文艺出版社,2012:203.
③ 陈湘琳.欧阳修的文学与情感世界[M].上海:复旦大学出版社,2012:288.
④ 陈湘琳.欧阳修的文学与情感世界[M].上海:复旦大学出版社,2012:288-289.

三、窥"秋心"——窥探"与故都之秋相契的心灵"

郁达夫,1896年出生于浙江富阳,三岁丧父,孤儿寡母的正剧开始上演,饥饿是其童年最深的记忆;1911年起,到嘉兴府中、杭州府中求学,语言不通,生活不习惯,孤独时时袭扰,他借助拼命读书来排遣;1913—1922年随哥哥留学日本,生活清苦,深受日本"物哀说"的影响;1923年任北京大学讲师,寄居北京,生活清苦,后辗转漂泊于广州、上海;1926年的端午,爱子龙儿因脑膜炎于北京去世,使其陷入巨大的悲痛之中……悲剧的出生、异乡的漂泊、多舛的命运养成了郁达夫孤独忧伤、沉郁悲凉的独特气质。

1927年,郁达夫在上海遇见"杭州第一美女"王映霞,陷入疯狂爱恋;1928年,"才子佳人"在西子湖畔举行婚礼,轰动一时,开始浪漫的生活;1934年的酷夏,应汪静之之约,携妻将子从杭州出发到上海,乘船到青岛小住后,回到阔别多年的北平;8月16日,《故都的秋》成文。

郁达夫不是北平的匆匆过客,而是"故人"。"故都"埋藏着青苔般层层叠叠的回忆——

> "从某地回京,觉得哥哥家太狭小,就在什刹海的北岸,租定了一间渺小的住宅。夫妻两个,日日和龙儿伴乐,闲时也常在北海的荷花深处,及门前的杨柳荫中带龙儿去走走。这一年的暑假,总算过得最快乐、最闲适。"①

> "院子里有一架葡萄,两棵枣树,去年采取葡萄和枣子的时候,他(龙儿)站在树下,兜起了大褂,仰头看树上的我。我摘取一颗,丢入了他的大褂兜里,他的哄笑声,要继续到三五分钟。今年这两棵枣树,结满了青青的枣子,起风的半夜里,老有熟极了的枣子辞枝自落。"②

> "秋风吹落叶的时候,别了龙儿和女人……当时他们俩还往西车站去送我来哩!"③

这里,埋藏着郁达夫挚爱的龙儿;这里,铭记着他颠沛流离、悲欣交集的过往;这里,沉淀着他深秋般的挚爱渴望与落寞悲凉。如今,他携妻将子,幸福归来,前世与今生相逢,悲凉与甜蜜交织,遗憾与美满冲击,秋之故都,是郁达夫生命的淬炼场。

且听秋风吹,只等故人归。只有阅历丰厚、饱尝生活甘苦的人,才能深刻地领悟秋的内在韵致。"今天是双星节,但天上布满了灰云。晨起上厕所,从槐树荫中看见了半角云天,竟悠然感到了秋意,确是北平的新秋。"④"接《人世间》社快信,王余杞来信,都系为催

---

① 郁达夫.郁达夫自传[M].南京:江苏文艺出版社,2012:132.
② 郁达夫.郁达夫自传[M].南京:江苏文艺出版社,2012:132.
③ 郁达夫.郁达夫自传[M].南京:江苏文艺出版社,2012:135.
④ 郁达夫.郁达夫日记集[M].长春:吉林出版社集团股份有限公司,2017:287.

稿的事情，王并且还约定于明日来坐索。"①"晨起，为王余杞写了二千字，题名为《故都的秋》。"②没有惊喜，没有惆怅；没有悲怨，没有抵抗；只是秋天飘然而至的宁静、温和。

北国的秋何以"特别地来得清，来得静，来得悲凉"？不仅因为"即使不出门，也能够感觉到十分的秋意"的气象和深度；不仅因为它不隐隐约约，不混混沌沌，每个幽微处都展露的清晰印记和浓郁气息，让人"看得饱""尝得透""赏玩得十足"，给人心理上的满足；更因为，它悲凉而醇厚、静谧而深沉、透彻而圆融的意蕴，"哪里的秋色都不及北平故都之秋更能与作家形成生命情绪上的默契与对应"③。故都的秋味与郁达夫的人生况味是何等的契合熨帖！

"欣赏山水及自然景物的心情，就是欣赏艺术的人生的心情。"④郁达夫以独特的审美视角，静对纤细衰微的生命，赏玩生命的绚丽与悲凉、逼仄与包容、遒劲与博大；在赏玩中，"着力描述对人生的深刻体悟，对美好事物与故人的真实情感以及内化为生活实践的理念坚持"⑤。

郁达夫，确是个有情趣的人！

（原载《七彩语文论坛》2021 年 9 月刊）

---

① 郁达夫.郁达夫日记集[M].长春:吉林出版社集团股份有限公司,2017:287.
② 郁达夫.郁达夫日记集[M].长春:吉林出版社集团股份有限公司,2017:287.
③ 滕玮.北国之秋何以"特别"：郁达夫《故都的秋》与作家生命情绪的映射[J].名作欣赏,2014(26).
④ 旷新年.郁达夫独语[M].长沙:岳麓书社,1999:84.
⑤ 陈湘琳.欧阳修的文学与情感世界[M].上海:复旦大学出版社,2012:239.

思维导图在培养中学生写作素养中的应用性研究

苏州市吴中区碧波中学　吴　琴

中学生语文作文批阅中出现高分作文稀少,而多泛泛而谈、立意平平之文的现象,其根源在于思维能力上,而思维的发展和语言的发展相辅相成,是学生语文核心素养形成和发展的重要表征之一。思维导图法能够整合直觉体验与观点表达素养,建构逻辑表达素养,培养个性创新素养,在中学语文作文教学领域具有较有价值的实践意义。

一、语文学科核心素养的要求

目前,"核心素养"概念体系已然成为基础教育新一轮改革的方向,学科课程标准研制的指南,学校日常教学实施的准绳,各级各类教学评价的核心。

"核心素养"成为基础教育领域的一个关键词。近年来,从理念到行动,都有了一定的推进,目前正进入学科课标与课程教学层面。

"核心素养"是个抽象宏大的概念,具体到语文学科中适应学生终身发展和社会发展需要的必备品格与关键能力是什么呢?语文课程研制专家从语言、思维、审美和文化四个层面提出四个要点:语言建构与运用、思维发展与提升、审美鉴赏与创造、文化传承与理解。从"语言、思维、审美、文化"四个层面对语文核心素养进行提取,与过去"字词句篇语修逻文"语文能力八分法、"听说读写思"语文能力五分法最大的区别是由切割式向整体式转变,由知识与技能向能力与品格的融合转变。

语文学科的核心素养由语言的建构、文化的理解、思维的发展和审美的鉴赏四个方面所组成。其中,思维的发展和语言的建构相辅相成,是学生语文素养形成和发展的重要表征之一。

语言是外在的存在,其背后是思维。语言的建构与运用直接反映为思维的发展与提升。语言与思维的关系是表与里的关系。语言的发展与思维的发展相互依存,相辅相成。因此,思维发展与提升是语文核心素养的第二层次要素。

思维发展与创新素养包括直觉体验、语言表达、观点表达、逻辑表达(这些是思考的基础素养)、批判思维和自我思考(这属于个性创新素养)。

二、当前中学生作文中存在的问题

当前,中学生作文中,大多数作文立意平平,模仿拼凑的痕迹随处可见,所以,批阅中出现了高分作文稀少的现象。蒋仲仁先生《思维·语言·语文教学》中指出:"学生作文,一般有两大缺点,一是言之无物,题目到手不知道该写什么;二是语无伦次,有点想写的东西不知道该怎么组织。这两个毛病何尝仅仅是语言的问题,根源还在思维能力上。"可见,思维能力在写作中起到了至关重要的作用,这也是我们语文学科核心素养中的重要组成部分。

如何来培养学生在写作中的思维发展与创新素养呢?笔者认为思维导图是一个不错的方法。

三、关于思维导图的阐释

作文既是一种思维结果,也是一种思维过程,思维导图对于反映写作者的思维过程有重要意义。

思维导图是英国伯赞博士根据达·芬奇等能力超群人士的手稿发明的一种思维工具,是一种结合图形与文字于一体,开发人的思维潜力、提高人的思维能力的简单高效的工具。首先,思维导图把思想表达出来,帮助思维者找出重点,具有建构功能。其次,在此基础上,进行发散式思维,具有联想功能。最后,能够很好地归纳、分析、总结,具有整合功能。

四、运用思维导图法培养学生在写作中的思维发展与创新素养的具体方法

1. 用思维导图法整合直觉体验与观点表达

作文的第一步是审题,对作文题目的主旨进行阅读,发散分解,在对作文的材料或者题目理解的基础上,来将题目或者材料中的关键词进行提取,以关键词为中心,来围绕题目收集资料,发散思维。

在理解作文标题或作文材料的直觉体验的基础上,教师引导学生提炼出题目中的关键词,并将其确立为思维导图的中心词,以该中心词为基础,从题目中提取更多信息,在脑中进行纵向、横向和逆向的发散。这样,使自己的作文立意开始明确,将文章的观点逐步明晰。

以2014年全国新课标卷(Ⅱ)高考作文题为例:

阅读下面的材料,根据要求写一篇不少于800字的文章。(60分)

不少人因为喜欢动物而给它们喂食,某自然保护区的公路边却有如下警示:给野生动物喂食,易使他们丧失觅食能力,不听警告执意喂食者,将依法惩处。

要求:选好角度,确定立意,明确文体,自拟标题;不要脱离材料内容及含义的范围作文,不要套作,不得抄袭。

考生首先可以从"保护动物"这一关键入手,作为思维导图的中心语,并以此为基础,

进行发散式思维,大体可以从这三个方面去立意:第一,从材料涉及的具体内容入手,就事论事,探讨野生动物的保护问题,深入研究保护原则和措施,提出有见地的建议。第二,由动物保护问题出发,进一步谈人事,讨论教育的问题,可以从反面谈过度关注孩子、包办一切的错误的教育方法,也可以从正面谈放手教育、培养孩子的独立精神和生存能力的价值观。第三,可以从游客的行为出发,谈一谈遵守规则、文明出行等。

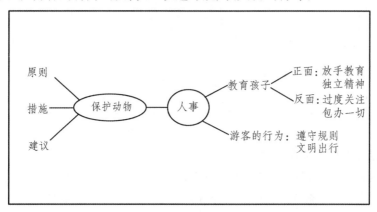

图1 2014年全国新课标卷(Ⅱ)作文思维导图

由此可见,通过思维导图,我们可以将直觉体验内化为具体的观点加以表达,使作文的立意更明确,更深刻。

2. 用思维导图法建构逻辑表达

许多中学生的习作素材相对丰富,立意也明确了,作文中的结构却显得紊乱,逻辑性不严密,从整体看上去就难免大打折扣。思维导图能将想到的关键词画在纸上,用线条将下行词语与其对应的下行词语进行勾连,形成"网状结构"示意图,它再启发和引导学生把材料所涉及内容全部罗列起来,并按照次序"排兵布阵"。

以2018年苏州市中考作文题为例:

> 好,是壮丽的山川,是秀美的田园;好,是朋友的信任,是对手的挑战;好,是美丽的邂逅,是无悔的错过;好,是宁静的港湾,是崎岖的征途……
>
> 请以"什么是个好"为题,写一篇文章。要求:①除诗歌、剧本以外文体不限;②不要少于600字;③文中不要出现(或暗示)本人的姓名、校名。

写作时,学生可以围绕"成长"这一主题,由"成长"这一思维导图的中心词,可以联想到过去、现在和未来,人、事、心情和感慨,与成长有关的格言警句,人生与成长的意义,个体的成长,国家的发展,等等。由此为基础来梳理,就可以理出一条主线:以与成长相关的格言为起点,继之以关于成长的印象(如相关的人、事、物和感受等),再以古今中外与成长有关的人、事、物进行抒发,最后以个人成长与国家民族成长收尾,充分揭示成长于个人而言、于国家民族而言的意义。通过这样的梳理,主线明确了,整篇文章的逻辑表达就清晰了。

思维导图的应用本身就是一种辩证与逻辑的过程。教师通过各类途径与方式,巧妙引导学生运用思维导图开展写作活动,这就是在对他们进行逻辑辩证思维的有效性训练。

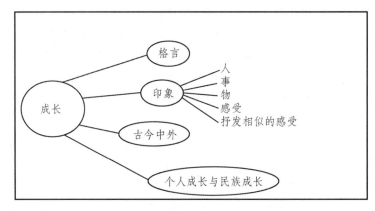

图2　2018年苏州市中考作文思维导图

3. 用思维导图培养个性创新素养

托尔斯泰强调指出:"成功的教学不在于强制学生,而在于激发他们的学习兴趣。"思维导图融合颜色、形状、符号、图像和文字于一体,采用了由中心向四周层级状发散的形式,具有生动鲜明、丰富有趣的特点。例如,在考场作文"我的_____生活"(在"直线"和"曲线"中任选一词,并完成作文),批阅下来,很多学生选的是"曲线",并谈自己在学习生活中遇到的挫折、困难。班上一位赵同学,选的却是"直线",其通过画思维导图,将自己的作文思路罗列出来:由直线的特性向两端无限延展,引申出自己的人生目标、理想,并将思路进一步细化,将其和红莲相联系(红莲早上不开花,中午和晚上也不大会开了),从而联系到自己的人生,最后得到启示:走出青春期的迷惘,不再蹉跎时光,树立远大的人生抱负。这样的文章,能让人在泛泛而谈挫折、困难的一堆作文中眼前一亮。在考场作文中,有如此创新,实属不易,这得益于该生逐渐养成的画思维导图的习惯。

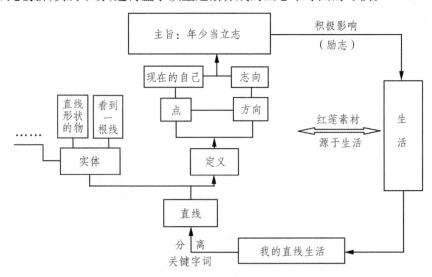

图3　赵同学写作考场作文《我的直线生活》所画的思维导图

可见，将思维导图与作文教学紧密联系，对培养学生的个性创新素养大有益处。有助于帮助学生逐步打开思维枷锁，打破惯性思维，大力挖掘并充分利用隐藏在大脑深处的智慧，不断点燃思想火花，使学生乐于去实践，从而培养创新的个性。

思维导图法在作文教学中的积极引入，能够激发学生的写作情趣，能帮助他们较好地克服和解决日常写作中提笔就写、泛泛而谈、立意平平的问题，从而提高写作能力和思辨能力，进而有利于语文核心素养的提升，促进学生个性与终身发展。这在今后的作文教学中有更大的实践意义，值得我们去探索。

知今宜鉴古　无古不成今
——从古代蒙学教育中汲取营养训练作文的思考

苏州市吴中区吴中实验小学　严　青

作文教学是我国教育史上最早开创的学科门类之一,迄今已有三千多年的作文教育历史。中国有句老话"知今宜鉴古,无古不成今",从积累的经验看作文能力的培养,有一定的训练程序和方法,一脉相承的汉语作文教学应有规律可循,几千年传承的优秀文化更是改革的坚实基础。因此,对古代作文教学实践的理论总结和科学认识,理性分析,取其精华,摒弃糟粕,对指导当代小学作文教学实践具有重要应用价值。

一、由浅入深的属对教学

古代作文训练的第一步是"开笔"。学童入私塾认得一定数量的字之后,便开始进行习作训练,即进入"开笔"阶段。开笔阶段并不像现在的语文教学一样让学生写东西,而是由"属对"开始。属对的训练一般从"一字对"做起,进而完成"二字对""三字对""四字对",以至"多字对"(五字、七字、九字)。对句在语音上要求平仄相对,词汇上要求词性相同,语法上要求结构相同,修辞上要求修辞手法相同,逻辑上要求讲究概念、分类、比较的逻辑关系,十分严格,实际上是一种语音、词汇、语法,以及修辞、逻辑的综合训练。

毛力群《对中国传统属对教学的认识》一文中提道:"属对作为专门的读写训练方法是始自宋代的,并且有了相关的教材,这种教育教学方法自此便在封建社会的教育教学中一直沿用了下来。"[①]主要是想通过属对训练让蒙童初步了解一些语音、词汇、语法、修辞等写作所必备的知识。关于属对,徐梓有这样一段精辟的论述:"属对,也就是作对子,这是中国古代文人的一项基本功。因为作诗作赋,作骈体文,科举考试中作八股文,都离不开它。所以古人非常重视这个环节,并把它贯彻到了启蒙教育中。所谓的属对或作对子,就是把两句缀成对偶。这是一项非常严格的训练,不但名词要对名词,静词要对静词,动词要对动词,而且每一种词里面,又要取其品性相近的。例如先生出一'山'字,就要用'海'字或'水'字来对它,因为都是地理名词。又如出'桃红'二字,就要用'柳绿'或'薇紫'来对它。第一个字都是植物的名词,第二个字都是颜色的静词,别的可以类推。这一种功课,不但是作文的开始,也是作诗的基础。"[②]这段话,不仅说明了属对的重要性,也讲

---

① 毛力群.对中国传统属对教学的认识[J].课程・教材・教法,2004(3).
② 徐梓.蒙学读物的历史透视[M].武汉:湖北教育出版社,1999:177.

了属对的方法。可见,属对是一种非常严格的训练。

属对是语文基础训练不可或缺的重要手段,也成为语言、词汇、语法及修辞、逻辑的综合训练。"开笔"时期的属对学习使学生在不知不觉中掌握连词成句的能力,为辞章的润色打下基础,更为下一步作文教学清除障碍。

而时至今日,属对仍然被老师们喜闻乐用,它是我国优秀传统文化的一种深沉积淀,现在我们把这种教学形式引进作文教学中,不仅是必要的,而且是可行的。苏教版小学语文的编者又在继承传统的基础上加以创新,设计了令人耳目一新的训练项目。苏教版小学语文教材从三年级上册开始就有一项值得注意的综合性语文基础训练——对对子。题目要求先让学生读例句,然后让学生照样子(举出例子)来对。如三年级上册练习2的第3题:读一读"天对地,雨对风,大陆对长空。中对外,后对先,树下对花前。红对白,绿对黄,故国对他乡。深对浅,重对轻,有影对无声"。在读的基础上,再让学生依样对对子。再如四年级上册练习3的第3题:照样对对子。"白银对(黄金),壮丽对(　　),蓝天对(　　),夜晚对(　　),东升对(　　),汗水对(　　),发明对(　　),珍禽对(　　)"经过如此反复练习,学生能够敏捷地对上二字对,那就意味着已经熟练地掌握了基本的句法规律。继而进一步引导学生对三字对、四字对,这时就可以把助词加进去。如四年级上册第23课《春联》中的"春回大地千山秀,日照神州百业兴""勤劳门第春光好,和睦家庭幸福多"……均为一个四字对加一个三字对:"春回大地"对"日照神州";"千山秀"对"百业兴";"勤劳门第"对"和睦家庭";"春光好"对"幸福多"。皆十分工整。苏教版教材的编者在设计"对对子"这项练习时,是严格遵循由易到难、由简到繁的原则,循序渐进安排这项练习的,并将它与别的练习(如"读读背背"的内容)相配合,使学生得到更好的语言训练,为学生作文训练打下基础。

二、由简入繁的作诗教学

属对训练是蒙学的辅助功课,主要出现在八九岁至十五六岁读经阶段的练习环节中,目的是满足蒙童将来科举考试写诗的需要。隋唐时期科举考试兴起,进士要考时务策,还要试诗赋,因此,儿童读诗、学诗的风气也更重。从咏物短诗开始,然后是身边事物和日常生活的应酬诗,大多是从绝句入手,进一步学写律诗,以便为应举做准备,同时要进行声韵对偶、使事用典等单项基础训练。在蒙学教育中对蒙童进行诗赋方面的训练,可以说是真正作文教学的开始。①

在明代蒙学中,蒙童能属得多字对之后,便开始进行写诗、作文的训练。据史书记载,蒙学每天的课程,大体有个顺序。弘治年间(1488—1505)的蒙学:"每日工夫,先考德,次背书诵书。次习礼或作课仿,次复情书讲书,次歌诗。"②"蒙童过了重点识字阶段,八九岁至十五六岁即可因人而异,进入读经阶段。先读'四书',再读'五经',这是主课;辅助功

---

① 王凌皓.中国传统蒙学作文教学方法论研究[D].长春:东北师范大学硕士学位论文,2004.
② 林治金.中国小学语文教学史[M].济南:山东教育出版社,1996:144.

课,还有学诗(为此先练属对,后学声韵),及历史、地理、博物常识之类的书籍。"①此时的辅助读物有《幼学故事琼林》《属对发蒙》《声律发蒙》等。

  作诗训练因其遣词造句方面类似属对,在立意畅说方面近于作文而介乎属对与作文之间,而作诗和作文都要求注重立意、文道结合,表达较为复杂或完整的主题,较之属对,难度较大,所以明代的蒙师尤为讲究其教学训练的方法。《训蒙法》中,王日休对写诗进行了详细具体的阐述:"小儿填诗时,便教他做工夫。如杜工部、韩昌黎之诗。选长篇一韵,读一篇上下平声。只有三十韵,是三十长篇足矣。若举此韵,则此一韵中诸韵皆可以记矣。非惟作省题诗,止于六韵而易成。是虽长篇,亦何难哉。又其次。如前以三十板,匡纸标三十韵头,不问是何省题诗,皆编韵于其中,每一板编一韵。若作诗时,用此一韵,则揭开策子一观,则皆可见矣。作诗甚易甚简之大法者也。"②这表明,此期蒙学写诗教学已探索出了一套简便易行的方法。

  然而,深受古人重视的诗歌教学如今已被淡化了。尽管现在的小学语文课本上选了一些诗歌作为点缀,教师与学生往往没有多大热情。但值得肯定的是诗歌、童谣是最富于感情、最凝练、最有韵律的语言表情达意方式,是儿童最喜闻乐见的学习形式之一,是最容易激发小学生的学习兴趣的体裁,在作文教学中具有不可低估的作用。因此,让学生尝试写诗歌、编童谣,可以培养学生对生活的关注和思考,提高他们对写作的兴趣,增强其驾驭语言文字的能力。在当今也有许多教师在小学低年级就注重培养学生创作儿歌、童谣的能力。比如在教汉语拼音时,教师除了利用教材上的儿歌(童谣)引导学生拼读背诵外,还引导学生自编自创一些与刚学完的拼音相契合的童谣。如学了"a、o、e"后,让学生联系生活中有这几个读音的字词进行随意编写童谣,有的学生就写道:"一位小姑娘,清早就起床,站在小河旁,直唱 a、a、a;河边公鸡叫,o、o、o,快起床;白鹅照镜子,发现变了样,急得忙叫 e、e、e。"在童谣编写中,学生增强了学习兴趣,也很快掌握了拼音的读写,体验到了创作的快乐。在诗歌写作训练中,还有的以"词串"的形式,出示一些词语让学生联想可能发生什么事,并用这些相关的词语巧妙串联起来,把普通的生活现象化为有趣的童谣。如用"秋天、秋风、树叶、蝴蝶"编一首童谣。抑或模仿课文中诗歌语言表达方式发挥自己的想象,尝试创作,如模仿《给秋姑娘的信》来写一写:"秋姑娘摘下片片( )叶,给她的好朋友们写信。一封写给( ),让他们( );一封写给( ),提醒他们( )……"让学生入情入境地展开奇特的想象。童谣因其奇妙的构思、大胆的想象,吸引着学生,而创作童谣也开阔了学生的视野,发展了学生的语言,培养了学生的想象力,促进了学生写作水平的提高。

三、从有法到无法,再从无法到有法的属文过程

  写文章是有法还是无法、是否需要讲究技法,这是古人长期争论的话题。有的人持肯

---

① 林治金.中国小学语文教学史[M].济南:山东教育出版社,1996:143.
② 无名氏.居家必用事类全集[M].北京:中国商业出版社,1986:17.

定态度,认为无规矩则不能成方圆,所以不可不讲究技法。有的人则持否定态度,认为有法不如无法,无法之法乃是至法。还有一种介于两者之间的态度,认为有法但无定法,即所谓的活法。在讨论有法还是无法时,其实古人的作文教学就体现了一个从有法到无法,再从无法到有法的训练过程。

1. 从有法到无法的模仿练习

模仿什么?怎样模仿?研究历史上大作家成"家"过程,可以看出,他们总是学了前世名家的文章,吸取其所长。其目的则是希望学生能仿照古人的方法写文章,也就是以古人之文章为蓝本而模仿习作。朱熹说:"读得韩文熟,便做韩文的文字,读得苏文熟,便做出苏文的文字。"还说:"古人说'灼灼园中花',自家也做一句如此;'迟迟涧畔松',自家也做一句如此;'磊磊涧中石',自家也做一句如此;'人生天地间',自家也做一句如此,意思语脉,皆要似他底,只换却字。某后来依如此做得二三十首诗,便觉得长进,盖意思、句语、血脉、势向皆效它底。"朱熹所强调的不仅是自己的经验之谈,而且是写作的一般规律,"古人作文作诗,多是模仿前人而作之,盖学之既久,自然纯熟"①。因此,对于初学作文的学生来说,模仿是必须的,要通过仿作逐渐增长自己的写作能力。

当然,也不能一味地模仿,因为这样会阻碍学生创造能力的发挥,因此,在模仿练习中古人就加入了无法的训练——仿作。仿作练习是学童从接触、感知、读解作品到学会写作的重要环节,包含了"创造"的成分。模仿古人,不抄袭古人,仿写中有创造,这是学习古人的正确路子。最后便像唐彪说的那样:"文章读之极熟,则与我为化,不知是人之文,我之文也。作文时,吾意欲言,无不随吾所欲,应笔而出,如泉之涌,滔滔不竭。"②这是模仿的化境。

事实上,当今学生初学作文也都是从模仿开始的。课本中一篇篇规范的文章就是学生仿效的样本,文章中一个个精湛的技法规律就是学生仿效的方法。结合课文阅读引导学生仿写,可以说是培养学生作文能力的一条有效途径,也是解决学生作文难的方法之一。在教学中,教师可根据学生的实际情况,要求学生先学写句子,再仿写段落,最后仿写篇章,循序渐进,步步深入。例如,低年级学生摘录课文优秀词句,积累句群范式,学写课文中排比句、拟人句、比喻句,用关联词进行造句,如用"有的……有的……""一边……一边"造句等句子训练;中年级学生以片段练习为主,对背诵的精彩片段进行仿写,对课文中人物外貌描写进行模仿练习,以此类推还可以学习心理活动、对话等描写方法,以及开展课文构段方式的学习,比如三年级上册《美丽的南沙群岛》中第二、三自然段均是总-分结构,因此,请学生以"街上真热闹啊!"作为开头,进行一段总-分结构的片段仿写;高年级学生则主要以模仿范文的立意、构思、布局谋篇或表现手法等写作方法的训练,以及课文续编、写读后感、篇章迁移拓展等全篇的仿写方面的训练。模仿是学生习作的第一步,学生通过模仿写作,进一步复习和掌握所学的知识,并把学过的写法初步运用到实践中去,

---

① 黎靖德.朱子语类[M].上海:中华书局出版社,1986:393.
② 唐彪.家塾教学法[M].上海:华东师范大学出版社,1992:92.

这是把知识转化为技能的重要一环,为以后的创作打好基础。但同时值得注意的是,仿写不是照搬,迁移不是套用。要让学生懂得即使是同一个习作对象(同一题材),每个人的表达方式和所持的思想感情也可以是不同的。自己在习作时,要独立思考,做到"词必已出"。实践证明,仿写不失为提高学生写作水平的一条有效之法,通过仿写训练,使学生从模仿到独自创作摸索出了一条通向作文殿堂的必经之路。

2. 再从无法到有法的写作练习

在以上阶段扎实训练的基础上,此时塾童掌握了缀字缀句等基本为文知识后,就开始学习短文写作。所谓短文,主要是指写小段日记、纪实性的小文章(或称为片段描写)。清代石天基等撰写的《训蒙辑要》中记载,对于这一阶段的作文者说:"作文各有体格,要看题思索。""记文须选前辈文极简浅切当者,每日读两篇。作文之日,仿读过文法者出题,庶易引触。"①这种写作要求学生以前人简明易懂的文章作范文,由此入手熟悉文章的结构、表情达意的方法。此时写作练习的形式还有拟作、自拟题目或师长命题作文、自作或代长辈写应用文、跟随长辈参加写作活动。这既是写作练习,又是创作实践。

程端礼在《读书分年日程》中提道:"后生学文,先能展开滂沛,后欲收敛简古甚易。若一下便学简古,后欲展开作大篇,难矣。"②这一观点表明其对蒙童学写文章的看法:先要像水涌出一样的声势浩大,然后再慢慢收束、简约。若反之,则难矣。宋朝谢枋得编的《文章轨范》也把学习写作的过程分为两个阶段:"凡学文,初要大胆,终要小心。由粗入细,由俗入雅,由繁入简,由豪荡入纯粹。……初学熟之,开广其胸襟,发舒其志气,但见文之易,不见文之难,必能放言高论,笔端不窘束矣。"③由此可见,古人认为作文训练要先学会展开,然后再学收敛;先学会对文章整体的把握,再学精雕细刻。"先放后收"是历代学者主张的写作指导原则,是我国古代作文教学的传统观点,合乎规律,很有实效。

当今小学三年级作文教学就体现了一个从"放"到"收"的过程。三年级是在一、二年级说话和写话训练的基础上向高年级作文过渡的阶段,是作文教学的一个至关重要的阶段。抓好了这一阶段的作文教学,学生的作文能力将有质的飞跃。许多有经验的教师在教三年级起步作文时,都依据全日制义务教育《语文课程标准》(实验稿)的思想:"写作教学应贴近学生实际,让学生易于动笔,乐于表达,应引导学生关注现实,热爱生活,表达真情实感。""为学生的自主写作提供有利条件和广阔空间,减少对学生写作的束缚,鼓励自由表达和有创意的表达。提倡学生自主拟题,少写命题作文。"④采取了"放"的方针。每次作文,只限定一个大致的范围,不提中心,不讲方法,让学生大胆去写。怎么做的就怎么写,怎么想的就怎么写。一切都如实写来,不说假话,不说空话,不讲大话。提倡学生"真实地做人,真实地思考"。只要是积极奋进、健康向上的,都可以大写特写。阳光明媚、春

---

① 徐梓,王雪梅.蒙学要义[M].太原:山西教育出版社,1991:142.
② 林治金.中国小学语文教学史[M].济南:山东教育出版社,1996:136.
③ 谢枋得.文章轨范[C]//文渊阁四库全书(卷一).北京:商务印书馆,1983:544.
④ 中华人民共和国教育部.全日制义务教育语文课程标准(实验稿)[S].北京:北京师范大学出版社,2001:10.

风轻拂可以写;电闪雷鸣、风雨交加也可以写;一草一木、一笑一颦、一俯一仰、凡人凡事都可以写。整个写作过程应成为学生积极参与的感情体验,学生应写出自然而然内心喷涌而出的生活感受来。学生有话可说、有内容可写,无形中消除了对作文的恐惧心理,不再害怕作文,甚至有一部分同学视作文为乐事。当学生有了写作的内容、握了写作的方法时,教师就要有目的地带领学生向高一层次——创新迈进。这时教师在指导作文时,重点是要引导学生构思创作意图,锻炼思维方法,训练组织材料、遣词造句、布局谋篇和表现手法等,鼓励学生开动脑筋、大胆创新。对已经掌握的习作结构规范灵活地进行重组、整合,使之与自己习作的内容如水乳交融般自然和谐,使习作内容不再受原有习作模仿的束缚,从而完成习作内容与习作形式的完美统一。

综上可见,古人对作文教学从属对到作诗,从作诗再到作文,即由组字成词、积词成句而终成篇章,每道程序又分若干步骤。它既符合语言和教育的规律,又接近儿童的成长特点,反映了古代写作教学的独特规律,对现今小学作文教学中培养学生的构词造句能力、连句成段能力、布局谋篇的能力,具有借鉴意义。

教学集锦

论"语言的建构与运用"在作文教学中的落实

苏州大学文学院　王家伦　苏州市第五中学　张长霖

《普通高中语文课程标准(2017年版)》称:"语文课程是一门学习祖国语言文字运用的综合性、实践性课程。"又称:"语言建构与运用是语文学科核心素养的基础,在语文课程中,学生的思维发展与提升、审美鉴赏与创造、文化传承与理解,都是以语言的建构与运用为基础,并在学生个体言语经验发展过程中得以实现的。"我们认为,作文教学中"语言的建构与运用"可从以下几个维度考虑。

一、基础:遣词造句的规范与表达的准确

遣词造句是作文的基础,错别字连篇、句子不通、表达不准确往往是当今中小学生作文的通病。对错别字连篇的现象我们将另行撰文阐述,在这里,着重分析后两种现象。

1."典型"病句频繁出现

我们的这一轮语文课改,在"限制科学主义"的口号下,语法教学一度成了"反对人文精神""限制学生思维""追求应试教学"的代名词。于是,初中课本中的汉语语法知识系统就被无限"淡化",高考改病句的题型也在逐步淡出。

在这种情况下,一些"典型"病句不断出现在学生作文中。其一,搭配不当,如"加快教育改革发展的规模与速度","加快"可以配"速度",但能配"规模"吗? 其二,指代不明,如"我站在窗前向操场一看,这里有很多同学在打球",句中的"这里"究竟是何处? 其三,概念误用,如"这位同学出身于教育世家,他家有很多文学作品,如《四大名著》《辞源》等",《辞源》是文学作品吗? 其四,误用双重否定,如"全校师生没有一个人不否认他的学习能力强,为典型的'学霸'",此处的"不"究竟起什么作用? 其五,成分残缺,如"这个学校目前已成为拥有20个高中班级、30个初中班级及大量现代化教学设备",谓语"成为"的宾语是什么? 再如"通过这次考试,使他知道了自己与其他同学的差距",主语何在? 其六,复句关系混乱,如"由于今天是公园里游园活动的最后一天,因此游人寥寥无几",游人少难道是游园的最后一天导致的吗?

2."新新语言"不知所云

其一,大量的网络语言进入了学生的作文,就如称"人"为"淫",称"我"为"偶",称"年轻人"为"小P孩",称"喜欢"为"稀饭",称"好看"为"养眼"……我们不反对词汇的创新,但这种"创新"必须符合语言发展的规律,必须经得起时间的考验,而不是想当然。当然,有时候为了表达的需要,偶尔用一下一两个未被正式承认的"时髦"词语,也未尝不

可,但至少得带上一个引号吧,否则,别人很可能不知所云。

其二,一些学生受港台剧的影响,自觉或不自觉地将港台习惯用语引入自己的作文。主要表现在不知词类的特性,最为典型的就是用副词直接修饰名词,如"很书面语""最中国"……另外表现为将不及物动词当作及物动词用,如将"给我津贴"称作"津贴我"……其他表现有乱加词语,特别是"有"字的误用,如将"我吃过饭了"称作"我有吃过饭",不知此处的"有"究竟起何作用! 此外,还表现为将词序颠倒,将"先走一步"称作"走一步先"。

3."复古"词句莫名其妙

由于受某些电视剧字幕的影响,一些学生自以为使用繁体字就是"有文化"的体现。在电脑打字普及的前提下,常常不假思索、任性地一按键盘,将简体字转化为"繁体字",导致"皇後洗髮"式的笑话层出不穷。再如将"茶几"误作"茶幾",将"邻里"误作"邻裏"……其实,"后"与"後","几"与"幾","发"与"髮","里"与"裏"根本不是同一个字,词义相差甚远。

就数词而言,一般情况下"两"是基数词,"二"是序数词,这是常识。由于文言遗留的影响,学生大多搞不清"两"与"二"的区别,将"二"代替"两"的现象甚是普遍。即使是"部编本"初中语文教材,"散文诗二首""《世说新语》二则""诗二首""外国诗二首"也赫然在目。

针对这些现象,我们可以以"部编本"教材为契机,逐步解决问题。

"部编本"教材的问世提供了解决这些问题的契机,因为终于有了知识系统。虽然这个系统还不够完整,但对学生而言,至少不再是无章可循。作为初中语文教师,应以之为基础对学生进行语法教学,必要时,也可参照"现代汉语"的语法现象和学生的实际情况做一些调整。1987—1988 年的人教版初中语文教材的语法系统给了我们教训:初一课本的知识短文竟然将副词分为 11 种,但是事实上由于初中生逻辑思维能力尚在逐步发育中,这样的过于理论化的教学内容效果很差,这也成为某些反对语法教学者的口实。

平时多进行造句训练,是必不可少的环节。不要怕有人给你扣上"应试教学"的大帽,因为训练不等于应试。

二、写"像":体式的规范与结构的完整

解决遣词造句的问题是作文教学的基础,就真正意义上的作文教学而言,第一步是写"像"文章,然后才是写"好"文章。所谓的写"像"文章,就是追求"法式",即掌握一些较为典型规范的文章的结构范式。

1."文体不限"误解成"淡化文体",导致没有文体

"文体",是人们对已有的文章进行概括后总结归纳出来的结构体裁、基本范式,是从长期的实践中得出的形式规范。文体是形式,内容与形式密不可分,某种形式期待某种与之相适应的内容,某种内容也必然由某种特定的形式表现,也就是说,内容必然要依靠某种特定的形式才能表现出来,这就是皮与毛的关系。

文体能唤起人们的阅读期待。阅读记叙文,就希望对作者的写人叙事有所感;阅读说

明文,就希望对作者笔下的事物或事理有所知;阅读议论文,就希望对作者的观点有所信;阅读散文,更有对美的渴望与追求。

课改以来,由于对"人文性"的过度追求,教材选文较少顾及谋篇布局典型的文本,一些"四不像"的文本出现在语文课本中,尤其是议论性的文本,如《就任北京大学校长之演说》《我有一个梦想》《父母与孩子之间的爱》《热爱生命》《人是一根能思想的苇草》《信条》……从"语言的建构与运用"而言,这些文本与典型的议论文相去甚远。一片叫好声中的"部编本",也过度追求文学作品,对其他的典型文体不太关注,选材很少从"文章学"的维度出发。

实际上,在基础教育阶段,离开了典型的形式规范,教学和测试都难以操作,尤其是对于绝大部分的"平民"学生而言,写作没有了能供模仿的范式,就会陷入迷惘。

2. 盲目模仿,形成"新八股"

我们说,话题作文解放了中学作文教学的思想,打开了几十年中学写作教学的禁区,功不可没。但是话题作文客观上催生了中学作文教学不重视文体这种流行病。"文体不限",其目的是便于学生选择自己擅长的文体或者是最适合表达题意的文体,其本意是解放文体对学生思想的束缚。但在具体实践中,"文体不限"引发了"淡化文体"的倾向,乃至有人鼓吹"不要文体"。话题作文要求"自选文体",但是到了一些语文教师那里就变成了"不要文体"。加上课改以来的语文课本轻视文体知识,于是,眼下学生文体感极度薄弱就成了必然,许多考生的作文体裁"四不像"也成了必然。

画虎不成反类犬。由于对余秋雨等散文大家的盲目模仿,加之受"高考满分作文"的影响,在我们现实的作文教学中,自称为"夹叙夹议"的文章的影响越来越大。甚至成为一种"范式":开头一段"题记",文中无病呻吟,动不动就请出屈原或李白,感叹几句——但没有任何实质性的东西。

这种"夹叙夹议"式的"新八股",其实概念含混不清。"叙"和"议"总得有一个归属,到底是记叙为主还是议论为主? 如果本质上是记叙文,就不该出现大段的议论性文字,所"夹"的议论只能点到即止;如果本质上是议论文,就不能出现比较详细的记叙尤其是描写,夸张一点来说,议论文中的事实论据不要超过三句话,这样或许有点绝对,但至少表明了坚持文体之纯的观点。至于文学评论类的议论文,可以有一点内容的复述,但是要高度概括、越短越好,不能有描写的成分。

江苏长期负责高考作文阅卷的何永康教授有一个"三分之一原则",就是记叙文中,议论部分的文字不得超过三分之一;反之,议论文中,记叙部分的文字不得超过三分之一。如果超过三分之一,就被视为文体不纯。

怎么办? 采取措施,教会学生掌握"规范"的文体。

从"无法"到"有法",再从"有法"到"无法",是一般人学习写作的必由之路,所以,写"像"文章的第一步就是"有法"。而所谓的"有法",就是掌握"规范"文体。"榜样的力量是无穷的",使一般的"平民"学生掌握"规范"文体,就必须有规范的样本,在教材选文总体缺乏"标准"文本的前提下,我们可以从以下几个维度考虑。

其一，从教材文本中寻找"规范"的语段。虽然说我们的教材文本少有整体结构"规范"的文本，但有些文本的某个语段，往往结构比较规范。

如《烛之武退秦师》中烛之武说秦王的一段话就是一篇微型的"规范"议论文，从第一句"若亡郑而有益于君，敢以烦执事"可知中心论点是"亡郑不利于秦"。然后从"焉用亡郑以陪邻？邻之厚，君之薄也"，可知第一分论点是"亡郑有利于敌国"；从"若舍郑以为东道主，行李之往来，共其乏困，君亦无所害"，可知第二分论点是"留着郑能给秦很多方便"；从"且君尝为晋君赐矣，许君焦、瑕，朝济而夕设版焉，君之所知也"，可知第三分论点为"晋国没有信誉，您帮助他灭郑毫无意义"；从"夫晋，何厌之有？既东封郑，又欲肆其西封，若不阙秦，将焉取之"，可知第四分论点为"晋灭了郑以后的下一个目标就伤害秦"。

再如《鸿门宴》中樊哙的一段话：

怀王与诸将约曰："先破秦入咸阳者王之。"今沛公先破秦入咸阳，毫毛不敢有所近，封闭宫室，还军霸上，以待大王来。故遣将守关者，备他盗出入与非常也。劳苦而功高如此，未有封侯之赏，而听细说，欲诛有功之人，此亡秦之续耳。窃为大王不取也！

这段话就是一篇典型的简短的演绎论证的议论文，大前提是"先破秦入咸阳者王之"，小前提是"沛公先破秦入咸阳"，结论是"沛公应该得到封赏"，推论就是"窃为大王不取也"。

其二，从课外选择"规范"的文本。课本之外（包括读本和被种种原因剔除的原有课文）有一些很典型的"规范"文章。就如人民网的"人民时评"栏目中，就有很多规范的"标准"议论文。实际上，只要留心，定能有所发现。笔者从20世纪末就开始积累，已收集到一些典型的文本，如原载于2001年4月5日《新民晚报》的袁传伟的文章《难忘母亲》，就是典型的双重倒叙记叙文；再如原载于1998年4月17日《光明日报》上的黄朴民的文章《李广的悲剧》，就是一篇典型的驳论文。

其三，"人造""标准"范文。想当年，叶圣陶先生为了教学的需要，曾经自己刻意写作了一些范文，如《记金华的两个岩洞》（现在小学语文课本截取其中的"一个岩洞"，名为《记金华的双龙洞》）和《景泰蓝的制作》，前者是典型的移步换景式游记，后者是典型的程序性说明文。我们为什么不可以学习这种方式呢？

为了教会学生议论文的基本模式，笔者曾"人造"了下面这篇小文章：

满招损　谦受益

"满招损，谦受益"，这是两千多年前的《尚书》留给我们的至理名言。这句话之所以至今仍为人们所津津乐道，自有其深刻的内涵。

首先，谦虚能发现自身的不足。很难想象一个狂妄自大的人能够正确地审视自身的不足。只有谦虚的人，才会如曾子所说的那样"吾日三省吾身"；正因为"吾日三省吾身"，所以才能发现自身的不足，并及时弥补，取得进步。夜郎国的国王不懂得谦虚，不知天高地厚，竟然将自己的弹丸之地与汉朝的领土比拼谁大，留下了千古笑柄。

北宋司马光是谦虚的典范,审视自身的不足,认为自己先天不足,于是就演绎出了一出流传古今的"司马警枕"的故事。

其次,谦虚能发现别人的长处。很难想象一个狂妄自大的人能够耐心地去挖掘别人的优点。只有谦虚的人,才会发出"三人行,必有我师焉"的感叹。孔子虚怀若谷,才能发现苌弘、师襄、老聃的才能超过了自己,才会"师苌弘、师襄、老聃",才能学到以前未知的东西,才能成为一代宗师;如果没有谦虚的胸怀,那么,"孔丘"永远成不了"孔子"。在那个狂妄的马谡眼中,司马懿才不及中人,简直不堪一击;然而他自己却落得个兵败被斩的下场。

再次,谦虚能赢得别人的帮助。你谦虚了,你必定尊重别人,将心比心,而尊重别人的人必将得到别人的尊重;你狂妄自大,你从来不懂得尊重别人,你能得到别人的帮助吗?想当年,关羽一向目中无人,当他败走麦城向孟达、刘封求救时,得到的是拒绝。李翊谦虚好学,于是得到了韩愈的尊重,一篇《答李翊书》,韩愈将自己对做人作文的感受倾囊相授,结果是李翊受益终身。

既然谦虚能发现自身的不足,既然谦虚能发现别人的长处,既然谦虚能得到别人的帮助,那么,谦者受益就是理所当然的了。感谢《尚书》留给我们科学的启示。

当然,这篇文章并不"优秀",但就初学议论文者而言,却较为典型:一个中心论点,三个分论点,分论点与中心论点之间为典型的因果关系;每个分论点都由一正一反两个事例支撑,同时,或引用名言,或简单讲述道理。学生以此为"范本",学写议论文就很容易入手。

三、写"好":语言的求精与结构的调整

写"像"了文章仅仅是第一步,因为语言平淡如水是"像",结构过于"标准"也是"像",所以,我们还要向更高的层次——写"好"发展。文章的"好"与"坏",其标准很复杂,我们这里的"好"暂不说语言构建以外的问题,因为这不是我们这篇文章要解决的问题。学生写好文章,不是非要达到"优秀"不可,也不是非要达到文学作品发表的要求不可,主要是指在"像"的基础上更上一层楼,把文章写得"好看一些",即努力使文章提高一个档次,使得读者愿意看。这主要应该从两个维度考虑。

1. 对书面语表达的精益求精

作为一名语文教师,必须教会学生追求积极修辞。消极修辞只追求语言表达的准确、明白,而积极修辞还要求语言表达的形象、生动、活泼。积极修辞包括遣词造句和主动运用各种辞格等,总之,积极修辞的作用就是让读者读得高兴。实际上,积极修辞就是一种"人文"追求,语文教学的"人文性",不仅仅局限于阅读教学中对文本人文内涵的挖掘,也不仅仅局限于作文中所负载的人文内涵。

语言苍白、寡淡如水是不少学生写作中的共同毛病,对此,在指导学生写作时,语文教师完全可以指导学生追求写得"好"一些。

同义词多,这是汉语的主要特点之一。学生必须明白,写文章应该根据表达的需要,

尽可能地从众多同义词中找出最适合的词语。就如"食堂"与"餐厅"这组同义词中,"食堂"适用于文中人物的口语,而"饭厅"则适用于叙述中的书面语。

再有,褒义词和贬义词有时候还能反用。如"你可真聪明啊,自己不做作业却抄别人的",此处的"聪明"在句中显然就没有赞扬之意;再如"你这个坏小子,又得了第一名",此处的"坏小子"就表明了喜爱的情感。

另外,比喻可使表达生动形象,对比能突出主体的特征,排比能增加文章的气势……就此,教师可以取出阅读文本中运用辞格成功的句子,反复带领学生进行仿句训练——这难道仅仅是应试教学吗?

这里不妨给大家提供一个语言表达的范例。张岱的小品《湖心亭看雪》有这样几句话:

> 湖上影子,惟长堤一痕、湖心亭一点、与余舟一芥,舟中人两三粒而已。

这里的量词就是积极修辞,把天地空阔写活了。多借鉴这样的范例,写作语言自能出精彩。

2. 调整文章结构,使文章更吸引人

写"像"的文章,很大程度上会产生谋篇布局过于"标准"的现象,这样便难以引起读者的新鲜感。所以说文章结构要精心安排,力求出新。很多前人的文章给我们提供了结构精巧的范例,刘鹗《老残游记》中的《明湖居听书》,使用层层铺垫的写法对"白妞"的出场烘云托月,让人读来倍觉精彩;唐弢的《同志的信任》,运用倒叙和插叙相结合的结构;鲁迅的《药》和都德的《柏林之围》,都是用两条线索表现故事;陶铸的《崇高的理想》,就是典型的递进式论证……这些都是文章结构方面的精彩范例,教师可以引导学生好好体悟。

上文的《满招损,谦受益》,只能称为"像"文章,作为写作的低级阶段尚可;离"好"文章尚有距离。如何将这种文章变得"好"一点呢?

从宏观上来看,可以用驳论的形式表达"满招损,谦受益"的观点,也就是说,可以将这篇文章改成驳论文。简单地说,给这篇文章"戴一顶帽子"和"穿一双靴子"即可。首先,在第一段之前增添如此一小段:"如今,一些自以为是的狂人常发出这样的感叹,现在的世界上,人不能太谦虚,太谦虚会吃亏。对此,笔者实在不敢苟同。……"其次,在文章的最后,再加上一句:"……奉劝那些狂人,还是研读一下两千多年前《尚书》对我们的规劝吧。"如此一来,文章就增色不少。

从微观上看,可在正反对比论证的基础上主动运用比喻论证、类比论证或归谬论证。再如记叙文,我们既可以主动运用倒叙结构制造悬念,也可以运用插叙使文章丰富多彩。总之,在文章结构方面不能太随意,也不能太刻板,要主动求变,方能见"好"。

——当然,真正意义上的"好"文章,还必须在内容上下功夫。

由于对语文性质的误解,或者说是故意的曲解,一些人硬是将"语言的建构与运用"视作洪水猛兽,实际上他们不理解或者故意无视"语言的建构与运用"是"思维发展与提升、审美鉴赏与创造、文化传承与理解"的基础,不理解必须借助"工具"渗透"人文",我们还是好好地了解学生的实际情况,好好地学习一下课程标准吧。

活动体验是语文教学实施的有效路径

苏州市吴中区教育学会　李建邡

语文新课程标准特别强调学生的活动体验这一学习方式。活动体验是以学生的本体地位为出发点,以学生的语文实践能力和语文素养全面提升为中心,以各类语文活动为载体,进行教学设计的新的教学方式。它的主要特征是让学生在各类语文活动中,根据自己的思想、情感和生活经验来感受、体验文本的或写作的具体内容。这种活动体验是对传统语文教学的一种颠覆,是由现代教学变革产生的一种重要的教学方式。

活动体验作为一种新的教学方式,具有其多元的功能和意义,因而在当下的语文教学中得到了普遍的重视,不少语文教师已自觉地在教学实践中加以应用,并已取得了一定的经验和成果。但是,毋庸置疑,在具体的实施过程中还存在一些误区。主要有以下一些问题。一是一味强调教师主导,忽视学生主体。在实际的教学中,教师似乎对学生的主观能动性估计不足,不能大胆放手让学生以教学活动的主体参与其中。在活动体验的设计、活动体验的展开及活动体验的总结诸方面,教师往往越俎代庖,进行过多的干预,甚至在活动中把自己的主观体验强加于学生。这样一味地强化教师的主导作用,无疑是对学生主体的漠视。二是一味讲究活动形式,轻视内心体验。活动体验首先在于活动,学生在各种活动中加以内心的体验。因此,活动和体验是一个问题的两个方面,它们之间是互为关联的。不管哪一种活动形式,都必须让学生充分地进行内心体验。换言之,如果没有学生的内心体验,那样的活动都是徒劳的、无益的。但是,在实际的教学中,我们时常可以看到这样的现象,虽然课堂的活动形式颇有新意,但学生的内心体验不够。三是一味追求课堂气氛,缺乏实际效果。我们的一些教师为了迎合时尚,营造课堂热烈的气氛,往往将活动体验作为常用的教学方式。但是,如果这种教学方式用得过分,就有可能适得其反。而这种现象在公开教学中是大量地存在的。比如,小组讨论的活动形式对学生的合作探究是有一定的作用的。然而,有的教师不管三七二十一,动不动就是组织小组讨论活动。有时问题本身很简单,根本无须进行小组讨论,但有的教师偏偏在这些问题上让学生浪费时间和精力。在他们看来,小组讨论就是体现以学生为主体的教学思想的法宝,是营造课堂热烈气氛的不二选择。这样做的结果是,课堂气氛固然非常活跃、非常热闹,但课堂活动缺乏实际效果,它只不过成为充门面的装饰品罢了。

为了有效地解决活动体验教学中存在的诸多问题,提高活动体验教学的效能,笔者在活动体验教学方式的实施方面做了一些实践和探索。兹就语文教学中活动体验教学方式的实施路径谈谈一己之见,以就教于方家。

一、要引导学生积极主动地参与活动体验

学生积极主动参与的过程,是学生自主体验、自我内化的过程。因此,教师要全面地引导学生以积极主动的姿态参与活动体验的全过程。这个参与的过程,就是学生动脑、动口、动手的过程,学生必须用自己的眼睛去阅读,用自己的耳朵去倾听,用自己的嘴巴去表达,用自己的双手去操作,用自己的心灵去感悟。这就要求教师调动学生的多种感觉器官,让他们全面地体验文本所呈现的动人意境和鲜活形象,全面地感受现实世界所展示的丰富生活和动人情景,从而促进学生生命成长和语文素养的全面提升。而学生要自觉、主动地经历和参与,一个极为重要的前提条件是,学生必须启动相应的"心理图式",用间接的或直接的生活经验去观照文本的表现对象和客观的现实世界,发掘出学生经验的课程资源的价值,进而进入自我解读、自我建构的教学境界。比如,笔者在苏教版必修五第三单元"直面人生"的教学过程中,专门让学生按小组进行主题为"面对人生的苦难"的活动体验设计,然后让学生自主选择,最终确定实施的方案。学生围绕主题,或交流读书心得,或进行激情演讲,或讲述动人故事。学生在讲述故事的环节时,有的讲述《圣经》中《约伯记》的经典故事,有的讲述《我与地坛》的作者史铁生的动人故事,也有的讲述同窗学友战胜眼疾的新鲜故事。在这个过程中,学生全神投入、情绪高涨、体验充分。学生的这种主体参与,激发了他们自身的生命活力,使之得到精神的滋养和审美的升华。

另外,教师要根据教学对象的个性化差异设计活动方案。学生的活动体验,往往因为年龄、年级的差异呈现出不同的状态。同一个活动体验设计,在不同的年级使用往往收到不同的效果。如果活动体验方案的设计不能和学生的实际相契合,学生就不可能积极主动地参与。因此,尽量设计出适合学生特点的活动方案是至关重要的。比如,在阅读苏教版必修一第一单元以后,笔者做了这样的活动体验设计:根据课文内容,结合自己的体会,就"青春"的话题给家长写一封信,并希望家长有反馈意见。这个设计比较合理,一是高一学生正值青春时期,对"青春"的话题可以有感而发;二是本单元的重点是"向青春举杯",契合教材实际;三是活动以写信和反馈的形式出现,学生颇有兴趣。正因为如此,本次活动体验收到了非常理想的效果,也得到了许多家长的高度评价。

当然,强调学生的主体参与,并不意味着教师可以袖手旁观。事实上,学生进行活动体验,离不开教师适时的、合理的引导。否则,教师的主导作用如何得以体现?笔者曾听了一节《项脊轩志》的活动体验课。执教者在文本解读的基础上,要求学生结合自己的亲身体验,选择对自己感受最为深刻的人或事进行叙说。这个活动设计是可以的,但有的学生在叙说过程中,并没有真正动情,反而显得心不在焉,甚至有嬉笑的现象,这和课堂教学应有的氛围是极不协调的。按理来说,教师应在情感的拿捏、氛围的调控上做必要的引导。但遗憾的是,这位教师似乎置之而不顾,这样,同样会使活动体验活动偏离正确的轨道。

二、要开展丰富多彩的体验活动

学生的体验必须借助一定的教学活动,教学活动的设计是为学生的体验服务的。教学活动的设计,必须根据学生的实际情况,进行多元并存的教学设计,以开拓活动体验的方法和路径。

在阅读教学方面,可以有不同的形式。比如诵读美读比赛、阅读心得交流、文学专题鉴赏、疑难问题探究、情景模拟表演等。这些活动的开展,能有效地活跃课堂教学气氛,加深学生的形象感受和审美感受,对学生的情感体验无疑具有催化剂的作用。我们还要让学生进行充分的角色体验,恰如其分地开展对话、表演、竞赛等体验活动,使学生通过积极的思维活动,逐步加深思想情感的体验。笔者曾观摩了一位名师的《将进酒》课堂呈现,这堂课精心设计了形式多样的活动体验,一是诵读活动,学生在反复的诵读活动中不断加深对诗歌情感的体验;二是诗文语体转换,教师引导学生展开丰富的想象,用自己的语言再现诗歌描绘的情境,再次体验诗歌激越、奔放的思想情感;三是情景模拟表演,学生根据作品的描写,模拟表演李白劝酒的情景,体验李白旷达、豪放的性格特征。这样的情感体验,能有效地引导学生进入诗歌阅读的美好境界。

在写作教学的设计方面,活动体验的方法显得特别重要。现在中学生作文最大的瓶颈是缺少对生活的必要的体验,提笔为文时往往搔头摸耳、冥思苦想,无话可说。因此,教师要有意识地应用多种多样的活动体验方法。比如人物采访、场面描摹、景物再现、主题讨论等。笔者曾经指导学生观察过学校的高隐湖,并要求他们展开想象体验它的独特之美。学生兴味盎然,凭自己的观察和体验进行写作,出现了很多佳作。有一位学生写道:"潭水很深,因为深,所以它能在不同的季节呈现不同的色彩。在春天,暖风微醺时,潭水感知了这充盈的活力,便携着股江南别样的柔情,在潭中翻跶而舞,优美的水痕荡漾开去,亲吻水岸。水里的生物,似乎在不断翻涌而上,将积蓄了一个冬天的能量在此刻释放。你看到了什么叫作'春来江水绿如蓝',潭水真如诗中所写,泛着碧蓝蓝的光泽,那蓝,不似天空蓝得通透,而是渲染了水润的深邃,像流动的蓝色猫眼石,有澄亮的光芒,吸引人的目光,却不让人看清本质的颜色。当太阳的光芒照到了水面,便成细腻的金粉,铺在起伏不定的潭面,折射出璀璨的光辉。在明媚的春天,一片潭水的笑容,如此绚丽夺目……"这里的描写形象细腻、优美动人,这正是多样化的活动体验在写作教学中产生的良好效能。

三、要注重活动体验的方案设计

有效实施活动体验,必须有周密的方案设计,切不可随心所欲,盲目无序。首先,活动体验的开展,要有明确的出发点和落脚点,也就是说,活动体验要体现教学的目标指向,任何游离于教学目标的活动体验都是无用的。其次,要有活动体验的具体过程,包括活动前的准备、活动过程中的具体安排、活动后的总结和反思。最后,要有活动体验的具体操作设想,包括活动体验气氛的营造、小组活动人员的确定、活动体验的组织者等。当然,活动体验的方案,要根据文本的特征进行设计。比如笔者执教王维的《山居秋暝》,就首先考

虑古典诗歌教学的特殊性,同时又以提高学生古典诗歌的阅读能力和审美能力为旨意。因此,笔者设计了活动体验的几个主要步骤:

活动一:课前由学生查阅资料,初步了解王维及其诗歌。

活动二:学生交流,联系王维的一些诗篇对其作品进行评说。

活动三:学生在小组内自由诵读,初步感知此诗的思想内容。

活动四:学生反复诵读,要求学生把握声调、重音、停顿、节奏等,并根据自己的生活积累和相关的语言信息,展开想象的翅膀,感知、体验、状写诗歌所营造的清新、自然的意境。

活动五:学生讨论、探究诗歌的主旨,并对诗歌的思想情感进行评价。

应该说,这样的活动体验的设计方案,充分体现了学生的主动性、互动性,激发了学生参与的愿望,对语文教学的有效实施具有明显的促进作用。

在语文教学中,如何有效地开展活动体验,这是一个颇有价值且又值得我们语文教师探究的课题。我们要以新的教学理念为指导,在语文活动体验的路径上开展进一步的实践和探索,使语文活动体验的教学方式产生更好的效能,收获更多的成果。

组块教学：指向言语智能发展

苏州市吴江区组块教学研究室　薛法根

我们习惯于埋头教学，很少抬头仰望星空进行深度的追问与思考：语文是什么？对于儿童的生命成长有何意义？语文学科究竟要教什么、怎么教？儿童的语文学习有哪些秘密？怎样创造可以带得走的语文？诸如此类的问题，不断打开语文的新视界，催生我们的教学思想，照亮那条"暗自摸索的黑胡同"。

一、言语智能：促进言语生命的成长

什么是言语智能？通俗地说，言语智能是指运用语言进行认知与交际的言语心理特征。从心理语言学视角来看，言语智能包括三个层次。

1. 言语智能是一种具体语境中的言语创造力

在言语活动中，对语言具有特别的敏锐感和熟练的驾驭力，应对问题语境具有较高的自我效能感。既能遵循言语规范达成顺畅的表达与交流，又能在特别境况下突破言语的一般规则，创造更富表现力的话语方式和言语形式。

2. 言语智能是一种言语操作的心理结构

这种心理结构是一种内隐的"语言习得机制"（乔姆斯基语），具有自组织功能，将言语现象及言语活动内化为普遍的言语法则，形成言语的心智操作系统。这种言语的深层结构具有潜在的心理势能，在具体语境中可以化为听、说、读、写等言语能力，并得以丰富、更新和完善，具有智慧生命特有的生长性。

3. 言语智能的基本元素包括言语材料、言语法则及言语思维

言语智能不是这三种元素的机械相加，而是这三种元素有机结合，形成一个以言语思维为主线的整体结构。

言语材料主要指语汇，包括词素、词语和固定短语，是言语智能形成的"语言养料"。类聚化的语汇越丰富，就越能增强言语的辨识力与表现力；处于休眠状态的语汇在言语运用中，才能被激活为积极语汇；语汇来自生活经验，又被运用于生活实践，具有自我更新的功能。

言语法则指运用语言的普遍语法，包括词法、句法、段法及章法等，是言语智能生成的"基因密码"。言语法则可以以语感状态存在于言语经验中，也可以以语识状态清晰地表述。言语法则具有递归性，既可以让繁复的话语变得无比简明，又可以准确理解从未见识过的话语，还可以在反复运用中生成无限丰富的话语。有限的言语法则衍生出复杂的言语结构和无限的语句,具有创造属性。

言语思维是人类独有的思维方式,十之八九是形象思维(王方名语),是言语智能发展的"动力装置"。以形象性为主的言语思维将言语材料、言语法则围绕语义联结成一个融会贯通的心智操作系统,锻造出个性化的"语言合金"。这种"语言合金",从内在来说是一种言语构思,呈现简约式结构,即关键词句的非连续性状态;从外化来看是一种言语作品,是言语构思的扩展式结构,呈现为带有个性特点的连贯性话语或文本。

言语智能是人的生命特性,海德格尔在《诗·语言·思》中说:"人是能言说的生命存在。"世界上只有人用语言进行思维、与人交流,并传承人类文化,人的生命堪称"言语生命"。言语是人的生命活动,言语智能伴随着人的精神发育与生命成长。重要的是,言语智能并非孤立、封闭的,而是与多元化的智能形成一个生命智能的共同体,连缀成生生不息的智能"树",促进生命的蓬勃生长。

言语智能的天然禀赋唯有在后天的言语实践中才能得以充分生长,错失发展的关键期往往便永久地消失。儿童期的语文教学是促进言语智能的黄金期,教学中要善于运用教材蕴含的、即兴生成的言语实践契机,创设生活化的言语实践活动,鼓励学生运用语言解决问题,获得思想与言语的提升。如果满足于知识的识记,满足于做对题目,满足于纸上谈兵式的"屠龙之技",很有可能将学生教成"书虫"或者"书橱"。

我们都学过《狼和小羊》这篇课文,印象深刻的是"狼的本性是凶恶残暴的",未曾留意的是小羊和狼之间的那场"争辩"。小羊在遭到狼的诬陷时不慌不忙,先还之以礼:"亲爱的狼先生",再断然否定:"我怎么会把您喝的水弄脏呢?""这是不可能的。"继而以理服人:"您在上游,我在下游,水是不会倒流的呀!""去年我还没出生呢!"这里潜藏着"争辩"的一般流程、规则与礼仪,可以借以应对相似的生活困境。有学生被人怀疑"偷了班级的图书",只会气愤地哭泣:"我没有!我没有!"其实完全可以像小羊一样与人"争辩"一番:"亲爱的××同学,我怎么会偷班级的图书呢?前几天我还为班级捐献了两本精装书呢!"不卑不亢,问题迎刃而解。如果遇到的是像"狼"一样蛮不讲理的人,就不必显露你的语文能力,赶紧走开并求助老师,以免落得像小羊一样的悲惨结局。

这样的"实战型"教学才能让学生越学越聪明,不仅培养了学生的争辩能力,而且锻炼了学生运用争辩能力解决生活问题的言语机智。何事需要争辩;何人可以与之争辩;如何争辩,如何把握争辩的分寸感与妥帖感;何人不可与之争辩;何时、何地不宜争辩……这些对语言的敏感性、驾驭力,以及语境应对的效能感,标志着一个人的言语智能水平。所谓"聪明",就是知道如何用语文的方式化解各种生活、学习的难题,并获得言语智能的不断生长。

二、组块教学:为发展言语智能而教

言语智能的各个要素并非单线独进式发展的,而是在特定语境中围绕语义聚合成一个个以短语为内核的言语组块。个体言语能力的强弱不在于掌握了多少语汇、语法或言语方式,而在于生成和储存了多少个言语组块。心理学研究表明,象棋大师能自觉地将一

些象棋套路组合成模块加以记忆,且数量巨大,而新手不善于运用组块策略,未能将象棋套路关联起来而缺乏预见性及应对力。言语组块、棋路模块等都是有意识进行组块的结果。所谓组块,就是有意识地将许多零散的信息整合成更大的意义单位,即信息组块。组块既是一个记忆单位,又是一种记忆策略。改善人脑中组块的容量与数量,可以提升心智活动的质量;自觉运用组块策略,可以形成更多高质量的知识组块,促进智能的充分发展。

语文组块教学是基于组块原理的教学策略,将零散的教学内容整合、设计成有序的实践板块,引导儿童通过联结性学习和自主性建构,获得言语智能的充分发展和语文素养的整体提升,并建构具有组块特色的语文课程,实现语文教学的科学化发展。发展言语智能是语文组块教学的"独当之任"。语文课程具有多重功能,丰富语言、敏锐语感、发展思维、培养能力、涵养情感、修养道德、完善个性、健全人格及传承文化等,在教学中常常试图全面兼顾,而未分清语文学科的专业属性与从属功能,以至于迷失在学科功能的丛林里;语文课程的三维目标"知识与能力、过程与方法、情感态度价值观",在教学中往往被简单移作课时目标,造成教学目标的离散与教学内容的模糊。组块教学以结构主义思想将语文课程的多重功能与三维目标在教学实践层面加以整合,形成以发展智能为核心的功能"树"与目标"群",回归语文学科的"言语性",鲜明语文教学的专业属性,确定语文核心素养的关键"基因",即言语智能。由此确立了语文组块教学的核心理念:为发展言语智能而教。言语智能的发展才能促进学生"自能读书、自能作文",实现"不教之教"的理想境界。

语文组块教学是发展言语智能的"最佳路径"。联结性语文学习将促进学生形成自觉的联系意识,将散落在课文中的言语材料、言语规则及言语方式等整合为结构化的言语知识,实现知识的自我建构;情境性语文活动将促进学生综合运用语文的知识技能,形成"字词句篇、语修逻文"之间的整体关联,实现"听说读写"之间的顺畅转化,越学越聪慧;统整性语文实践将以语文为凭借贯通各门学科,促进学生在跨界学习中进一步增长言语智能。组块教学"连点成线、聚沙成塔",是发展言语智能的必然选择。

要知道,言语智能无法"裸奔"。语文组块教学以教材为凭借,关注言语材料、言语规则及言语方式、言语情感,即从关注文本思想内容转向关注文本的言语形式,着力三个层面的教学。一是字词的积累。没有字词"量"的积累,没有对词的意义、情味及词性(词语在不同语境中的具体用法)的充分感知,言语智能便无从生根。二是句式的丰富。善于发现文本中句子的各种样式及句子的组合方式,并在语境运用中加以内化。三是表现方法的变换。同样的意思不同的表达方式,以及用什么文体,先写什么后写什么,写得详细还是简略等,都需要用心揣摩、潜心涵泳。可以说,每篇课文都隐藏着作者的言语意图,这种言语意图是借助特定的表达方式与语言结构体现出来的。每一种特定的表达方式或语言结构,都具有独特的言语交际功能,如赞美、说服、劝告、驳斥等,准确把握这种言语形式的交际功能,是生长言语智能的必备基础。语文教师唯有在深入研读教材的过程中,敏锐而准确地把握这样的方式与结构,看到内容背后的形式、形式背后的结构,才能研制出具有语文学科特征的教学内容,才能真正体现语文学科专业的成长性。

一篇文质兼美的课文,从言语形式的视角,可以找到很多教学点,散落在文本的每一个角落,涉及字词句篇、语修逻文、听说读写等多方面知识。教学中常用的套路是"随文而教",遇到生字教识字,看到修辞教修辞,需要朗读教朗读,频繁地转换教学内容,造成教学的碎片化。而组块教学紧扣文本教学的关键点,连点成线、织线成网,形成三个动态、即时、开放的教学内容板块,不求教得完整,但求学得充分。

　　1. 以语汇为内核的内容板块

　　文本中散落的字词和短语,绝大部分是陈述性知识,可以有意识地围绕某个"线索"形成词串加以整体识记。词语组合的基本线索有:(1)描述的对象,人、事、景、物,或者一个场景等;(2)语境的功能,包括表意的实词与表情的虚词,可以按照词性分类组合;(3)词语的结构,特别是富有表现力的主谓式、偏正式等短语结构;(4)表达的语义,根据同义、反义和近义将词语整理归类。对这些语汇板块中的字词短语,不是简单地归类识记,而是需要以文本语境为背景,在朗读、复述、写话等语文实践运用中,转化为学生自身的语言材料。

　　2. 以语用法则为核心的内容板块

　　文本和生活中都潜藏着言语的运用规则,不留意便会从我们的耳边和眼前滑过去,只能说是"读过了"或"听过了",而没有"读到了"或者"听到了"。教学的要义就在于让学生从言语现象中发现那些"特别"的地方,从中提炼、归纳出具有普适性的言语规则,包括句法、段式和文体,有些是陈述性的静态知识,但更多的是程序性知识,可以改变言说的行为。这些规则不能简单地说教,而需要学生在读与写的活动中,经历"举三反一"到"举一反三"的双重转化,才能内化为自身的言语能力。

　　3. 以读写策略为核心的内容板块

　　怎样倾听?怎样说话?如何朗读?遵循什么样的写作规律?这些都是事关听、说、读、写语文智慧技能形成的原理、策略与方法技巧,有别于语言的运用法则。这些内容是在学生已有的听、说、读、写经验基础上进行的理性归纳和科学整理,有些是条件性知识,比如根据对象选择争辩的方法,有些则是元认知知识,是对自我言语行为的反思与调整。

　　上述三个内容板块是教师在解读教材过程中建构的教学内容,是对语文课程与教材内容的教学转化,以"知识状态"清晰地存在于教师的头脑中。但是在语文教学中,这些内容板块需要进一步转化为适宜学生进行语文实践的"活动状态"。组块教学围绕"言语智能发展",确定每节课的具体教学目标,基于学情将整合而成的板块内容,设计成相应的活动板块。一个活动板块可以集中一个内容板块,也可以整合多个内容板块;一个活动板块对应一个教学目标,或者多个活动板块指向同一个教学目标。如此,教学内容、教学活动与教学目标就达成了一致性,教学就形成了一个完整的自循环系统。

　　组块教学突破"线性"的教学思路,采取"板块"的活动样式,且板块与板块之间,以连续性的教学目标为内在逻辑,形成并列式、递进式、承接式与主从式等关联结构,让课堂教学呈现清简有致的结构风格,像洗过的天空一样,纯净而又疏朗。比如《哪吒闹海》这个耳熟能详的神话故事,以三个教学活动板块加以统整,删繁就简,步步推进。

板块一：概述故事。抓住三个关键词"一摆""一扔""一抖"，用三句话简要概括哪吒凭借两件法宝三闹东海的故事。"一个故事"说成"三句话"。

板块二：讲述故事。围绕"夜叉从水底钻出来，只见一个娃娃在洗澡，举起斧头便砍。"这个句子，展开合理的想象，把这段故事讲生动：什么模样的夜叉？看见什么样的一个娃娃？夜叉会说什么？哪吒会怎么回应？……"一句话"讲成"三句话"。

板块三：转述故事。学生分别扮演龙王敖广和哪吒，转述哪吒三闹东海的故事。敖广怎样向玉帝告状？哪吒怎样向父亲李靖解释？目的不同，对象不同，转述的内容和话语方式也不同。"一个故事"有了"三种说话"。进而揣摩，课文的编者如此讲述故事是出于什么目的？你从文本中可以找到哪些依据？

"概述、讲述、转述"，三个教学活动板块紧紧围绕"讲故事"这个核心能力，形成了三个由易而难、由表及里的认知与实践台阶，结成了一条教学的逻辑链，实现文本形式结构与学生认知规律的内在统一，促进了学生言语智能的生成。这样的教学板块避免了线性教学的"流水账"，凸显了教学重点，留给学生更多独立思考、创造实践的时间与空间，一个教学板块可以达成多个教学目标，更具增值性。

三、联结学习：实现学习方式的变革

所谓联结性学习，简而言之，就是个体发现、把握并重构知识经验之间的逻辑关系而得其智能意义的学习方式。在语文学科中运用联结性学习，可以促进字词句篇及听说读写之间的顺畅转化；在学科之间或学科与生活之间，运用联结学习可以实现学科的跨界统整。

1. 画一张自己的"语文地图"

汉语是由字词前后连缀而成，属于"意合型"语言，有别于英语的"形合型"语言。字词连缀顺序的变化，带来意义的变化及表达效果的迥异。因此，汉语的学习应遵循其"意合"的内在规律，运用联结性学习方式，准确把握字词句段篇之间的内在关联，获得意义理解与运用法则。在阅读教学中，运用联结学习，可以发现文本内部存在多方面的联系：言与意、表与里、上与下、异与同、知与用、文与人，把握彼此间的联系，可以将文本解读得更加通透，也能够借以绘制阅读的学习地图。

所谓学习地图，是指依据文本类型而设定的阅读路线，核心是选择与文类相应的阅读策略与阅读方法。比如在小说教学中，我们研究分析了小说的教学价值：故事激发的阅读动力；人物精神的形象感召；叙述语言的表达技巧。在此基础上设计了小说的阅读地图：(1)二度讲述，把握情节结构；(2)细读场景，体会细节意蕴；(3)品味语言，感受人物形象；(4)时代解读，领悟表现主题。在小说《爱之链》的教学中，笔者依据小说阅读地图，设计了三个互为关联的教学板块。(1)绘制情节发展曲线图：乔伊帮老妇人换车胎；老妇人为女店主留钱；女店主安慰丈夫乔伊。借此图示理清人物关系及事件因果，整体把握小说的情节结构。(2)品读人物语言：乔伊和老妇人的对白、老妇人的书面独白、女店主的口头独白。借此领会人物在语境中不同话语方式体现的内心情感变化，感受人物形象。

(3)细读三个场景:乡村公路、路边小店、店内里屋。借此体会场景描写与人物心境、情节转换及主题揭示之间的内在关联,学习描述"里屋"的环境,烘托"一切都会好起来的"这一主题。这三个板块,从三个侧面对小说《爱之链》进行了深度解读,看似指向小说的不同要素,实质上都是小说阅读的基本路径,是这篇小说最佳的阅读地图。

2. 用"读与写"贯通学科学习

照理说,任何学科都需要借助语言进行阅读、思考、表达与交流,非"语文"不可。语文教学必须打破学科界限,以"读写"为主线,运用联结学习方式,实现跨界学习,真正体现语文学科的基础工具性。

就阅读来说,数学、科学、物理等科学文本的阅读是一种实用文章阅读,其阅读要诀在于建立"言与意"的本质联系,准确捕捉文本的重要信息,领会文本的基本要义。语文教学中,我们借用学生当天所要学的科学文本,教学生用说话、作图等"翻译法",将文本的要义"说出来"或"画出来"。说明白了,就是读懂了;画清楚了,就是真正理解了。这样的前置阅读教学,教会了学生用阅读自学科学教材,实现了从学会阅读到通过阅读去学习的飞跃。

我们提倡学科交融写作,鼓励学生用笔记录自己的学习过程。比如数学课学习圆的面积,如何将圆分割、拼合成一个长方形?如何借助长方形的面积公式演变成圆面积的计算法则?将这一个复杂的学习过程完整地写下来,其实就是一种反思性学习,有助于对所学圆面积知识的深化理解。我们还鼓励学生就面积计算开展更多的研究,查阅古今中外关于圆面积的大量研究史料,写一个研究报告。这样的学习,就构成了以写作为核心的学科统整型实践,具有深远的教育意义。

《红楼梦》专题式阅读的基本策略

江苏省苏州中学园区校 孙晋诺

《红楼梦》作为一部经典名著,早在20世纪80年代,上海育才中学段力沛校长就把它作为高三的语文教科书使用,整个高三学年只读一本《红楼梦》。

之所以可以把它当作中学语文教材,是因为它是一部语言艺术的巨著。无论是日常叙事,还是精彩情节的叙述,其描摹形象、刻画心理,用词造句之精准、灵动皆富创造性,是其他作品所难以企及的,因此,它是提升中学生运用祖国语言文字水平的经典范本。它塑造人物形象,立体、多面、动态,在个人与群体的关系中完美地呈现了个人性格的成长史,全书上千个人物形象个个个性鲜明,同时,不同个体又构成了同类型人物群体,巧妙地体现了同中有异、异中有同的人物形象塑造艺术。全书的结构既有以前五回为总目展开的整体布局,又有每十回形成的单元结构;既有以时间为主线的统一体系,又有每个部分中精心安排的次结构,体现其时间艺术空间化的独特手法。读通一部《红楼梦》的叙事艺术,可有效提升对文学作品的解读欣赏水平。因此,对于《红楼梦》,不应该仅把它当作一部长篇小说来读,更应该把它当作语文学科的综合性读写教材来教和学。为此,我校开展了《红楼梦》专题式阅读的教学实验。

所谓专题式阅读,就是围绕语文学科核心素养,以养成学术研究的意识为目标对本书重要的阅读主题进行深入的专项研读。阅读主题,即紧扣"语言建构与运用""思维发展与提升""审美鉴赏与创造""文化传承与理解"四个维度,结合《红楼梦》的语言、人物、情节诸要素,筛选出的一些富有解构文本、建构自我阅读能力的阅读项目。其阅读方式是借助阅读主题从多个角度、不同层面纵向深入或是横向关联,其目标是达到课标所强调的"从语言、构思、意蕴、情感等多个角度欣赏作品,获得审美体验"的目的。需要特别强调的是,专题阅读强调其"研究"的价值取向,目的是培养学生从不同阅读视角,围绕一个主题搜集整理资料并能够持续思考寻求自我创见的研究能力。

基于上述指导思想,形成了本书专题阅读的一些基本策略。

一、策略一:设计词语专题,读出作者的表达意图

人们阅读长篇小说,往往不太注重词语的品咂,而《红楼梦》这一语言艺术巨著,是不容忽视那些生动、贴切、富有艺术魅力的词语的。这些词语往往一词尽显人物心魂,一语挑起故事情节的骤变,犹如闪光的宝石,熠熠生辉,镶嵌在那些看似平平常常的叙述中,需要培养学生从平常的叙述中识别这些闪耀着语言智慧之光的词语的能力。因此,阅读这

部巨著,也不妨从那些独特的词语入手,打开红楼之门。

1. 异态词语研究——"痒"出姥姥的窘

阅读《红楼梦》会发现,它的许多用语迥异于我们日常生活中所遇见的一般文学作品的用语,显示出超乎平常的异常,而再仔细品味,其用语恰恰是对生活最真实的呈现,我们之所以感觉异常,是因为一般文学作品的表达只是对生活真实的轮廓性描述,与"真实"还隔着一段遥远的距离;而曹雪芹的表达既逼真地再现了其外在的声色形貌,又准确地呈现出了其内在的曲折隐秘,形神兼备、内外通透。因此,提升学生的语言文字表达水平,就要尽最大努力让学生明白曹雪芹是如何缩短语言文字与真实生活的距离,甚至达到零距离的。这正是研究异态用语的价值所在。

刘姥姥一进荣国府求帮助,听到王熙凤诉艰难,曹雪芹只用"突突的"三个字来写刘姥姥紧张难堪的心理,"突突的"能让人直观地感受到刘姥姥的那颗心在慌慌张张地跳,可是当她听说又给了二十两银子的时候,只用"浑身发痒"四个字就写出了刘姥姥微妙的内心:猛然间听说给二十两银子,在王熙凤面前,既不可表现出喜滋滋、贪婪的神情,而心里又确实控制不住激动,于是就表现为身体发热,由发热而发痒,一个"痒"字多么准确地写出了刘姥姥尴尬之中的惊喜、窘迫之中的兴奋。据此,学生很快找出了海量的"异态词",比如,有同学找到贾瑞在宁国府路遇熙凤时的三个"猛然";有同学细致分析林黛玉追踪贾宝玉到薛宝钗处进门时"摇摇的"姿态……他们从琳琅满目的佳词妙句中又选出了若干精准叙写人物神态的词语,点燃了阅读兴趣。

2. 性格词语研究——闻其声而知其人

曹雪芹塑造丰富的人物性格,词语是重要的因素,尤其值得研讨的是词语使用的性格化,使《红楼梦》人物的语言形成了特有的言语体系,见其词或闻其语则可识其人。为此,要引导学生从性格词语的角度梳理归纳,筛选出典型人物的常用词汇,总结其用词规律,从言语表达的高度来欣赏本书的言语艺术。"这么粗""这么长""这么大",这是薛呆子的标配;"我要去,只是舍不得你",这"舍不得""化成烟""该死"等成了贾宝玉的口头禅。当然,随着对词语敏感度的增加,进而扩展为对人物语言整体风格的把握就水到渠成了。

3. 事件词语研究——一词说尽一生

小说就是人物性格的成长史,在成长过程中,总有些关节点,这些关节点勾连上下内容,抓住这些关节点上的一些词语延伸阅读,可以较为完整地把握其生命历程。因此,可以凭一个词语串联整个人物的生命历程或若干章节,形成局部的整体阅读。比如第十六回开篇说王熙凤"自此凤姐胆识愈壮,以后有了这样的事,便恣意地作为起来,也不消多记"。其中"胆识愈壮"一词概括了凤姐之前的许多事件,抓住这个词设计阅读任务,梳理出其"壮"的过程,就可以形成关于王熙凤的整体阅读。有同学从第六回刘姥姥一进荣国府梳理到第十五回,把王熙凤接待刘姥姥时的分寸把握、毒设相思局时调动诸多人物的谋划、协理宁国府时左右王夫人的手段、弄权铁槛寺时的心术——联系起来,使"胆识愈壮"的轨迹清晰地从隐匿趋于显性直至跃然眼前。

二、策略二:确立情感专题,读出人物的爱恋情愁

《红楼梦》最复杂的就是人物的情感关系,而曹雪芹的高妙之处也在于构筑了这些繁复多变、说不清道不明的情感纠结,阅读的乐趣也正在理清、辨明这些关系的过程中体味人情滋味,赏析语言文字之美。因此,引导学生穿梭于贾王史薛的家庭关系之中,徜徉于宝黛钗袭的情感冲突之中,流连于晴雯袭人平儿等细腻多变的小心思之中,领悟《红楼梦》对世态人情的深刻阐释和感慨,可设计阅读《红楼梦》情感专题。

1. 心灵秘史研究——此"心"为谁痛?

生活总是不那么透明而又那么确切,宝玉与黛玉的言语交际大多是蒙着一层朦胧月光的,没有这层月光,就失去了生活的情调和意味,曹公是制造这层月光的高手。比如,第二十回中宝、黛吵嘴,黛玉说"我为的是我的心",宝玉也说"我也为的是我的心"。此心与彼心究竟有何不同,这恰恰是读出宝、黛、钗之间微妙朦胧精彩动人的妙处所在。抓住这样的心灵密语,探径索源,会有"洞天石扉,訇然中开"之感。阅读中,有同学围绕着这两颗心写了一千六百字的小论文,认为"如果黛玉的心是'时时想占有',宝玉的心便是'刻刻在呵护';如果黛玉的心是'喜怒无常',宝玉的心便是'明月入怀';如果黛玉的心是'无理取闹',宝玉的心便是'无限包容';如果黛玉的心是'柔情似水',宝玉的心便是'无微不至';如果黛玉的心是'怒碎花枝掷郎前,请郎今夜伴花眠',宝玉的心便是'芙蓉不及美人妆,水殿风来珠翠香';如果黛玉的心是'玲珑骰子安红豆,入骨相思知不知',宝玉的心便是'天涯地角有穷时,只有相思无尽处'"。依着这两颗心的思考,同学们把宝黛的心理世界阅览了一遍,其探讨未必十分科学,但这番阅读历程所带来的收获是货真价实的。

2. 爱情角色判断——谁是最佳情人?

宝玉的泛爱基因让他喜爱天下纯情女子,但他的心灵归宿只有一人,要把宝玉的情感界限写清楚是非常困难的事情,而曹公持如椽之笔,把宝玉与黛玉、宝钗、袭人、湘云、晴雯等众多女子的情感写得界限分明,实在需要我们借此一窥其叙事之奥秘。

袭人一度把自己视作"宝玉的人",为此,笔者设计了这样一个阅读专题:作为情感专家,你认为袭人和黛玉,宝玉更适合与谁谈恋爱。

这个任务引起了学生极大的阅读兴趣,他们字斟句酌,条分缕析,生成了许多对比角度,阅读视野为之开阔。有同学把宝玉到袭人家里去时袭人的表现一一设想为,如果换成是黛玉,可能会怎样表现。对比下来,得出这样的结论:"其实袭人的种种心理活动与做法都是想'控制'宝玉,两人的关系放大了说是'不平等'的姐弟情。"而"黛玉是那么的纯粹,连带着宝玉都纯粹了起来,为这份感情也喜也悲,也敬也畏。他们的感情是磨出来的,经得起岁月侵蚀"。经此一番探讨,宝玉、黛玉、袭人之情感关系清清亮亮!

此专题还可以加入宝钗、湘云、晴雯等多个人物扩大为系列专题,构成对宝玉情感关系的综合研究,当不失为一项有趣的阅读。

3. 眼泪内涵分析——纷纷落下为何情?

林黛玉用一生的眼泪偿还情债,其实,频繁流下眼泪的何止是林妹妹,眼泪实则是曹

公笔下展示人物情感的又一种精彩之处。值得我们审视的是,梳理一个人物的流泪史,可以观察他的心理变化过程;面对同一事件中不同人物的流泪,则可以考察他们各自的内心秘密;有些眼泪把故事推向高潮,有些眼泪正是结束了故事的标志。因此,从眼泪这个视角又可读出另一番"红楼"故事来。

《红楼梦》第二十九回到第三十二回,有群体的哭,有个人的哭,宝、黛闹气,全场人都在哭;琪官痴痴地写着"蔷"字一人偷偷地哭。千差万别,各有心曲,于是笔者设计了"精彩的眼泪"专题阅读,先列表总结哪些人、哪些泪,并分析这些眼泪的不同内涵及描写这些眼泪的精妙笔法。

精彩的眼泪

苏州中学园区校高一(4)班　蒋　未

人物	流泪原因	描写之妙
张道士	提到贾宝玉像荣国公,不禁流泪。	张道士的眼泪并不是真正思念荣国公而流下的,他的目的是煽情,戳中贾母的泪点,从而向众人显示自己在贾府中是有一点地位的。
贾母	1. 听了张道士的话,勾起了对死去丈夫的思念。 2. 抱怨着宝黛二人"不是冤家不聚头"也哭了。	贾母在这种情况下落泪,无异于代表张道士的计谋得逞了,后来也写张道士的话又让贾母一笑,在这短短的几分钟内,张道士让贾母由笑到哭,又由哭到笑,情绪收放自如,这也从侧面体现了张道士是一位公关高手,巧言善辩,能说会道。
林黛玉	1. 黛玉见张道士为宝玉谋亲事,宝玉不会哄她,还摔了玉,哭了起来…… 2. 见宝玉连袭人都不如,越发伤心大哭起来…… 3. 听到贾母说"不是冤家不聚头",不觉潸然泪下…… 4. 次日宝玉来找黛玉,黛玉止不住滚下泪来……	林黛玉的一系列落泪,都是因为贾宝玉。林黛玉本就是一个心思细腻缺乏安全感的人。在听到张道士的提亲后,她发现自己的竞争力不强,想让宝玉安慰自己,可宝玉不懂得女孩子的心思,让黛玉很失落,心中的幽怨只能通过落泪来宣泄出来。黛玉这一世是来还宝玉上一世给自己的"救命之水"的,所以黛玉的眼泪也是报答上一世恩情的因果与象征。
贾宝玉	……	……
袭人	……	……
紫鹃	……	……
金钏儿	……	……
龄官	……	……

余萌同学分析第二十九回宝玉、黛玉、袭人、紫鹃四人齐哭,认为黛玉是虚弱动情的伤心之哭,因此"脸红头胀,一行啼哭,一行气凑,一行是泪,一行是汗,不胜怯弱";宝玉是疼爱之哭,眼泪是"滴"下来的;袭人之哭是经过了再三考量之后的理解,这时的袭人颇有一种释放情绪的感觉,真正地像一个少女了;而紫鹃就是被三人感染,鼻子不由得一酸。黛玉、宝玉、袭人、紫鹃几乎是一个接着一个流下眼泪,层次井然,哭出了情感,哭出了审美的

趣味。

由"眼泪"专题拓展开来,《红楼梦》中的嬉笑怒骂皆可设计成专题研读。

三、策略三:建设言说专题,读活表达智慧

《红楼梦》是交际语言的典范之作,上至王公贵族,下至仆妇用人,曹雪芹都给出了交际语言的范例,这是阅读《红楼梦》的又一维度。小红给王熙凤回报的那段话,"我们奶奶""这里的奶奶""五奶奶"等随着说话对象的变化,通过人称转换把十分复杂的人物关系交代得清清楚楚,圆满地完成了信息传达的任务,可以说是交际话语的教科书。为此,针对不同情节可以开展"转述的艺术""表达诉求的经验""怎样说悄悄话"等言说专题,细致探讨曹雪芹笔下日常生活中的言语表达智慧。

其中,我们设计了"跟贾芸学说话"的阅读专题。

选择贾芸作为研读对象的原因是,围绕包揽贾府工程"寻找就业机会"这件事,他先后与贾琏,舅舅卜世仁,醉金刚倪二,凤姐,书童焙茗、锄药等若干人会面说话,人物众多,身份差距大,语风变化快,较好地体现了贾芸"见什么人说什么话"的能力。

学生通过对贾芸前后语言表达的研读,发现"在面对贾琏和王熙凤时,贾芸都是以一种比较谦卑的姿态去表达的,但在表达的手段上有比较大的差异。面对贾琏,他是开门见山,干净利落,毫不遮掩。面对王熙凤,他是瞻前思后,假装无意;他明白如果表现得功利心、目的性太重,会让王熙凤心里瞧不起,所以他在这个刚好的时机,将东西拿给王熙凤,再顺带引出根本目的。王熙凤给贾芸下的判断是'还算一个聪明人',为了不让贾芸觉得她'见不得这点东西',她终结话题,晾了贾芸一天。贾芸此时也不再提到,进退有分寸。这才是'高手过招',两人还来回打了个太极"。经过此番研读,才会慢慢体味到《红楼梦》的语言之美。

整部《红楼梦》像这种语言交际的场景太多,各有风采,以此把同类语言现象归纳集中,既是对语言艺术的研究,也是对人物形象、小说主旨的理解。

四、策略四:开设人物论专题,读出"我"的这一个

阅读《红楼梦》最忌以固有的结论给鲜活的人物贴上死标签:一提王熙凤就是阴险毒辣,一提刘姥姥就是憨厚傻气……如此图谱化人物形象是对原著的不尊重。如何才能读出活生生的"这一个",更重要的是如何读出属于读者自己的"这一个",这是阅读《红楼梦》整本书时必须解决的一个课题。

王朝闻先生在上大学期间完成了四十万字的《论凤姐》,给我们今天的整本书阅读以很大启发,想真正理解一个形象,须对这个人物做全面研究,《红楼梦》实际上给每个重要人物都做了传,判词就是个人传记的精简本,个人的故事分布在诸多人物的故事之中,因此,为了清晰地认识每个人,我们还必须把人物从整本书的各个章回中抽取出来,单独观察,才能形成对这个人物全面、立体的认知。因而,笔者提出了撰写人物论的专题阅读任务。

撰写人物论,不是问答题式的形象概括,必须对人物做出全面研读,是从某个人物的角度重构《红楼梦》的故事。如,林黛玉好生气,但她为何而生气,其中有规律可循吗?这就要把林黛玉所有生气的情节分别梳理出来,分析其生气原因,总结规律,形成林黛玉心理、性格传记。以撰写《凤姐论》为例,学生可先完成下面的基本阅读:

阅读第十四回,设计一个满分 100 分的评价量表,评价王熙凤的综合能力,按照制定的评价标准,给王熙凤的能力打分。

量表内容应该包括:评价的角度、标准、分值、被评价人的表现及得分。

示例:

王熙凤综合能力评价表

高一(4)班 余 萌

被评价人:王熙凤　　所在部门:荣国府　　评价参考事件:协理宁国府

具体能力	自信沉稳(20)	细心周全(20)	条理性强(20)	行事果断(20)	下人拥护(20)
评判标准及其赋分	1. 气场是否有震慑力(5) 2. 指令是否下达清楚(5) 3. 能否同时处理多件事务(5) 4. 是否以实力获得下人的服从(5)	1. 摸清事情具体情况,有针对性地处理(5) 2. 依据下人特点分工,用得其所(5) 3. 遣人分工细致(5) 4. 涉及金钱支出时十分谨慎(5)	大事小事不慌不忙,分条处理(20)	言出必行,行必果断(20)	1. 管家能力是否被下人认可(5) 2. 对下人是否赏罚有度(5) 3. 下达的命令是否令人心服口服(5) 4. 对下人是否有基本的尊重(5)
被评价人具体表现	出场即是集齐宁国府上下所有人听差候遣,干练利索(+5) 次日念花名册后即分人差事,指令清楚不容置疑(+5) "凤姐见如此……筹画得十分整肃。"繁杂事务处理得井井有条(+5) "如今可要依着我行……一例现清白处治。"极其跋扈,靠施压攫取服从(+0)	正式接管宁国府的前一天,上宁国府清点数目单册,找来府上媳妇问话(+5) 给下人分工前念花名册,按名册一个个唤入看视(+5) 根据下人的特点,事无巨细吩咐各人工作(+5) 确认领牌人上报情况与账本无误后,才发放对牌(+5)	吩咐后发放器材工具,"一面交发,一面提笔登记,某人管某处,某人领某物,开得十分清楚"(+20)	看视完下人后"一时看完,便又吩咐道";下人领牌,确认后,凤姐"即命收帖儿登记",不带半点拖拉(+20)	"合族上下无不称叹者。"(+5) 第一次有人犯错便拉下脸,喝道:"打二十板子!"并克扣其一个月银米(+0) 众人目睹此次惩罚后,"不敢偷闲,兢兢业业,致事全"(+0) 将对牌"掷下"给下人(+0)
各项得分	15	20	20	20	5
得分合计	80				

显然,这里显示了阅读者对王熙凤的主观认识,对王熙凤这一艺术形象的概括渗入了阅读者的主观因素,读者与作者、读者与文本产生了真正的对话。在此类评价表、搜集的相关资料的基础上,再完成《凤姐论》,这时的凤姐才是阅读者心目中活生生的"这一个"。

为了读透《红楼梦》，至少要完成几个重要艺术形象的人物论。

　　词语运用、情感体味、言语智慧、人物形象把握等专题阅读可以较好地引导中学生打开经典名著阅读的基本思路，并建立起整本书阅读的基本模式，进而提升阅读素养。运用专题式阅读，提炼阅读主题，设计阅读任务，给阅读定向，这是前提；让学生完足阅读，形成阅读结果（图表、论文），这是关键；综述、归纳、概括阅读结果，使之升华为理性认识，这是难点。当然，博大精深的《红楼梦》可供我们开发研究的绝不止于这四个专题，还需要我们紧紧围绕中学语文核心素养拓展阅读视角，关注它的结构、叙事、文化、审美等诸方面，形成《红楼梦》专题阅读的课程体系，当是我们共同努力的目标。

必须"较真"的语文阅读教学内容

昆山市柏庐高级中学　仲捷敏

近日在《语文教学通讯》上拜读了杨先武老师的一篇文章①,非常赞同杨老师"语言形式与语言内容是相互依存"这一观点,但作为一名进入一线不久的语文教师,笔者不禁对文章中的部分内容产生了一些困惑。阅读教学是语文课堂教学最重要的组成部分之一,关系到语文教学的成败,对教学内容的探讨不得不"较真"。无法当面向杨先生请教,故写下这篇小文章虚心求教。

一、对"公开课""示范课"的"较真"

杨老师承认了部分公开课、示范课存在过于突出"人文"的偏差,但认为"纠偏"不该打错"靶"。杨老师认为,"这种倾向并非日常教学的真实反映,只是出现在某些公开课、示范课上""一发现公开课、示范课中出现了偏差,就立马抓住'把柄'大做文章"②,笔者不禁"较真"起来,试问何谓"公开课"?

据笔者所知,常见的公开课有"示范课""观摩课""研究课""实验课"等几种,从这些名称的确定,不难看出它们的作用。

"示范课""观摩课"为教师尤其是新手教师提供了学习的范例,目的在于以优秀的课例提高普通教师教学的实际水平。

"研究课""实验课"为语文教育工作者提供了教学探讨的机会,"研究者""实验者"以此类课程为抓手,以实际教学展示自己的教育理念,与同行讨论该种理念的优劣得失,更好地裨补缺漏,促进语文教学的健康发展。

可见公开课的导向与传播作用不容忽视。作为研讨活动不可替代的形式,公开课确实让语文教学讨论更加言之有物。杨老师曾以自己的某堂公开课为依据,阐述自己的教学理念。③ 也曾慷慨发文,对他人的"经典课"提出自己的疑问供学界一同研讨。④ 可见杨老师是承认公开课的示范与研讨价值的。然而,现如今杨老师认为公开课并非日常教学的真实反映,不该因为某些公开课在"人文性"上投入过多,就产生"泛语文""非语文"的担忧,这实在令人困惑。

---

① 杨先武.语文教学的主要内容是语言形式吗?[J].语文教学通讯,2018(1).
② 杨先武.语文教学的主要内容是语言形式吗?[J].语文教学通讯,2018(1).
③ 杨先武.《拣麦穗》教学手记[J].语文教学与研究,2018(1).
④ 杨先武.岂能如此"玩"诗歌:评程少堂《你是我的同类》课堂实录[J].湖南教育,2006(17).

公开课虽然与常规课存在部分区别,但其本质都是语文教学实践,岂可以以两套不同的评价标准来要求教师教学?又岂能以两套不同的标准来评价学生的课堂学习成果?以公开课更高的示范性与研讨性来指责他人对此类课型的探讨,这在否认公开课学术研讨价值的同时,不禁也让笔者这样的"望孔子之门墙而不得入于其宫者"产生了新的思维"混乱",语文教学实践究竟该向谁学习?语文教师该如何更卓有成效地学习?

二、对课堂教学内容确立标准的"较真"

在探讨语文教学的主要内容是否为语言形式之前,必须对课堂教学内容的确立标准进行讨论。语文课堂教学内容的确立并不仅是教师教材文本解读能力的展现,课堂教学内容的确立至少需要考虑四个维度——课标、教材、学生、教师。

课标以纲领性文件的身份,对教育教学提出了质量上的要求。它以学生的身心发展水平为依据,给出了"度"的衡量。这是教师,尤其是新手教师把握教学内容的重要依据之一。杨老师认为,"新修订的义务教育语文课程标准对语文课程做出了这样的定性:'语文课程是一门学习语言文字运用的综合性、实践性课程。'某些人把这一定性视为课标修订版'最大的进步',但笔者以为与其说是'进步',不如说是对'纠偏'派的让步"[1]。这个"让步"说也太过勉强。

如今,2017年版《普通高中语文课程标准》提出了"语文核心素养"这一概念,在组成"语文核心素养"的四个维度中,"语言的建构与运用"被特别重视,这不至于又是"让步"吧?

阅读教学的教材主要指教科书。教科书的选文为课堂内容的选择提供了内容基础。而同样一篇文章,放之不同的学段,均可进行教学,教到何种程度,有没有参照标准?

从学生而言,即便是同一学段,放之不同学校,甚至同一学校的不同班级,在课堂内容的选择上也应有所不同。对同一个能力点的分析,每个班级的学生都有自己掌握程度的"个性",这就需要教师根据学情统筹安排。

而教师在课堂内容的选择上,又必须考虑自己的能力,就如有的语文教师能写出高档次的学术论文,有的连"的""得""地"三个结构助词、"两""二"两个数词的区别也搞不清;有的语文教师善于朗读,有的语文教师善于分析。同样是学生需要的点,哪个部分能够讲得更好,在有限的教学时间内,教师自然要有所偏向。

以上四个方面,相互关联,需要综合考虑。

杨老师的观点,显然在"教材选文对课堂内容的确定作用"这一角度更为"较真"。杨老师的文章说:"只有'语言作品'即语言形式和语言内容完美结合的作品才称得上好作品。"[2]语文教材选文的标准是什么——文质兼美。对于教材中的文章是否全部符合这个标准,语文教学工作者可以且有必要进行讨论;但是,既然可以作为教材,在诸多部门审核

---

[1] 杨先武.语文教学的主要内容是语言形式吗?[J].语文教学通讯,2018(1).
[2] 杨先武.语文教学的主要内容是语言形式吗?[J].语文教学通讯,2018(1).

下出版并投入使用,必须得承认其内部的绝大部分选文是符合"文质兼美"这一要求的,即符合杨老师要求的"内容"和"形式"的统一。在这一前提下,再从教材选文的角度单独来看,课堂内容的确立需要考虑如下三处——负载内容、语言形式和文体知识。在语文课堂中,这三处都是必须被涵盖的,而这些,都可成为语文阅读教学的主要内容。如果一定在"主要"两字上做文章,把"主要讲语言形式"当作"讲的就是语言形式",就是偷换概念了。

三、对"形式"与"内容"之间的关系的"较真"

承认教材选文语言形式与语言内容基本是统一的,对"内容"与"形式"之间的关系才有讨论的价值。实践是检验真理的唯一标准,需要从教学实践的角度对学习"内容"与学习"形式"的关系做一个梳理。

"语文"是口头语言与书面语言的合称,教科书的选文作为一种言语材料而存在。学生听、说、读、写四大能力所涉及的两类语言的学习与运用,都是以文本形式与内容的理解为基础的。比较特别的文言诗文,即使是新手教师,也不会抛下"句读",一上来先讲"内容"。一般的现代文,学生是能够把握其基本思想内涵的,对于"句读"的"舍弃",并不是对负载内容理解的舍弃,而是在把握学生学情的基础上,将有限的时间投入学生更需要的地方。

任何内容,都必定以某一种形式存在。语文课本的选文是"例子",这个"例子"与理工科教材的最大区别在于它是生动活泼有血有肉的"例子"。就如讲梁启超的《论毅力》,教师当然必须带领学生理解"志薄""次弱""稍强""更强""至强"五类人的实际状态;但是,在带领学生理解"层递"这一"形式"的过程中,对毅力重要性的认识不也在同步深入吗?"通过工具渗透人文",学生的学习效果不是更好吗? 这岂不证明了对于"形式"的理解并未脱离"内容"吗?

过分强调"内容"的教师易犯两类错误。此处借用杨先武老师的两个课例《三峡》[1]与《记承天寺夜游》[2]。《三峡》通过分析多种感官结合的作用、环境描写的作用、对比性叙述的作用,完成对文章内容的理解;《记承天寺夜游》则是通过理解环境描写与人物之间的关系、体会比喻的妙处等,来理解全文的语言内容。实践层面上,学生都是在形式理解的过程中,更好地把握两篇文章的情感内涵;但是杨老师的文章中否认理解语言形式对理解语言内容的意义,教学实践与自身对外宣称的理论脱离,这是第一类错误。再借另一个课例,某位讲《本命年的回想》的教师,上课不研究课文,单纯只讲风俗,这哪里还是语文课? 这类课在各种公开课中大量存在,过度强调"内容"的教师直接抛弃了对形式的讲解,这便是第二类错误。

---

[1] 杨先武.三峡[J].语文教学通讯,2002(15).
[2] 杨先武.记承天寺夜游[J].语文教学通讯,2002(15).

如果只强调"内容",乐于听学生"唱反调"①,认为这就是语文课堂的成功所在,或许这确实在某种程度上发展了学生的辩证思维,但极可能带来的是语文教学的"走火入魔"。文章理解并不是越"新"越"好",语文教学也并不是在培养诡辩论者。强调对文章的语言形式的理解,其目的之一是要促进学生对语言内容的理解。而单纯地理解文章"内容",却难以达到掌握文章的"形式"这一目标。"形式"与"内容"作为语文课堂教学必须拥有的两部分,怎可只取其一呢?站在这一角度,如果把对语言形式的理解看作理解语言内容的一个步骤,就更加不存在"语文教学的主要内容是语言形式吗"这样的疑问了。

实际上,强调语文教学必须重视语言形式者,又何尝反对理解语言的内容!②

四、对"语文"教给学生什么的"较真"

行文至此,又回到了最本质的话题,"语文"到底教给学生什么?不妨静心再读课标对语文课程的性质界定:"工具性与人文性的统一,是语文课程的基本特点。"这就说明,"教什么"的讨论需要包含"工具性""人文性"两个维度,需要在认同两者"统一"的基础上进行,语文教学应该且必须教给学生这种"统一"。

"语文"应该教给学生"自然而然"的"人文"。杨老师否认在学习语言形式运用的过程中,可以"自然而然"地感悟人文精神③,这是对文化传播的误解。文化的熏陶是潜移默化的过程,也是一个长期的过程。学生接受人文精神的感染是一个由自发到自觉的过程。赫尔巴特的统觉理论告诉教育者,学生自发或自觉选择的基本是与自己观念相协调的观念。外在观念想唤起意识阈中的观念活动,则需要相当的强度才能达成意识阈上下观念替换。而这种替换,是学生的自我选择,"特意""强制"的灌输是行不通的。而把对于同一文本内容的不同理解,看成人文精神的"深刻",这一点本身就失之偏颇。何况死死关注"人文"的学者,根本无法自证自己理解的就是应该教给学生的"人文"。④ 一味"深刻"只会激起学生逆反,学生反而丧失了对语文学习的兴趣。再者,认为"内容"基础上的"形式"讲解,不能达到"自然而然"的人文熏陶,在逻辑上已然将语文的"工具性"与"人文性"割裂。

所以语文课是要教给学生"人文"的,但一定是"自然而然"地教给学生"人文"。

"语文"应该教学生"理所当然"的"实用"。"实用"是什么?是为学生所用。课标为何说"语文是一门学习语言文字运用的综合性、实践性课程"?因为学生学会的是语言文字的运用,这理所当然是语文的实用性的体现。而什么又是"语文"的"实用"?应该是"工具性与人文性相统一"基础上的"实用"。学生辩证思考他人语言负载的内容,学习他人语言形式的目的是什么?是为了自己日常的交际与表达需要。语文培养的不是被动的接受者,也不是"看破不说破"的缄默者,而是可以表达自我观念的"呐喊者"。学生最终

---

① 杨先武.喜听学生"唱反调"[N].中国教师报,2003－09－03.
② 吴格明."文何以载道"才是语文教学的大道[N].光明日报,2015－07－21(15).
③ 杨先武.语文教学的主要内容是语言形式吗?[J].语文教学通讯,2018(1).
④ 尤屹峰,徐福先.究竟该用什么来教育学生:与杨先武先生商榷[J].语文教学通讯,2001(21).

能借助"语言形式"来自我表达,不就是"实用"吗?注重人文的学者鼓励学生"唱反调"①,学生若能"唱出",还能"唱好",不理所当然就是在体现语文的"实用"吗?怎么会狭小和逼仄呢?

  所以"语文"教给学生的是一种综合的,具有实践性质的"能力"。为了更好地教给学生"语言内容",让学生跳一跳,把握好"语言形式",才能避免高谈、空谈人文性的偏颇。必须让部分飘在空中的语文课堂落下来,让语文教师的语文教学和学生的语文学习都更加脚踏实地,让语文真正为学生所用,完成一种"传承",才能在培养学生听、说、读、写四大能力的同时,促进学生语文核心素养的全面发展。作为一名青年教师,在教学理念与教学实践方面,都还有诸多需要学习的内容,写下这篇"较真"的文章,在表达自我困惑的同时,也虚心向杨老师求教,希望在真正踏入教学岗位之前,能对这些与语文教学紧密相关的问题有一个比较清晰的理解,为语文教学做出自己的努力。

---

① 杨先武.喜听学生"唱反调"[N].中国教师报,2003-09-03.

中考语文非连续文本的考查特点和趋向

江苏省苏州中学伟长实验部 赵祎侍

《义务教育语文课程标准(2011年版)》在阅读目标中首次提出了非连续性文本的阅读要求,第三学段要"阅读简单的非连续性文本,能从图文等组合材料中找出有价值的信息";第四学段要"阅读由多种材料组合、较为复杂的非连续性文本,能领会文本的意思,得出有意义的结论"。这是对语文教学提出的新任务。随之,非连续性文本阅读也开始引起人们的重视。其实,"非连续性文本"的概念在2000年就被提出来了,最初出现于2000年国际"PISA"阅读素养测试项目,在2000—2006年的三轮测试中将文本分成连续性文本和非连续性文本两种格式。

"PISA"测试以任务类型(检索信息、解释、反思和评价)、文本结构(连续性文本和非连续性文本)、情景(个人的、公共的、工作的、教育的)三个测量指标体系评估学生的阅读能力,这与我们传统的语文教学有比较大的差距,为此,我们要换一个角度去理解非连续性文本的阅读要求。

一

非连续性文本的呈现方式与连续性文本不同,它们不是由句子和段落构成的,而主要由数据表格、图标、图解文字、使用说明书、广告、地图、清单、时刻表、价目表、目录、索引等组成,特点是直观、醒目、概括性强。表格之类属空间二维分布的非连续性文本,获取完整的信息是阅读该类文本的主要目的。现在又出现了运用3D技术,在电子屏幕上呈现的立体表格或图像,这是空间三维分布的非连续性文本。

非连续性文本的阅读有着独特的解读途径和阅读方法。表格之类的非连续性文本,获取完整的信息的途径不是传统阅读那样的横向阅读,而是既要横向阅读又要竖着阅读,其他如统计图、几何图形、函数图像、地图、物种图示、绘画作品、广播操图示等都是需要这样阅读的,还有很多数学与物理等公式,数字与符号也是上下左右都要关注的。空间三维分布以上的非连续性文本的阅读,与传统表格或图像的阅读又有所不同,阅读的时候需要确定综合多个坐标值,才能获取完整的信息。

在大数据时代,阅读图表一类非连续性文本的频次会越来越高,如何阅读这一类文本,这是语文教学需要解决的新问题。中考是衡量初中生是否达到国家课程方案和课程标准规定要求的考试,课程标准在阅读目标中提出了非连续性文本的阅读要求,那么,语文中考也应该有体现这一要求的试题。2003年江苏省苏州市中考就出现了非连续性文本阅读的试题。2018年北京市、江苏省常州、宿迁、福建省福州等市中考都考查了学生的读图能力，非连续性文本的阅读试题也就成为中考语文试卷中的常见试题。

二

近几年来，中考非连续性文本的阅读试题出现的频率逐渐增多，但是基本类型是明确的。比较常见的有下列几种类型。

1. 图形和图表阅读

非连续性文本中的图形是使用直线和曲线来描述的，由外部轮廓线条构成的空间形状，图形的元素是点、线、矩形、多边形、圆和弧线等，比如圆就是一个空间图形，它们凭借大量的数据信息和线条来描述与揭示事物的特征。图形是空间的一部分，不具有空间的延展性，它是局限的可识别的形状。图表是一种很好地将对象属性数据直观、形象地"可视化"的图形结构，条形图、柱状图、折线图和饼图是图表中四种最常用的基本类型。图形和图表阅读不仅仅属于语文阅读，学生在数学等理科学科的学习中也会阅读一系列的图形和图表，因此非连续性文本的阅读有时候就是一种跨学科的阅读。

例1（2018年福建省福州中考题） 阅读材料（二）请分别概括"归国潮"三个阶段"回流率"的特点。

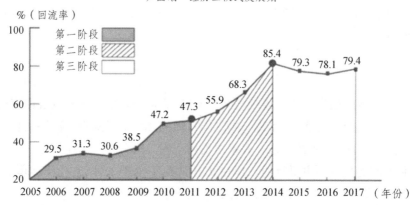

近几年中国出现了大批留学生的"归国潮"，这道题提供了一个直角坐标图，列出了2005—2017年日留学生"归国潮"的相关数据，x轴为年份，y轴为"回流率"，要求考生对图中的信息进行比较，分别概括"归国潮"三个阶段"回流率"的特点。平行坐标图为一种数据可视化的二维图，以两个垂直平行的坐标轴分别表示两个维度，以维度上的刻度表示在该属性上的对应值。阅读的时候既要横向阅读又要竖着阅读，这与连续性文本的阅读有很大的不同。同时，这道题又是一道跨学科的综合性试题，文科与理科的阅读和表达在这里得到了较好的融合。

读图表更容易在学生大脑中形成有逻辑的思维框架，以便于在认知体系中形成对知识的把握和整合。

2. 表格(统计表)阅读

这种题型旨在考查学生综合运用语言的能力,即捕捉信息、组织信息和综合概括信息的能力。要求考生根据所读短文,对文中的有效信息进行筛选、整合和综合概括,而后准确有序地完成表格的空缺。

例2(2018年江苏省宿迁中考题) 阅读三则材料,按要求完成综合性学习任务。其中一则就是人民教育出版社中小学《语文》课本中古诗文阅读量统计表。

版本	总数(篇)		年平均数(篇)		增长率	
	小学	初中	小学	初中	小学	初中
2013年	69	64	11.5	21.3	79.7%	93.8%
2017年	124	124	20.7	41.3		

这道题引导学生在阅读和分析数据的基础上,做出科学合理的判断,重点在于培养学生从图表中获取信息、筛选信息、分析解释信息的能力。题目的信息量比较大,思考与归纳的角度也比较多,给考生提供了比较大的思维空间。

3. 图解

图解就是用图像的方式生动表达数据和文本。与连续性文本相比,图像能够更直观、更生动有趣地传播有用的信息。现在的报纸及网络上经常会出现数据新闻,通常以可视化图表或交互信息图等呈现方式,配合简单的文字描述进行报道。因为凸显了图像符号的表意功能,所以其表达简洁易懂、生动形象。

例3(2015年浙江省台州中考题) 根据要求,完成写话。一个24岁的小伙在终点前突然倒地,呼吸、心搏骤停。紧急关头,两名选手为小伙进行心肺复苏,小伙渐渐有了呼吸。

下面是心肺复苏中的"胸外按压"动作示意图,请你根据图示及提示语写一段说明性文字,按步骤介绍"胸外按压"动作。(120字左右)

【提示】
位置:两乳头连线中央胸骨处。
方法:以髋关节为支点向下按压5cm。
速率:100~120次/分。
步骤:①平放;②直跪;③按压。
要点:用力、平稳、快速、有规律。

此题考查图文转换能力。学生能审清图意,并结合有关提示提取有价值的信息,然后进行说明,这样就把阅读与写作很好地结合了起来。当然,这样的试题一般是不允许联想和想象的。

4. 读图

这里的读图指的是视觉图像的阅读,也是艺术领域的一种阅读,读者要从色彩、色调、布局、图案等一系列的图像元素中寻找图像的意义表达,有时候需要在联想和想象的基础上进行。它与上文所说的图形和图表不一样,图形和图表凭借大量的数据信息与线条来描述和揭示事物的特征的,是精确的。

例4(2018年江苏省常州中考题) 下面是漫画《等待》和《雨帘》,请选择其中一幅,简要概括其主题。

我选择的漫画是《_____》,主题是_____。

题目提供的是两幅漫画,《等待》中凳子已经长出了树枝,表示坐等机遇降临,终是一场空。第二幅推开雨帘就是太阳,暗示主动出击,风雨过后便是艳阳。这道题引导学生学会读图,从整体上把握图形的主题,考查阅读能力、想象能力。此类试题在语文中考试卷中是比较多见的。

三

近几年来,PISA测试非连续性文本阅读出现了一个新的考查趋势。2009年的PISA测试,除了"连续文本""非连续性文本"外,增加了"混合文本"及"多重文本"等几种文本。试题本《学生看法》就是由5篇简短的议论文构成的复合文本,内容是学生们关于太空研究的一些看法。要求考生反思文章的内容,以自己的知识与价值观,评价篇章所申述的论点。这就突破了一般的连续性文本阅读和非连续性文本的阅读界限。

在国内,2017年的苏州中考卷、2018年的南京中考卷和温州中考卷都在这些方面进行了成功的尝试。2017年的苏州中考卷选择了一则含有连续性文本和非连续性文本构成的新闻,除了文字外,插有"示意图"和"表格",文后还附有"相关链接","相关链接"中也有插图。2018年的南京中考卷由"'走两步',认出你""炫酷新装备""砰!音乐来了!"三篇短文组合成了一篇内容联系松散的"多重文本",选材上更类似于PISA测试的复合文本。2018年的温州中考卷则别出心裁地将《鲁迅入门读本》一书的"前言"和"目录"组合在一起,引领考生走进鲁迅的世界。同时,引导考生阅读"目录",从书的编排和选择的文章篇目,来探究编者的编辑用意。这样的组合与一般意义上的文章阅读有很大的不同,阅读和答题时必须将"前言"和"目录"结合起来,整体关照之后才会有阅读的体验。在选材和阅读上这无疑是一种创新。

这些中考阅读题着重于语文知识的应用,注重社会生活的情境化设计,考生需要运用学过的语文知识,在具体的情境之中解决问题,这样,文本解读会更加丰富多彩,学生的思维视野会更加开阔,语文学习的空间会得到进一步的拓展,试卷的命制也会更加着眼于学生的学习与社会的联系,更加注重学生未来的发展。这样的导向无疑是正确的。未来,这类试题可能逐渐成为中考非连续性文本阅读的新题型。

小议语文阅读教学中的问题设置
——以林清玄的《木鱼馄饨》的教学为例

江苏省木渎高级中学　潘　珍

《语文课程标准》指出:"阅读是搜集处理信息,认识世界,发展思维,获得审美体验的重要途径。"而语文阅读教学中,新信息的形成与确立、新知识的巩固与应用、思维方式的训练与提高,无不从"问题"开始,并在思考、解决问题的过程中得以实现。德国教育家赫尔巴特说过:"如果教师的提问能引起学生的注意,就能使学生在每个阶段都连贯地表现为等待、探索和行动。"也是强调问题设置的重要。

阅读教学中问题设置水平的高低,将直接影响阅读教学的效果。高效的课堂应是有声有色、令学生入情入境的。要达到这样的教学效果,精彩的提问艺术不可或缺。那么,如何才能运用好提问这个教学手段来促进语文阅读教学的发展?在语文阅读教学的实施过程中,问题设置有什么重要意义?应该讲究哪些方法原则以达到艺术课堂的境界呢?笔者就这些问题,以林清玄的《木鱼馄饨》的教学为例,谈一点粗浅的认识。

一、阅读教学中问题设置的意义

阅读教学过程是教师的教与学生的学相结合的双边互动过程,学生是课堂教学的主体,教师的教最终是为了学生的学。要实现师生互动的方法很多,其中行之有效的方法就是恰当地进行课堂提问。它往往贯穿于阅读教学的全过程,既是教师发挥主导作用、引导学生理解运用知识的重要途径,也是体现学生主动思考、自主学习的主要形式。

为什么"问题设置"对阅读教学如此重要?这是因为如果没有问题,就没有富有价值的思考,就没有真正意义上的教学。语文教学的实践表明,问题是开启学生思维之门的钥匙,是教师引导学生思考方向的重要手段;问题是激发学生思维火花的打火机,能激发学生的探究欲望;问题是激发学生学习兴趣的催化剂,能培养学生的开拓创新能力。

1. 引领方向,体现教师的主导作用

在阅读教学中,教师要善于做引导者,营造一种生动活泼的学习氛围,确立学生的主体地位,让学生能够主动地学习起来。在学习过程中,学生对知识进行理解、分析、概括时,有时抓不住重点,有时偏离目标,这就需要教师引导方向,而提问就是最好的引导方式。因此,教师可以设置一些能促进学生多向思维、个性思考的引导性问题,学生通过这些问题就有了明确的思考方向和目标,他们的思路就会沿着正确的方向发展。

"问题设置"体现了教师在教学中的主导作用,恰当的问题,是教学目标的具体化,凝

聚着教师对教材的深刻理解,它能有序地引导学生进行学习活动。以问题为导向的课堂教学不只是"师讲生听"的课堂,而是在教师引导下,让学生尝试着解决一个又一个新问题的探究学习的过程。虽然我们应注意课堂问题的生成性,有时也把提问的权利交给学生,甚至把培养学生提出问题的能力作为教学的重要任务,但这只是调动学生的一种手段,绝不能学生提出什么问题就只去解决什么问题,而忽略课堂教学的目标任务。因此,教师在上课之前要充分备课,做好问题的预设,创造合适的情境激发学生的学习智慧,以充分发挥课堂提问的导向作用,并真正体现教师的主导作用。

2. 激发兴趣,培养学生的探究能力

学起于思,思源于疑。有疑才能启发学生的求知欲望,才能使学生的思维处于积极主动获取知识的状态,从而培养起他们浓厚的学习兴趣。因此,阅读教学首先要点燃学生心中对学习的探究之火。当学生有了好奇心之后,他们就会有求知欲。若激发了学生的好奇心、求知欲,学生学习自主性就会大大增强,就会积极思考、主动探究。因此,在教学过程中,教师应根据教学内容和学生的实际,善于设置富有启发性的问题,激发学生的兴趣,点燃学生灵感的火花,开拓他们的思维空间,培养他们发现问题的能力。学生经常感受到所提问题蕴含的疑问和趣味,才能充分调动其思考问题和回答问题的积极性,以达到培养自身探究能力的目的。

宋代教育家朱熹说:"读书无疑者,须教有疑,有疑者,却要无疑,到这里方是长进。"问题能点亮学生的思想,能激发学生思考、探究。因此,在阅读教学中,教师应精心设置问题,以此来激发学生的求知欲望,并为他们发现疑难问题、解决疑难问题提供阶梯,引导他们一步步迈进知识的殿堂。教学实践证明,当教师提出问题时,往往会使学生注意力处于高度集中的状态,或独立思考,或讨论探究。因此,有效的问题设置能保证教学活动的顺利进展。

3. 启发思维,发展学生的创新能力

心理学表明,思维是认识活动的核心,问题是思维的表现形式,学生的思维活动是在发现、分析和解决问题的过程中进行的。钱梦龙认为,提问是语文教学的"常规武器"。在阅读教学活动中,促进思维最好的办法就是精心设置好问题,教师应以提出问题为教学出发点,并以解决问题为教学归宿。因此,教师要重视并讲究问题设置的艺术,设置的问题要能够打开教学的突破口,开启学生思维的大门,优化学生的思维过程,从而使学生的思维能力提高。

教育家叶圣陶先生说:"教就是为了不教。"在阅读教学中设置问题,其目的不是把这个问题的答案告诉学生,更是通过设置一系列有针对性、启发性的问题作为铺垫,鼓励学生大胆提问,并在其中充分渗透创新能力的培养。同时要有意识地引导学生不要拘泥于通常的认知方法,敢于用合理的新思路进行思考;也要有意识地引导学生在运用知识的过程中相互交流,使学生在和谐的氛围中激起创新的意识。如果真能这样相机诱导,就为启发学生的思维方式、发展学生的创新能力提供了可能,学生真正能够做到自能学习,以达到"不教"的目的。

二、阅读教学中问题设置的原则

问题设置在阅读教学中有着重要的意义和作用,但教学中并不是所有的提问都能达到教学目的。教育家陶行知说:"发明千千万,起点在一问,禽兽不如人,过在不会问,智者问得巧,愚者问得笨。"这里的"问得巧"指的就是要讲究提问的方法。如果课堂上随心所欲地不讲方法、不讲原则地提问,不但起不到积极作用,反而会影响教学效果,影响学生思维能力的发展。因此,问题的设置应讲究一定的原则,问题设置的目标要明确,具有整体性;问题本身具有新颖性,值得探究品味,循序渐进,这样才能发挥提问的真正作用。

1. 问题设置的目标性

在阅读教学中,问题设置必须有一个明确的目标,扣住教学重点,抓住教学难点,这样也就抓准了方向,重点解决了,教学的任务也基本落实了。抓住重点引导点拨,可以达到事半功倍的效果。而抓住教学难点引导思考,可以启发学生的思维。因此,教师应充分挖掘教材,了解教材的编写意图,抓住教材的重难点,把握知识点之间的前后联系,有的放矢地设置问题,以防所提的问题太难或过于简单。要做到问而启思,答有所得,这样才能开拓学生的思路,达到理想的教学效果。

一般来说,问题设置的目标应与专题教学目标和教学重点结合起来,或者相一致,并善于把它们转换成问题,简化教学的头绪。

笔者在教《木鱼馄饨》时,就是根据散文的特点来设计问题的。如要求"用简洁的语言梳理文章的脉络",设计这一问题的目的是让学生熟悉文章内容及倒叙的写作手法。再如根据文章第 13 自然段:"木鱼总是木鱼,不管从什么角度来看它,它仍旧有它的可爱处,即使用在一个馄饨摊子上。"笔者设置了这样一个问题:"作者体会到了木鱼的哪些可爱之处?"设置这个问题的目标在于引导学生能够准确把握行文内容,进而体会作者寄寓于木鱼声中的深刻道理。所设计的这些问题,都是紧扣住林清玄这篇散文的教学目标的。

2. 问题设置的整体性

在阅读教学中,问题设置要紧扣教材内容,将问题集中在那些牵一发而动全身的关键点上,以利于突出重点、攻克难点。同时,设置的问题应具有较大的容量,能体现教师教学的思路,能打通学生学习的思路,从而让学生从整体上形成理解概念网络。若没有整体性原则,所设置的问题往往前后缺少关联,课堂环节也显得不清晰。而零碎杂乱的课堂提问,使学生成了回答这些杂乱问题的机器,到最后,学生虽然回答了问题,却不知道这篇课文的整体内容和思想意蕴;虽然明白了行文思路,却不理解这样构思的妙处。

然而当前语文课堂似乎更注重为应付考试来设置问题,却忽略整体的教学。我们的语文课堂的问题设置应力求整体性、连贯性,要让学生真正地提高语文能力,而不是机械地解决一个个问题。笔者在教学《木鱼馄饨》时,就注意到了对文章的整体把握的原则。首先请学生在课前自主阅读文章,并思考:这篇文章写了什么内容?学生只要认真预习过文章,这个问题比较容易回答——开头写深夜访友,偶遇旧识卖馄饨老人,接着回忆四年前与老人的相遇、相识,然后卒章显志,作者由此引发人生感悟。当学生讲到文章最后一段"卒章显志"的作用时,那就抓住最后一段"木鱼在馄饨摊子里真是美,充满了生活的美"这关键句,问学生"美"体现在什么地方,然后由此引导学生研读内容,并具体感受文章的主旨。在这里,前后两个问题有内在的关联:前一个问题的解决,为后一个问题的提出做铺垫;后一个问题是前一个问题的必然延伸。这样的问题设置,不但有利于学生充分了解文本的内容和情感,更有利于培养学生独立探究的良好学习习惯。

3. 问题设置的新颖性

学生是课堂学习的主体,充分激发学生学习的求知欲和调动学生的积极性是教师课堂教学的目标之一,显然问题设置应紧扣这个目标。好奇心人皆有之,满足好奇心是人与生俱来的一种无止境的本能欲望。同样一个问题老是旧调重弹,将会使学生缺乏兴趣,如果变换一下角度,让设置的问题角度新颖,激起感情上的波澜,那么学生就会兴趣盎然。

要使学生思维活跃起来,教学中问题设置就要注意新颖性、趣味性。兴趣不是生来就有的,是靠教学中创造良好的情境诱发出来的。因此,教师要精心设置激发学生学习兴趣的问题,使学生在成功的体验中,兴趣得到保持。教学实践表明,同一个问题,由于问的角度不同,效果也往往不一样,因此,教师要从教材中选择能激发学生兴趣的热点,力求提问形式新颖别致、富有新意,使学生喜闻乐"答"。如笔者在设置《木鱼馄饨》的问题时,力求创新突破,以更好地调动学生的积极性。笔者在引领学生整体把握了文章的内容后,向学生提出了这样两个问题:"第4自然段写'我'认真阅读《金刚经》,文末却又说'有时读不读经都是无关紧要的事'。你怎样认识这前后的变化?""如果删去木鱼与佛教的关系的文字及自己读经的内容,只写老人卖馄饨,文章会怎么样?"这样的问题,会使学生兴趣盎然,积极思考,深入文本,为后续探究问题、解决问题奠定了基础。

4. 问题设置的层次性

语文阅读教学是在学生与文本对话的基础上进行的,而学生的理解是以他们原有的知识经验为前提的,需要教师站在高处,从整节课、整篇课文来设计出一组有计划、有步骤的系统化的问题。《礼记·学记》中说:"善问者以攻坚木,先其易者,后其节目。"它告诉我们,所设计的问题应由易到难,循序渐进,层层深入。对有一定深度和难度的问题分层次由浅入深地设置问题。通过一层进一层的提问,引导学生的思维向知识的深度和广度发展。层层剖析、循序推进,最终达到解决问题的目的和释疑明理的高峰。教师如不能用适当的问题有序地把学生的学习活动组织起来并引向深入,其结果可能会导致课堂混乱,学生的思维也得不到训练。

笔者在执教《木鱼馄饨》一文时,就采用循序渐进设置问题的方式进行教学。在引导学生整体把握文章内容后,设置了这样一个问题:僧侣手里端着木鱼滴滴笃笃地敲出低量雄长的声音,用意是什么？这个问题的答案在原文中,学生只要稍加概括,就容易回答出来——省睡惜时,催人读经,布施地缘。然后问:作者是学佛之人,当他正读着一册印刷极为精美的金刚经时,木鱼声恰好从远处的巷口处传来,感觉格外使人觉得昊天无极,为什么？这个问题稍有难度,但学生还是能结合佛门中的木鱼声的用意来思考——苍天无边无际,与心中的澄澈的境界一致。接着,笔者因势利导,提出一个有一定难度的问题:文章写作者读《金刚经》，并引用其中的"一切有为法，如梦幻泡影，如露亦如电，应作如是观"一段话，如何理解？然后，引导学生由木鱼在佛门中的作用，过渡到木鱼在世俗生活中的作用。这样的问题设计，选择了一个合适的切入点，从易到难，环环相扣，使学生能更易于把握本文的重点、难点。

　　总而言之，在阅读教学中，问题设置维系着课堂阅读教学活动，它贯穿于课堂教学的始终，直接影响着课堂教学的成败。它是一门设疑、激趣、引思的综合性教学艺术，是语文教学中的一个重要环节，是启发学生思维、进行课堂反馈的一个重要手段。在实际教学活动中，有恰当的问题引导的阅读才是高效的、实在的。要把握好这门艺术，教师还要深入钻研教材，充分考虑学生的个体差异性，精心设置有利于启迪学生思考的问题。唯有如此，学生的生命潜能才能在课堂上得到最大限度的释放，才会使课堂充满生命的活力和人文的魅力。

借群文阅读了解柳宗元
——以部编版教材八年级下册《小石潭记》的教学为例

江苏省常熟市实验中学　平兰芳

  文言文群文阅读可以给学生提供多方面的资源,使学生多角度体味作品语言,感受文本魅力,受到道德感化,进而提升学生的语文素养,更好地落实立德树人的目标。目前文言文群文阅读大多集中在文言字词句的比较和归纳上,缺少对其在文学文化上的优异的探讨。我们就以教学部编版教材八年级下册《小石潭记》为例,阐释新课标下教师开发文言文群文阅读资源的不同维度。

一、借助作者同一时期作品了解作者

  群文阅读资源的开发首先要注意相关性,就近取材,关注主要人物,兼顾趣味性。

  柳宗元因参加王叔文领导的政治革新运动,失败后,被贬为永州司马。柳宗元被贬到永州后,常以游览山水自娱,到处搜奇览胜,先后发现的胜景有很多。唐代永州甚为荒僻,然而自然景色十分幽美,他一一作文记载。柳宗元居永州十年之久,写成有名的"永州八记",《小石潭记》是其中的第四篇。文中写小石潭的曲径通幽,写游鱼的悠然自得,写潭水的空明清澈,写环境的清冷幽寂,都不是单纯的景物描写,而是写作者被贬后的复杂的情感,正所谓"一切景语皆情语"。情感的微妙变化,或暂时的喜,或喜后的忧,都是与作者那排遣不开的苦闷心情联系在一起的。这样的感受似乎隐约地与作者自己被贬谪以来一贯的心境有某种契合,于是眼前的景象不再是先前"蒙络摇缀,参差披拂"的勃勃生机了,而是显得"寂寥无人,凄神寒骨,悄怆幽邃",作者久谪远荒的凄凉心情尽在其中。

  《始得西山宴游记》是《永州八记》的第一篇,文中作者自称为"僇人",即有罪之人,用"恒惴栗"三字概括自己被贬后的心情。因为柳氏是以这样一种罪人的特殊身份赴永州,所以自被贬永州后,他时时感到屈辱、压抑。政治上失败,才华得不到施展,平生的抱负无法实现,郁闷痛苦。但是,他特立独行的心性不变,游山玩水时的那种感受,自然同那些风流娴雅的士大夫很不相同。他眼里的西山,就是一座特立独行"不与培塿为类"的山,眼前的景与心中的情浑然一体。在游览中找到了精神的寄托,特立独行的景与特立独行的情之间紧密结合。

  《钴鉧潭西小丘记》运用托物言志的写作手法,巧妙地将自己被贬永州的愤慨与小丘的遭遇融会一起,被主人抛弃的小丘与作者自身被放逐后孤独的心境紧密结合,于静静的描绘中自然生成一种生命的力量。"唐氏之弃地,货而不售"明写的是小丘的遭遇,实际上暗含作者自身的遭遇。因此，作者直抒胸臆感叹同样一个小丘，在繁华之地被争相购买，在穷乡僻壤遭人鄙视。被弃置的小丘"农夫过而陋之"，却被作者和他的朋友赏识从而彻底地改变了命运。"书于石，所以贺兹丘之遭也"最后说明写此文的目的，字面上是祝贺小丘得到赏识，真正的用意是为自己被贬谪的不公平待遇而气恼和忧伤，通过"贺兹丘之遭"来发泄胸中的积郁。

如果把这两篇文章与《小石潭记》连起来看，我们就会发现，柳宗元在"永州八记"中所描绘的景物均与作者自身遭际、情感完全符合。《小石潭记》侧重小石潭周边景色凄清的渲染以表达自己的凄苦之情，而后两篇则是直抒胸臆，高兴之余顿处凄清，转折之中独见幽怜。在这些文字中，我们看到了一位非常真实、立体的柳宗元。

一般认为，中国的游记散文成熟（达到真正意义上的情景交融）于柳宗元的《永州八记》，这是这次群文阅读的又一收获。

二、借助同体作品认知游记体裁特点

文言文群文阅读资源开发要注意对类文同体作品研究。游记都是按游踪的先后顺序来写景抒情的，我们在教学中要注意这一体裁特点。

清人姚鼐的《古文辞类纂》将文章分为十三大类，虽未必精当，但大致条理可循。其中第九类为杂记类，这类文章是除传状、碑志以外的记叙文。如柳宗元《永州八记》《永州韦使君新堂记》、苏辙《快哉亭记》、范仲淹《岳阳楼记》等，唐宋古文家的杂记往往叙中夹论。

《小石潭记》按照游踪的先后顺序来写：发现小潭－潭中景物－小潭源流－潭中气氛，作者的心情也随之从发现小潭时的"心乐之"到观鱼时的"似与游者相乐"，再到观鱼后的"凄神寒骨，悄怆幽邃"，从中可以看出作者借山水求解脱而又最终无法解脱的痛苦。

《永州韦使君新堂记》是柳宗元的古文名篇之一，当时作者任永州司马，刺史韦使君新堂落成的时候，作者以其生花妙笔，道出了韦使君的乔迁之喜，清明之治，让人心生一种顺应自然的美感，积极向上的情怀。

永州府所在地是丘陵山区，气候温和湿润，唐朝时尚是人烟稀少、荒凉冷僻的未开化地区，草石相杂，水土交融，虫兽盘桓，自然景色十分秀丽。新任的刺史韦公对"新堂"之地的价值有鉴赏力，"望其地，且异之。始命芟其芜，行其涂"。从这里开始，新堂才被开发出来。韦公不仅有认识，更有行动，动员人力进行修葺，按照人的审美观改善环境，使自然景观焕然一新，悦目怡人。对治理后的"新堂"，柳氏展开了一番描写："怪石森然，周于四隅。或列或跪，或立或仆，窍穴逶邃，堆阜突怒。乃作栋宇，以为观游。凡其物类，无不合形辅势，效伎于堂庑之下。外之连山高原，林麓之崖，间厕隐显，迩延野绿，远混天碧，咸会于谯门之外。"全段的叙写，恰当运用拟人、比喻的修辞手法，文字短促而有力，先由内及外，再由近及远，体现出了游记以游踪为线索的写作特点，把一处风光佳景的新意表达得恰成气象，体现了柳宗元的语言风格。

从这个意义上讲，在开发群文阅读材料丰富教学内容的同时，教师还要善于借助同体式作品认知游记的体裁特点,只有这样,教师开发的类文阅读资源对学生的教育意义才能被更好地挖掘出来。

三、借助同流派作品认知文学流派中的差异

在唐代古文运动中,韩愈、柳宗元作为这场运动的主要倡导者和实践者,他们丰富而深刻的文学理论主张和杰出的散文成就为廓清六朝浮华文风与我国古代散文的良性发展起了关键性的作用。但两人的文学理论由于个人经历、遭际的不同,有着不小的差异。如果我们在教学《小石潭记》时"借用"韩愈的文本,就能感知这种差异。

1. 创作目的上达成"志在古道""以文明道"的融通

在先秦之后、隋唐以前,骈文统治着文坛,但随着社会的发展,骈文已经无法满足时代进步的要求,极大地限制了文学艺术的进一步发展。在这种情况下,韩愈主张"志在古道",他以古道的传承者自居,明确提出了"古文"的概念,努力提倡恢复先秦、两汉时期的以散行单句为主的散文,并指出"所志于古者,不惟其辞好,好其道焉耳"(《答李秀才书》)。柳宗元积极响应韩愈发起的古文运动,反对当时流行的华而不实的文风,力主恢复先秦、两汉的散文传统。他针对骈文不注重内容、空洞无物的弊病,提出了"以文明道"的主张,要求文章反映现实,"不平则鸣",富于革除时弊的批判精神。在创作实践中,柳宗元除了写作许多政论外,还有不少传记、杂文、寓言、游记之类的文学散文,这些创作风格独特、语言精粹,显示了散文在艺术表现上的优越性。

2. 语言风格上韩愈复杂深艰,柳宗元平易通俗

韩愈十分重视语言艺术,这与他"文以明道"重道而不轻文观念有关,他曾主张"词必己出""陈言务去""文从字顺",只有这样,语言的匠心独运才能达到明道的目的。他的散文语言精练生动,准确鲜明,流畅而多变,富于创造性和表现力。韩愈的文章语汇丰富,既善于吸取古代的词语,又善于运用当代的语言,熔铸成古朴而新奇的语言。他的许多精警新奇的语句至今流传,如"佶屈聱牙""蝇营狗苟""动辄得咎""俯首帖耳""摇尾乞怜""不平则鸣""弱肉强食""痛定思痛"等,但也偏向于奇崛险怪与复杂艰深。

柳宗元散文文学最大的特色就是在自然风光的描绘中寄托自己深厚的思想感情,他并不是完全客观地描绘山水景物,而是在对一山一石的描写中渗透自己的抑郁的情怀及孤寂的身影。《小石潭记》语言清新生动,平易通俗,将秀美的山水与作者悲愤的心境融合在一起,共同构成了其散文深有冷峻的特征。较之韩愈的古文,初中学生阅读鉴赏起来没有明显的障碍——《小石潭记》寓情于景,对小石潭的描绘,适时情景交融地进行情感表达,渗透着其压抑的情怀,形成了其独立的文体,影响深远。

文言文群文阅读中的类文阅读可以不求甚解,只求理解大意,自然减轻了学生的学习压力,而群文的陌生感、趣味性又满足了学生的好奇心理,自然也抵销了学生的阅读抗拒力。实施文言文群文阅读可以解决学生阅读文言文兴趣寡淡的问题。文言文教学要努力开发新的教学资源,提升教师自主开发优质教学资源的能力,根据内容相关、写法类似、思维互启等原则有目的地开发组合而成的群文阅读,可以让文言教学推陈出新、别开生面。

"教学合一"助力初中语文课堂教学实践研究

江苏省常熟市滨江实验中学 黄 贝

随着教育部关于"语文核心素养"的提出,初中语文教学如何进行课堂转型,以更好更有效的方式推进教学改革,是每个有志于教改的语文人义不容辞思考和践行的问题。

很长一段时间,我们的语文课堂改革,重点关注的是课堂教学形式的变化,如加入小组合作讨论环节、添加背景音乐、制作花哨课件,以外在形式的变化吸引学生注意力,力求突破创新。在如此热闹的课堂背后,学生的素养有无明显提升,教学效果如何,还值得探究。但对笔者来说,这样的课堂,越来越丢失了"语文味"。

笔者认为,要让语文课回归语文的天地,首先要改的是思想,是语文教师的教学观。

一、教学合一,阅读先行,转变语文教师教学观

陶行知先生在1919年2月发表的《教学合一》一文中指出了教学合一的理由:第一,先生的责任在教学生学;第二,先生教的法子必须根据学的法子;第三,先生须一面教一面学。①

陶先生的远见卓识,对教育的深刻认识,令人叹服。

笔者认为,"教学合一"是指教师不仅是教书者,更是关注自我提升、不断学习的主体者。教师通过自身的教和学,引导学生更有效地学。对于我们语文教师而言,要从重视教的环节,转入更重视学的提升。

法国文学家巴尔扎克说:"一个能思想的人,才真正是一个力量无边的人。"语文老师首先要成为一个会思考的人。目前,我市积极推进大阅读活动,很多学校都为我们语文教师提供了专业读本。如《守望教育》《21世纪学生发展核心素养研究》《幸福与教育》《教育中的心理效应》《我就想浅浅地教语文》等书籍,语文教师通过阅读丰富的专业书籍,可以思考自己的语文教学现状,以提升对语文教学的认识。

只有爱阅读的语文教师,才能更好地带领学生遨游书海,才能对文本有自己独到的认知和个性化的解读。笔者坚信阅读量的增加可以开阔语文教师的视野,有助于教师进一步明确自己的职业生涯,更清晰认识自己的教学观。总之,语文教学离不开教师积极主动的学习,教师的学习可以更好地促进教学活动,提升课堂效果;教学不仅要育人、促进学生成长,还要发挥促进教师自己职业成长,提升职业幸福感的功能。

---

① 陶行知.陶行知全集[M].成都:四川教育出版社,1991:24.

二、教学合一,以学促教,改变语文教师学习观

教学合一,要求语文教师自身要不断学习,以达到以学促教的效果。语文教师通过不断丰富学识,扩大知识面,进而丰润课堂教学内容,延伸拓展课堂深度,引领学生学习。

"学习",现代汉语对其的解释是"从阅读、听讲、研究、实践中获得知识或技能"。"教学合一"的思想让我们充分认识到教师自身学习的重要性,实际上也是在践行"以人为本"的理念,语文教师视学生为独立的学习个体,明确语文学习的主体是学生,通过设计有效的问题、开展丰富的活动引领学生自主学习,训练思维,提升能力。

马克思说:"一步实际行动比一打纲领更重要。"教师自身的学习能为语文教学服务,提升语文教学实效,这是多么激动人心的事情啊!同时,教师如果能够将自己的兴趣爱好融合语文实践,也能提升语文教学的趣味性和生动性。例如,朗诵是笔者的一大爱好,为了提高自己的朗诵水平,笔者加入了常熟市图书馆的朗诵团,通过专家有针对性的训练,笔者的朗读水平有了很大的提升,同时也进一步认识到充满张力的朗读对于解读文本、诠释作者情感的重要性,认识到朗读感染力的重要性。在语文教学中,笔者将自己学习到的朗读技巧,逐步渗透进课堂教学,通过对学生的朗读指导,引导学生自己朗读,通过对声音的把握和处理去探究作者情感、解读文本主旨。如学习莫泊桑的《我的叔叔于勒》,父亲那句深刻隽永的话:"唉!如果于勒竟在这只船上,那会叫人多么惊喜呀!"一个"唉"字,笔者引导学生反复诵读、探究,并让男女生分别演绎,让学生设想当时情景,通过声音来传达人物内心的期盼与失落。不同语音语调的把握,感知小说主人公的内心情感的起伏,进而分析人物形象、写作手法等语文知识,这样的过程让学生在体验、"玩耍"中提升理解力,同时,也让学生感受到文字的魅力,进一步激发他们对语文学习的兴趣。

笔者用自己的学带动了课堂的教,一些学生在笔者的带动下,朗读能力、文本解析能力和阅读能力都得到了不同程度的提升。在学校组织的文化艺术节活动中,笔者所教班级的学生积极踊跃报名参加朗诵比赛,成绩喜人。

又如,在学习苏教版教材《叶》专题时,笔者突破常规教学思维,通过实践的方式带领学生学习叶的相关知识。笔者课前布置学生一个小任务:在住所附近寻找不同形状、颜色的树叶,分别了解叶的名称、作用和价值。课堂上,小组展示学习成果。学生通过查找资料、咨询生物老师等途径,初步了解叶的世界。笔者发现,这种通过自己动手动脑掌握的知识,更乐于为学生接受。这次活动调动了学生的学习积极性,他们从书本走向生活,又回归书本,锻炼了动手能力和口语交际能力。

教师能够通过自身的学习带动学生的学习,通过自己对教学手段的创新来实现教学效果的提升,这对教师本身来说也是一大鼓舞,学生在教师的带动下取得进步,又能促进教师更积极地投入学习,这是互惠互利、师生双赢的好事。

三、教学合一,艺文相融,丰富语文课堂教学内涵

陶行知先生说:"教学做是一件事,不是三件事。我们要在做上教,在做上学。不在做上用工夫,教固不成为教,学也不成为学。"①语文教师学习陶行知的教学理论,不能停留于理论的提升,还需要行动的跟进。语文课程有着独到的学科特点,语文教师要充分发挥语文学科工具性与人文性统一的特点,在培养学生"听说读写"等语文基本功之外,还要关注学生人文素养的提升。

"艺文相融"是笔者所在学校正在进行的课程基地项目。该项目力求通过课堂教学、丰富的艺术活动达到学生文化知识、文学修养、艺术品质的多维度提升,多方面培养学生的核心素养。在课程基地开展的丰富活动中,我们的语文教学活动也积极寻求突破,走出教学的常规形式,"艺""文"相融,探寻积极的语文活动。

三月,校园里樱花盛开,一树繁华,一树绚丽。每次经过樱花林,笔者都会看到一些学生在樱花林旁驻足观赏、不忍离去的情景。看着学生流露出对美的欣赏,笔者意识到这是一个不容错过的语文教学契机。于是,某天中午,利用休息时间,笔者带着学生来到了樱花树下,为他们拍照,与他们一起欣赏樱花之美。看着挂满枝头团团簇簇的樱花,笔者引导他们进行联想:看着这么灿烂的樱花,你们想到了些什么?此话一出,学生七嘴八舌说开了,有人说樱花美得绚丽,但是美得太短暂;有人感慨樱花必须一树都开了才好看,正如自己班级的同学们团结一心、齐头并进才有吸引力;有人说此刻奋斗迎考的自己犹如樱花一般美好;有同学看着满地凋零的樱花,感慨即将到来的六月分离,不禁有了丝丝忧伤……樱花树下短暂的师生共话,成了之后我们语文课的一个亮点。那次对话更是激发了学生对美的追求,为他们接下来的复习迎考注入了一股不一般的动力。有学生在作文中这样写道:"樱花的摇坠,是一种悲伤的必然;梧桐的飘落,是一种凋零的必然;风雨的到来,是美丽与成功的升华,因为在那以后,便是彩虹!"可见,这样的语文活动,为学生提供了观察大自然、展现自己才华的舞台,在现实与理想之间架起了桥梁。此外,在复习《紫藤萝瀑布》时,当说到那一树盛开的紫藤时,学生自然而然想到了满树盛开的樱花,回忆了我们一起在树下讨论的种种,也更为深刻地解读了生命的可贵。

在学习汪曾祺先生的《昆明的雨》时,笔者被他淡雅清新、富有韵味的文字吸引,透过文字感受到了昆明在作者生命中留下的印痕。那一份魂牵梦萦,仿佛也让我们游走在昆明的雨季中,聆听卖杨梅的苗族姑娘的吆喝,品尝滑、嫩、鲜、香的牛肝菌……带着这样的阅读感受,笔者布置学生自读文本,选择最为欣赏的段落,运用文字、图画结合的方式,创作独属于你眼中的"昆明一景"。这样的小活动,既考查学生文本解读的能力,又考察他们的审美能力、绘画能力。很多学生的绘画实力在这次活动中得到了体现。为了这项作业,一些学生认认真真细读文本,做文段的筛选,想象文字背后的场景,创作出富有个性的作品。有人画倒挂着都能开花的仙人掌;有人画仙人掌围成的篱笆,几只牛羊远远躲开篱

---

① 陶行知.陶行知文集[M].南京:江苏教育出版社,2001:285.

笆,对着篱笆里的蔬菜垂涎欲滴;有人画色香味俱全的牛肝菌;有人画饱满黑红的杨梅;有人画卖杨梅的苗族小姑娘;有人画作者和朋友在酒店小酌;有人画密密匝匝的木香花、花架下单脚立着的公鸡……图画之外,配上文中相关语句,效果令人眼前一亮。最终很多学生的作品赢得了同伴的认可和喝彩。付出后得到的回报与肯定,让学生对语文学习有了别样的体会。

陶行知先生说:"教育的作用,是使人天天改造,天天进步,天天往好的路上走;就是要用新的学理、新的方法,来改造学生的经验。"[1]笔者记住了这句话,也践行着先生的教诲。

在日常语文教学中,我们围绕课程基地项目,开展了丰富多彩的语文活动,如经典诵读、诗词鉴赏、书法篆刻、当小小播音员等。这些活动打通了课内与课外的连接,既充实了语文课堂教学内容,又丰富了学生课余生活。同时将语文学科知识与学生人文素养相结合,充分发挥了语文学科培养学生人文素养的功能。在活动中,教师们边学边教,以自身的突破、提高,促进学生的成长、发展,以孜孜不倦、不断学习的心态对待工作,将学生的健康成长置于首位,将育人的目标牢记心间。

在笔者看来,初中语文课堂教学的改革和转型,需要每一位一线语文教师的参与和投入。笔者以陶行知教学理论为先导,践行教学合一教学思想,积极开展自主阅读、积极参加业务培训,且行且思,通过教学实践不断探索适合学生成长的语文课堂教学方式。

(原载《教师》2019年第21期)

---

[1] 陶行知.陶行知文集[M].南京:江苏教育出版社,2001:45.

将线形教学转变为块状教学

——薛法根组块教学基本原理述评

苏州市吴江区教育局　沈正元

一直以来,小学语文教学多采用直线型教学设计,围绕课文思想内容的理解,先是初步理解,然后逐段分析,最后总结提升。这种线形教学中,语言知识和语言方法是在理解文本过程中随机插入,很难按照语言发展和语言学习规律展开教学,薛法根概括为"不完整、不确定、不充分"。一篇课文从头教到尾,遇到知识点就教一个知识,表面上似乎教得完整了,实质是蜻蜓点水,浅尝辄止。随意、零碎、泛化,呈现一种呈碎片化状态,而且教得越多,忘得也越多。薛法根形象地比喻为:"要么像猴子下山摘玉米,掰一个丢一个;要么像乞丐拾金,行囊里装满了知识的金块,压得迈不开步子。"①针对线形教学的问题,薛法根创立了组块教学。组块教学"在结构上突破线性思路,采取板块式的教学结构"②,有效地解决了小学语文线形教学的弊端。

"语文组块教学是基于组块原理的教学策略。"③薛法根借鉴"组块"这一认知心理学理论,顺应语文课程材料(语文教材)逻辑、学生语文学习的特点,拓展、丰富"组块"的内涵,破解、创生"组块"的形成机制。

一、拓展与丰富:广义界定"组块"的内涵

组块源于认知心理学。1956 年,美国心理学家乔治·米勒从信息加工心理学的角度提出了组块理论,也就是"神秘七±二"理论,他在《神奇的数字 7±2:人类信息加工能力的某些局限》的论文中首次提出了"组块"这一概念。

从知网搜索可知,我国研究者对"组块"进行研究最早的文献是吴汉民所著《内部思维机制的组块论模型》(《现代哲学》1991 年 3 期)。20 世纪国内有关"组块"研究的文献寥寥无几。进入 21 世纪后,国内对"组块"的研究进入一个新的阶段,尤其是在 2015 年后,这方面的研究论文和报告呈现一个高潮。知网上用"组块"作为篇名搜到的文献,2015—2019 年分别为 36 篇、38 篇、39 篇、56 篇、36 篇。这些文献研究视角主要涉及三个方面:一是认知方面的,如《人类组块理论研究》[牛书杰、吕建斌《重庆大学学报(社会科

---

① 薛法根."根"的事业"慢"的艺术[J].江苏教育研究,2017(1).
② 薛法根.为言语智能而教[M].北京:教育科学出版社,2014:11.
③ 薛法根.组块教学:指向言语智能发展[J].语文建设,2016(8).

学版)》2005年1期]、《认知组块化策略与高效率学习的实现》(刘文慧《教育评论》2017年第11期)等;二是计算机方面的,如《统计和规则相结合的汉语组块分析》(李素建、刘群、白硕《计算机研究与发展》2002年4期)、《基于最大熵模型的汉语问句语义组块分析》(余正涛、樊孝忠《计算机工程》2005年9期)等;三是英语词汇教学的,如《词汇组块教学——二语教学的一种新趋势》(刘晓玲、阳志清《外语教学》2003年11期)、《"组块"与语言结构难度》(陆丙甫、蔡振光《世界汉语教学》2009年1期)、《从语言组块研究谈语言定式教学法》[靳洪刚《国际汉语教育(中英文)》2016年2期]等。

所谓组块,是将若干小单位联合成大单位的信息加工,也指这样组成的单位。米勒认为,通常情况下,人们对于感觉到的信息只能记住7±2个单位,就是5~9个单位,每个单位是一个组块,也就是一个信息单位。如果能抓住每个组块之间内在的联系,扩大其信息量,就能减轻短时记忆的负担,扩大短时记忆的容量。所以,组块也叫短时记忆策略。对24357682793这样一串随意组合的数字,很难记住,但是同样一串数字的手机号码,比较容易记住,因为前者是毫无联系的11个数字,超出了短时记忆的容量,而对13606251962这一手机号码,人们可以按语块编码记忆:136(台号)、0625(区号)、1、9、6、2,共6个语块;如果1962是某人的出生年份,1、9、6、2也就可以组成一个语块,这样,6个语块减缩为3个语块了。可见,记忆者将信息组成了较大的有意义的单位,即减少了语块的数量,提高记忆的效率。这就说明人类能够通过组块来打破信息束缚。

美国著名科学家、认知心理学和人工智能的创始人之一司马贺(西蒙)等人也对"块"进行过研究,他们通过弈棋等实验研究了在解决问题时人如何调用记忆中的信息块的问题。协同学创始人哈肯说:"不少人提出思维是成块产生的。"①他用"成块思维"做其所著《协同学——自然成功的奥秘》一书中某节的标题。司马贺认为:"组块就是人们熟悉的一个单元。"②我国学者吴汉民从思维角度阐释了组块的概念:"对推理来说,直接构成推理的单位不是概念,而是由概念组成的语句。这种由较小元素组成的,能作为一个独立单位整体调用的集合,就是组块。这样,由三个语句构成的推理可以看作是由三个组块联结构成的思维链,组块是思维的单位。"③

关于组块的特征,刘文慧分析指出,组块作为基本的信息加工单位,具有动态性、扩容性和自主性等特征。组块的动态性表现在两个方面:"一是静态组块通过信息再编码进入组块化阶段,这个过程呈现动态性特征;二是组块内容和大小会根据学习者个体和记忆材料性质的变化而变化。""扩容性使通过信息再编码后形成新的、更大的组块得以实现,对人类成功学习的意义重大。""组块的自主性体现在每个单位组块都独立地自成一体……组块内部的自主性特征使大脑在存储和识别组块过程中大大减少了时间和认知资源的浪费,有效提高了单位时间的认知学习效率。"④

---

① H.哈肯.协同学——自然成功的奥秘[M].上海:上海科学普及出版社,1988:172.
② 司马贺.人类的认知:思维的信息加工理论[M].北京:科学出版社,1986:23.
③ 吴汉民.内部思维机制的组块论模型[J].现代哲学,1991(3).
④ 刘文慧.认知组块化策略与高效率学习的实现[J].教育评论,2017(11).

吴汉民则认为组块具有整体性、多元性、独特性等特征:"整体性是指由于组块内各元素结合紧密,组块在使用中总是作为一个元素集合的整体出现。""多元性是指组块构成的多元素性,即组块往往是由若干元素组成的集合体。""独特性是指组块同思维主体个人的具体情况密切相关。组块是一个熟悉的单元,这就意味着组块同思维主体相关。对于同一对象,不同的人会有不同的熟悉程度,因而会产生不同的组块。"①

把组块引入语文教学,作为一种教学模式提出的是薛法根。1999年,薛法根在《语文教学要着力提高学生的语文素质》一文中提出"精心设计组块教学"②,并在《〈大海的歌〉备课思路》中设计了"训练组块"③的教学环节。之后,薛法根从语文教学的角度,对组块的内涵、特征进行了研究和概括。

关于组块的含义,薛法根认为:"所谓'组块'就是将零碎的信息组合成更大的意义单位……改善人脑中组块的容量与数量,可以提升心智活动的质量,促进智能的发展。"④"组块既是一个记忆单位,又是一种记忆策略。"⑤薛法根对组块内涵的界定,具有作为记忆策略的组块的基本含义,他又根据语文课程的特点,做了个性化的解释:"在阅读图式理论里,'组块'相当于'图式'……而我们将它移植到小学语文教学中,就有了更加丰富的内涵。"⑥他指出:"'组块'则是认知过程中的一种组织策略和整合行为,是一种学习方式,具有重组、整合的功能,它可以提高记忆的容量和效率。"⑦可见,组块还是一种语文学习的方式,是学生阅读的方式,这样,拓展了"组块"的含义。而作为教学模式,组块教学中的"组块",还是一种教学方法。可以说,薛法根组块教学中的"组块"是一种广义的概念。

二、破解与创生:揭示组块形成的机制

组块,一方面可以提高信息处理的效率;另一方面,经过重新编码,每个模块就包含了更多的信息,可以提高工作记忆的能力。这便是组块化。组块化是指大脑中已存储的组块通过与新信息重新编码,融合形成更大、更有意义的组块过程。组块化过程一般从两个方面进行:一是把空间和时间上很接近的单个信息单位重新编码结合,形成一个更大的信息组块;二是利用以往的知识经验,把信息组块重新编码形成一个有特殊意义的信息单位。

吴汉民也对组块的形成做了分析,他指出:"思维元素组块是思维主体认识的产物,它的形成有这样几个环节:接受,贮存,形成有个体思维特征的组块群。"⑧接受,是主体获得

---

① 吴汉民.内部思维机制的组块论模型[J].现代哲学,1991(3).
② 薛法根.语文教学要着力提高学生的语文素质[J].人民教育,1999(1).
③ 薛法根.《大海的歌》备课思路[J].人民教育,1999(1).
④ 薛法根.指向言语智能发展的语文组块教学[J].江苏教育研究,2017(S1增刊).
⑤ 薛法根.组块教学:指向言语智能发展[J].语文建设,2016(8).
⑥ 薛法根,杨伟.走向充满智慧的语文教学[J].中国小学语文教学论坛,2004(11).
⑦ 薛法根.言语智慧教学,基于组块的阅读教学策略[J].江苏教育(小学教学版),2009(12).
⑧ 吴汉民.内部思维机制的组块论模型[J].现代哲学,1991(3).

思维信息的环节。思维主体通过外部感官、行为活动、内部感受三个方面,形成思维信息。贮存,是以组块为单位的信息。人们以熟悉的相互紧密联系的元素组成的一个组块作为一个记忆单位进行信息贮存。思维信息贮存除了符号外,还有形象记忆、动作记忆、情绪记忆等多种贮存记忆形式。他进一步分析认为,内外部条件的任何差异都会影响到组块构成的差异,组块内容的千差万别完全取决于个体的具体实践活动过程和主体内部的接受过程。这些过程就表现为思维主体的个人经历。因此,组块群是独特的。吴汉民的分析揭示了组块形成的机制。

组块对于学生学习的意义巨大:"在学习当中,我们可根据自己已有的知识结构,对自己需要的信息进行分类组合,可将信息组合成自己熟悉的较大组块,也可把信息进行等级分类组成有意义的组块,这样在学习过程中尽可能将某些机械记忆转化为意义记忆并且同时又能巩固与其相关的知识,可谓一举两得。"①

对于语文学习、语文教学的组块形成机制,薛法根提出并阐释了"相似块"的概念:"贮存在大脑中的信息单位称为'相似块',也称为'图式'。人们在学习实践活动中积累了丰富的信息单位、知识单元,也就是'相似块'。"②相似块是一个能在相似的环境与条件下,被相似激活、相似选择、相似匹配、相似重组、相似创造的信息组块。人们大脑中的相似块不是静止的,它一方面和感觉器官输入的信息相互联系、相互作用,另一方面又和其他相似块相互作用、相互联系,形成新的相似块。这便是"组块递归"。就是一个组块标记将另一个或一个以上的其他结构块纳入自己的控制范围的过程,被嵌入的结构块降格成了组块成分。

"人们对外界的认识常常要依赖'相似块'的存在和'组块'的心理活动。"③"语文学习过程是个体心理'相似块'重组、整合的运动过程,语文学习过程中感知、理解、体悟、积累、运用的每一个阶段,都离不开'组块'的积极活动。"④薛法根从组块内容的角度对相似块进行了分类:"这些'相似块'分为不同的类别,如语言相似块、情感相似块、形象相似块等。"⑤

至于组块教学中组块的内隐机制,薛法根引入了"联结"这一重要元素:"语文组块教学不停留于让学生获得语文知识,也不满足于发展学生的语文能力,而着眼于深层次地改变学生的认知方式与认知结构,关键在于学生思维方式与学习方式的转变。无论是自主、合作还是探究,究其学习的心理机制而言,都是一种联结性学习。"⑥在薛法根看来,联结是一种学习方式,是个体发现、把握并重构知识经验之间的逻辑关系而得其智能意义的学习方式,学生在语境中学会联结,实现言语交际并形成言语组块(经验),从而改进认知结

---

① 康建敏."组块"学习法[J].河北自学考试,2001(5).
② 薛法根.为言语智能而教[M].北京:教育科学出版社,2014:10.
③ 薛法根.为言语智能而教[M].北京:教育科学出版社,2014:10.
④ 薛法根.为言语智能而教[M].北京:教育科学出版社,2014:10.
⑤ 薛法根.为言语智能而教[M].北京:教育科学出版社,2014:10.
⑥ 薛法根.组块教学:指向言语智能发展[J].语文建设,2016(8).

构与心智模式。联结性学习运用情况的不同,会产生不同的组块。薛法根指出:"在语文学科中运用联结性学习,可以促进字词句篇及听说读写之间的顺畅转化;在学科之间或学科与生活之间运用联结学习,可以实现学科的跨界统整。"①

如何联结?因何联结?薛法根创生了一个全新的概念:"内核"(也作"核心")。譬如,"以语汇为内核的内容板块""以语用法则为核心的内容板块""以读写策略为核心的内容板块"②等。这个"内核"起到十分重要的关联作用,是块与块的联结点,也是学习和教学组织的起点,可以视为"联结键"。

三、契合与顺应:基于组块的课程逻辑

一种教学模式的确立应该与该课程教学与学理机制相吻合,应该生长在本课程肥沃的土壤之中。薛法根的组块教学,是顺应了语文课程、语文学习规律的,扎根沃土的教学模式。

组块,既是语文文本呈现的规律,也是语文教材构成的规律。语文教材是用于语文教学的材料,而文本是语文教材的最重要材料,字词、短语、句子、语段则是组成文本的具体元素。字词在文本中起叙事、说明、表情达意的作用,"无声的符号,有声的语言"的标点符号也是表情达意的重要载体,因此,字词、标点符号可以视为"点性"材料,由点组成的句子则是"线性"材料。据此类推,句与句组合成的语段则是"面",段(面)与段(面)组合成的篇则是"块"。串点成线,连线为面,组面成块。可见,组块是语文教材材料的逻辑。

在实践中,薛法根提出了"定篇""类篇"等概念。他指出:"类篇的内容板块以'文类'为主线,以'文类要素'为内核。按照文本类型对选文进行重组,不足的增补,不好的删改。每一组围绕一个'议题'进行比较阅读,以发现同一'议题'在不同语篇中的变与不变,探究其中运用语言的规律和奥秘。"③薛法根所说的"类篇"概念,是指从篇与篇组合成更大的块角度阐释语文教材的呈现逻辑,与现行统编教材的单元结构相契合。

现行小学语文统编版教材为双线结构、单元教学,是十分典型的组块结构。教材采用"人文主题"与"语文要素"双线组织单元。一是按照"人文主题"形成一条贯穿全套教材的、显性的线索;二是将语文素养的基本因素,包括语文知识、语文能力、学习策略和学习习惯,以及写作、口语训练等,组成线索。很显然,如果把一个单元视为一个大"块"的话,那么,组成单元的一篇篇课文、其他阅读材料则是由字词、句等点线组成的一个个"面",或者说是"小块"。

由此可见,基于组块原理的组块教学,与语文教材的呈现逻辑一致,组块教学是有"土壤"的教学模式。

另外,从学生语言发展的角度来看,人从呱呱坠地到牙牙学语,直至流利地用母语表

---

① 薛法根.组块教学:指向言语智能发展[J].语文建设,2016(8).
② 薛法根.组块教学:指向言语智能发展[J].语文建设,2016(8).
③ 薛法根.小学语文组块教学的实践研究[J].人民教育,2019(3-4).

达,由"妈妈""妈妈抱""妈妈抱我"到说更复杂的句子、语段,就是一个由字词(点)、句(线)、语段(面),到篇章(块)的过程。可见,人的语言发展过程,就是运用组块的过程,是组块化的过程。这也是组块能运用于语文教学的重要因素。

在对组块概念内涵界定、组块机制揭示的基础上,薛法根对组块教学的内涵做了这样的界定:"语文组块教学是建立在语文学习心理学原理基础上的一种教学方法,即以培养学生的语文运用能力为主线,将零散的语文训练项目整合成综合的语文实践板块,使学生在生动活泼的语文实践活动中获得充分和谐的整体发展。"① 随后他又做了两方面的补充:"从'组块教学'的教学形式上看,是将线形的教学转变成块状的教学,即在同一个教学活动中,实现多个教学目标,以提高语文教学的高效率……从它的教学内容上看,是将零散的教学内容整合成具有内在联系的内容板块,有利于学生的语文学习。"② 随着认识的不断深化,薛法根对组块教学概念进一步做了阐释:"语文组块教学是基于组块原理的教学策略,将零散的教学内容整合、设计成有序的实践板块,引导儿童通过联结性学习和自主性建构,获得言语智能的充分发展和语文素养的整体提升,并建构具有组块特色的语文课程,实现语文教学的科学化。"③ 这里,薛法根从课程的角度提到了"建构具有组块特色的语文课程"。2019 年,他对组块教学的内涵又再一次做了阐释:"语文组块教学,即将零散的教学内容重整、转化为综合性、立体化、板块式的言语实践活动,引导儿童通过联结性学习和自主性建构,获得语文素养的整体提升。"④

总体而言,我们可以从四个角度去理解组块教学的内涵:一是教学价值视角,组块教学是为了学生获得言语智能的充分发展和语文素养的整体提升;二是教学内容视角,组块教学是将零散的教学内容整合成具有一定联系的板块内容;三是教学形式视角,组块教学是将线形的教学转变成块状的教学;四是学生学习视角,组块教学是将零散的教学内容整合、设计成有序的实践板块,引导学生联结性学习和自主性建构。其中,"将零散的教学内容整合、设计成有序的实践板块""将线形的教学转变成块状的教学",则是组块教学的最根本特征。

---

① 薛法根,杨伟. 走向充满智慧的语文教学[J]. 中国小学语文教学论坛,2004(11).
② 薛法根,杨伟. 走向充满智慧的语文教学[J]. 中国小学语文教学论坛,2004(11).
③ 薛法根. 组块教学:指向言语智能发展[J]. 语文建设,2016(8).
④ 薛法根. 小学语文组块教学的实践研究[J]. 人民教育,2019(3-4).

"三问":语文教学高效起来的应然之道
——以归有光《项脊轩志》教学为例

张家港塘桥高级中学　庞培刚

高中新课改实施差不多十年了,面对新课改对语文课堂教学的要求,不可忽视的现状是,为提高语文课堂效用,体现所谓语文课堂教学改革,实际教学中,问答、小组讨论充斥课堂,似乎课堂热闹了即进行了课改,课堂效用也就提高了。其实,语文课堂要真正高效起来,还是要多发挥教师作为教学主导的作用,笔者试图通过"三问",让语文教学高效起来。

一、一问:语文课堂要将学生带到哪里去?

语文课堂要将学生带到哪里去?江苏语文特级教师张悦群追求"定点打铁,立竿见影"语文课堂,其中,"定点打铁"说的是语文课堂的内容和目标,"立竿见影"说的是课堂效用。张老师追求合适的语文课堂内容和目标下的高效率,一堂优秀的语文课,当然首先要考虑课堂内容和目标,其实也就是要考虑语文课堂要将学生带到哪里去,回答好这一问才有可能使语文课堂高效起来。

那么,确定怎样的教学内容和目标才适切?

有位男教师为某篇课文设定教学内容和目标:(1)诵读课文,感知整体内容;(2)品析好词佳句,体会作者感情变化;(3)领悟文章主旨,体味人生,感悟生命。有位女教师教李白的《将进酒》,设定的教学内容和目标更简洁:(1)诵读;(2)识人;(3)品味语言。

两位教师的教学内容和目标设定得如何?有位教师评价那位男教师的教学内容和目标,说虽然有点笼统,但还可以,因为抓住了感情——散文的血脉,品味了语言——抓住了散文的载体,领悟了主旨——抓住了散文的魂。反复研究这个教学目标,笔者只知道应该是某篇散文,但怎么也不清楚这个教学目标是针对哪篇课文的,似乎很多散文都可以是这样的内容和目标。而那位女教师,虽然在课堂上通过背诵《寻李白》诗意导入,再进行朗读、点评、概括内容、探究形象,最后总结、深化品鉴、布置撰写对联作业等,还通过学生自主预习、初读概括内容、互动探究形象与情感、思考体悟、再读提升等,无论是教师引导还是学生活动,对三个教学目标都有对应与落实,但她所设定的教学内容和目标,似乎也不完全是《将进酒》特有的,诗歌教学几乎都可以是这样的教学内容和目标。毋庸置疑,这样的教学内容和目标设定因太过笼统而显得有问题。

语文课程规范指出:"努力革新课堂教学,群体考虑知识与技能、情感、态度与价值观、过程与方法的综合。""规范"让教师明白:"知识与技能""过程与方法""情感、态度与价值观"是新课标设计的语文课程目标的三个维度。虽然教学过程中不能简单地将内容与目标一一对应,把三个维度割裂开来,但课堂教学目标是要求师生通过教学活动而预期达到的结果或标准,是对学习者通过教学以后将能做什么的一种明确的、具体的表述,也就是语文课堂要将学生带到哪里去,换句话说,教学目标要具体、明确。

教学《项脊轩志》时,笔者根据学生情况和课文情况,设定了如下教学内容和目标:(1)掌握"得、然、凡/而、若、汝、类"等重要词语;(2)了解"下、上、西、手、乳"等词类活用现象和特殊句式;(3)体会作者文中抒发的悲喜情感;(4)学习作者"事细而情深"(从日常生活琐事中选取富有特征的生活细节来抒写感情)的技巧。

笔者认为,文言文教学中当然离不开主要虚词、实词,但每篇文言文应该各有不同,在备课时应问问自己,到底要让学生掌握哪些,要予以具体明确;文言散文同样离不开表情达意,那《项脊轩志》要表达什么情感呢? 备课时也要问问自己;同时,文言文也是很好的学习写作的例子,那又可以学习《项脊轩志》的什么表达技巧呢? 备课时的这第一问很要紧,正如华东师范大学王荣生教授所说的,"教什么比怎么教更重要"。

二、二问:语文课堂怎样将学生带到那里?

设定了恰切的教学内容和目标,回答了语文课堂将学生要带到那里去的第一问,接下来自然是语文课堂怎样将学生带到那里的问题。第二问其实是过程与方法问题,解决这个问题,一是在备课时,二是在课堂上,而关键还是在备课时要回答好,所谓"凡事预则立,不预则废",因为备课是个预设问题,课堂则是生成问题,课堂精彩的生成源自备课精心的预设。

但在现实中,我们见多了按照预设而亦步亦趋的课堂。特别是在公开课上,为了防止发生错误或意外,执教者往往会使劲按照课前预设进行教学。比如有位教师教《金岳霖先生》,分析到金先生的爱情时,有学生很好奇地问,听说金先生和林徽因有段爱情故事,老师可以讲讲吗? 教师说:这不属于课文本身内容,我们课后再说好吧? 笔者作为听课者觉得,简要说下金岳霖和林徽因的爱情故事,有助于让学生进一步加深了解金先生的为人,未尝不可以讲。但执教者可能没有在课前预设到,也可能觉得会浪费教学时间,或者可能对故事本身不了解,所以做了不讲的处理。其实,此时也是一个很好的生成机会,教师自己讲金先生和林徽因的爱情小故事显得知识渊博,也大可获得学生的崇拜,教师也可以请知道的学生来讲给其他同学听,一方面把学生的主体作用发挥出来了,让那个讲故事的学生更有学好语文的动力;另一方面有助于加深学生对人物性格的理解,还有一个更大的作用,在这样随机的课堂教学处理中可以潜移默化地改变学生的行为习惯,那就是提醒学生要通过课外多读书来提升自己的阅读素养。

事实上,只按照预设不可能真正将学生带到你想让学生去的地方。那么,运用课堂生成的方法就行之有效了吗? 答案也不一定。

有位教师教学《我的梦想》,整堂课都是让学生提出问题,然后师生讨论解决问题,学生发言的积极性充分调动了起来,学生的主体性得到了充分发挥,课堂热闹,表面看或许很符合新课标要求,但作为听课者,笔者不知道执教者要将学生带到哪里去,也不知道学生下一步会走到哪里,这样的语文课堂尽管有了一些灵动性,实实在在少了语文课堂该有的有序性,而且,如此带领学生往前走,阅读成了碎片化的东西,对文本的理解也难免支离破碎,这样的语文课堂或许"走得挺快",但实在"走得不远"。

的确,一堂课中,学生在自主学习中会产生很多问题,如何通过解决这些问题来将学生带到教师想要学生到达的地方?正所谓"智者见智,仁者见仁",各自都有各自的方法。有一点可以肯定的是,无论是采用何种方法将学生带到教师要求的地方去,都要充分发挥学生的主体作用和教师的主导作用,特别是不能为了发挥学生的主体作用而忽略教师的主导作用。怎样才能做到预设和生成的平衡,既发挥学生的主体作用,又不忽略教师的主导作用呢?

笔者在教《项脊轩志》时,学生自主学习时提出了很多问题:项脊轩志是什么意思?那个破旧的"轩"为什么让作者难忘?"借书满架,偃仰啸歌",书真的都是借来的吗?"室始洞然""冥然兀坐"中"然"的解释分别是什么?为什么回忆母亲时只是"泣"?为什么想起祖母要"令人长号不自禁"?"乳二世"中"乳"是什么意思?"乳二世",怎么可能?"轩凡四遭火""庭中始为篱,已为墙,凡再变矣"中"凡"的解释分别是什么?"某所而母立于兹"怎么翻译?结尾写枇杷树有什么用意?为什么要补记?……

如何解决学生在课前提出的那么多零零碎碎的问题?思考再三,笔者想到了将学生问题主题化的方法,我们不妨先看一些教学片段:

师:课前,同学们进行了认真预习,提了很多问题。其实,这些之所以成为问题,关键是因为大家没有掌握一把阅读的金钥匙。想要这把阅读的金钥匙吗?好,我给大家八个字"抓关键句,找突破口"(板书),这是阅读的方法之一。今天,我们就以《项脊轩志》为例,来了解并掌握这把金钥匙的使用方法,好吧?同学们再抓紧时间读一读,看看课文关键句是哪一句?

生:"然予居于此,多可喜,亦多可悲。"

师:那"可喜"体现在哪里呢?

生:第一自然段。

师:第一自然段写什么?

生:项脊轩。

师:我们想想——项脊轩是什么?为什么叫项脊轩?写项脊轩怎么能够体现"可喜"?

…………

师:第一段写喜悦的心情,恰与下文写可悲的事相映照。那可悲在哪里?同学们概括一下,课文写了哪些"可悲"之事?选择这些"可悲"之事,作者有没有什么讲究?

笔者觉得,如果在课堂上将学生提出的那么多问题一股脑儿逐一解决,也不能说不符合学生的学习情况,肯定还符合学生的"心理期望",而且教师不用费很多工夫,但如此教学,势必会使语文课堂成为答疑式课堂,文言阅读教学就会碎片化,也就很难将学生带到教师所希望的地方。而通过将学生问题主题化的方式,在讨论课文"可喜""可悲"的情感中,逐一解决学生的问题,语文课堂也就显得灵动而有序。这里,主题化的东西应能够将学生问题有机串联起来,可谓"牵一发而动全篇",那就要在课文中"抓关键句,找突破口",将学生问题真正主题化起来。

三、三问:语文课堂将学生带到那里了吗?

语文课堂将学生带到了教师希望到达的地方了吗?这是语文课堂效用与评价的问题。平时教学中,教师可能会比较关注第一问和第二问,而往往忽略第三问。这第三问其实也是教学反思。记得叶澜教授曾经说过:一个教师写一辈子教案不一定成为名师,如果一个教师写三年教学反思,就可能成为名师。确实,教师就应在实践-反思-再实践-再反思的螺旋式上升中,实现专业成长。那么,一堂语文课结束了,应该进行必要的教学反思,想想自己的语文课堂将学生带到哪里了吗?

有位高二教师执教《高祖本纪》第1-4自然段的内容,设定了两个教学内容和目标:(1)熟读1-4自然段,积累文言知识;(2)分析刘邦形象,初步理解"不虚美,不隐恶"的史家实录精神。课后他反思课堂目标的达成情况,从教的角度看,通过课前布置自学、课堂检测朗读、检测释义、检测翻译等教师活动来达成目标(1),通过课堂让学生思考内容、思考人物性格等教师活动来达成目标(2);从学的角度看,通过学生课前预习、课堂自主学习、课堂朗读、交流释义和交流翻译等学生活动来达成目标(1),通过课堂交流内容、人物性格等学生活动来达成目标(2)。有人说,教学,永远别忘了目标。这位教师的语文课堂始终围绕目标进行教学,解决了学生学习中遇到的问题,这样的语文课堂是有效用的。

笔者在教学《项脊轩志》时,通过课前自主质疑、课堂互动排疑的环节,初步解决了目标(1)中掌握"得、然、凡/而、若、汝、类"等重要词语,以及目标(2)中了解"下、上、西、手、乳"等词类活用现象和特殊句式。接着,再通过课堂精讲释疑环节解决了目标(3)中体会作者文中抒发的悲喜情感和目标(4)中学习作者"事细而情深"的技巧,同时进一步巩固了目标(1)和(2)。最后,通过练习馈疑的教学环节,检测了学生对教学内容的目标掌握情况。这样的教学,实践了笔者关于文言的教学追求——"文言融合,读写结合"。"文言融合"就是使"言"的教学促进"文"的理解,让"文"的教学巩固"言"的知识;"读写结合"就是文言文教学不能就文言讲文言,其效用的挖掘不能停留在文言的知识层面,也不能停留在文本的意义层面,要借鉴文言作品对写作有益的元素,不断训练学生善于借鉴文言文本的能力,让学生在作文中有话可说。如此教学处理,能够有效解决学生学习中的问题。

但高效的语文课堂不能仅仅解决学生所提的问题,还应该能够纠正学生的行为,也就是在教学中,不能仅仅停留在内容或目标本身,而应着眼长远,对学生不正确的学习行为予以必要的纠正。比如教学文言文,学生比较习惯于只完成对文章的理解,以为会翻译了就万事皆休,对这样的学习行为就应该不断予以纠正。在教学《项脊轩志》时,除了通过生生互动解决有关文言知识内容外,更多地去挖掘实践"文言融合,读写结合"文言教学主张方面的内容,改变学生学习文言只重视文言知识积累的行为习惯,这会让学生受益无穷。

高效的语文课堂还不能停留在纠正学生不正确的行为,更应该引领学生的成长。有人或许会认为这是政治学科的任务,但学习"载道"之文,怎能忽略这个"道"?这个"道"应该包含引领学生的成长,让学生发现生活的美好、生命的珍贵。教学《项脊轩志》时,有这样一个教学片段:

师:项脊轩经过修缮,变得不漏、不暗了,庭院里又种植了兰、桂、竹等花木,原有的栏楯,"亦遂增胜",也就此增添了光彩。在这样的环境里读书,你觉得如何?我们先来读一读。

生:读"借书满架,偃仰啸歌,冥然兀坐,万籁有声。而庭阶寂寂,小鸟时来啄食,人至不去。三五之夜,明月半墙,桂影斑驳,风移影动,珊珊可爱。"

师:这些文字要表达什么意思?

生:这应该是极写读书之乐,只有读书有所得的时候,才会如此高兴,才会觉得小小项脊轩如此美好。

师:没错!看来,古有归有光因爱读书而有"今之欧阳修"的美誉,今有莫言因爱读书而获诺贝尔文学奖。但据说现在中国人年均读书不到 5 本,和欧洲人均 24 本相差悬殊,和泰国、越南都有差距,这是不应出现的现象。同学们,爱上读书吧!一个爱读书的人才是一个有希望的人,一个爱读书的民族才是一个有希望的民族!

这里的教学处理,笔者觉得不是简单说教,而是借助文本有机渗透,引导学生做一个爱读书之人,这样的引领应该会让学生一生受益。

当然,让语文课堂有效起来的方法应该有很多,但从实践的角度,笔者以为"三问"从课前、课堂和课后三个环节着手,抓住了提升课堂的根本或关键,也是学科研究的必要三问,长此"三问",你的语文课教学一定会高效起来,你的专业成长进步也一定会更快起来。

腾挪跌宕　曲径通幽
——让"故事"在记叙文中"拔节"

苏州市彩香实验中学校　张来群

一、发现故事：积累"等闲识得东风面"之素材

"生活平淡无奇，没有什么故事可讲。"这差不多是当下多数中学生的困惑。一是因为他们感觉自己的学习生活因为机械应试而变得枯燥乏味、单调呆板；二是因为他们每天因生活在"三点一线"上，无暇顾及其他而失去了对生活、对自己、对周边人与事的兴趣，他们对生活漠不关心，不观察也不思考，久而久之，已经成为一群对周围世界熟视无睹、充耳不闻的人。曹文轩就说过，孩子们作文写不好的一大原因，是对这个世界缺少"凝视"。法国雕塑艺术家罗丹也曾说过："生活中不是缺少美，而是缺少发现美的眼睛。"发现美，是这样；发现故事，也同样如此。

众所周知，事物是普遍存在的、相互联系的；事物又是矛盾的、对立统一的。只要矛盾存在，就会有故事发生。因此，生活中，每时每刻都有故事，都有我们能发现的故事。无论生活多么平淡和枯燥，我们只要有一颗敏感的心、热爱生活的心，就会发现身边的故事。其实，我们就是故事，每个人都有自己的故事，每个人都是有故事的人。

二、提炼故事：萃取"吹尽狂沙始到金"之题旨

我国著名作家阎连科在《故事：一种讲述的责任与契约》一文中写道："读者，在尊崇作家的条件下，要求作家的写作——故事，必须满足其以下的要求：1. 写我。写我和我的生活，使我在阅读中身临其境。2. 吸引我。使我在阅读中得到愉悦。3. 思我所思。让我想到的或将要想到的即我所思而我又长久无力表达的思考在故事中清晰呈现。""写我、吸引我、思我所思"，这虽是阎连科对作家而言的，但对于中学生的写作，同样具有借鉴与指导意义。

那么，如何指导中学生提炼自己生活中的故事呢？

在《记叙文写作的"三种追求"》(《中学语文教学参考》，2015年第10期)一文中，笔者有较详细的阐释，就不再赘述了。这里，笔者想换一个角度，从"三趣"（情趣、意趣、雅趣）入手，再简要地说一说如何挖掘和提炼故事。

1. 情趣，即故事要有一点情味

所写的故事要有生活情调，要有一定的看点和笑点，能引发读者的兴趣，要么鲜为人

知,要么与众不同。一句话,能让读者沉迷其中、乐在其中。

2. 意趣,即故事要有一点意味

法国寓言家拉·封丹认为,寓言有"身体"和"灵魂"两部分,"身体"就是寓言故事,"灵魂"则是它的寓意。推广开来,凡故事写作应处理好"身体"与"灵魂"之间的关系。所写的故事要有一点意义,要有思想内涵,能给人以启发和教益。或是对童年的眷恋,或是对朋友的怀念,或是有生活的哲理,等等。

3. 雅趣,即故事要有一点审美味道,雅俗共赏

故事是文学百花园中的一朵奇葩。好的故事还应追求艺术品位,要能营造出陶然而醉的艺术境界,或含蓄,或隽永,或思辨,让读者产生深沉幽远、回味无穷的艺术享受。

"三趣"也好,"三种追求"也罢,尽管角度不同,都在如何提炼故事方面做出了积极的思考和实践,并企求给人以启发与借鉴。希冀我们笔下的故事趣味盎然、意韵丰盈、题旨幽深。

三、展开故事:步入"柳暗花明又一村"之境地

曹文轩说过:"好文章离不开'折腾'。"通过"折腾",人物个性更丰满,故事情节更丰富有趣。"文似看山不喜平。"大凡优秀作文,往往构思精致巧妙,情节引人入胜。记叙文要想写得精彩,就必须注意情节曲折,因为情节越曲折,读者越爱看。在我们所学的课文中,许多故事情节具有"曲折之美"。比如,《走一步,再走一步》中,"我"上到大石头上面下不来;《羚羊木雕》中,我给出的木雕,妈妈让要回来;《皇帝的新装》中的皇帝,发现没有新装也不敢承认,还光着身子将游行大典举行完毕……

那么,怎样才能更好地展开故事呢?

1. 悬念法

悬念,即读者对文章中人物命运的遭遇、未知情节的发展变化所持的一种急切期待的心情。悬念法,指在情节发展的过程中设置谜面,并在适当的时机揭开谜底的一种写作方法。展开故事时,如果能设置出扣人心弦的悬念,就会使读者产生刨根问底的阅读冲动。

设置悬念的技巧,一般为"起悬-垫悬-释悬"。比如,《枣核》一文,作者萧乾开篇就"犹抱琵琶半遮面",设置悬念:"动身访美之前,一位旧时同窗写来封航空信,再三托付我为他带几颗生枣核,东西倒不占分量,可是用途却很蹊跷。"围绕枣核,会发生怎样的故事呢? 自然勾起了读者的阅读兴趣。直到第7自然段(全文仅11自然段)结尾,谜底才被揭开:老同学想试种枣树,以寄托思乡之情。故事还是那个故事,只是巧设了悬念,因而更具魅力,使读者欲罢不能。

2. 误会法

误会法,指以人物对某一事实做出与真相相反或错误判断为基础,演绎矛盾冲突、展示人物性格的一种写作方法。比如,泰格特的《窗》中,靠窗的病人"看"窗外是栩栩如生的景象,而不靠窗的病人费尽心机看到的只是光秃秃的一堵墙。这就是一场"误会"。它既出人意料而又耐人寻味,有力地鞭挞了不靠窗的病人的丑恶灵魂,同时,给读者留下了

心灵的震撼和思考的余地。再如,《驿路梨花》一文,作者彭荆风在情节的安排上,围绕"小茅屋的主人是谁?"(是瑶族老人,是梨花姑娘,是走在前边的约莫十四五岁的哈尼小姑娘,是解放军叔叔)这一猜想,巧妙地设置了一连串的误会,使故事情节富有戏剧性。文章尽管篇幅不长,形成了路转峰回、跌宕起伏之势,读来很有味道。

3. 巧合法

巧合法,指让两个或两个以上的事物碰巧相遇或相合,使矛盾骤起或突然得到解决的一种写作方法。无巧不成书,无缘不相逢。我们要善于利用生活中的偶然事件来展开故事情节。在《一面》中,正因为"我"(作者阿累)去接班而班车未到,才去了内山书店躲雨、歇歇;正因为"我"到了内山书店,才无意中发现了鲁迅译的书;正因为"我"想买书而钱不够,才有了鲁迅先生卖书、赠书;也正因为"我"到的是内山书店,才会有"我"与鲁迅先生的邂逅"一面"。"一面"的故事,就是在这样一个个动人心魄的"巧合"中,向前推进着、发展着。再如,《我的叔叔于勒》中,菲利普全家到哲尔赛岛去游玩,在轮船上偶遇衣衫褴褛的年老水手于勒。其实,这是作者莫泊桑匠心独运、精心设计的巧合。因而故事再起波澜,妙趣横生。

4. 突转法

突转,也称陡转、突变。突转法,指故事情节突然向相反方向发展的一种写作方法。受常规模式、思维定式等负面影响,学生写记叙文的构思常常会落入平铺直叙的窠臼。如果作者能跳出程式化的框框,别出心裁地设计出出人意料的突变式情节,就可以使文章具备腾挪跌宕、一波三折的情节魅力。

下面,我们不妨先来看一下《雪夜》的课堂教学实录(片段):

师:同学们课前预习了"材料一",谁先来概括一下这则材料的主要内容?

生:写一对老夫妻在房间里烤火时,一个陌生人入室抢劫。老夫妻哀求陌生人不要伤害他们的儿子,但陌生人不听,在上楼捆绑他们的儿子时,摔下了楼梯。房主人以为是儿子把他打倒的,并让老伴报警。警察来后发现了那个摔伤的陌生人。

师:概括得不错。你们觉得这个故事有意思吗?

生:这个故事太平常了,没有什么意思。

师:你能具体说说吗?

生:这则材料讲的是一个陌生人入室抢劫不成反而摔伤了的故事,情节并不复杂,没有什么特别之处。

师:也就是说,这个故事没有……

生:精彩的情节。

师:对,没有精彩的情节。

师:其实,同学们拿到的"材料一",只是原故事的前半部分。接下来,故事情节又是怎样发展的呢?我们一起来看一看(师分发"材料二",生阅读)。

师:看完"材料二"(原故事的后半部分,从"哪有这样的人"至文末)后,你们还觉得这个故事没意思、很平常吗?

生：太让人震惊了！

生：太精彩了！

师：能具体说说吗？

生：读了"材料二"后，发现故事情节发生了很大的变化。原来楼上并没有儿子，陌生人也不是被打倒的，而是意外踩空摔伤的。情节反转了，让人意想不到。

师：这种情节的意外反转，我们给它起个名字——突转。那么，这个突转为什么让你觉得很精彩呢？

生：因为"材料一"中的故事平铺直叙、平淡无奇，读来一点儿意思都没有。现在，情节突转之后，故事富有波澜，而有波澜的故事才精彩，才吸引人。

师：是的，这些都是因为情节"突转"的巧妙运用。日本作家星新一的《雪夜》，虽篇幅简短，但尺水兴波，"意外"连连（意外一是突然有陌生人蹿进来抢劫；意外二是陌生人上楼行凶，想绑架主人的儿子，却从楼梯上滚落下来；意外三是警察上楼竟然找不到"儿子"，警长说明两位老人早已丧子的真相）。这一连串的"意外"让人一乍一吓、一喜一忧，使故事情节跌宕起伏，引人入胜。故事的结局更是出人意料，落差感极强。文中在一系列"儿子还活着"的假象之后，最后才由警长说明儿子早已死去的真相，给人一种突然转变的奇特感受，极富艺术感染力。因此，"突转"的确是展开故事情节的一种行之有效的好方法。

情节突转，出人意表。这在初中教材中也并不少见。比如，《变色龙》一文，作者契诃夫不厌其烦地描写奥楚蔑洛夫的五次变化的过程，这绝不是无意义的重复，而是对人物性格的层层展现。通过人物的不断变色、自我表演、自我暴露，把其放在前后矛盾、丑态百出的情节中，进行淋漓尽致的讽刺、严峻无情的鞭笞。作者不动声色，不加议论，但好恶之情力透纸背。既推动了故事情节发展，又加强了戏剧效果。又如，川端康成的《父母的心》，围绕是否送一个孩子给贵夫人，一对贫夫妻"三送三要"自己的大儿子、二儿子和女儿，情节波澜起伏，内涵丰富。

5. 抑扬法

抑扬法，指对写作对象或欲扬先抑，或欲抑先扬，把读者的判断引向相反的方向，到一定的时候再揭示真相的一种写作方法。它可以使故事情节陡然一转，出乎读者意料，产生峰回路转、跌宕起伏的效果。

比如，江苏省中学生作文竞赛获奖作文《一条"阿诗玛"》，小作者（笔者的学生）写平时不抽烟的舅舅把受贿得来的一条"阿诗玛"香烟送给爸爸"享用"，"我"不但没感激舅舅，反而重新评判了在国税局工作几乎年年是先进工作者的舅舅。有近二十年党龄的舅舅今昔已是云泥之别，判若两人。文章采用"欲抑先扬"的写作手法，无情地揭示了存在于党内极少部分"人民公仆"身上的腐败现象。

6. 变序法

变序法，指对原故事情节进行适当调换、补充的一种写作方法。如果大家都按故事的开端、发展、高潮、结局的顺序组材，你不妨采用倒叙或插叙；大家都先主后宾，以突出主的地位,你不妨先宾后主,也能突出主的地位……

如2016年江苏省"中学生与社会"作文大赛初中组一等奖(第一名)作品——《飞来飞去的蝴蝶》,两处运用插叙,恰似倒卷珠帘,使文章内容丰富充实,结构曲折有致。

  他只知道儿时的记忆:一支悠远的牧笛,一道倾泻的月光。跌跌撞撞地追逐蝴蝶,柔软的青绿草丛和着蝈蝈最后的吟唱点染夏夜的梦。只剩下"格格"的欢笑,清脆与忘情奔跑的欢畅……

  那是女孩的颜色。女孩是高干子女,住在白色小洋房里。少年的他赤脚走在泥里,抬头便看见女孩的流彩长裙在玻璃窗里旋转闪耀。她成了他说不出的心事……

两段插叙之后,小作者重新回到原叙事主线上来:"他不也是一只蝴蝶吗?永远在飞来飞去,永远得不到停歇。几十年的奋斗仿佛在追逐一场虚空,华贵的生活少了心灵之灵满再无意义……"这样,更好地突出了"他"俨然就是一只蝴蝶,"它的双翼上镌刻故乡青山绿水的思念,它的触角上绘着背井离乡的不安故情,它的双眼里凝聚决心回归的平坦、踏实与圆满"。从而,深化了文章主旨,升华了情感。

总之,展开故事情节,应尽可能地呈现出"叙事弧线",而非线性的、平直的;应尽可能地节外生枝,朝着一个新方向发展,或柳暗花明,或命途多舛。因为故事自身的逻辑也告诉我们:它一定是曲线的、弧线的。

部编版初中语文教学中插图的运用路径探赜

苏州工业园区星海实验中学　潘淑婉

鲁迅先生曾说过,"书籍的插图,原意是在装饰书籍,增加读者兴趣的,但那力量,能补助文字之所不及"①。这说明作为语文教材助读系统重要组成部分的插图,是非常值得教师充分利用的教学凭借,在提高学生的自主学习能力、丰富教师的课堂教学设计等方面都具有重要意义。而部编版初中语文教材在插图的数量和所占比例上,相较于人教版、苏教版而言,增加幅度较大,比如几乎每一篇课文前都插入了作者的画像等。所以说,我们更应当用好"厚积薄发"的部编版初中语文教材(以下简称"部编版")中的插图,充分发挥其价值,做到"图"尽其用。

一、依托教材插图,使课前预习有图可依

部编版中的插图主要体现为单元导语中的背景插图、预习提示左侧或课题旁的作者画像、课文中的插图等。而初中学生正处于从形象思维到抽象思维的过渡时期,加之学生对插图这种直观形象的呈现更容易产生兴趣,所以翻开教材,首先映入学生眼帘的无疑是插图。既然插图在形式上能够吸引学生的眼球,我们就可以使它成为学生预习时的重要依据。

1. 单元插图——先行预设

如果说部编版的单元导语是从"人文"与"工具"两个维度为本单元提供方向指导的②,那么,单元插图则在学生的初步感知中为"双线"提供了具有直观性和形象性的"预设"大环境。由于插图本身占据了近半页的篇幅,再加上学生对图画的关注度比文字高,大多数学生会选择先看图,再读文字。因此,在学习一个新单元之前,教师要引导学生在预习时仔细关注单元导语下占据该页面三分之二篇幅的插图。

以部编版七上第二单元的单元导语页为例。一方面,该单元是亲情主题,画面内容为一家三口其乐融融地围坐在依山傍水、树木丛生的草地上。观看这幅单元插图,有利于学生对该单元"从不同角度抒写了亲人之间真挚动人的感情"的课文形成温馨细腻的初步印象,进而有利于更好地渗透本单元的"人文性"目标。另一方面,教师可以通过引导学

---

① 鲁迅."连环图画"辩护[G]//鲁迅全集.第四卷.北京:人民文学出版社,2005:457-463.
② 温儒敏."部编本"语文教材的编写理念、特色与使用建议[J].课程·教材·教法,2016(11).

生注意观察爸爸、妈妈和儿子脸上挂着的幸福的笑容,以及父亲对儿子充满爱的注视和手势等各处细节,帮助学生落实本单元"从字里行间细细品味"的"工具"性目标。有了单元插图的先行预设,之后学生再去读单元导语的文字,对本单元的学习目标与学习方法的理解自然会更加深刻。

    2. 作者肖像——知相论人

    部编版相对以往版本的一大创新在于多篇课文前都插入了作者的肖像图,有的是照片,有的是画像,本文对此统一视为作者的肖像图。学生预习一篇课文的习惯,通常是先看看作者是谁。而有了置于文前的作者肖像图,学生看到作者的相貌,即便是不熟悉的作者,也能从图中窥知其性格的一二。古有"知人论世",我们也可以"知相论人",只是这"相"与"人"的关系可能是正相关,也可能是负相关。比如部编版七上第九课《从百草园到三味书屋》,这是初一学生首次在教材中接触鲁迅先生的篇幅较长的文章。在鲁迅的这幅肖像图中,学生们看到的是一个横眉冷对、目光如炬、神情庄重的人,这就容易使学生形成这样的心理预期:如此外表冷峻的鲁迅写出来的童年生活也会了无趣味。而预习完课文后,学生自然会发现鲁迅的童年生活充满快乐,比现在远离乡村田园的他们感受到了更多的童趣。这样,与之前的心理预期形成强烈的反差,更能够让学生感受到鲁迅先生的才华与冷峻外表下炽热的心。

    因此,我们要合理依托教材中的插图,无论是教师还是学生,都要加强自身对插图的使用意识,使其成为学生预习时的一个先导,成为教师培养学生自主学习能力的一个重要凭借。

二、借助教材插图,使课堂教学有图可倚

    除了单元插图和几乎每一篇课文都有的作者肖像图外,部编版中课文内的插图相对于原先的人教版、苏教版等也有了更新和增加,与文本内容的匹配度也有了提高。我们应当对这些与课文内容相关的插图引起重视,使其成为语文课堂教学的重要辅助工具。

    部编版课文中的插图多是随文放置的,可供教师在讲读课文时实时取用。具体运用时,可根据插图与文本的匹配方式进行选择:

    一是风景图,即与对应景色描写相符的插图。以部编版七上《济南的冬天》为例,插图描绘了济南置于小山的环抱之中的地形,与课文的第三至第五自然段相匹配。教师在授课时可以先引导学生观察该图的特点,再提示学生按"整体-局部-整体"的思路说一说这幅图的内容,然后找出课文中与之相对应的文字。这样,在加深对课文内容记忆的同时,既锻炼了学生的读图能力,又锻炼了学生的口语表达能力。

    二是实物图,即把学生不易感知、生活中不常见到的事物以插图形式呈现,比如部编版七上《从百草园到三味书屋》中的蟋蟀、《植树的牧羊人》中的橡子等。现在的学生大多远离乡村生活,所以对活跃在乡间草丛的蟋蟀、生长在农田果园的橡子少有印象,甚至是一无所知。与其生硬地从形态、生长特性等生物性状来解释,不如用生动形象的插图来帮助学生理解。在观察实物图的基础上对事物有了基本的理解,之后才能了解作者的写作

意图。一如蟋蟀是鲁迅儿时童趣的显现,而橡子是作者的行文线索,贯穿全文并且最终由颗颗橡子变为棵棵橡树,揭示出孤独者的幸福的主题。

三是情节图,即与故事情节相配合的插图,主要分布在文中和文后。首先,分布在文中的图多为文本精彩内容的呈现,学生在读完该段文字后可以在插图中加深对文字的理解和对文章情感的体悟。比如部编版七上《再塑生命的人》中莎莉文老师与海伦·凯勒交谈的画面,两人的笑容正是莎莉文老师耐心教育与海伦·凯勒逐渐找到自信的结果。研读完文字后去看图,对课文表达情感的把握会更加深刻,再读课文时也就更容易做到"披文入情"。其次,分布在文后的图多为整篇课文的故事内容的再现,有利于学生在插图的帮助下完成对全文内容的概括总结,提高学生的抽象概括能力。比如部编版七上《陈太丘与友期行》中的插图,图中的地点是陈家门外,画面内容是陈太丘的儿子与坐在牛车上的陈太丘之友在对话,有地点、有人物,再加上学生的情节总结,即可完成对这一短篇文言文的内容概括。

无论是风景图、实物图,还是情节图,也无论插图的位置是在文中还是文后,我们都应根据教学实际来合理选择,充分利用文中插图使之成为课堂教学的重要媒介,以此激发学生学习兴趣,活跃课堂气氛。

三、解读教材插图,寻找读写结合的新途径

读写结合作为语文阅读教学中的重要手段,也是语文教师非常热衷的教学方法。而对读写结合之"读",一般认为是读文字,读由文字组成的文章,却忽略了除了文字可以读之外,图也是读的重要对象。

鲁迅先生就曾为自己非常推崇的德国女画家凯绥·珂勒惠支的多篇画作配了十分精彩的文字,这样将绘画语言转换为文学语言,为我们将教材中的插图变为文字,使其成为读写结合的新媒介提供了重要借鉴。而部编版中的插图相较于原先的人教版、苏教版等有明显的更新和增加,这些变化,更值得我们好好利用部编版中的插图。

说明文的写作目的是使人有所知。通过课文插图对学生进行说明文训练是"读写结合"的一个好办法。就如要求学生给插图写上说明性文字,使未看到这幅插图的人能够清楚知道画面内容,让善于作画者根据说明文字再现该插图,便是利用插图学写说明文的精髓所在。此外,需要格外注意的一点是,既然是使人有所知的说明文,那么说明文字应当保证客观,尽量不要用具有主观色彩的语言来干扰读者。

以部编版七上课文《从百草园到三味书屋》中提供的三味书屋正厅的水墨画为例。由高挂的"三味书屋"横匾至匾额下大大的一幅梅花鹿伏于古树下的画卷,再往下则是立于书案右侧、紧邻画卷的寿镜吾老先生的像,一一说明。正对面是一张方桌,桌上摆放着一摞书与一个文具盒,客座共6个,列于两侧。鲁迅的座位排在北墙边,是一张带抽屉的长方形桌子,桌子后面还放着一张略显低些的椅子。简而言之,学生可以根据一定的空间顺序,如按由高到低、从左到右、先远后近或先近后远,有序变换视角,用文字将画面内容层次清晰地表现出来。

而记叙文的写作目的是使人有所感,是要以一件完整叙述的事件使读者产生情感共鸣。而一幅插图对故事的呈现显然无法完整,它只能选择最精彩的一瞬间来绘制。① 那么,将记叙类的插图改写为文字,就需要读者去想象这一瞬间之前与之后的内容,否则记叙文的完整叙述性就无法实现。这样的改写方式,实质是借鉴了倒叙的写作手法,也是用插图来学写记叙文的关键所在。

以部编版七下课文《台阶》中父亲坐在台阶旁的侧影图为例。学生可以从老人的侧影入手,从这"一瞬间"展开,描写老人的外貌、衣着、神态、动作,再由人及景,介绍老人身后的台阶。然后对远眺的老人展开想象,思考他在想些什么,在这之前又发生了什么。同时还要将对老人的想象与台阶的由来结合起来,不然老人与台阶就成了两个分裂的个体,故事的叙述也无法完整。最后展望老人与台阶的未来,即老人思考后对台阶、对自己有了什么样的想法。这样,一篇以倒叙来结构全篇的记叙文也就呼之欲出了。

由此可见,我们对教材的利用不能仅仅停留于课文文字,还应在充分理解课文的基础上,对插图展开解读,并在插图的解读中学习谋篇布局与表现手法,使其成为读写结合的辅助途径。

总而言之,插图作为语文教材助读系统的一员大将,如何真正用好,使其成为语文教学的点睛之笔,是我们的重要关注点。鉴于部编版初中语文教材投入使用时间不长,很多语文教师都在摸索中前进,有的可能会借鉴网上的所谓"优秀教案",有的可能仍然沿用自己以前设计的同课文的教案。那么在这一过程中,部编版初中语文教材助读系统本身提供的教学凭借往往很容易被忽视。因此,教师应当养成从教材中挖掘教学凭借的自主意识,并充分利用好教材给予的以插图为代表的多种教学凭借。

当然,在利用插图成为语文阅读教学的重要凭借的过程中,还有一点尤其需要注意,即切忌喧宾夺主。我们不能忘记语文课程的根本性质是"一门学习语言文字运用的综合性、实践性课程"②,必须明确教材插图只是帮助学生咀嚼语言文字的辅助媒介,不能把语文课上成美术课。只有这样,语文教师才能在语文教学的道路上摆正方向,不致堕入网上多而杂乱的"歪门邪道"。

(原载 2019 年 01 期《新课程研究》)

---

① 王家伦.改写训练,提高写作能力的有效途径(之二)[J].中学语文教学参考,2008(11).
② 王家伦.改写训练,提高写作能力的有效途径(之二)[J].中学语文教学参考,2008(11).

另类的边塞佳构
——王维边塞诗的美学探析

苏州市相城区蠡口中学　宁建英

唐代山水田园诗人王维，写过一些风格迥异于时代的边塞诗。如选入中学语文教材的《使至塞上》就是其传颂千古的边塞诗代表作，该诗生动地彰显了王维"单车长驱向居延"的豪情，传承了"燕然勒石"的报国精神。他在同一时期创作的边塞诗也是这种风格，该风格与唐代其他边塞诗常见的表现边地环境的恶劣、将士们的孤独抑郁、诗人们的无边乡愁截然不同，因此，学者王明居在《唐诗风格美新探》中说：王维的边塞诗"既有冲淡之美，又有绚烂之美"。

一、创作路径的冲淡之美

如果说山水田园诗的创作与边塞诗的创作是两种完全不同的路径，那么王维就是尝试用创作山水诗的路径来写边塞诗的第一人。

众所周知，唐代边塞诗人在创作边塞诗时多用叙事，而山水田园诗人则多用写景，因此边塞诗通常事多景少，山水田园诗则事少景多。诗人们在创作边塞诗时，当然也会描写自然景物，但其中往往掺杂边地风物，如高适《营州歌》中的"狐裘蒙茸猎城下"，又如岑参《走马川行奉送出师西征》中的"一川碎石大如斗，随风满地石乱走"，可见，一般而言，边塞诗中离开人事和战斗的纯自然景物是很少的。不过，边塞诗中有时也会着重凸显纯自然景物，如岑参《白雪歌送武判官归京》中的"瀚海阑干百丈冰"，但这些景物基本上只是在叙事中烘托氛围，它们常常会被叙事打断，以至于难以构成整体的画面空间。

难能可贵的是，王维将山水诗的冲淡之美导入边塞诗创作，开创性地让边塞诗拥有了整体画面空间。如《使至塞上》首联即叙事："单车欲问边，属国过居延。"全句语气平淡，却为后面整体画面空间的构建提供了事实依据。一个"单"字，为全诗奠定了悠然宁静从容的基调。毫无前呼后拥、车辚辚马萧萧的威仪，而是轻车简从，这充分说明诗人在安全出行方面的满满自信，同时也为展示大漠之静美埋下了伏笔。颔联"征蓬出汉塞，归雁入胡天"，有人认为蓬草暗示了诗人在抱怨出使边塞的漂泊之苦，其实不然，因为与多数命运多舛、颠沛流离的边塞诗人相比，此时此刻的王维还没有这种痛苦经历。"征蓬"只是在呼应"单车"，诉说那么一点孤寂之情。毕竟面对着茫无边际的戈壁沙漠，每一个中原人都会产生孤独感和恐慌之情。然而诗人是代表朝廷去慰问在边疆浴血奋战、保家卫国的将士的，比起他们经历的艰苦，诗人自己的奔波之苦就完全可以忽略不计了。可见作为敢于领命出塞的诗人,王维细致入微的感知能力生来就不同于高适、岑参这类边塞诗人。因此,他才能把《使至塞上》写得那么寂静平和、悠然深远。颈联"大漠孤烟直,长河落日圆"则支撑起了全诗的整体画面空间:辽阔的沙漠向远方不断伸展,给人以广袤深邃的感觉。在这一平面构图的基础上,王维通过"孤烟直"三字,又增加了画面的立体感。"孤"字写出了边塞人烟稀少的特点。"长河"曲折蜿蜒地横躺于画面正中,将构图分割为两个部分,使整个画面既灵活又不显得呆板。更妙的是"落日圆"三字,又给被长河一分为二的画面,一致性地抹上了和谐而淡然的暖色调,从而使整个画面彰显出浑然一体的气势。本诗的尾联"萧关逢候骑,都护在燕然",又回到了叙事。既然首联提及出塞使命,总不能历经一番辛苦来到边地只为欣赏一下异域风光吧?一般的诗人此刻都会着重表现犒劳军队的壮观热烈的场面。然而王维却没有在预期的相聚地——萧关见到唐朝军队的最高指挥官——都护,作为钦差宣抚使,他一定很遗憾:是继续前进完成使命,还是到此为止留下慰问品,诗人留下了一个很平淡的悬念。岑参在《白雪歌送武判官归京》中用"山回路转不见君,雪上空留马行处"煞尾,用描绘景色给以叙事为主的"主流"边塞诗留下了一个隽永的结尾;而王维则不同,他用悬念叙事为以写景为主的"另类"边塞诗作结,不仅拥有隽永之美,更平添了冲淡之美。

王维出塞后写的另外一些诗,也是通过白描手法勾勒边塞重点景物,集体彰显了王维边塞诗创作路径的冲淡风格。如《从军行》中的"日暮沙漠陲,战声烟尘里";《送张判官至河西》中的"沙平连白雪,蓬卷入黄云";《送刘司直赴安西》中的"绝域阳关道,胡沙与塞尘。三春时有雁,万里少人行"。这些诗句都与"大漠孤烟直,长河落日圆"一样,支撑起了全诗的整体画面空间,它们都从大处着墨,几笔勾勒出了塞外辽阔雄浑的整体轮廓,给人以冲淡悠远的美感。

二、表现主旨的绚烂之美

王维的边塞诗,不仅仅以白描勾勒胜,更能从写景之余的叙事中溢生出绚烂慷慨的主旨之美。这一点则更切合于诗歌美学之本体特质。比如他的《陇西行》:"十里一走马,五里一扬鞭。都护军书至,匈奴围酒泉。关山正飞雪,烽戍断无烟。"王维没有像大多数边塞诗人一样致力于正面描摹战争,而是选取"报送军书"这一细节做片段描写。虽然仅仅是"飞马告急"的片段,但日夜兼程、勇往直前、快请援兵的状况及援军出动、里应外合、全歼敌军的情景却能在读者脑海中浮现。这就是王维营造的"景外之景",彰显了该诗的广阔空间美。而且诗中的悬念与蓄势,充满了戏剧效果,形成了起伏跌宕的气势,让人的情感得到自主参与的、积极代入的调动,感受到区区片段中巨大的情感容量,所以张戒在《岁寒堂诗话》中称赞王维这首边塞诗主旨的绚烂之美"不减太白"。

当然《使至塞上》的主旨所表现出来的绚烂之美则更有代表性。然而一直以来人们对《使至塞上》所表现的主旨没有进行历史的、深入实际的探讨,导致许多评论鉴赏误解了王维的感情,降低了全诗的思想意义,忽略了作品的美学价值。

多数诗评在概括《使至塞上》的主旨时着重于强调"塞外荒凉的景象,将士生活环境的凄凉","诗人被朝廷排挤出京的愤激与抑郁","单车问边的孤寂","烽烟只有遇到敌警时才点燃,说明军情紧急",等等。

实际上"孤烟"即唐代的"夕烽"。夕烽是傍晚时点燃的、给将士们报平安的边塞烽烟。杜甫就曾经写过一首《夕烽》诗:"夕烽来不止,每日报平安。塞上传光小,云边落点残。"唐代用烽火来报平安与报敌警是有区别的,报平安只点燃一道烽烟,所以是孤烟;而报敌警必须点燃三道烽烟,如唐代薛逢在其诗《狼烟》中写道:"三道狼烟过碛来,受降城上探旗开。"

明确了大漠的"孤烟"即"平安火",那么尾联"萧关逢候骑,都护在燕然"所彰显的意旨也就清晰了:战线已经推向了敌军的腹地,唐朝军队将重现汉朝"燕然勒石"的辉煌战绩,这对朝廷来说是突如其来的更大更好的消息。查考史籍可以发现,王维所说的"都护在燕然"其实指的就是在与吐蕃争夺河西走廊的战斗中,唐军又打了大胜仗。身为宣慰使的王维正因此而前往慰问全军。"单车"就可以"问边",正说明作为使者的王维很有安全感,可见他所在的边地已经处于宁静和平的环境;"汉塞"与"胡天"浑然一体,暗示了唐朝疆域的广袤辽阔;"落日"温暖,"孤烟"悠悠,更彰显了恬静祥和的升平气象;都护在"燕然山"刻石记功,此处引用典故暗示唐军刚刚获胜,强敌已经遁逃……全诗展现了盛唐人才有的开阔博大的胸襟,洋溢着盛唐时才有的所向披靡的声威,结句跌宕着胜利的喜悦和爱国的热忱,满满的民族自豪感扑面而来。

全诗从险峻的"汉塞"和辽阔的"胡天",写到广袤无垠的"大漠"和蜿蜒奔腾的"长河",再写到巍峨雄踞"萧关"和象征胜利的"燕然山",不管是虚写,还是实描,都彰显出一种博大与雄浑之美。这正是王维边塞诗中所承载的盛唐气象。他舍弃了戍堡残亭等局促的边地景物,传递出了"纵横天地间"的悠悠浩气;他舍弃了胡笳羌笛等低回的凄楚边声,抒发出了"龙城飞将在"的勃勃豪情。全诗意境雄浑,宏阔磅礴,充满绚烂之美。

王维的其他边塞诗同样不遑多让:如《从军行》中的"吹角动行人,喧喧行人起"及《送赵都督赴代州》中的"万里鸣刁斗,三军出井陉",这些诗句都描写了唐军出征的场面,号角声、刁斗声、行人声,交织成威武雄壮的乐曲,展现了将士们先声夺人、所向披靡的气势,其主旨的绚烂之美跃然纸上。当然绚烂之美在《燕支行》中还有更大的表现空间:"画戟雕戈白日寒,连旗大旆黄尘没。迭鼓遥翻瀚海波,鸣笳乱动天山月。"王维运用一连串夸张手法,大力渲染了唐军"战鼓摇沙海,笳声震山月"的声威与气势,从丰满的色调、热烈的氛围、雄健的动态等诸多方面展现了该诗主旨的绚烂之美。

综上所述,王维的边塞诗"既有冲淡之美,又有绚烂之美",在盛唐边塞诗中,迥异于其他诗人创作的边塞诗。王维的边塞诗拥有的美学价值,能引起不同时代、不同层次的读者独特的审美体验,能使他们不约而同地产生审美愉悦。这在边塞诗歌创作史中,是不多见的,值得人们做进一步的探讨。

"三微":初中作文教学的有效途径

苏州市相城区春申中学　刘　明

虽然作文教学越来越引起广大一线教师的重视,关于作文教学的研讨也在各地风生水起,但是大部分教师对于作文教学仍处于迷茫之中,作文教学收效甚微。究其原因,一方面是由于一些语文界的学术权威对作文指导持否定态度,许多让人仰望的大师精品课堂基本围绕阅读教学,基层教师缺少学术的引领。另一方面是由于语文教师良莠不齐,很多人常年辍笔,个人很难有文质兼美的文章,学生缺少教师的引领。再加上城市化生活导致的学生生活经验简单化和应试制度导致的生活经验单一化,学生很难有生动深情的佳作。

基于这样的作文教学现状,近年来,笔者带领本校的语文团队致力于有效作文教学的探索,实践作文"三微"教学,成效显著。下面以笔者在苏州市相城区与南京市秦淮区作文教学研讨活动中的一节展示课《让笔下的人物个性鲜明起来》为例,具体阐释作文"三微"教学的实施策略。

一、微角度:教学目标明确

微角度,就是一节作文课切口微小。每一节课教学设计主要基于学生文章中存在的细小问题,寻找一个教学点进行教学思考,组织写作活动。如《让笔下的人物个性鲜明起来》教学设计就是基于前一篇学生习作《_____的人》中存在的人物描写相近、人物形象相似的共性问题。

笔者选择了学生习作的两个片段:

那深陷的眼珠,干裂的嘴唇及那如爬满了一条条蚯蚓似的血管,都揭示了其龄之大。那饱经风霜的脸上刻满了皱纹,仿佛一个个干涸的溪流记载了她一生的不易与辛酸。

(《轮椅上的人》)

她消瘦而憔悴,白雪般的头发有丝零乱,脸上有些很深的皱纹,好似岁月流淌过的长河。眼眸深深陷在眼窝里,悄悄地诉说着岁月的沧桑。

(《银杏树下的老人》)

先让学生自由点评这两段文字,学生一致认为两位同学关注细微、巧用比喻、描写细腻、文笔生动。在此基础上笔者再启发学生思考:两位同学笔下的人物有什么共同的特点?学生用苍老、沧桑、饱经风霜来形容。笔者再进一步追问:笔下的人物呈现出共同的特点,苍老、沧桑。那描写的方法有没有什么共同的地方?学生敏锐发现两段文字都是通过皱纹、眼睛来刻画人物。笔者顺势归纳:"是的,这两段文字所呈现出来的是相似的面孔。我们笔下的人物失去了个性,写母亲往往都是眼角布满细细的鱼尾纹;写父亲常常都是宽厚结实的背;写老爷爷喜欢突出青筋绽出;写老太太大多是满头银霜。千篇一律,千人一面,人物失去了灵性,很难留给读者深刻的印象。"由此明确本节课师生活动需要解决的问题:如何让笔下的人物个性鲜明起来。这样的作文教学设计需要执教者对学生文章进行精细的阅读,诊断问题,明确有价值的教学点,精选最佳学生作文材料,基于学生文章切入课堂教学。这样的教学切入口从小处着眼,容易激发学生的思考,引起学生的共鸣。

微角度,就是一节作文课目标微小。践行一课一得的教学原则,一节作文课,就要追求教学目标明确、具体、集中。摒弃传统的作文教学三维目标,重点指导写作方法、训练写作技能。

如笔者将《让笔下的人物个性鲜明起来》教学目标定位为:通过此次作文指导,学生能通过标志性的行为方式、口语化的言语方式来凸显人物个性,并升格个人习作《_____的人》。教学重难点紧扣教学目标:学生学会通过标志性的行为方式、口语化的言语方式凸显人物个性。

再如《如何写雨景》是作文《雨中情》的升格指导课。教学目标定位为:通过此次作文指导,学生能学会抓住雨中的某一景物来表现雨的特点。这样的教学目标基于学生文章中存在的问题,指向性明确,又极具针对性和操作性。教师明白"教什么",学生明白"学什么",作文教学才可能有效。美国微格教学的一个特点就是训练目标单一,只注意一种技能,使被训练者容易掌握、指导者容易评估。作文教学从"微"入手,一节课重点掌握一种写作方法、训练一种写作技能,学生也容易掌握,教师也容易对课堂教学的有效性进行科学评估。如果能持之以恒,形成作文教学序列,汇编作文教学案,攒零合整,定能极大提升作文教学的效益。

二、微材料:教学内容简约

微材料,就是教学活动过程中所使用的篇幅短小的案例材料。很多教师在作文指导课上,喜欢以整篇文章为例,或带领学生归纳佳作的众多亮点,或引导学生寻找文章的诸多不足。哪怕一节课为重点解决一个问题,如材料详略处理、文章结尾写法等,教师大多也喜欢从整篇文章出发,而指导后的升格练习也从整篇文章入手。所以很多教师总觉得作文教学费时费力,教学时间紧促,教学任务难以当堂完成。使用篇幅短小针对性强的微材料,省时省力,教学效果显著。

如《让笔下的人物个性鲜明起来》,学生掌握通过标志性的行为方式凸显人物个性,就是根据微材料"又是一个傍晚,她依旧坐在病床旁,双脚规矩地并拢在一起,双手整齐地放在大腿上,面色容和地与病床上的男人交谈着。……她又回到了那病床旁,规规矩矩地坐着,手掌不停地抚摸着床单,平静又柔和地看着男子。"(《坐在病床旁的人》)学生掌握通过口语化的言语形式凸显人物个性,也是根据微材料"'阿吃过了?''吃了哇,上咯饭店。''路口那家今天办喜事,真热闹。''是咯,是咯,是我侄子。''蛮好,蛮好。'"(《穿橘色马甲的人》)前一则材料通过"容和"的神情和"规矩"的动作表现人物的拘谨与慈爱;后一则材料通过地方方言来表现人物的热情淳朴。所选两则材料虽然篇幅短小,却是用来指导学生写作的很好范例。

微材料,就是教学活动过程中所使用的案例材料源于学生。很多教师在作文指导课上,喜欢用名家名篇中的语段为例,带领学生鉴赏文学大师作品的精妙之处,模仿文学大师作品的高超技法。如通过萧乾《枣核》的最后一个自然段学习"如何在记叙中结合议论",通过鲁迅《从百草园到三味书屋》中对百草园的描绘,学习"写景要按照一定的顺序"。笔者对此无可厚非。但如果能放低姿态,捕捉学生文章中的亮点,发现平凡材料中的不平凡,以学生习作为例,更能降低作文教学的难度,降低学生学习的难度。特别是我们教材中的一些经典名篇和学生有一定的时空距离,有一定的文化及情感隔阂,学生大多描其形而难绘其神。同龄人有相近的生活背景、相似的心理特点、相仿的情感需求,他们在读者意识上也有共鸣。以同伴习作为例,既可以直接以此作为范文材料,供学生赏析,如前面所列举的两则微材料《坐在病床旁的人》《穿橘色马甲的人》就是笔者所任教班级里学生的习作片段;也可以以此作为修改材料,供学生练笔。如《让笔下的人物个性鲜明起来》教学案例中,课堂实战练习环节中所使用的材料也是源于学生的文章,"我不好意思地低下头说了声'谢谢'。他说:'没关系。''你是干什么的?''我是一个农民工。'"让学生尝试运用本节课所学方法修改升级,凸显农民工形象。以同龄人习作为作文教学素材,发现学生的长处,易于正面激励,促进学生投入写作;打破与名家经典文章的隔阂,考虑中学生的写作心理特点,易于调动学生参与课堂,提高写作的信心。当然,执教者在选择学生作文中的材料时要仔细慎重,必要时须进行适当的修改加工,让材料真正为教学服务。

作文教学中使用微材料,可以使课堂教学内容简洁明了。避免大面积的文本阅读,符合初中生的阅读心理。在与同龄人对话中亲近写作,学生学习兴趣会更浓厚,课堂教学自然会更有效。

三、微练笔:学习活动简单

微练笔,就是进行简短的片段写作。张志公先生曾说:"一段是一篇的具体而微。""几乎可以断言,能够写好一段,一定能够写好一篇。反之,连一段话都说不利落,一整篇就必然夹缠不清了。"至于片段写作训练的价值,笔者不再赘述。"三微"教学就是在明确一个具体而微的写作问题后,从篇幅短小的片段材料中探究归纳行之有效的方法技巧,然后再进行3~5分钟片段写作训练,来运用巩固并检验目标的达成情况。选择的片段可以是学生习作中的语段,同学们一起修改升级。前文提到一段"我"与"农民工"的对话,笔者明确升格要求:"运用今天老师教给你们的一点小小的方法,能不能通过人物标志性的行为方式,如无意动作、习惯神情;人物口语化的言语方式,如特有的语气,地方方言,让农民工的形象鲜明起来。"这样的片段写作针对性强,直接指向教学目标,把知识的传授与能力的训练紧密结合。学习活动简单有趣,从学生的生活与经验出发,易增强学生写作的信心,提高练习的效果。笔者选择了两位同学的文章投影并组织学生点评。

  片段一:我不好意思地低下了头,说了声:"谢谢。"他哈哈笑了起来,挠着脖子说:"这个又没关系的喏,你拿去用了哇!""你是干什么的?"他又笑了,咧开了厚厚的嘴唇,露出黄色的牙齿,又挠起了脖子。"我嘛,就是个农民工呀!"

  片段二:我不好意低下头,说了声:"谢谢。"他愣了一下,随即摸了一下鼻子,脸上带着不好意思的笑容,说道:"不用谢。""你是干什么的?"他微红着脸,又摸了摸他那微黑的鼻子,慢吞吞地回答我说:"俺是一个农民工。"

  实践证明学生已有意识地将所学的方法技巧运用于个人的写作,并取得了一定的成效。"不积跬步,无以至千里;不积小流,无以成江海。"作文教学亦是如此,只有从点开始,反复实践,方能成为一种习惯。吕叔湘先生认为:"从某种意义上说,语言以及一切技能都是一种习惯。凡是习惯都是通过多次反复的实践养成的。"所以仅仅课堂上展开一个语段的情景练习是远远不够的。限于教学时间,教师可以布置与本课教学内容相对应的片段写作让学生课后练习。在阶段时间内,在新的教学内容前,可间隔性练习实践,将方法技巧内化为能力,提高学生的写作水平。

  微练笔,就是进行同题的反复写作。梁启超先生主张:"每学期少则两篇,多则三篇,每一篇要让他充分地准备,使他在堂下做。看题目难易,限他一星期或两星期交卷。"主张作文少做,做就要做好。三微教学也倡导作文微量,提倡一篇文章的反复修改升格,且每一次修改主要围绕一点。如《让笔下的人物个性鲜明起来》作文指导课上,学生运用本节指导课上所学的知识和方法修改文章《_____的人》中的人物描写,使人物个性更加鲜明。且文章修改不是一下子全篇修改,而是选择1~2处语段修改,教师引导学生比较修改前后的不同,如修改后"豆腐花哎——,买豆腐花哎——"比原句"买豆腐花!"更体现人物的淳朴,更有生活气息。如课堂教学时间有限,也可让学生课后修改升格,教师或同学提出评价意见。这样的作文教学,学生在简单的学习活动中明白作文"好"在哪里,在教师的指导和同伴的协助下逐步提高自己的写作能力。

  特级教师钱建江认为"教得完整,不如学得透彻"。三微教学从小处着眼,细处入手,精细教学,精致教学,将作文指导落到实处,重视学生语言构建与运用,利于学生思维发展与提升,能促进学生审美鉴赏与创造,是提高初中作文教学效益的有效途径。

中职作文教学要让学生有话可说

苏州高等职业技术学校　丁　松

中职学生在写作文时,普遍存在的一个现象就是不知道该写什么,即使作文要求明确,教师分析透彻,可是在落笔时学生仍感觉无从下手,"腹中空空如也",这其中有许多主客观方面的原因,如学生语文基础薄弱、缺乏写作热情、阅读量少、重专业而轻基础等。面对这种困境,教师该如何打破呢?

一、找准出发点

叶圣陶先生曾经说过:"写作就是说话,为了生活上的种种需要,把自己要说的话说出来;不过不是口头说话,而是笔头说话。各人有他要说的话,我写作就是我说我的话,你写作是你说你的话,并没有话而勉强要说话,或者把别人的话拿来,当作自己的话,都是和写作的本意相违反的。写成的文字平凡一点,浅近一点,都不妨事;胸中只有这么些平凡的经验和浅近的情思,如果硬要求其奇特深远,便是勉强了。"①从叶老的这段话我们可以看出:第一,写作文就是说话,只不过是用书面语来"说";第二,说话是个体的表情达意,写作文同样也是;第三,写作文不必一味地追求奇特深远,只要从个体实际情况出发,语意明确、态度观点鲜明即可。所以,当我们在进行作文教学时,要根据学校的性质和学生实际情况,让学生有"话"写,愿意写,学会写,有了这样的认识,我们的作文教学便好操作,好设计。

因此,我们的作文教学要从实际出发。

第一,降低作文要求。中职的学生虽然经过了三年初中的语文学习,但语用能力并没有提高多少,经过了中考的筛选,这些学生的语文学习基本已趋于定型,由于没有良好的基础,学生不可能写出符合各项要求的高质量的作文,过高的要求不仅让学生写得痛苦,老师批改得也痛苦。

正在实施的《中等职业学校语文教学大纲》在基础模块中对学生写作提出了这样的要求:"篇章写作,做到符合题意,中心明确,思想健康;选材得当,结构完整,语句通顺;书写规范,不写错别字,正确使用标点符号。"②可以看出,大纲对学生的要求还是比较低的,学生只要达到大纲的要求,就是一篇合格的作文。

---

① 叶圣陶.叶圣陶论语文教育[M].河南:河南教育出版社,1986:81.
② 中华人民共和国教育部.中等职业学校语文教学大纲(2009年版)[S].北京:人民教育出版社,2018:2.

第二，走出应试，书写自己。初三的生活，用学生自己的话来说就是"水深火热""惨不忍睹"，虽然我们国家强调了很多年的素质教育，但到最后仍然抵抗不过中考时的一张试卷，学生在各种压力下，拼命地"学习"，为的就是中考能考一个好成绩，在这种情况下，个性被掩埋在了共性里，面对遥遥无期的分数，部分学生选择了放弃，不是他们不够优秀，只不过是没有他们展现全部才华的舞台。

大部分中职学生的思维还是挺活跃的，话也很多，平时在和他们相处的过程中，我们会发现一个普遍现象：男生爱谈游戏、足球、篮球；女生爱谈时尚、饮食、明星。他们对以上这些内容的关注和了解，我们教师有时反而会自愧不如，真的是"术业有专攻"，为什么呢？因为他们对这些感兴趣。所以，何不好好引导一下，让学生把自己感兴趣的东西说出来、写下来呢？

第三，根据学生不同的个体情况布置作文内容。还有一点不容忽视，就是学生个体的差异性，大部分学生能够根据教师的要求，完成相应作文，但仍有个别学生会对写作文显现出很大的畏难情绪，面对这些学生，我们的作文题目要单独布置，具体要求则要更加简单和浅显，比如字数上少一些，表达方式以记叙为主，以常见的具体事物为写作对象，清楚而准确地说出来即可。

二、专业定位

为了让学生的作文有话可说，我们还可以从写作方法上好好推敲一下，选取一些符合学生实际、操作性强、简单、学生愿意尝试的方法，达到事半功倍的效果。

中职学校的课程以专业技能课为主，目的是培养符合社会需要的应用型技术人才，因此，我们的作文教学设计可以好好利用这一点，根据学生所学的专业，进行角色扮演，把对本专业的认识在作文中体现出来，这样既检验了学生的专业知识水平，又锻炼了写作能力。

如下面一篇学生习作：

我对物流专业的认识

初中毕业后我步入高等职校，起初填志愿时认为物流是一个大企业较缺乏的专业，相较而言毕业后会更容易找到工作，其次是因为与家里有很密切的关系。就这样我选择了物流专业。

开始时，对这专业内容都不是很了解，当别人问我是什么专业时，我答道物流，别人下意识的反应是送快递，而我连送快递这个物流中的一个环节的工作情况都不了解，可见我对物流这个专业的生疏。

通过近阶段的学习，对物流概念的认识也不像以前那样懵懂无知。上课时老师给我们从物流的概念，到物流企业管理，再到顾客服务管理及如何做到绿色物流等讲起，从简到难……

这学期主要学习仓储管理实务与运输管理实务，主要学习的是物流活动中的仓库储存和运输。老师给我们介绍各种物流设备，其中装卸堆码设备有桥式起重机、门式起重机、叉车;搬运传送设备有皮带输送机、电梯及手推车;成组搬运工具也有托盘、集装箱。这些仓储设备提高了仓储的工作效率,更好地方便物流运输……

老师还和我们分享了她在实习期间在顺丰快递公司的感悟……让我也有了想到公司去体验一把的感受。

学习,永无止境。即使未考上高中也还是需要进一步通过学习提升自己!

学生一开始真实地说出了对学习物流专业的想法——好找工作,家里需要。但对于具体什么是物流,学生却回答不出来。后面的内容讲了对物流课程的具体认识、专业知识的阐述,可以看出这个学生对物流概念有了一定的了解。最后任课教师的经验分享,让学生对未来的工作具有了某种憧憬。这篇作文虽没有华丽的辞藻,部分语句甚至还存在语法问题,但整体读下来,让人感觉很真实,是学生真实想法和情感的流露,有了这些内发的感受,并把它落实在了文字上,我们作文教学的目的就达到了。

目前各个中职学校都开设了很多专业课程,每个专业课程都有自己的特色,我们可以根据这些专业课程的特点,让学生或对本专业进行介绍,或对工具使用进行说明,或对产品成果进行描述,或对职业定位进行分析,或对同行业进行比较,或对职业生涯进行规划,等等。这里可以进行作文训练的内容很多很多,我们应该好好把握这一资源。

三、利用自媒体有益补充

QQ、微信、微博,这些顺应互联网而生的社交平台,和我们的生活越来越密切,在这些平台上,每一个人都可发布内容,或抒发情感,或表达观点,或传递信息。我们可以好好利用这些自媒体,把我们的作文训练融入其中。

如学习了《回忆鲁迅先生》这篇课文后,笔者在班级 QQ 群里布置了一个写作题目:"你看像不像,猜猜 TA 是谁。"要求运用语言、动作、肖像等描写方法描写班上的一位同学,体现这位同学的特点,200 字左右。学生根据课上学习的关于写人的知识和对同学的观察,纷纷上传了自己的作品:

我的这位同学有两个特点,一是学习认真、成绩优异,每次考试不是第一就是第二,和她在一起,我都会受到她的熏陶,不用功都不行。第二是她的下巴,她的下巴的形状跟我们下巴的形状不大一样,像希腊字母中的 ω(欧米咖),中国人也把这种下巴称为"美人沟下巴"(据说拥有美人沟下巴的人会非常的迷人和性感)。

这段语段主要抓住了同学的下巴这个肖像特点。

他,有一双不明显的双眼皮,眼角微微耷拉着,戴着的一副黑框眼镜遮住了他面孔的三分之一。他的体型有点胖,走起路来也是摇摇晃晃的。跑步的样子甚至可爱,如同一只憨态可掬的大熊猫。他打篮球的样子十分帅气,双腿微屈,右手轻轻一勾,球就从他的手中跃到了篮筐里。所以说,认真的男孩子是最帅气的。他很可靠,拜托他的事他都能做到,他是个幽默的人,跟他在一起你不会感觉无聊,有时候他会故意捉弄你,然后自己捧着肚子笑得前仰后翻——他的笑声特别独特,听到后你会情不自禁地跟着他一块儿笑。他还会在课上唱歌,自我沉醉。大家来猜猜,他是谁?

这段语段抓住了同学的肖像和身材特点,尤其是打篮球的动作描写,很好地体现了这位同学的性格特征。

　　她有着一张略带稚气的脸庞,长长的睫毛非常漂亮又令人羡慕,虽然她的眼睛不大,但是眼珠非常漂亮,就好似黑曜石一般。我最喜欢的是,她的笑声非常具有魔性,遇到开心的事情总是"嘿嘿嘿"一笑。她跟我同样是排球社的成员,她个子不高,但小短腿跑得很快,每次捡球的时候,她总是蹦蹦跳跳地去,然后又蹦蹦跳跳地回来,每次看她捡球,我都在后面笑得前扑后仰,等她回来之后看到我们笑得那么开心,她也是"嘿嘿嘿"地笑着说:"怎么了?"然后我们笑得更欢了。介绍到这儿,不知道你们有没有猜出她是谁?

这段语段抓住了同学的笑声和跑步的动作特点来体现,让人看后不免会心一笑,马上猜到描写对象是谁。

　　在班级 QQ 群里,学生们的发言非常积极,有的点评,有的调侃,气氛非常欢快,所有人都希望自己的作品得到高分与好评。笔者则对他们的作品进行认真点评,提出修改意见,并鼓励作者继续努力。原来写作文还能用这种寓教于乐的方式。通过这种方式,运用简短的文字,以达到快速交流、及时反馈的目的,这是对我们传统课堂作文教学的一个有益补充。

　　学生进行写作训练,归根到底还是需要教师来设计、来主导的,教师就像导演一样,设计着每次作文训练的内容和方法,我们的目的是让学生在写作文时有话可说,并在有话可说的基础上逐步提高写作能力。希望以上的探讨能帮助我们在作文教学时走出学生"不会写,写不出"的这个困境。

增强衔接意识　指导学生写好记叙文探赜

苏州市相城区东桥中学　叶　婷

记叙文是记叙人物、事件经过和发展为主的文体,在记叙文创作中,不仅要交代清楚记叙文的六要素等内容,还要展现出更为饱满的人物形象,体现出一定的思想内涵。在初中语文写作学习中,学生一般都以记叙文创作为主,到了高中阶段,学生的思辨能力有所提升,因此,开始尝试创作议论文。但是这并不是说学生就要放弃记叙文创作,如果能提高观察能力、写作技巧,在高中阶段则能创作情绪更加饱满、意味更为深刻的记叙文。这样的记叙文能更好地唤起读者的共鸣,因此,有较强的艺术效果。

一、引导观察,提升表达能力

在初高中衔接阶段,指导学生撰写记叙文的过程中要引导其逐步学会观察,提高自己的表达能力。学生可以尝试从多角度入手展开描写,以人物描写为例子,不仅要写出人物的肖像、语言、心理、动作,还要将这几个元素融合在一起,创作出符合生活实际的真实的人物形象。

在尝试创作《最熟悉的陌生人》这篇作文的时候,鼓励学生尝试观察一下那些生活中"抬头不见低头见"的熟人,虽然经常看见这些人,但是并没有深刻的接触,那么这些人的身上是否发生了什么耐人寻味的事情呢?这样的作文主题能促使学生积极展开观察,尤其是注意生活中容易被忽视的人、事、物。如有学生以小区门口的清洁工为写作的题材,他发现其他清洁工在清扫的过程中都面无表情,甚至带着一种不耐烦的心理,但是这位清洁工每次都带着笑脸,在一个下雪天,还将清扫出来的雪块堆积成了小猫、小狗的造型。该学生从这名清洁工的身上感受到了一种乐观开朗的精神。就应该鼓励该学生着重观察这一人物形象,并从其在清扫时的表情、具体的清扫动作等角度入手展开写作。在写作时还可以猜测一下该清洁工为何始终保持着乐观开朗的心态,能给自己怎样的启迪。

如果学生能提高观察能力,创作出更鲜活的人物形象,那么不仅能让人物的刻画变得更加饱满,同时还会使得文章的主题也得到一定的升华。在教学中鼓励学生刻画好人物形象,有利于做好初高中衔接工作。

二、学会写景,流露内心世界

在初中阶段,学生在记叙文创作的过程中虽然也会进行景物描写,但是大多只是就"景"写"景",并未将景物描写和人物情感、心理描写结合在一起,写出情景交融的好文章。在初高中衔接阶段,要尝试引导学生在写景的过程中写出人物的内心世界,这样才能让文章变得更富有真情实感,也更能打动人。

在一次写作中,学生写到母亲刚刚经历了一场大病,康复后一家人来到西湖边游览的场景。就此鼓励学生思考一下如何能更好地展开景物描写。教师引导学生:一家人为何来到西湖边游览呢?是因为庆祝母亲的康复。在这样的背景下,一家人欣赏景物的心情是否会有所不同呢?如果能在写景物的时候展现出一种对于未来的喜悦和期待,那么就更好了。于是,学生得到了启发,不仅很好地展开了景物描写,而且还运用了情景交融的方式,将人物内心的情感和景物描写融合在了一起。该学生写道:"早春时节,大多数的草木还没有发芽,但是西湖岸边那一株半枯的老树已经绽出了新枝。那枝条嫩绿嫩绿的,似乎在用鲜艳的色彩宣告:'冰雪压不垮我。我又活过来了。'"在这样的一段描写中,学生将康复的母亲比喻成老树,展现了对于未来的希望和对于美好生活的期盼。

在初中阶段,景物描写一直都是被学生忽视的地方。在初高中衔接阶段,要尝试引导学生思考景物和人物内心之间的关系,尝试写出情景交融的好文章,这样学生的写作能力和思维能力都能得到进一步提高。

三、浸入生活,发现人生哲理

在高中阶段,学生要尝试创作议论文,议论文创作的关键就是要提高思辨能力。因此,在初高中衔接阶段,要利用学生创作记叙文的机会引导学生联系生活,尝试在记叙文中写出人生哲理。这样就能为学生创作议论文打下基础,促使学生提高思维能力。

鼓励学生在创作记叙文的时候尝试从生活中寻找实际例子,并尝试从简单的实例中获得启迪,尝试总结出人生哲理。如有学生在休息天和母亲一起去买菜,发现原本认为简单的买菜经历实际上是一个斗智斗勇的过程。学生在作文中提到了菜场中有不少不良商贩会采用各种方法处理蔬菜,让蔬菜看起来很漂亮,但是实际上这些蔬菜的质量未必好。此外,学生还发现买菜的时候讨价还价也是一种艺术,如果稍不留神,就会买贵了。学生还发现,在买菜的时候"跟风"其实未必是一件不好的事情,因为不少质量好的菜摊前都会排起长队。学生会在记叙文中总结自己买菜的经历,并提出:"原来菜场其实就是一个小小的人生舞台,喜怒哀乐都会在上面上演。"这样的作品不仅展现出了生活的气息,同时也体现了学生对于人生的感悟。

要鼓励学生从一件事情中提取一个中心思想,立意如果太多的话,就会让文章的主旨变得过于分散。这样学生在以后创作议论文的时候就会逐步明白,写作时要围绕中心展开,一篇文章只能有一个中心,学生的写作就会更加严谨。

在初高中衔接阶段,要充分利用指导学生创作记叙文的机会引导学生提高思维能力,让学生写出更精彩的记叙文,同时,也让学生在此过程中做好过渡,为高中阶段思维能力的提升和发展打下坚实的基础。

优化初中语文微课教学点设计
促进学生深度学习
——以《我爱这土地》《乡愁》《你是人间的四月天》为例

苏州工业园区星港学校　汪　澄

深度学习是教育改革后,社会大众普遍关注的问题。学界对其定义不一,笔者选择了一种比较综合性的说法,即"深度学习是学习者为完成一定的目标……在理解的基础上批判地学习知识,建构个人知识体系并能在真实情景中应用进而解决问题的学习"①。因此,学生只有经过深度学习,才能真正地学会知识、应用知识。

近年来,为了适应"互联网+"的时代发展潮流,更好地促进课程改革,微课程的研究在我国教育领域里呈现出越演越烈之势。微课程,即微课:"重点依靠前沿网络技术,以教学内容为核心,由教师自主设计,具有完整结构的五至十分钟教学视频,这种教学视频能够与绝大多数课程相匹配,并且能够给学生的自主探究与自主学习提供便利。"②随着各类微课比赛的兴起,微课的制作和使用更是在中学语文教学中热度激增。笔者认为,正确设置微课的教学点正是促进学生进行深度学习的决定性因素。

一、教学点的选择:课本、文本与生本相结合

微课教学点的选择必须是从课本中来,服务于文本,再到学生中去。这样做有利于学生构建完整的知识体系,为接下来的深度学习打下坚实的基础。

以《我爱这土地》《乡愁》《你是人间的四月天》为例,笔者选择的教学点分别为研究现代诗的遣词造句中的不可替代之美、研究现代诗歌意象选择的举重若轻之美及现代诗歌的"三美"理论探究。在人教版教材中,本单元的导读任务之一就是:"独立阅读教材提供的五首诗作,诵读、品味诗歌意蕴,体会诗歌的艺术魅力。"③因此,对遣词造句方面的整体把握、意象的细节研究及诗歌创作理论的总结归纳,这三个步骤就正好和课本要求的诗歌学习目标相呼应,而这样的对应关系也使得这三个微课的教学点能够更好地为课本教学而服务。

---

① 刘凯.基于深度学习的初中语文阅读教学策略研究[D].成都:四川师范大学硕士学位论文,2017.
② 刘登明.初中语文微课教学的设计与实现探索[J].语文教学通讯,2019(3).
③ 温儒敏等.义务教育教科书·语文 九年级(上)[M].北京:人民教育出版社,2018:2.

由于微课的教学视频只有短短的5~10分钟的呈现时间,且学生一般将其用于预习,所以教师在选择微课教学点的时候可以在充分考虑本人的研究专长和文本的突出特质这两个要素后,再在两者之中寻找平衡点。

以《你是人间的四月天》的教学点选择为例,笔者就在尝试这种平衡,也取得了不错的教学效果。这首诗歌的时代,中国的白话文新诗发展可谓坎坷。林徽因曾这样评判当时诗坛:"这几年新诗尝试的命运并不太令人踊跃,冷嘲热骂只是家常便饭。"为了规范新诗的创作,也为了更好地促进新诗的发展,闻一多就提出过"三美"理论——音乐美、绘画美和建筑美。然而过犹不及,过分强调规范就会使得诗歌的创作变得束手束脚,林徽因的这首小诗恰好做到了整饬与灵性的平衡。从《你是人间的四月天》来讲"三美",既能引导学生去欣赏那种生动自然的诗歌之美,又能促使学生深入理解"三美"理论对于诗歌创作的重要性。在学生看完这个微课视频后,笔者发现,学生在自己的诗歌习作练笔中就不由自主地使用了"三美"理论,学以致用,就是最好的认同。

和正常的课堂教学相比,微课毕竟只是"微"课,其课程容量是比较小的。为了提升微课教学的效率,微课教学点的选择还必须注意要"小而精"。

要想提高学生对于微课学习的兴趣,就要确保微课教学的教学点既能勾连起学生已经学习过的内容,又能为学生的进一步学习奠定基础。比如初三学生在学习《乡愁》以前,就已经具备了赏析诗歌意象的基本能力。而教师选择的教学点是感悟意象的"举重若轻"之美,这就是在引导学生去调动知识储备中的旧知识,来解决学习材料中的新问题。

二、教学点的落实:一以贯之、从一而终

为了使学生批判性地去理解微课的教学点,笔者建议教师在落实微课教学点的时候注意一以贯之、从一而终。即教好一个知识点,练好一个知识点,从而学好一个知识点。

这个落实原则是由中学语文的课程性质所决定的。《义务教育语文课程标准(2011)》就向教师提出过这样的倡议:"语文课程应特别关注汉语言文字的特点对学生识字、写字、阅读、写作、口语交际和思维发展等方面的影响,在教学中尤其重视培养良好的语感和整体把握的能力。"①换言之,一旦选定了一个教学点,教师在落实这个教学点的时候就必须考虑到学生学习的过程性和整体性。尽可能地从听、说、读、写和综合性学习等方面去引导学生去理解并应用这个知识点。微课的篇幅比较小,如果选择多个教学点,就无法保证学生在进行微课学习时对教师选择的所有教学点进行比较深入的学习与思考,这样的微课学习效率是令人担忧的。

以《我爱这土地》的微课的教学点落实情况为例,笔者选择的教学点是研究现代诗的遣词造句中的不可替代之美,教学过程:(1)通过反复研读诗歌,准确把握诗歌时代特征,理解诗歌大意;(2)通过反复研读诗歌,大致掌握用"替换""比较"的方式去赏析诗歌的

---

① 中华人民共和国教育部. 义务教育语文课程标准(2011)[S]. 北京:北京师范大学出版社,2011:23.

方法;(3)通过替换"嘶哑"、通过替换鸟儿的动作及分析其他意象的不可替代性,深入体会作者于亡国灭种之际所感知到的屈辱、痛苦与愤怒等复杂的情感。面对如此情境,诗人仍抱以希望,教师再相机引导学生理解这份家国之爱的真挚、深沉。就这样,从理解诗意到学习方法、再到应用方法、领悟情感,学生由浅入深地体会到了这首诗歌遣词造句中的不可替代之美。笔者认为,教师这么落实教学点和面面俱到地去解读这首诗歌相比,更有利于帮助学生学透这个知识点。

但是一以贯之、从一而终不代表教师过渡"深挖"这个知识点。"2001年版课标"和《义务教育语文课程标准(2011年版)》都明确指出:"工具性与人文性的统一,是语文课程的基本特点。"笔者认为,最好的文道合一方式应该是"以文载道",即语文人文性的知识在语文工具价值的实现过程中自然而然地呈现,既不牵强附会,也不把语文课拔高为思想政治课和文学鉴赏课。

在处理《你是人间的四月天》这个微课的教学点时,教师就不宜过度探究林徽因在这里表达的是对情人、对丈夫,还是对理想信念的爱。这是社会学家和史学家的工作,语文教师应该把微课的重点放在引导学生理解这首诗歌的意象之美、情感之真上,而不是将学生拖入过度考据的泥潭。

三、教学点的反馈:既重基础,又可拓展

深度学习意味着学生必须能够将所学的知识应用到真实的情境中去解决问题。但是,学生在使用微课这种教学资源的时候往往是单向的。受实际情况限制,教师也很难和学生通过微课的形式进行互动。因此,为了保障教学效率,教师必须因地制宜地设计反馈的方式来巩固学生的学习成果。

首先,教师在制作微课时要有意识地设计暂停区间,这样做可以帮助学生巩固微课中的基础知识点。一般来说,传在网站上的微课只要不主动删除,其时效都是永久性的。学生在学习的过程中,一遍看不懂,还可以看第二遍,多次重复,直到看懂为止。因此,为了便于学生更加有针对性地重复,教师可以在落实微课教学点的过程中有意识地"留白",提醒学生学会细细品味基础性的知识点,以达到夯实基础的目的。

如在落实《乡愁》的教学点时,笔者就在进行微课的主体部分前提醒学生:"在观看本视频的时候,如果你遇到看不懂的地方,随时可将视频暂停。"在进行朗读诗歌、扫清字词、整体把握诗歌大意的环节时,笔者就有意识地在自读诗歌的环节中设置了半分钟的时间停顿,不做任何讲解来供学生思考。只有经过自己的反复试练和识记,学生才更容易充分掌握这部分基础知识。

其次,教师在设计微课的反馈方式的时候既要注重检测学生的基础知识,又不能忘记学习的拓展应用。教师应该在教学过程中充分调动学生的主观能动性,为学生的深度学习创造机会。

以《我爱这土地》为例,笔者按照由浅入深的分布规律设计了一系列的问题来引导进行学生深度思考:你能用笔圈画出你看得到的画面吗?你能根据提示分析一下诗歌中看

不见的画面是怎样显现出来的吗？你可以用像对小孩子说话的语气去读一读这首诗吗？你有什么新的感受？针对这些问题，笔者设置了"和好朋友交流你最感兴趣的内容,向老师请教你最拿捏不准的地方,点击相关链接在线提交作业"这三种反馈形式。学生可以根据自己的兴趣和学情分别选择最适合自己的方式对微课的学习内容进行深度加工,以促使学有余力的学生进一步提升自己的能力。

　　当然,优化教学点的设计,只是促进学生深度学习的途径之一。微课毕竟只是"微课",学生的自主学习也并不能完全依靠"微课"。笔者认为,教师真正要努力的方向是——从提高学生微课学习效率出发,思考更多提高学生整体学习效率的有效途径,以达到"教是为了不教"的目的,这才是真正实现了深度学习。

文化视角下整本书阅读的内容选择与教学策略

苏州市沧浪新城第二实验小学校　沈舒静

阅读是一场生命的经历,是精神的洗涤,它贯彻流淌着语言、思想、人文、情怀,而对整本书的阅读无疑是对阅读最好的诠释与理解。伴随着《高中语文课程标准(2017年版)》(下面简称"新课标")的出台,其中提到了关于"整本书阅读与研讨"的相关规定,语文教学界关于整本书阅读的开展如火如荼,对于整本书阅读的相关研究也一并深入。"新课标"中突出文化教育的功能,指出抓住语文课程对继承和弘扬文化、培养文化自信、推动文化创新发展的优势,培养学生形成正确的世界观、人生观和价值观,从而充分发挥语文课程的育人功能。新课程标准的实施对义务教育阶段语文教学寻求完整性的探索起到指引作用,继而在这完整中寻求文化价值的缩影。对于义务教育阶段的学生来说,在形成文化自觉之前感受文化内涵、唤醒文化新活力。从整本书出发,去寻觅阅读的根基,感受阅读的本源,萌发阅读的智慧。阅读教学更是一场文化的活动,对整本书阅读的过程是文化的传承与创新。

一、文化价值视阈下学生对整本书阅读内容的选择

小学语文教材上推荐阅读书目中,小学低年段以童话故事类为主,小学中高年段的阅读推荐中,书目种类增多,学生对于故事性强的文本依然有着高度的阅读热情。兼顾学生的阅读兴趣及书目文化价值本身的考虑,笔者打算把小学低年段的童话阅读及小学中高年段的中外经典小说的整本书阅读教学作为研究对象。

1. 童话阅读的情文

低年段儿童在童话的阅读中,人物情感的真挚体会、人物生活原型的不自觉对照、故事引发的启示性思考、情节的延续性想象等方面都是对整本书阅读的内容选择点。低年段的儿童直观思维胜于抽象思维,在童话类整本书的阅读中,学生伴随着书中人物体会一次情感的旅程,用单纯的直觉感受去回应书本的情感宣称,从而在童话育人的价值上得到了文化育人的最好诠释。在童话阅读的过程中,那些冲击儿童心灵的人物,那些来自生活的原型性人物,那些启发儿童思考的故事,那些有着未完待续体验的故事,等等,都能成为具有文化价值的童话类整本书阅读读书。

2. 古典小说的文化脉络

小学中高年段语文教材中,依次出现了中国四大名著的选篇,分别为《三顾茅庐》(选

自《三国演义》,苏教版语文四年级下册)、《林冲棒打洪教头》(选自《水浒传》,苏教版语文五年级上册)、《三打白骨精》(选自《西游记》,苏教版语文六年级下册)、《刘姥姥进大观园》(片段,选自《红楼梦》,苏教版语文六年级下册)。四大名著以章节、片段、整本书推荐等不同形式的出现。在一定程度上体现了四大名著的文化育人的梯度。四大名著的完整呈现,引导学生阅读青少年版本的四大名著,了解故事中的人物、情节等,更多的也是走进书本中去,感受至今未远的中国文化,在一种陌生又熟悉的文化感受中获得文化的新的活力,这是一种认同感和延续性。

3. 外国经典的人文体验

小学中高年段中,还出现了一些国外经典小说。推荐学生阅读的国外小说有《假如给我三天光明》《简·爱》《巴黎圣母院》《悲惨世界》《鲁滨孙漂流记》《莫泊桑短篇小说选》。纵观这些书目,都带有鲜明的时代特征、区域文化印记、人性的光辉。在整本书阅读中,让学生跨入不同文化的长河中去感受文化的冲击与更替,在不同文化的感知中体会亘古的经典。

因此,在小学高年段国外小说整本书阅读中,那些不同文化的闪耀点、文化异同的可见性、流传开遍的文化经典性都是值得我们选择的内容。

二、文化价值视阈下整本书阅读的教学策略

1. 阅读整本书,文化激荡阅读情怀

(1) 用场景引导文化意识

用童话的"眼睛"去感受生活。童话类书籍用生动的图文将学生带入生活的场景中去,用一种场景体验的模式去感受绘本中故事的发生与发展,让生活感受单薄的学生去体会生活的本真。用熟悉的生活场景去唤醒心中的阅读潜力。在阅读中,学生能够将作品中的人物体验与生活中的经历联系,引导学生感受作品中也有着生活的影子,生活的体验留存下来的最本真的样子就是一种文化体现。

(2) 用认知唤醒文化认同

用童话的"语言"去体会真善美。童话在描述生活的同时也为学生建构生活中的真善美。由不同的人物组成的故事,呈现真善美的价值取向。学生在阅读完整的童话的同时,也能随着故事主人公的体验而自我建构价值体系。在整本书的阅读过程中用真善美的正确引导去做出文化的判断与认同。在整本书的阅读体验中去感受对于人文精神价值的感知、批判、认同的完整过程。

(3) 用空白激发文化创新

用童话的"空白"去激发创造力。文化价值始终是一个动态的发生模式,在这一模式中对于创新性、开拓性、应变性的需求也尤为重要。童话阅读是在用图片辅以文字的形式进行,学生对于图片背后的完整文字想象就是一种创造性的过程,在这一过程中激发学生对于人物价值取向的判断、对于价值观的建构。绘本中呈现的故事有着再续的无限可能,让学生对于文本的空白充满想象与思考,激发其多元思维。在这一过程中,并不是学生孤

立地思考,而是基于整本书完整的阅读体验之上的对阅读空白补充,这种补充本身已经有着整本书的文化价值带入与认可,学生此时的再创造,是对于文化价值的创新。

2. 多版本比较阅读,文化催生阅读思维

从小学低年段的童话到中高年段的小说,无疑都是故事类的,始终吸引着学生的兴趣。而小学高年段学生接触到的国外小说,相比中国传统小说而言,其文化内涵和文化体会又有了不同。其陌生感和多元性尽管会让学生在阅读中有困难,但也是一种文化融合。因此,在国外小说教学中,笔者以苏教版小学语文高年段推荐阅读的《鲁滨孙漂流记》《莫泊桑短篇小说选》为例,探寻其文化教育内涵。用不同的方式追溯文化价值的相同点,在比较的过程中发现意义所在。

(1) 用不同方式追溯文化价值的相同点

如果说长篇小说是一个完整的整体,那么短篇小说则是一个个部件。但是将这些部件组合起来,也一定是一个完整的整体。一个作家的短篇小说集有其相似的特点,弘扬相似的主旨与精神。在阅读短篇小说之后一定能够从一篇篇中找到一点点。苏教版小学语文六年级下册推荐阅读了《莫泊桑短篇小说选》,选集本身也是一个因人而异的选择,但在这异中也能求同。由于小说本身有一定的阅读难度,因此,在教学的过程中,笔者将《项链》这一篇作为阅读指导,以此为例让学生对于莫泊桑短篇小说有个简要的认识,并将其中的小人物的大苦难作为整部短篇小说选的共同点呈现。学生在项链真假的对比交织中发现矛盾冲突的存在,感受到以小人物为人物设定,将大苦难作为小说情节开展,能够将小说推至高潮。通过这些小人物的故事,学生能够更好地去理解生活,明白生活的艰难与意义,哪怕他们的生活才刚刚开始。生活中的大智慧正是文化的落脚点,正是文化价值在生活价值中的更好体现。

(2) 译本比较发现文化的人文意义

翻译类著作由于语言的限制,除了作者、读者之外,还有翻译者的参与。因此,在阅读国外小说的时候版本选择也是比较多的。而不同的版本看似给阅读提供了迷茫选择,但与此同时也正是一个比较阅读的契机。笔者在教学《鲁滨孙漂流记》整本书阅读的时候,发现班级同学拥有数十种翻译版本,在每个学生阅读了自己的版本之后,再让学生三个一小组组合阅读,三个学生交换自己的版本。在阅读之后完成记录卡。

学生在阅读中带着任务去阅读,更显得有动力,也打破了他们对《鲁滨孙漂流记》简单的认识。以甲组讨论为例,他们看后分别讨论了商务印书馆、湖南文艺出版社、人民文学出版社出版的三个版本。发现整体来说人民文学出版社版的情节描绘比较危险,湖南文艺出版社版的心理描写较多,而商务印书馆版的语言干练、简洁明了。他们从一些具体的地点、物资、日程的细微差别入手,找到了各版本的不同。但是经过商量,学生发现这些细节并不重要,表达意思接近,不影响阅读。但是把这些不同都结合起来会发现,人民文学出版社版的展现了一个充满智慧、勇敢面对苦难的鲁滨孙,湖南文艺出版社版的主要突出了鲁滨孙的感恩精神,商务印书馆版的则写出了鲁滨孙的乐观向上、不断进取的精神。

学生们在比较的过程中发现《鲁滨孙漂流记》这部国外经典小说刻画出的人物形式

是存在当代意义的,人物经历的磨难与挫折往往正是我们生活中也会遇到的。而通过每个学生从人物中体会到的品质,能够指引他们在生活中去唤醒心中那么文化精神,这份精神不仅仅可以是来自传统文化的价值取向,还能够是全世界优秀作品呈现的精神价值追求。

(3) 从整出发共生阅读智慧

整本书阅读其核心在一个"整"字,这是对文本内容完整性、主题思想清晰性、情感表达延续性的涵盖。学生通过阅读一本完整的书走进书中,随着整本书的文字去寻访探求作者的笔下世界。中国四大名著以小说的体裁承载中华文明的历史积淀,学生走进整本书中阅读的过程是一次文化历史寻访与获得的过程。话虽如此,但是作为小学生去整本阅读此类书籍,困难也不可避免。因此,在选择版本的时候应让学生阅读青少年版本,其保留了原著的重要人物情节,学生在阅读的过程中也容易掌握。在自读的基础上,笔者试着引导学生从图式梳理的方法、多种辅助阅读的方法、梯度阅读的方法,去探寻书中的文化涵养。

① 图式梳理发现内涵

图式梳理,化繁为简。用图片、图标的形式将抽象的内容形象化的过程,可以提高教学的效率,增强学生的阅读兴趣,提高学生的阅读能力。对于中国古典四大名著这几部长篇小说,内容较长,如果无法像往常课堂上接触过的短篇小说一样很好地去概括和梳理小说的内容,就不能更好地去了解整本书的内涵。运用图式梳理的方式则不然。比如在阅读《西游记》一书时,学生可以用线路图的方式去描绘唐僧师徒四人西天取经的线路。通过对于回收的学生线路图的梳理,笔者发现学生能够从多角度去思考这一西天取经"路"。例如有同学将每一次经过的主要地点作为重点呈现,则会发现庞杂的地理图谱归类起来就是一条古代中国通往世界的路。其路线研究对于丝绸之路的研究也有共通之处。在这里学生对于取经之路的概念印象,泛化出其今后进一步研究中国文化传播之路的内涵。还有部分学生在梳理小说故事情节的时候发现书中多次出现数字"三",通过对"三"出现的回目名称及人物话语,再对比小说三要素中的人物、情节、环境等。笔者在与学生的交流中归纳"三"这个数字在中国传统文化中有特定的内涵与渊源。如下所示:

人物的三生三世(前世、现世、来世)

情节的三复情节(前进、阻碍、前进)

环境的三种空间(玉帝即天上群仙为代表的神仙世界、自然世界、如来为代表的佛陀世界)

人物+情节(犯错被贬、经历考验、重返仙界)

学生在图式的梳理和思辨中感受中国文化的历史渊源,以及那种对于数字的哲学思考和内涵传承。

② 多种辅助探讨文化根基

越是经典越是会被各种形式呈现,中国古典四大名著作为中国优秀文化的象征与传承代表,已经不再单一停留在书本中,它们被搬上了荧幕,用电影电视的方式呈现、用舞台剧本的形式呈现。当然,在传统的戏曲形式中也有它们的影子。任何一种形式的呈现都是为了艺术的完美表达。在指导学生整本书阅读的时候还可以让学生去观看相应的影视作品,通过两种艺术呈现形式的对比,学生能够更好地去了解四大名著整本书表达的内容。如影视作品《红楼梦》中演员们对于角色性格特点的精准呈现,能够辅助学生去理解书中人物语言的背后密码,用触手可及的人物视觉形象再现去解读小说中的人物原型,对于人物所处的小说背景中家族的变迁、物是人非的改变有更真切的直观感受。如果说这是被动接受式的阅读模式,那么在阅读之后对于小说故事内容的情境再现则是一种主观模式。《西游记》一书,在阅读之后,学生对文本有了自我理解与印象,笔者让学生自我组合,以四人一组的模式选取最喜爱的情节再现小说故事。在这一舞台表演的过程中,台下安排其余同学分别饰演各界仙人、凡人、妖怪、自然景物等。继而在学生表演结束后让这些原先小说中未出现的人物开口说话,让物也有语。学生经过几轮表演,对于《西游记》中师徒四人的取经路上的艰难、主人公意志坚定有了深切体会。而师徒四人的精神价值体现也正是中国传统文化的精髓。

③ 梯度阅读走向文化内涵深处

阅读本不是一蹴而就的事情,整本书阅读更是一种长远而又常新的阅读。四大名著的版本众多,其艺术呈现形式也多样化。从以图为主的儿童版本到青少年版本,文字的增加也是提升学生对小说内容的认知。在开展多样性辅助阅读活动后,学生对于小说有了全面的认识和了解,对人物、情节也有了更具体的掌握。基于此,阅读之后的思考是阅读指向深处的根本。例如在学生读了整部《水浒传》之后,对于其中繁多的人物也有了了解,对于小说宣扬的主旨也有了感受。对于这样一本历史上存在争议的书,可以让学生展开辩论,以举行辩论会的形式开展。正方认为《水浒传》是一部奇书;反方认为《水浒传》是一部讲述中国人民起义的书。学生在辩论的环节中对于小说反映的主旨有更深的体会和了解,也正是在正反方辩证思考的过程中,学生对于中国传统文化的博大精深、家国天下情怀深有感受。

繁星点点照耀的是星空,如汲取一颗,那定是整本整本的集子,散落的是语言智慧、艺术价值、文化构成。愿用一本书的阅读去开启文化的旅程,用一本书的阅读去唤醒文化的原知,用一本书的阅读去点亮文化的璀璨。

古诗词情境教学的基本策略

吴江存志外国语学校　万凌霄

中国的语言博大精深,既有悠久的历史——古往今来涌现了无数优秀的作品,也极具生命力——我们今天仍能够欣赏两千年前优美的诗篇。其中有代表性的古典诗词既是传统文化的重要组成部分,也是中国传统文化传承的重要载体,尤其以语言精练、节奏鲜明、情感真挚、意境深远著称。

部编版语文教材中初中古诗词篇目增加,体裁更加多样,这对于师生的要求不仅仅是传统意义上的背诵默写,还要品味其独特的审美意蕴和文化内涵。但是由于古诗词在现实生活中运用比较少,学生的知识水平有限,因此,在理解和掌握方面必然存在一定的难度,且现实中不少教师在古诗词赏析教学时,多侧重字句翻译,强调背诵默写,注重量的积累,而不重视品味诗词精妙语言蕴含的丰富情感,不善于发现诗词的独特魅力,忽视了其审美性价值。更有甚者,为了应对学业考试,在教学古诗时只要求学生翻来覆去背诵必背篇目,以保证考试时默写不失分,学生也只死记硬背教师罗列的重点,对古诗词内容一知半解,一旦提到古诗词就毫无兴趣,更谈不上培养解读和鉴赏能力,所以作为教师需要打破传统,积极探索新的教学方式,帮助学生走入诗境、探索诗情,让学生真正有所感有所悟,有所收获。

运用情境教学法能帮助教师在教学过程中把所要讲授的知识借助于一定的教学场景对知识背景、内容和情境进行体验式教学,给学生一种身临其境的感觉,在不知不觉的教学过程中,教师和学生展开积极合作,能够充分调动课堂气氛,提高学生的思维能力。进行情境教学之前,教师不仅要有过硬的语文专业知识,而且还要具备较强的语言表达能力和动手示范能力,能够有效利用多媒体将丰富的文字、优美的图片和生动的音频等元素有效融合在一起,从而将原本枯燥抽象的文字转化为生动形象的动态图像,提高学生的学习兴趣,进而优化课堂教学。例如在《木兰诗》的教学中,教师可以选取动画版《花木兰》片段、戏剧《花木兰》中木兰替父从军的唱词等作为辅助材料,让学生充分感知花木兰这一巾帼英雄的英勇与孝顺,有助于学生快速进入学习情境,更好地理解文章的主题,调动学习积极性。

本文以"情境教学法"为例,从"感知具体意象(物象)""展开丰富想象(联想)""体会鲜活意境(情景统一)""咀嚼形象文字(情感)"四个方面,探究情境教学视域下的初中古诗词教学的基本策略,旨在为今后的教学及研究工作提供帮助。长此以往,情境法古诗词教学不仅可以提高学生审美鉴赏能力、陶冶性情、丰富思想,同时也有利于提高教师的教学水平,真正做到教学相长。

由于情境教学需要根据文本内在的特点选择相应的实施策略,因此,笔者针对初中古诗词的特殊性,结合个人以往教学的成功案例,在前人研究的基础上提出实施初中古诗词情境教学的实施策略。

一、感知具体意象

古典诗词中往往包含丰富的形象(物象),这些形象是作者借助客观物象表现出来的,包含创作主体的主观情感,我们把它们称为"意象"。在鉴赏中,不仅要着眼于诗词所描写的客观物象,还要透过其外表,领会诗人在其内部所注入的感情,感知作者的内心世界。只有抓住了作品的意象及意象所包含的丰富内涵,如意象所体现的情感、意象背后的社会意义和丰富的感染力,才能真正地鉴赏诗词。

在古诗词的学习中,"杨柳"意象很常见,比如"羌笛何须怨杨柳,春风不度玉门关""昔我往矣,杨柳依依"……通过对古诗内容的理解,我们不难发现诗中的"杨柳"不仅仅是春天的象征,而且柔顺婀娜、随风摆动的"柳"与"留"谐音,古人因此有折柳送行的习俗,因而很容易把这种意象引申到"柳-留-惜别-依依不舍"的层面上来。一看到"杨柳"就使人联想到离别时依依不舍的场面,脑海中就会浮现出赠柳惜别的情景,心中就自然会涌起一缕离愁。王维在《渭城曲》中借助"客舍青青柳色新"抒发与友人即将分别的不舍之情——"西出阳关无故人",其难舍难分的场景仿佛就在眼前,所以意象的感悟对于诗歌的鉴赏尤为重要。

此外,由于柳树多种植于檐前屋后,常被古人用作故乡的象征,因此,才有了李白《春夜洛城闻笛》中"此夜曲中闻折柳,何人不起故园情"的千古绝唱。作者远离家乡,夜晚一曲《折杨柳》,使作者的思乡之情油然而生,作者借助一个反问"何人不起故园情?"看似在问同为天涯游子的他人,其实是问自己,虽然诗中作者没有明诉思乡之苦,却无一字不体现出思乡之情。这样,诗中"折柳"一词所寓含的"惜别怀远"之意就容易理解多了。在教学中可以引导学生多识记一些经常使用的意象,理解其背后所包含的深情和意蕴,对古诗词的理解十分有益。

古诗词中常见的意象还有很多,如"月"最常见的含义是思乡之情,渴望亲友团聚,"举头望明月,低头思故乡"(李白《静夜思》);"梅"象征高洁不屈不挠的品格,"遥知不是雪,为有暗香来"(王冕《墨梅》);"松柏"象征正直顽强,志向坚定,"亭亭山上松,瑟瑟谷中风。风声一何盛,松枝一何劲!冰霜正惨凄,终岁常端正。岂不罹凝寒?松柏有本性"(刘桢《赠从弟》)。

由此看来,由于古诗词篇幅短小,诗人力求用精练的语言表达其丰富的情感,往往偏爱使用具有固定情感含义的意象,所以在我们鉴赏解读古诗词的过程中,"意象"可以作为一个有力的突破口。经过一段时间的积累,在学习中可以比较熟练地利用"意象"作为切入点来鉴赏古诗词。

二、展开丰富联想(想象)

联想和想象在文学创作或欣赏中的重要地位有目共睹,在语文教学中亦然。丰富的联想与想象有助于学生快速体会作者笔下的意境,笔者还在教学中发现,教师有意识地引导学生揣摩古诗词中作者的感情变化和写作心理活动,这有助于学生更好地理解诗文中的感情,与作者展开对话。

以马致远的《天净沙·秋思》为例,通过诗歌内容可以明显看出这是一首游子秋日感怀之作,符合古典诗歌的抒情传统,自屈原的《离骚》起一直延续到现在。《离骚》中屈原叹道:"日月忽其不淹兮,春与秋其代序。惟草木之零落兮,恐美人之迟暮。"宋玉在《九辩》里说:"悲哉,秋之为气也!萧瑟兮,草木摇落而变衰……"陆机《文赋》云:"悲落叶于劲秋,喜柔条于芳春。"虽然他们所处的时代不同,但作品中的思想感情是相同的,秋天由于草木枯黄凋零,极易使人产生萧瑟凄凉之感。教师可以在品读课文前为学生简单讲解古人伤春悲秋的传统,引导学生对文约意丰的诗句通过合理丰富的联想和想象,在脑海中补充出诗人眼前的画面和诗人的内心活动,并鼓励学生用语言描绘出来。下面是选取的学生根据诗文所描绘的秋日晚照游子飘零图。

> 黄昏到了,天色渐渐暗了,一天即将结束。夕阳斜挂在山头欲落还留的样子,依依不舍与世间万物道了一声"再见"。眼前的景色真是满目凄凉,藤早已枯萎,在秋风中摇曳着,像即将熄灭的蜡烛,马上没有了生命。树是千年老树,飒飒的西风吹在它的身上,发出呜呜的声音,如怨如慕,如泣如诉。眼前的路荒无人烟,原来是一条落败的古道;身边的马也是体弱无力,极其瘦弱,让人不忍骑上它。飘零在天涯海角的人啊,面对如此萧瑟的景色怎么能心里好受?你看不远处的小村庄多么的静谧而又温馨,这小桥、流水、人家,仿佛画中一般安详,而我的家乡也是这样的温馨,可是我的家乡和亲人在哪里?远在天涯啊!离我是那么那么的远。你们还好吗?天气渐渐变冷,亲人们加了衣服吗?父母年纪大了,"我"很担心他们。既然担心家人,那么"我"为何还在这里?是为了前程、为了那所谓的功名吗?可是到京城的路还有多长呢?站在这样的秋日黄昏暮色里,走在这样的古道上,面对眼前如此温馨的小村落,"我"是继续去追求心中的理想,还是回去服侍那年迈的双亲呢?其实我自己也不知道。世间安得双全法啊?"我"的心里充满了惆怅,只得继续徘徊在漫漫的古道上……

这位小作者完美细致地刻画了诗人眼前萧瑟的景色,又略写眼前祥和温馨的小桥流水人家,详略结合,并且在合理的想象范围内描绘出作者内心的复杂惆怅之情,使人读起来仿佛身临其境,切身感受到作者的愁情是那么的深切,内心的悲伤更显凄凉。

三、体会鲜活意境

我国古代文学作品追求情景交融的美妙意境,王国维在《人间词语》中说指出诗歌创作的首要要求是"意与境二字而已""有境界自成高格"。这里的意境,是指古诗词中所表现的思想、情感和客观的景象事物形成的整体的艺术境界,包括两个因素:"意"指主观思想感情,"境"指的是客观立体的艺术图画,二者相辅相成,不可分开。为了表现特定的情感和意蕴,作者往往选取或者直接用语言塑造特定的"境"使读者置身于其中,便于理解诗人的感情。其中最常用的手法就是借景抒情,作者往往会先利用景物做好感情的铺垫,然后自然而然地抒发自己的感情。

在所有的审美想象活动中,阅读者通过想象而进行的形象和意境的构建,自始至终都离不开情感的媒介,读者正是在情感的作用下,依据自己的情感逻辑进行审美想象活动的。因此,我们在古诗词的教学过程中,理所应当将审美情感渗入想象活动之中。这样,审美主体和审美客体才能相互作用,达到主客相容、物我相通的美好境界,进而使审美想象活动体现读者的审美理想和审美趣味。比如在教学王安石的《登飞来峰》时,教师可以先赏析首句的夸张手法,引导学生体会作者是如何通过"千寻"一词将塔的高表现得淋漓尽致的;第二句表面上看虽然写作者听闻日出时的壮观景象,是虚写,但是已经为读者展现出一幅清晰明确的鸡鸣日出图,所以教师在教学中可以引导学生结合诗句,合理利用想象力,用自己的语言描绘日出时的壮观景象。第三、四句作者实写自己身在塔的最高层,站得高自然看得远,眼底的景物可以一览无余,并不怕浮云把视线遮住。这时,教师可以引导学生结合自己的登山体会,谈谈对作者当时感受的理解,重点放在"不畏浮云遮望眼"这一句上,并让学生谈谈对王安石生平的认识,知人论世同样有助于体会诗歌的意境。教师在学生发言的基础上适当补充王安石的生平:在北宋仁宗的时候,国家表面上平安无事,实际上阶级矛盾和民族矛盾都一天比一天尖锐起来,王安石作为一个进步的知识分子,怀着要求变革现实的雄心壮志,希望有一天能施展他治国平天下的才能。所以他一登到山岭塔顶,就联想到鸡鸣日出时光明灿烂的奇景,通过对这种景物的憧憬表示了对自己前途的展望。"不畏浮云遮望眼"这句看上去意思很浅近,其实却包含一个典故。西汉的人曾把浮云遮蔽日月比喻奸邪小人在皇帝面前对贤臣进行挑拨离间,让皇帝受到蒙蔽(陆贾《新语·慎微篇》:"故邪臣之蔽贤,犹浮云之障日也。")唐朝的李白就写过两句诗:"总为浮云能蔽日,长安不见使人愁。"(《登金陵凤凰台》)意思是说自己被迫离开长安,是由于皇帝听信了小人的谗言。王安石却把这个典故反过来用,他说:我不怕浮云遮住我远望的视线,是因为我站得最高。这是多么有气魄的豪迈声音!后来王安石在宋神宗的时候做了宰相,任凭旧党怎么反对,他始终坚持贯彻执行新法。他这种坚决果断的意志其实早在这首诗里就流露出来了。这时,在补充写作背景和人物生平的基础上再次让学生谈谈对最后两句诗境的理解,学生结合背景知识在脑海中创造出的意境更加清晰,对诗人情感和理想的理解也会更加深刻。

因此,在初中古诗词的教学过程中,引导学生走入诗歌的意境尤为重要,只有这样才能使学生真正进入审美境界,激发想象力,更好地理解作者表达的感情。

四、咀嚼形象文字

朗读是开展语文课堂教学的必要过程,通过朗读教学,尤其是朗读古典诗词,学生可以尽情地遨游在诗词赋予的韵律美和画面美中。因为古诗词是一种特殊的文学体裁,具有独特的节奏感和意境,唯有通过朗读的过程中反复咀嚼文字,体悟作者的感情,才能使学生在精神层面与诗人产生共鸣,进而提高初中语文古诗词鉴赏教学质量。例如教师在教学马致远的《天净沙·秋思》时,为了让学生深入体会诗人所表达的肝肠寸断的悲凉心情,教师可以在课堂上积极开展朗读教学。首先,让学生欣赏名家录音学习,边听边想象,体会诗人创造出的画面和情境。其次,让学生跟读录音,在实践中深入体会,通过重读表达诗人情感的"枯,老,昏,古,瘦"的字,反复诵读,体会为何"古道西风瘦马"会让人产生无尽的忧愁,感受作者内心的凄凉。再次,在课堂上大声朗读,读出作者那种天涯游子的飘零之感,读出作者的心中对故乡无尽的思念,通过想象,设想自己就是作者,体会"断肠人"的心理——凄凉、孤独、思乡……复杂的感情交织成一曲天涯游子的悲歌。学生之间可以进行小组合作,通过组内自评和组间互评,交流如何在反复诵读中咀嚼表达诗人情感的词句,力求与诗人产生情感上的共鸣,并与诗人对话,从而将本首诗读出感情、读出韵味,真正读出古诗文的美。

综上可知,鉴于古诗词教学内容的特殊性,广大教师应当探索积极有效的教学方式,引导学生感受诗歌独特的语言、意象和意境,便于学生深入学习和领悟诗歌的艺术魅力,体会作者蕴含在其中的丰富内涵和情感。

论语文知识教学的有效实施

苏州大学文学院　黄婷萍

作为语文学科的教学内容,语文知识的重要性不言而喻。然而,以诵读记忆方法为主的陈述性语文知识的教学效果不尽如人意。课改实施以来,语文知识的淡化也是不争的事实。但是,无论是从教育的本质和规律的角度,还是从语文知识对提高语文能力和语文素养的角度审视,语文知识教学都不应该被淡化,而是应努力改善语文知识教学,提高教学质量。作为语文教师,可以通过随文学习、统筹安排,顺应形势、改变教法,循环复习、学以致用这三种教学策略切实提升语文知识教学效果。

一、随文学习,统筹安排

"部编版"语文教材采用随文编写语文知识的方式,将一些必要的语法修辞知识,配合课文教学以补白的形式编入教材,力求做到"一课一得"①。对于随文编写的语文知识,随文学习、渗透教学未尝不是一种有效的语文知识教学策略。但同时,教师也不能忽视语文知识的系统性和完整性,要适当组合相关内容,统筹安排语文知识教学。

1. 适当组合相关内容,整体规划语文知识教学

一方面,我们的语文知识内容呈现出无序与泛化的特征,缺乏量的积累和质的规定性,这就要求语文教师要有统筹安排语文知识的教学意识。另一方面,尽管"部编版"语文教材力图使其知识系统无论是在横向还是纵向上都有一定的联系与衔接,但是随文编写的语文知识不可避免地存在不够集中、系统和完整的问题。所以,教师要统筹全局,着眼于整册教材,甚至是分析整个学段的语文教材,既要建立系统且明确的语文知识教学结构,又要合理利用教材中的例子进行分析和讲解,以帮助学生有效整合知识。

如"部编版"七年级上册语文教材的第一单元,在单元导语中就明确了本单元的学习目标是掌握比喻和拟人等修辞手法,但第三课的知识补白是"名词"这一本属于语法知识的内容,教师该如何安排教学呢?当然不能置之不理或是将其作为修辞手法来讲解。纵观全册教材,我们可以发现第二单元的"词义和语境""古代常见的敬辞与谦辞",第三单元的"动词""同义词",第四单元的"词语的感情色彩""形容词""反义词",第五单元的"数词和量词",第六单元的"代词"也都属于语法基础知识,教师在讲解时未必要集中教学,但可以适当建立联系,帮助学生整合、理解、掌握相关的语文知识。

---

① 温儒敏."部编本"语文教材的编写理念、特色与使用建议[J].课程·教材·教法,2016(11).

当然，这里所提倡的系统完整的语文知识教学，并不意味着照搬学科知识系统，而是要依据教学目标、根据学生的实际情况，结合语文实践教给学生必要的语文知识。

2. 随文学习语文知识，努力做到"一课一得"

随文学习，即结合课文例子讲解相关的语文知识，其重点在于简要介绍本课相关的基础语文知识，但并不强调其知识内容的全面完整。随文教知识，需要教师仔细研究文本，从中发现可教的、学生不了解的、真正需要的语文知识，引导学生抓住课文精彩之处，帮助学生理解疑难之处，同时要注意突出"一课一得"的教学重点。

以"部编版"七年级上册语文教材的第一单元为例，教师应配合课文《春》，引导学生学习比喻的修辞手法，配合课文《济南的冬天》，引导学生学习比拟的修辞手法，以及配合课文《雨的四季》，引导学生学习名词的相关知识，同时利用教材的思考探究、积累拓展等进行练习。这种随文学习的方式，一方面可以借助文本理解知识，教给学生必要的陈述性知识。学生通过本单元的学习，掌握到比喻、比拟及名词等相关的语文知识。另一方面，又能够利用所学知识加深对文本的理解，教给学生必要的程序性知识。比如通过学习比喻的修辞知识，有助于学生进一步体会朱自清笔下的春的独特之美。此外，还可以用文本做例子，通过训练让学生将了解到的有关比喻、比拟的陈述性知识转化为程序性知识，运用到自己的言语实践中。①

不过，"部编版"语文教材的知识补白对语文知识的编写相对简单，一些学生可能难以准确把握相应的知识，所以，教师还要根据学生的实际情况进行适当且必要的补充，以确保学生真正掌握。当然，这种补充绝不是大量的拓展，否则又会回到系统、集中讲授语文知识的老路，而是要努力做到恰到好处。

真正有效的语文知识教学，应该借助语文知识具体设计学习活动，深化文本解读，推进教学过程的层层深入，把语文知识融入教学过程之中。也就是说，教师要在具体的课文教学中进行语文知识教学，在文章中归纳、提取出相关的语文知识，同时，结合文本的讲解、练习或作文的讲评渗透语文知识教学，而不是脱离课文孤立地讲解一个个知识点。总之，要让语文知识服务于学生的语文学习，才能得到良好的教学效果。

二、顺应形势，改变教法

当前，在高考这根"指挥棒"的引领下，语文知识教学仍然是以陈述性知识为主体，侧重知识的记忆。教师在讲解时习惯于把语文知识细分成一个个知识点，然后进行大篇幅的概念或定义分析，并围绕该知识设计大量习题，让学生反复机械地练习，以便掌握知识应对考试。这种以讲解知识为主的单一语文知识教学方法，往往是枯燥无味的，导致的结果是学生最终所呈现出来的成绩也并不理想。所以说，教师要顺应新课程改革的要求，更新语文知识的教学方法，另外，还要针对学生的实际情况，依据不同的语文知识类型，采取相应的教学方法。

---

① 王跃平.语文知识的随文教学[J].中学语文教学，2014(8).

1. 顺应语文新课程改革,更新语文知识教学方法

随着建构主义教学理论的盛行、素质教育的推进、语文核心素养的提出,语文教育教学更加提倡以人为本,强调实践性,重视学生的自主合作探究及知识的创新与生成。在这样的背景之下,以教师单一讲解知识为主的传统语文知识教学方法已经不再适用,教师要更新教学方法以顺应语文课程改革的要求。

首先,语文知识教学方法的种类应该更加多样化,除了讲授法外,还可以采用自学法、小组合作法、讨论法、练习法等,在教学方法的数量上,也应该是多种方法的结合。其次,语文知识的教学方法要更具针对性,既要考虑学生的实际情况,又要结合具体的课文内容,采用如案例教学法、活动教学法、情景教学法等教学方法。此外,语文知识的教学方法应该体现时代性,不仅要在教学工具上与时俱进,更要在思想观念上推陈出新,重视学生的主动性与创造性。

总而言之,只有顺应语文新课程改革的要求,完善语文知识教学方法,将语文知识和课文紧密结合,注重知识在具体环境中的运用和迁移,切实提高学生的语文能力,才是真正有效的语文知识教学。

2. 不同语文知识类型,采取相应语文知识教学方法

关于"语文知识"的内涵,其实各个时期的大纲都没有明确的界定,学界对于语文知识的概念也并不明晰。许多学者借用心理学的知识分类方式,将语文知识也分为陈述性知识和程序性知识。根据语文知识的不同类型,教师应该分别采取不同的教学方式,而不是从始至终都是采用单一的讲解法。

如在语文陈述性知识的教学中,对于记忆性的语文知识,我们应主要采用讲授法,没必要让学生去探索和发现;对于理解性的语文知识,教师可以通过激活学生原有的知识来帮助学生理解这类知识;对于体验性的语文知识,我们则可以创设情景,让学生主动体验、探究、发现。在语文程序性知识的教学中,对于动作技能的语文知识,教师可以先指导学生掌握动作规则,再通过大量练习以达到自动化水平;智慧技能的学习则要求学生首先理解并掌握相关的概念与规则,然后进行变式练习以达到学以致用的目的;策略性知识的教学则要特别重视学生的感悟和反省。[①]

像这样,或是创设情境让学生切实体验,或是提供例子帮助学生理解,抑或是进行练习以提高学生的语言运用能力,而不是把语文知识机械地灌输给学生,不仅有利于调动学生的学习兴趣,同时也有助于促进学生真正理解、掌握所学知识,提升语文知识的课堂教学效果。

三、循环复习,学以致用

语文知识的学习不是一蹴而就的,而是一个不断积累、循环复习、知行结合的过程。语文知识教学的根本指向是让学生形成运用语文知识的言语交际能力,而不是让学生掌

---

① 张青民,潘洪建.语文知识分类与教学方式选择的探讨[J].教育导刊,2005(2).

握这些静态的陈述性知识。因而，教师在教学过程中要特别注重复习，帮助学生将所学到的语文知识运用到言语实践中。

1. 梳理复习，推进知识的螺旋式上升

对大多数学生而言，语文知识并非一次就能够掌握的，而是需要教师进行梳理归纳、反复讲解、循环复习，在循序渐进、日积月累的知识学习中逐渐建立起自己的知识体系。所以说，教师的引导和梳理对学生语文知识的掌握、语文能力的养成是必不可少的。

教师在语文知识的教学过程中，一方面要对语文知识进行梳理和总结，帮助学生建构知识体系，另一方面，还需要反复强调、循环复习，帮助学生巩固所学知识。比如，在"部编版"七年级上册语文教材第一单元的教学中，教师在教授《济南的冬天》这篇课文中的比拟修辞手法时，还应复习巩固课文《春》中所学的比喻的修辞手法，然后利用自读课文《雨的四季》，引导学生自行鉴赏比喻和比拟两种修辞手法在该文中的运用。通过这样的梳理复习，促进学生语文知识的螺旋式上升。

2. 适当练习，促进程序性知识的掌握

单纯的知识积累是不够的，语文知识教学的目的应该是促进学生掌握程序性的知识，真正提高学生的语文能力，因此，语文知识教学要致力于语文知识的实际应用。当然，这里所强调的加强语文知识的运用，并不是要语文教师像过去一样采用题海战术，而是要考虑学生的实际需求，选择真正适合学生的、有利于学生发展的语文知识，并有意识地对其进行训练。

练习不是简单地设计大量习题让学生做，而是要从"学"的角度出发，抓住学生的兴趣爱好，精心设计习题使学生能够学以致用，逐步发展自己的语文能力。例如，教师在讲完小说、话剧等体裁的课文后，可以让学生根据课文内容分角色进行表演，以促进学生对文本内容的进一步理解，或者针对某些文本设计演讲、汇报的作业形式。总而言之，练习应该是学生乐于接受的，能够唤起学生学习兴趣的多样化的形式，同时，要注意练习的数量与质量，努力做到少而精。这样一来，不仅利用课堂时间，还充分利用学生的课余时间，在有意无意中对学生加以训练，最终可以达到一种润物细无声的良好效果。

四、结束语

语文教学离不开语文知识，语文知识对学生语感的培养、语文能力的发展及语文素养的提高都具有重要意义。课程标准所提出的"不宜刻意追求语文知识的系统与完整"，并不意味着要淡化语文知识教学，而是要弱化那些无助于语文能力形成的、过时的知识，着重培养学生的语言运用能力。语文知识教学的关键在于学什么知识、怎样学知识，而不是要不要知识或者弱化知识的问题。今后，我们应更加重视语文知识教学，进一步探析语文知识教学的有效策略。

从学习有效性的三个指标例谈语文有效教学

苏州市吴中区迎春中学　周旬月

有效教学的"有效",主要是指教师在一种先进教学理念指导下经过一段时间的教学之后,使学生获得具体的进步或发展。教师"有效的教指的就是教促进学"[①],也就是说,教学的有效性、教学质量的落脚点都在学上。而学习的有效性又有三个方面的评价指标:学习速度、学习结果和学习体验。结合语文工具性与人文性的特点,这三个指标的达成在语文教学的不同环节中往往是能够交互实现的,那么我们谈语文的有效教学就可以从这三个指标在语文学习中的落实情况入手。本文以"三个指标"为抓手,以语文教学实践为依托,谈谈有效教学。

一、激发情感,提升学习速度

学习速度实际上就是学习效率。语文是一门人文性很强的学科,要提升语文学习的效率,对人文情感的把握无疑是关键性的。苏霍姆林斯基说过:"对所读的东西的领会取决于阅读过程的情绪色彩,如果一个人渴望读书,阅读的时刻给他带来欢乐,那么所读的东西就会深印在他的意识里。"这里他说的是阅读过程中情感参与的重要性,延展开来说,语文学习过程中情感的培养与激发对以学生为主体的良好语文教学效果的达成也有重要的启示作用。为达到理想的教学效果,教师的引导可采取以下教学手段穿插递进。

1. 吟诵朗读

初步接触课文,不要求有很深的体验,能初步感知即可。这是感性体验的第一环节,此环节中学生在情感的酝酿阶段,对文段的认识和感受仍停留在冲动阶段,而吟诵朗读恰好可以将这种冲动由朦胧导向清晰。像《荷塘月色》之类的散文、《念奴娇·赤壁怀古》等古诗词篇章,配乐朗诵能在第一时间感染学生,培养他们阅读理解文章的情绪,使他们透过或清甜、或激昂、或雄浑、或苍凉、或忧郁的声音,初步领略月下荷塘的恬淡优美,大江东去的千古豪情……激发他们在美好的心境中感受自然美与人类情感的共鸣,唤起美好的学习体验。这个过程既有助于提升学习速度,同时也逐渐内化为初级的较为愉悦的学习体验。

2. 联想想象

在吟诵朗读过程中对文段中具体语句的品味,是联想、想象、体验阶段。钱理群先生

---

① 余文森.有效教学十讲[M].上海:华东师范大学出版社,2009:10.

认为,阅读完作品后产生的某种想象、创造的冲动,这种第一(原初)感觉、感悟、涌动、冲动是最可贵与最重要的,它是文学阅读(欣赏)的最基本的要求,也是以后的文学分析的基础。阅读主体展开想象和联想的一刹那就已经表明其心理介入的开始。在文学阅读的效应过程中,读者的心态及在特定时空下的阅读心境,决定着他会以什么样的心理材料去充实作品的框架结构,去与作品本身的意蕴相融会。如《江南的冬景》《绝地之音》等文章,教学前笔者让学生预先收集这方面的图片、画报等。初步的搜集过程首先完成的是学生对课文所描绘景观的初步认知,课上再通过大声诵读让同学一边接触课文一边想象课文中的美景,进行二次的强烈刺激与匹配课文景象的核对筛选,让学生在课前先沉浸于课文所述的祖国壮丽河山,心灵受到冲击与震撼。在这种欣赏的氛围下,学生会自然产生情绪冲动与更广阔范围的想象,为分析文本伏笔。以《江南的冬景》为例,身处苏州的同学以生活经验、脑海中留存的对北方与南方的冬景进行迁移联想,让所有学生直观地明白作者为什么要写这几个风景片段,是如何抓住景物的特征来写,其中各自表现了怎样的情感。在这个过程中,学生与作者的感情形成了共鸣点,为进一步深入理解文章的主旨奠定了基础。通过这样的学习,学生进入文本的速度加快了,学习效率也得到了提升。

3. 随手勾画

语文学习必须养成不动笔墨不读书的习惯,甚至可以考虑用不同颜色的笔,密密麻麻地画出那些有着真知灼见的句子。读的过程中尽可能慢,听清楚文章所表达的每一个意思。心理学家曾经做过这样的实验:让三组学生去背同样的10张图片,第一组学生只用听觉记忆,记住了60%;第二组学生只用视觉记忆,记住了70%;第三组学生同时运用视觉和听觉去记,记住了86.3%,效果最好。阅读的过程实际是记忆参与的过程,留下深刻记忆的内容往往有利于对文章内涵的解读。这也就无形中提高了阅读的效率。

心理学家认为,单调的阅读方式不仅效率低,也容易带来消极情绪,导致心理疲劳,而多样化的阅读法,就能避免这些问题产生,容易让人感到新鲜有趣,激发起更高的积极性。在语文教学中,笔者让学生在初读课文时随手圈点勾画出最喜欢的句子,仔细地体会,说说由此想象、联想到的,可以是景、情、事,也可以是读过的诗文,加深阅读的印象,这种记忆深化的过程不仅为第二层理性思维层的开启打下基础,同时也提升了学生的学习效率。

二、理性思维,优化学习结果

学习结果的考量,不仅要考量学业成绩也就是知识掌握,还要考量学习技能,除了这些基本的知识与技能之外,情感态度价值观应该也是学习结果的一个重要考量。当我们的学习结果达到相对理想的状态时,学习的体验势必也呈现良好的态势。学习体验良好又势必促进更加理想的学习结果。两者之间呈现相辅相成的关系。

要达到良好的语文学习效果,我们必须重视学习所得这个阶段,此阶段是一个需要学生沉下心来仔细揣摩学习对象并认真消化的过程,此阶段的特点应该是静,是一般意义上技能学习、知识掌握的过程。这个过程也恰恰是比较枯燥的过程,往往导致学习效率低下。但平常我们听评课的最主要时间正是安排在这个时段。为了展示教学效果,教师不得不采用各种所谓的教学手段来安排教学进程,以达到丰富多彩、活泼生动的课堂效果。可是从接受心理进程的角度来说,学生还处于最基本的技能掌握阶段,根本达不到艺术化展示的程度。所以从整个接受心理来看,这个时候是最不适合"炫耀"的阶段。犹如一个杂技演员一样,此时的他处于训练期,而不是表演期,他连一些基本的动作都还没有掌握,你又怎么期望他能玩出高难度的花样性动作组合呢?

这就要求教师在教学中自己要先"静"下来,紧扣教学目标,明确教学重点,逐个攻克教学难点,挖掘教学内容中所蕴含的深刻道理,把"理"滴入学生心田,使学生在学文的同时,不知不觉地悟"理"。这个"理"不仅是做题解题的"道理",还是做人做事的"道理"。要做到这一点,最重要的是要潜心研究教材,找准知识传授与思想教育的最佳结合点。把握教材的个性,不仅要在深入挖掘教材内在因素的基础上把握教材的整体,而且要把握教材的局部,选准知识点、训练点或者人文点,或动之以情,或晓之以理,思想内容与语言形式水乳交融,学生就会深受其益。

1. 做题解题的"道理"

以文言文教学为例,既要讲究文言知识点的"教",又要注重学生积极主动地"学"。文言文学习的基础落在字词的翻译,说来简单,学生对照课下注释和工具书就可以掌握,但实际情况是,即便老师细致入微地讲授完整的一篇文言文的字词和翻译,学生考试时仍然做不出原文中的翻译。教学文言文,教师痛苦,学生更痛苦。

要解决这一问题,教师必须在"教"中要把握规律,更要善于引导学生在"学"中主动总结规律。在文言文教学前,笔者首先掌握近十年高考中的真题考点,并结合高考考纲,确定每篇所教文章中的重点字词,由每篇课文中的重点字词再联系到其他已学篇目中的字词,由此及彼,将文言知识点形成网状脉络,并在各结点处,以点带面,配以文中重点句式翻译,既做到条分缕析又能宏观统筹。在记忆背诵方面,笔者与学生就《劝学》中"故不积跬步,无以至千里"与"假舆马者,非利足也,而致千里"中的"至"与"致"的记忆共同找寻到一个简单的笨方法:人自己走(跬步),不需要凭借(假),"至"光秃秃无凭借;靠马行千里,要依靠,"致"多一半有所靠。实践证明,我们班的默写再也没有错过这两个字。

一旦学生掌握了学习方法,学习过程就能轻松自在,学习体验自然也就朝着愉悦的方向发展,但以上的优化过程仅仅只是学习知识与技能的优化。

2. 做人做事的"道理"

笔者教《像山那样思考》,选中了狼对大自然的警醒作用作为人文渗透的知识点,并渗透了环境教育。为了更有说服力,笔者列举了首都北京的例子,前几年北京市每到春季的四五月份风沙飞扬,这主要是因为其西北部的内蒙古草原被破坏,草场沙化。为此,我国开辟了三北防护林工程。北京市及距北京较近的张家口市大面积植树种草,已初见成效,使北京解除了沙化的威胁。经过课堂教学的渗透,学生不只掌握了文章的内涵,而且大大提高了环境意识,知道了眼下最为潮流的"绿色出行",也知道了"低碳生活"。

这类优化过程不仅是学习技能的优化,更是人文情感的优化,这种优化的学习体验更具社会价值和思想价值。

三、动笔成文,呈现学习体验

学习体验是一个内隐性的指标。这个指标看不见,但非常重要,它是开展有效教学的源动力。如何将这个内隐的行为呈现?进一步说,如何让学生真正体会到学习的快乐?语文学科的人文特性解决了这一问题。我们可以将学习成果内化后再多样化地呈现,在走进自然与社会的过程中完成愉快的学习体验。

1. 多元化的体验呈现

语文的人文性及实践性特点决定了中学生完全可以在更广阔的空间里,通过现代媒体的多种手段,学语文、用语文,缩短文字与情感间的距离,真正实践语文,促进知识、能力、情感态度的全面协调发展。

(1) 办报纸

学生通过走进社会、走进自然观察所得的成果,可以用作文的形式呈现,但难免会让学生"腻味",觉得毫无新意,写起来毫无"斗志"。笔者便采用办报纸的形式动员激发学生,让学生们写作后,于审稿编辑过程中,逐步学会精简语言、修改病句、美化语句、理顺文章思路。这样的审稿编辑过程,让学生在文字实践中拉近了与作文的距离,比单纯的一堂作文讲评课更生动、更有效。

(2) 开博客

传统训练学生写作能力的方式以记日记为主,但记日记作业往往招致学生的应付,也加重了教师的工作量。开博客的方式让学生在闲暇之余,将平日里的所思所感付诸文字,再配上图片、音乐以表达自己的一种心情,同时,学生间可以互相登录、浏览、评论,教师也可以随时登录、浏览、评论,在这种轻松、愉快的氛围中完成师生间、生生间的课外教学互动。在这种"不拘一格"的动态学习中,学生的成就感得到了极大的满足,写作的欲望得到了激发,个性得到了发展,思维得到了锻炼,审美能力得到了提升。

(3) 写微博

微博,微型博客的简称,即一句话博客,是一种通过关注机制分享简短实时信息的广播式的社交网络平台。微博作为一种分享和交流平台,其更注重时效性和随意性。微博更能表达出每时每刻的思想和最新动态,而博客则更偏重于梳理自己在一段时间内的所见、所闻、所感。语文作为一种实用性很强的学科,在微博时代来临后,应该在这种新的语言载体中寻找到新的生机与活力。

2. 自然中的体验呈现

在教学中,笔者经常引导学生在自然中寻找对生命的感悟。如史杰同学在一盆窗边的文竹中寻找到"隐蔽却不会被忽略的美好"(《那一隅的风景》),黄怿哲同学化作一株海棠,"养精蓄锐,静静等待下一个春天"(《等待下一个春天》),濮子豪同学在春雨中"快乐地吹响年轻的口哨"(《春雨》)。

> 一盆文竹悄然坐卧在偏南的一角,静静地,它不会打扰任何人,也没有任何人来打扰它。就这样静静地立着,像一个默无声息的观望者,无论寒来暑往,都在那,也不

作声。……它也一如既往地看着我写下每一笔、每一个字。偶尔在写作业时,望一眼角落之中的那盆文竹,就觉得神清气爽,豁然开朗,仿佛全天下的烦恼、忧愁,都与自己无关。(史杰《那一隅的风景》)

雪花已经及膝,身边那株去年植下的小柳儿已经开始颤抖。不知是风吹的还是因天太冷,它那一头飘逸的秀发落了一大片。像雪地上的一条条农夫救下的蛇,期望着能有人把它们带到没有寒冷的南方去。看着楚楚可怜的柳枝,我并没有向人类跪地求饶。我更加坚定了意志:我要等待下一个春天……(黄怿哲《等待下一个春天》)

昨日还是晴天,今晨就已在落雨啦,没了半点儿太阳的影子。不过无碍,年轻就是太阳,少年们才不会为了阴晴琐事挂心。为抬头,去年的燕巢依旧安在,只等待主人陆续回家啦,那种似曾相识的感觉真令人不甚惬意,直将双唇撅成吹口哨的姿势,欢快地吹出一个音节……(濮子豪《春雨》)

3. 社会中的体验呈现

社会是一所大学,你能在其中尝到人生百味。笔者在作文教学中,常引导学生带着发现的眼光去寻找生活中的感悟。例如,朱尘轩同学在一只即将被宰杀的鸡的绝望的眼神中读到了人们"一颗冰冷的心"(《绝望的眼神》),顾宇飞同学在一次无奈的等车煎熬中明白了"在等待与等待的缝隙间,最重要的莫过于谁能紧紧把握时间、把握生命"(《等待》),蒋欣航同学在每天必乘的公交车上发现了"一种永远专心致志的目光"(《公交车上的她》)。

摊主把选中的鸡拎了出来,那只鸡顿时像五雷轰顶一样,只知道一味地啼叫,眼睛里反射出一片黯淡、绝望的光,像是在悲戚地倾诉,又像是在无声地呐喊。妈妈正在同摊主交易着,而我也无能为力……面对这样一幅情景,再坚硬的心难免也会被融化,但鸡往往面临着一颗颗冰冷的心,对这视若无睹。(朱尘轩《绝望的眼神》)

其实,人生便是一场等待,是无数次等待的集合体。在等待与等待的缝隙间,最重要的莫过于谁能紧紧把握时间、把握生命。合理地安排这一段漫长或短暂的时间,抓住等待,做一些有意义的事情填塞等待的空白。(顾宇飞《等待》)

她对这份工作极认真,永远都是一种专心致志的目光……每天,我都在她那一句对乘客到站亲切的提醒中,微笑着迎接新一天的朝阳。(蒋欣航《公交车上的她》)

"浅文深教"有效教学方法探究

苏州市吴中区迎春中学　曹志红

近几年语文教材一直都有改动，部编版的教材更有系统性，更符合学生的认知发展水平。但不管如何改动，初中语文课本中总会有一些课文内容比较浅显，或者文章篇幅特别短小，教师在讲解这类文章的时候就往往会不知如何把握深浅，讲得太浅显就和小学的教学没有分别，但是深挖又不能很好地把握好这个度，有时甚至因为过于深刻而导致学生无法理解。其实，像这样的"浅文"在现行的课本中还是不少的，教师应该好好探究一下，尽量让它们在教学中起到更多的作用。

初中生正处在生理和心理高速发展的时期，教师不但要注意知识的传授，还要注重在语文教学中立德树人。要在教学中让学生学会运用语言，构建语言体系；让学生提高自身的思维发展能力；让学生提高审美能力、鉴赏能力；让学生理解人类的文化，传承我们的文明。正因为如此，不论文章是否浅显易懂，不管文章是长短深浅，都应该把握好，都应该把它当一回事，把浅文教深，把这样的文章当作学生提高学习能力的一个典型题材来学习，争取在某一个或某几个方面对学生产生积极向上的引导作用。这是教师该研究的一个问题。

浅文深教，是需要教师正确的引导的，要让学生明白文章虽然浅显，但是具有广泛的意义；或者文章虽然简短，但是有深刻的内涵。总之，应该要让学生确立这样的文章既是重要的也是需要好好把握的思想，不至于把它们放松了。

一、浅文深教要抓大不放小

"抓大不放小"就是学习文本要把握写法，要把握作者的写作意图，但是在熟悉课文的内容和深意之前，要抓好对文本的基本阅读，扫清字词障碍，学生读通文本，基本读懂课文。此外，学生还应该在扫清字词障碍、把握文章大意的同时，不放松文章中的细节。

现行语文课标要求九年义务教育中，语文教学需要学生掌握3 500个常用汉字，借助工具书阅读浅易文言文，九年课外阅读总量应该在400万字以上。所以，我们要做到对所有的文章抓大不放小，在把握文章的教学内容和思想感情、写法内涵等重要元素的同时，不放松对文章内容和字词的把握。要知道，课程标准要学生认识的字词主要指常用字，而我们中考中测试的词语大部分是常用字词，生活中更是这些字词使用率最高。例如2017年苏州中考语文试卷上的第一题，检测了"绵延""浓郁""诉说""闲适"四个词语，哪一个不是常用词语呢？而第二题检测的"一成不变""责无旁贷"等词语的改错，更是在我们生活中经常能用得上的。所以对于浅文,多关注常用字词,提升学生对字词和句子的把控能力,也许是个不错的选择。

同时,教师也不能放松对文本细节的把握。如学习泰戈特的《窗》,不要忘记抓住病房的内部陈设,这一点虽然很细小,但是有助于学生把握病人向往窗外美好景色的迫切心理。学习《杞人忧天》时,可以抓好"喜",杞人的大喜,劝说者的"舍然",分别从各自的心理来看人物的特点,能更好地理解人物,理解寓意。所以,抓牢文本的细节,能更好地帮助我们理解课文。

二、浅文深教要抓文不放人

把握好作者的生平经历,了解作者所处的社会环境,是走进作者思想的一个重要途径。

对简短或浅显的文章来说,把握文章的字词和内容是比较容易实现的。但这只是教学的基础,语文教学要从文章的文意出发,把握文章内在的深刻含义。也就是说,要看到在简短文章背后作者的写作深意,做到深挖主题。而深挖主题,最需要做的就是把握时代背景及作者的经历、主张。如教学朱自清的《绿》的时候,学生对于眼前的美景把握是很快的,他们也能很快就把握好对各种修辞的理解和分析,写景抒情的文章,对初中学生来说不是很难。但是如果能好好结合朱自清个人经历的话,学生就能知道:《绿》的创作时间是1924年。当时五四运动的热潮虽然已过,但朱自清还保持着"五四"时期奋勇进取的劲头。而这些热情和血性就反映在他的散文作品里,如果学生能结合写作背景再去仔细品味《绿》,学生就能透过写景的文字看到作者对国家前途、对个人命运的关注。

又如马致远的《天净沙·秋思》是一首小令,非常短小。如果只是诵读,教学特别快,文意理解也不是很难,学生基本都能说出这是游子对家乡的思念之情。但是如果能了解马致远一生仕途坎坷的经历,了解一下当时的时代情况,即元朝的民族高压政策,知道元统治者将当时的人分为蒙古人、色目人、汉人、南人四个等级,并且四等人的政治待遇有所区别,在科举、任职、刑律等方面,均有不同的待遇这一情况,那么就能从小令中了解到中国古代文人的悲秋心理,以及马致远对官场、对自身失意的深刻悲哀之情。

三、浅文深教应该抓一不放类

语文教学不能一味地只针对一篇文章的教学,浅文深教一定要注重对一类文章的学习。

简短的课文在语文课堂上所需的教学时间很短,教师一般很快就可以完成教学目标,一堂课的时间会显得有多余。那么面对这样的文章,老师们就应该做到由一到十、由篇到类,通过群文阅读、单元教学来适度拓宽学生的视野,让学生知道这类文章应该如何把握。如部编版教材七年级上册中的《寓言四则》,故事都很短,前两则都是通过对人物的形象描写来告诉人们一个道理。所以教学时,教师完全可以通过教授第一篇寓言《墨索里尼和雕刻者》,让学生知道这类文章主要抓住故事的内容,明确人物的多种描写方法,再把握寓意。教学完成后就让学生自己用相同的方法学习第二篇寓言《蚊子和狮子》。这样的教学,学生会觉得可以自由使用习得的学习方法,也会巩固他们对寓言类文章的学习方法,还会对语文产生更大的兴趣,而兴趣一直是最好的老师。

像《苏州园林》这类说明文那就更是如此。学习一两篇说明文,然后就让学生整理学习这一类文章的学习方法,让学生自己摸索一下说明文的说明对象、说明对象的特征、说明的顺序、说明的方法、说明的语言等分别是什么,加深对说明文的认识。这样的教学会让他们更好地提升语文的学习能力。这样,课堂教学就由一篇拓展到一类,教师可以进行单元整体教学,学生也可以拓宽视野,提升对这类文本的学习和把握。

四、浅文深教要抓读不放练

阅读、讲解、分析很重要,但是浅显易懂的文章更需要通过练习来巩固和链接更多的学习方法。

浅文教学常常多出课堂时间,那么讲练结合也是个不错的方法。"大作家们并不是因为听了若干堂课,背会了所有的条条框框就成了名;同样,伟大的历史学家也不是听了听课,背诵了一些历史常识就功成名就。相反,是因为他们能够投身到实际的研究中,真正在历史的长河里徜徉。"[①]既然学生对课文把握很到位,没有什么难度,那教师就不必要一直抓着文本上的条条框框反复啰唆,反而可以找出切入点,进行讲练的结合。

练习不是一定要书面的笔头作业,比如学习郭沫若的《天上的街市》,考虑到文章体裁是诗歌,那么就可以在课堂上多诵读,大家可以进行一次朗诵比赛,看看谁更深情,节奏更合理,情感体现更到位;也可以请学生展开联想与想象,说说天上的街市有什么神奇的地方。这样既可以发挥学生的想象能力,又可以让孩子们在想象中提升自己的口头表达能力和逻辑思维能力,学生的语文素养也一定会在这样的比赛或表述中不断提升。

当然讲练结合也可以让学生进行书面练习,不论是作文练笔还是针对课文的练习,都可以让学生在理解和接受方面有进步。这样的文章讲练结合,对切入点的把握很重要,一定要切合所教课文的教学重难点,这样才不至于为了练而练。

五、浅文深教要抓内不放外

浅文深教一定不能只看教材上的文章,一定要学会思想的转变,通过课内文章的跳板来学习课外的文章,拓展学生的视野。

学生在学习中总会有一个惯性思维,觉得课堂上学的文章才是重要的文章。其实,所有的文章都是生活、社会在作者思想中的反映。课本只是提供了作者在一定时间段的认识,而相同的作者在不同时间段里会有不同的想法,不同的作者更是会有不同的认识。人们的创造性劳动、日常的高尚行为、个人生活的美,都应该是学生可以学习的方面。正如陶行知先生说的:"解放他的头脑,使他能想","解放他的眼睛,使他能看","解放他的空

---

① 安奈特·L.布鲁肖.给教师的101条建议[M].北京:中国青年出版社,2013:77.

间,使他能到大自然大社会里去取得更丰富的学问"。① 教学中应该做到这些,我们的教育应当使受教育者一辈子受用,授人以鱼不如授人以渔。浅显易懂的文章正是让学生转变思维的一个很重要的道具。这样的文章因为易懂,在学有余力的情况下,教师可以通过教读-自读-课外阅读的学习方式展开教学。比如学习蒲松龄的《狼》,这篇文章虽说是文言文,但是因为文章较短,而且清代的文章和我们时间相隔相对较短,所以理解上问题不是很多。于是教师就可以告诉学生,《狼》有三则,我们学习课本上的一则,其他两则都是屠夫智斗狼的故事,可以请学生自读第二则,然后在课外练习中学习第三则,当学生把这三则都把握好的话,他们对于蒲松龄想要表现的主题"不要被貌似强大的恶势力所吓倒,只有敢于斗争、善于斗争,一定会取得胜利"有很深刻的认识的。

　　浅文深教、难文浅教,这是在教学中常见的话题,作为教师,只有在教学中不断研究教学方法,指引学生前进的方向,才能让学生更快更好地提升自己的语文能力;让学生构建语用体系,让学生提高思维发展能力,让学生提高审美鉴美能力,让学生理解人类的文化!

---

① 陶行知.中国教育改造[M].北京:商务印书馆,2019:278.

单元整合教学设计的三种形态

昆山市新镇中学　许云彤

全面启用统编版语文教材,对教师改变教法、提升课堂教学效果提出了更高的要求。笔者看到,统编版单元设计重点明确,内部联系紧密,教师要用好课文的例子,将零散的课文系统地整合在一起,以单元整合课的形式,提高学生的阅读能力和写作能力。笔者借助逻辑学演绎推理和归纳推理的概念,将单元整合课分为总起式和总结式,将整合课放在单元课文中间的称为过渡式整合课,力求借助这三种单元整合课,提高学生的阅读和写作能力,提高学习效率。

一、总起式整合课

笔者把放在单元课文教学前的整合课称为总起式整合课,与演绎推理相似,先明确方法,再在具体文章中运用巩固。教师借助统编版教材的单元导语,告知学生本单元学习的主要内容和方法,老师教授方法,学生通过课文得到实践运用。针对提高学生对文本的整体感知能力,信息筛选能力,语文知识的运用能力,笔者认为,此种整合课较为有效。

以昆山市城北中学陈媛捷老师的八年级上册第五单元导读课为例。这个单元有教读课文《中国石拱桥》《苏州园林》,自读课文《蝉》《梦回繁华》,单元导语:阅读介绍中国建筑、园林、绘画艺术的文章,可以了解我国人民在这些方面的卓越成就,感受前人的非凡智慧与杰出创造力。而有关动物的文章,则引导我们去发现大自然的奥妙,激发科学探索的兴趣。

学习本单元,要把握说明对象的特征,了解文章是如何使用恰当的方法来说明的;还要体会说明文语言的严谨、准确的特点,增强思维的条理性和严密性。

单元导语从内容和方法两方面提出了学习的要求,本单元每一篇文章的教学目标都是立足单元导语进行延伸。

《中国石拱桥》这篇说明文运用举例子、列数字、打比方等多种说明方法,介绍了有关石拱桥的知识,体现了作者严谨的治学态度。

《苏州园林》作者抓住事物特征逐步展开说明,学习多种说明方法的运用,说明语言的准确、严谨;体会苏州园林的美,激发热爱祖国灿烂文化的感情。

《蝉》这篇科学小品文用文学性的语言介绍了蝉的生长过程,表达了对蝉的礼赞。体会科学性和人文性相结合的特点。

《梦回繁华》从社会背景、作者其人、画作内容、艺术特点来介绍《清明上河图》;梳理说明顺序,了解说明方法,增强对祖国灿烂文化的喜爱之情。

说明文单元需要了解说明对象的主要特征、说明方法及其作用、说明顺序和说明语言,较为注重信息筛选和语文知识的运用。在导读课上,陈老师结合导学案,用勾画批注法让学生明确每一篇文章的说明对象及其特征;运用表格法归纳罗列说明方法和作用;用教读课文为例子,让学生运用在自读课文中;运用改句朗读法,体会说明文语言的严谨和生动。陈老师的导读课,让学生系统地理解不同说明文的相似点和不同点,陈老师先讲授说明文的相关理论知识,用多样的课堂活动,将说明对象、特征、方法和作用对应起来,让学生明白阅读是一个整体。笔者认为这样的整合课,是利用课堂教学阅读技巧,给予学生方法的指导,提出相关问题,根据学生反馈查漏补缺,提高了学生知识掌握的能力。这样就可以在整合课中进行延伸,以知识为指导、课文为范例,尝试课外说明文的阅读训练,给予阅读技巧的运用,从而获得提升。

总起式整合课可以有效锻炼学生在阅读过程中整体把握文本的能力,同样对写作也有帮助。阅读和写作是思维与言语的双向运动,写作往往是对阅读理解的反向理解,本单元的写作是说明事物抓住特征,将说明文的读者转化成说明文的作者,其实就是对说明文阅读理解的反向思维逻辑。如对《蝉》说明语言的理解,文中有这样一句话:"它(蝉)就小心谨慎地溜到温暖严密的隧道底下。"作者运用了拟人的修辞手法,"小心谨慎""溜"等词语将蝉人格化,生动形象地说明了蝉的神奇、聪明,表达了作者对蝉观察细致、对蝉的喜爱之情。写作就是将这个思维过程调换顺序,为了表现作者对蝉观察的细致,对蝉的喜爱,那就要表现出蝉的特点——神奇、聪明,为了表现神奇聪明,就要用修辞技巧——拟人来表现。以此作为延伸,初中学生常常写记叙文,在写作之前,要做好相应的准备工作,先明确中心,找到表现中心的核心人物,找到表现人物特点的事例,再运用表现人物和中心的写作技巧,相互整合才能成为一篇作文。

总起式整合课,可以有效地锻炼学生的信息筛选能力和语文知识运用能力,但需要教师做大量的前期准备工作,学生做充分的预习工作。以一个教学目标为核心,以"指导-学习-实践-反馈-巩固-运用"为程序设计教学。以总起式整合课为引领,单篇课文教学相承,进行知识的互补,提高阅读能力。

二、总结式整合课

从已学到归纳,笔者将放在单元课文教学完成后,进行归纳单元知识的整合课称为总结式整合课。教师在备课的时候,要对单元内课文的知识点进行取舍侧重,使得每一篇课文构成一个单元课文的一部分,形成一个完整的知识体系,单元内的各篇课文形成知识的互补,在整合课的时候,以一个目标为核心,设计主问题,让学生从已学的课文中落实答案。总结式的整合课,主要用来复习巩固延伸,可以了解学生对本目标知识点的熟悉情况,便于做系统的查漏补缺。

以八年级上册第六单元为例。笔者设计了文言文课文的总结式整合课。统编版教材采用双线组元的设计,因此,笔者也设计了语文素养和人文主题并举的整合课。用希沃白板设计小游戏,考查学生对重要字词的熟悉程度,以此完成文言文的字词意思需要结合语境来确定的教学目标。利用对多篇文言文人物言行的比较,明确追求高尚志趣品格的人文主题,并用课外古诗文《茅屋为秋风所破歌》进行拓展延伸。以此达到回忆、巩固、总结、拓展的目的。

八年级上册第六单元的单元导语:人应该有怎样的品格与志趣?本单元的几篇古代诗文从不同角度回答了这一问题。它们或以睿智雄辩探讨人生理想与担当,或以奇特想象寄寓不凡的追求,或以生动事迹彰显人物品格,或以诗意语言书写人生感悟与思考。阅读这些经典作品,要用心去感受古人的智慧与胸襟。

学习本单元,要借助注释和工具书,整体感知课文内容大意,还要多读熟读,积累常见文言词语好名言警句,不断提高自己的文言文阅读能力。

在教本单元总结式整合课时,为了完成文言文的字词意思需要结合语境来确定的教学目标,笔者用小游戏进行总结,并让学生阅读《茅屋为秋风所破歌》,让学生在四个义项中选出最符合本篇文章主题的一篇。在明确人文主题时,笔者这样引导,《〈孟子〉三章》是议论文,《愚公移山》是寓言,《周亚夫军细柳》是人物传记,它们文体各不相同,但阅读发现,这几篇文章的人物都有异于常人的观点或行为,比如《得道多助 失道寡助》中,一般人总认为国家之间战争取胜的关键在于军事实力,但是孟子认为施行仁政才是取胜的关键。请同学们找出其他几篇文章中人物异于常人的观点或者行为。

《富贵不能淫》:一般人认为大丈夫是有权有势的人,而孟子认为大丈夫是有仁礼义的人;《生于忧患 死于安乐》:一般人总是希望安逸的环境,但是孟子说忧患让人生存,安乐让人死亡;《愚公移山》:面对大山的阻隔,一般人会选择搬家,但是愚公选择移山;《周亚夫军细柳》:面对君王的慰问,一般军士开门欢迎,君王"直驰入",但是周亚夫选择按军纪来对待,君王"不得入"。

这样设计,其实就是以一个问题,让学生回顾了每篇文章的主要内容,又为学生感受人物高尚的志趣和品格做铺垫。

笔者接着提问:那么他们为什么会有这样异于常人的观点或行为呢?请同学们找出原因,并结合文章内容,说说文章是如何表现的。可以小组讨论。

如《得道多助 失道寡助》运用了正反对比论证的方法来论证施行仁政的重要性;《富贵不能淫》运用了类比的手法来论证大丈夫应该遵循仁礼义;《生于忧患 死于安乐》运用了正反对比论证的手法来论证生于忧患、死于安乐。这三篇文章都是孟子的观点,我们发现孟子的人生理想(志向)异于常人。

《愚公移山》运用了对比的手法,表现了愚公为了子孙后代,无私奉献的品格;《周亚夫军细柳》运用了对比的手法,表现了周亚夫恪守职责、严明军纪的形象。从文章内容的回忆概括,到写作手法和思想感情的回忆概括。

笔者再追问:这三人异于常人的观点和行为的背后有相同的地方,是什么相同呢?学生思考后知道,他们都有高于常人的人生追求。从异于常人之处延伸到高于常人之处。

笔者认为,在总结式整合课中还应该有能力和情感的拓展延伸,因此,笔者设计引入

《茅屋为秋风所破歌》，让学生在陌生的古诗文中分析杜甫形象，并且让学生在当下社会中寻找有高尚志趣和品格的人，以"非独贤者有是心也，人皆有之，贤者能勿丧耳"鼓励学生做一个志趣高洁的人。

课本中的文言文皆为经典，在教授时，不仅要讲解文言知识，让学生举一反三，更应该讲解写作技巧。笔者在上八年级上册第六单元整合课时，以一词多义为一个语文知识点，明确文言字词的含义须结合语境才能明确。讲解文章时围绕着内容、技巧、情感，这是一篇文章阅读三个要素，在写作时，这同样是基本的三个要素，以情感为灵魂，内容为骨架，技巧为血肉，才能构建出一篇丰满的文章。

总结式整合课，主要有助于总结单元课文的语文要素，让学生巩固知识，对整个单元的人文主题有更高层次的理解，结合恰当的课外文本进行提升，锻炼学生的知识运用能力，让学生获得阅读的体验、情感的熏陶，起到复习巩固提升的作用。

三、过渡式整合课

将单元整合课放在单元课文教学中间的，笔者称之为过渡式整合课。过渡式整合课可以放在单元中教读课文之后和自读课文之前，以教读引导自读，先总结再运用的课，让学生有阅读能力的锻炼和提升。过渡式整合课，可以在一节课中既归纳方法，又直接运用，获得反馈，是高效的教学方式。

八年级上册第四单元都是散文，可以运用前三课的总结，给予学生《昆明的雨》的自学启示。

本单元的单元导语：这个单元学习的散文类型多样，或写人记事，或托物言志，或阐发哲理，或写景抒情，展示了丰富多彩的自然景象和社会生活，表达出独特的情感体验和深刻的人生感悟。阅读这些散文，领会作品的情思，可以培养审美情趣，丰富精神世界。

学习这个单元，要反复品味、欣赏散文的语言，体会、理解作者对生活的感悟和思考，并了解不同类型散文的特点。

第四单元是散文单元，既要了解一般散文的特点，明确阅读技巧，也要了解不同风格的散文。这个单元设计过渡式整合课，可以在学习《背影》《白杨礼赞》《散文二篇》的基础上，引导学生自读《昆明的雨》，实现教读到自读的过渡。让学生回顾学习前三篇散文用了哪些方法，比如抓住文中的人或物，明确作者所寄寓的思想感情，抓住标点、字、词、句，品味语言和情感，让学生自读《昆明的雨》，看看是否可以运用这些方法，再去比较不同散文，以此进行类型和方法的归类。得出阅读一般散文的阅读技巧——散文阅读要明确情感，明确作者表达情感的方法，明确作者的语言特点，而情感、技巧和语言是交织的，需要在朗读中品味。

散文阅读是现代文阅读的重头戏，散文单元的学习，是有效提高散文阅读能力的契机，从不同的散文中去归纳相似的阅读技巧，并马上运用，可以提高一般散文的阅读能力，而不同的散文又有各自的特点，须结合各种类型和方法品味其特色。异中有同，同中有异，总结巩固又具体分析，才能有效提高散文阅读能力。散文一定要品味语言，这就给我们写作的启示:语言需要精雕细琢。字词句甚至标点都需要琢磨,情感真挚、内容丰富、技巧纯熟、语言优美,才能写出打动人的文章。

过渡式总结课,适用于在单元教学过程中进行一类文体阅读技巧的总结,并将总结的方法运用到同一文体的文本阅读中,教师及时指导。从个别到一般再到具体,在总结中运用,在运用中提高,有效地提高运用阅读知识的能力。

整合课的形式可以是多样的,不同类型的整合课也可以运用在同一单元的学习中,以教学目标为原则,以立足于学生,着眼于阅读,指向于写作为要求,从有限的课内文本,无限的课外文本中,整合出一条有效提高学生阅读和写作的道路。

以上三种整合课分别有各自的特点,笔者已经在上文进行了总结,如果在实际操作中能够合理运用,便能达到四两拨千斤之功效,从而优化教学效率,提升教学效果,最终提高学生阅读与写作的能力。

课前三分钟演讲内容对语文阅读教学的影响研究

南京航空航天大学苏州附属中学　方志诚

在阅读教学中,学生可以获取知识、培养阅读能力,并借以提高写作能力与口语交际能力。在口语交际教学中,学生要学会演讲,做到观点鲜明,材料充分、生动,有说服力和感染力,力求有个性和风度。通过比较,不难发现这两者的交叉点,即口语交际教学与阅读教学相互影响。然而查阅十余种参考文献,其中将两者结合起来谈的极少。结合先前的学生调查问卷,他们也普遍缺少这种认识。我校语文组有不少教师已开始这方面的探索,并期待借助本课题的研究,将之形成习惯,在全校推广。笔者借此东风,在这篇论文中重点探讨课前三分钟演讲内容对语文阅读教学的影响。

一、将课前演讲与阅读教学打通

上文谈及,学会演讲,做到观点鲜明,材料充分、生动,有说服力和感染力。显然口语交际教学重在教会学生演讲,而演讲的材料须充分、生动,并上升到有说服力和感染力的高度。要做到这一点,则需要认真细致及个性化的阅读。单让学生走马观花、信马由缰地阅读很难做到这一点,这时需要教师的指导,并将其化为阅读教学的要旨。

如何将课前演讲与阅读教学打通,使之在真正意义上对阅读教学产生积极的影响?笔者认为,一要使课前演讲内容序列化,这样学生的阅读也会相应地序列化;二要阅读经典作品。一句话,即课前三分钟演讲内容的选材应为序列化的经典作品。

1. 课前演讲的序列化

我校语文组正在探索坚持"课前三分钟演讲"制度的方案。完善课前演讲内容,使之与阅读教学挂钩,形成课前三分钟演讲及相应阅读的有序化。如在高一进行诗歌单元的朗诵教学时,我们的演讲要求便是给大家推荐一首诗歌,并进行朗诵;在进行散文阅读教学时,我们根据教材中的篇目安排,提前给学生推荐阅读篇目,学生在课前演讲的内容便是不同作家的作品推荐等。笔者认为这样的序列化课前演讲,既能在纵深处拓宽学生对某一板块的认识,从而带动相应的阅读,又将有助于打造我们的品牌,从而使更多的学生受益。

2. 依靠经典作品提升演讲品位

仅做到序列化演讲,还不足以提升学生的演讲质量,指导学生阅读课内外经典作品,并将其化为自身的演讲语言,才能从根本上提升学生的演讲热情与综合素养。所谓经典,不就是那些反映了人类共同思想和情感,并且经久不衰地反转过来作用与影响人类自身的那些或让人沉思或让人感动的作品吗?① 经典阅读具有历久弥新的功效,它的意义与价值是在不断地阐释、充实中得到丰富和显现的。指导高中生阅读经典作品,并鼓励他们结合自身的生活学习经验加以诠释,要比读二三流作家的作品得到更好、更快的成长。

高一推荐学生读徐志摩、戴望舒、艾青这些现代经典诗人的作品。这样有利于学生对诗人及其作品进行个体的序列化探索研究,个性的阅读与解读自然能更好地提升学生的语文素养。关于经典散文,可推荐鲁迅、周作人、胡适、叶圣陶、林语堂、徐志摩、丰子恺、朱自清、俞平伯、汪曾祺及国外梭罗、海伦·凯勒、惠特曼、泰戈尔、罗素、萧伯纳、蒙田、叶芝、纪伯伦等人的作品,这样不仅能丰富扩展好的演讲资源,而且还能培养学生检索资料的能力,并由此爱上一两位经典的散文家。在高二进行文言文教学时,不仅能就课本上出现的文言文讲故事,还能补充诸如《子路曾皙冉有公西华侍坐章》《郑伯克段于鄢》《冯谖客孟尝君》等经典文言文,从而拓宽对《论语》《左传》《战国策》等经典作品集的研究;这样,一流的选材加之经过思考后的演讲,课前三分钟将让师生彼此如痴如醉地沉浸在经典作品的精神长河中。

课前三分钟演讲内容的选材为序列化的经典作品,在两者打通的前提下,不仅能对当下的阅读教学产生积极影响,还将为学生日后的演讲、阅读打下坚实基础。

二、运用课前演讲内容激发学生阅读兴趣

当课前演讲内容激发了学生的阅读兴趣后,我们的阅读教学也将生机勃勃,渐入佳境。笔者认为,要想真正运用课前演讲内容来激发学生的阅读兴趣,在于做到以下三点。

1. 教师结合实际、各显神通

课前演讲内容采用序列化的经典作品,固然能对阅读教学产生积极影响,但并不代表一定能激发学生持久的阅读兴趣。换句话说,只有真正激发了学生的阅读兴趣,才能对语文阅读教学产生根本性的影响。国外学者布鲁纳在"认知-发现说"中曾精辟地谈到这一点。

世上没有两片相同的树叶,每个班学生的认知水平、文学修养、实践能力也各不相同。统一步调、千人一面,将会扼杀学生的天性从而使其错失发展的契机。只有结合本班特点的尝试,才可能各显神通、切实有效。

笔者多年来一直坚持每日一摘的教学策略,要想对每一句经典名言做出自己独到的诠释,学生必须进行大量阅读,才能持之有故、言之成理。第二天基于此的演讲才能真正打动大家的心。2011级学生吴雨雯曾谈及这最含蓄也最自然的师生沟通。每日一摘因不限字数、形式,她反而更感兴趣,写得更认真,同时阅读更多的书,将课内课外打通。笔者在2008级学生中曾做过调研,事实证明每日一摘的训练能提升学生的"输入"水平,即阅读能力。

---

① 宋钢.六朝论语学研究[M].北京:中华书局,2007:287.

当然，针对不同班级和不同学生，如何更好地设计每日一摘，提升与之匹配的课前三分钟演讲质量，将是笔者不懈探索的课题。

2. 学校开辟阵地，保障时间

我们调查了学生听到文学经典这一概念后的反应，虽然22%的学生没感觉，不明确阅读经典的作用与意义，但78%的学生感到很震撼、很新奇，想要好好接触文学经典作品，这足以反映学生在本质上还是热衷于经典的。另一项调查显示，84%的学生非常希望与期待学校开设专门的文学经典阅读与鉴赏课。

结合以上几项调查研究，我们不难发现，大部分学生蕴藏或表现出对阅读经典的兴趣，只因沉重的课业负担、无休止的考试、短暂的个人可支配时间与缺少相关阅读课，学生才对阅读淡漠，长此以往，必将戕害学生的心灵，我们培养出的将是低素养的庸才。

要想解决这一问题，学校必须下决心，至少教师必须改变思路，开辟学生的阅读阵地，一周拿出数节课，保障学生的经典阅读时间，并开设专门的文学经典阅读与鉴赏课，从而以写作为纽带，提升学生课前三分钟演讲内容的质量，这样势必反转过来提高学生的阅读热情，热情又激发兴趣，从而形成良性循环。

3. 学生体验成就，提升动力

如何让学生体验由阅读经典带来的课前三分钟演讲质量提升的成就，从而进一步提升阅读动力？

首先，要抓住高中学生特有的心理特征。他们不是没有表现欲，而是他们由外显转为内敛。对于那些文章写得好的、材料准备充分的学生要积极搭建平台，教师主动请他们上台说；对于那些文章写得不是特别好却愿意交流，或个别文章写得好又愿意主动上台与大家交流的学生，我们应充分放手，让他们主动上台。

其次，做真诚的听者。对于这些学生的精彩发言或部分发人深省的话语，教师应及时点评，进行艺术化的赞许，或借助同班学生听众的赞许进行权威强化。最后，可由这些同学将其演讲稿打成电子版，用于布置学习园地、设计班刊等。

文学教育的方法主要是通过"陶情"与"陶性"两个过程对学生施加影响的。笔者认为，在积累整合、感受欣赏与思考领悟、应用拓展的基础上，实现口语交际教学与阅读教学对学生陶情与陶性的影响，教师结合实际，各显神通；学校开辟阵地，保障时间；学生体验成就，提升动力。那么便能运用课前演讲内容激发学生的阅读兴趣，使课前三分钟演讲更深层次地推动语文阅读教学。

三、课前演讲对于阅读教学影响的把控

如果说，课前演讲内容激发了学生的阅读兴趣，将从深层次推动语文阅读教学，那么，课前演讲也就真正提升了学生的考试成绩，而这又是伴随着学生演讲、阅读、写作能力三位一体的提升所带来，必将从一定意义上巩固课前演讲对阅读教学的积极影响；反之，无序列、无指导、肆意让孩子进行课前演讲，挤占正常教学时间，那么课前演讲对阅读教学则有可能产生负面的消极影响。所以，把控演讲的质量与时间、保障阅读与写作的主体教学

就显得尤为重要。目前的阅读题占高考语文试卷的比例为53.5%，加之与阅读相关的写作，共占全卷的88.5%，阅读教学是否奏效，课前演讲是否能对阅读教学产生积极影响，在一定程度上可从考试成绩上反映出来。

笔者对进行课前演讲与不进行课前演讲的班级学生数据进行对比，发现常态化、序列化、成体系的课前三分钟演讲确实能推动我们的语文阅读教学，提升了学生的学习兴趣与能力，进而提高写作质量，较明显地提升了考试综合成绩。更重要的是，感受不同的演讲内容，能够让学生在宽度、广度及自己感兴趣板块的深度上得到不同程度的拓展与延伸。时间虽只有三分钟，而三年的准备与历练不仅能提升学生的综合能力，更能培养一种坚持及踏实的信念，以点带面地养成做事的习惯，渗透在学生日后生活、学习、工作的方方面面。

当课前演讲激发了学生诵读的激情，学完食指的《相信未来》后，继而产生对朦胧诗专题的极大兴趣；当课前演讲让学生就苏轼的《赤壁赋》与《念奴娇·赤壁怀古》，苏洵的《六国论》及其子苏轼、苏辙甚至明朝李桢的《六国论》展开比较时，当学生熟练地由课内迁移到课外时，我们怎能说这不是语文阅读教学的成果呢？而这正是源于学生展示自我的课前三分钟演讲。当学生读完韦庄《菩萨蛮》最后一句，进而利用课前三分钟演讲的平台，评论"未老莫还乡，还乡须断肠"一句既可理解为因为江南的景致过于美好，故留恋江南，否则会产生"还乡须断肠"的感伤；亦可结合韦庄的时代背景理解告老还乡，看到家乡因为战乱而满目疮痍的景象后肝肠寸断，痛苦不已。当学生不再对参考答案顶礼膜拜，有了自己的解读立场后，我们是否会为自己的教学智慧拍手称快呢？通过课前三分钟演讲平台的设立，学生探究阅读文本的热情高涨，为了使自己的演讲更加出色，在此不经意间便培养了学生的怀疑精神、批判精神、超越精神及对真理执着追求的精神，这是时下四种极为宝贵的精神，有了它们，真正的"人"便站立起来。

当这一切水到渠成时，学生演讲、阅读、写作的能力与日俱增，学生的成绩不断提升，而这正印证了哲人的话"成功是优秀的副产品"。

把控住课前演讲的时间与质量，进一步推动语文阅读教学，待到时机成熟，每位老师的探索将更上一层楼。课前三分钟演讲对语文阅读教学的负面与正面影响将呈现此消彼长的态势，当学生的能力及相应成绩有效巩固了这一正面影响，我们又何愁语文教育的明天不是春风得意、欣欣向荣呢？

将课前演讲与阅读教学打通，序列化地选择经典作品，高效开发"课前三分钟"演讲资源，教师结合实际、各显神通；学校开辟阵地，保障时间；学生体验成就，提升动力。三者结合，提升学生的语文学习兴趣与素养，从而不仅提升学生的学习成绩，更重要的是增长学生的才干，淬炼学生的思想，锻造学生的人格，澡雪学生的精神，那么课前三分钟演讲内容一定能积极深入可持续地影响语文阅读教学。

（原载《现代语文（教学研究版）》2017年03月）

带着问号出发
——谈语文教学中对学生质疑能力的培养

江苏省外国语学校　魏月琴

一、语文教学中学生质疑能力薄弱的原因分析

某学校对高一学生"语文课堂提问情况"进行问卷调查,结果为:主动提问的占6.46%,偶尔提问的占58.06%,从没提问过的占35.48%。数据显示,学生课堂上不敢、不愿、不会提问的现象比较严重。笔者结合自身的教学实践和经验,探寻了造成语文教学中学生质疑能力薄弱的原因。

1. 传统的教学观念和师生关系

在传统的教学观念中,师生关系是:教师教学而学生被教导;教师是主体,学生是客体。人格上的平等被偷换为职业上的不平等,长此以往,学生形成被动接受的惯性。同时,"师道尊严"观念根深蒂固,致使学生不敢在课堂上向教师质疑。由于担心学生在课堂上提出一些与教学重难点无关的问题,影响教学进程,因此,教师也不愿放手让学生质疑。为了有效达成教学目标,教师在备课时会精心设计提问,尽管问题环环相扣,但学生只能顺从教师的思路"被回答"。

2. 传统的语文评价体系束缚学生质疑能力的发展

"一千个读者就有一千个哈姆雷特",学生在对教学材料的理解上必然存在模糊性、混沌性、差异性。面对同一篇文章,不同个体在鉴赏时会"见仁见智"。然而命题给的答案是唯一的,这样的评价机制,导致学生把更多时间用来揣摩作者的想法和命题者的意图,忽略了对文本本身的解读,"质疑"文本就更成了一种"奢侈"。标准化考试,在一定程度上限制了考生的主动性,制约了考生思维的发展。

另外,当前的考试几乎全是考查学生回答问题的能力题,完全没有考查学生提出问题的能力题,题型单一,这在很大程度上限制了学生质疑能力的提升。《普通高中语文课程标准》指出:"突出语文课程评价的整体性和综合性,要从知识与能力、过程与方法、情感态度与价值观几方面进行评价,以全面考察学生的语文素养。语文学习具有重情感体验和感悟的特点,因而量化和客观化不能成为语文课程评价的主要手段。"只有尊重学生个体差异的课程评价制度,才能有效促进学生发展。课程评价制度犹如指挥棒,因而,改革课程评价制度,是孕育学生质疑精神的重要前提。

二、培养语文教学中学生质疑能力的重要意义

1. 激活课堂,发挥学生的主体作用

教学的使命是培养有个性和独立生命的人,学生是教学体系中的主体。"学贵有疑",教师在教学中有意识地培养学生的质疑能力,不仅能活跃氛围,点燃学生学习热情,且能激发学生的自我意识,增强学生存在感。

2. 培养学生的创新思维和创新能力

《普通高中语文课程标准(2017版)》要求:学生学习从习以为常的事实和过程中发现问题,培养探究意识和发现问题的敏感性。对未知世界始终怀有强烈的兴趣和激情,敢于探异求新,走进新的学习领域,尝试新的方法,追求思维的创新、表达的创新。爱因斯坦指出:"提出一个问题往往比解决一个问题更重要。因为解决一个问题也许仅仅是一个数学或实验上的技能而已,而提出新的问题、新的可能性、从新的角度去看旧问题,却是需要创造性的想象力,而且标志着科学的真正进步。"可见质疑中蕴含着创新。质疑意识推动个体发现问题、提出问题、解决问题,进而推动个体创造力的发展。正如苏格拉底所言:"问题是接生婆,它能帮助新思想的诞生。"

3. 适应新时代发展的需求

随着信息技术和互联网的飞速发展,我们已进入一个信息爆炸的时代。面对潮涌般的海量信息,我们如果不加甄别、选择,其结果必然是被淹死在信息的汪洋大海里。而甄别选择的条件就是具备质疑能力,质疑能力对个体适应新时代发展具有重要的现实意义。

三、培养语文教学中学生质疑能力的理论依据

建构主义学习理论认为:"学习不是知识由教师向学生的传递,而是学生建构自己的知识的过程;学生不是被动的信息的吸收者,而是信息的主动建构者,这种建构不可能有其他人代替。建构主义者强调学生并不是空着脑袋走进教室的,教师应该把学生现有的知识经验作为新知识的生长点,引导学生从原有的知识经验中'生长'出新的知识经验。"①

学生是学习的主体,是知识建构的主动者,教师必须转换身份,从原先的传递知识的权威转变为学生学习的引导者,同时须意识到,教师不再是问题的唯一发现者,教学活动中质疑探索的重任也要由教师转向学生,让学生享有问题的发现权和开采权。

四、培养语文教学中学生质疑能力的策略

1. 转变教育理念,营造和谐、民主的课堂气氛

前文提到传统教育中学生质疑精神薄弱的原因之一是对师生关系的认知偏差,因而要培养学生质疑能力首先要转变教学观念。宁鸿彬老师认为,开放式教学,关键是实行教

---

① 林崇德. 教育心理学[M]. 北京:人民教育出版社,2000:167 – 168.

学民主,提倡独立思考。因而他向学生提出了"三个欢迎"和"三个允许",即欢迎质疑,欢迎发表与教材不同的见解,欢迎发表与教师不同的看法;允许出错,允许改正,允许保留意见。

民主平等、宽松和谐的课堂氛围能给学生心理提供一种安全感,心理足够安全,学生就会甩掉紧张焦虑的包袱,大胆质疑。营造和谐民主的课堂氛围,首先要建立新型的师生关系、生生关系。将传统的"一言堂"变为"群英谈",对于学生有价值的质疑,教师要充分肯定;对于低质量的质疑,也要欣赏其"敢问"精神。学生尝到被尊重的甜头之后,自然乐意去发现问题、提出问题,从而形成良性循环。

2. 创设激发学生质疑的教学情景

教学情景包括物理层面和心理层面两个方面:物理层面主要指教学场地的选择、安排、布置;心理层面主要指教学过程中学生的心理期待和教学氛围。教师要根据不同教学内容选择室内或室外教学,合理安排学生座位,利用多媒体创设教学气氛,打通教学内容与学生兴趣爱好之间的关联。

3. 引导学生质疑的策略

(1) 于矛盾处引导学生质疑

文本语言在表意上有时候存在前后矛盾之处,在阅读教学中,教师若能引导学生在此驻足,必能欣赏到别样风景。例如《林黛玉进贾府》一文中,就存在多处语意矛盾。比如:当贾母问黛玉念何书,黛玉道:"只刚念了《四书》。"而当宝玉问:"妹妹可曾读书?"黛玉道:"不曾读,只上了一年学,些须认得几个字。"面对同样问题,黛玉前后回答自相矛盾。若能引导学生在此矛盾处质疑,就会发现黛玉改口的根源是贾母的那句"读的是什么书,不过是认得两个字,不是睁眼的瞎子罢了!"因为她从这句话中听出贾母对女子读书的态度,正巧宝玉问及,所以黛玉赶紧改口。这一细节把黛玉在贾府寄人篱下时的"步步留心,时时在意"的性格特征表现得淋漓尽致。

(2) 于模糊处引导学生质疑

在文学世界的"语言艺术"中,"模糊语言"具有独特迷人的风光。"模糊语言"不是指影响读者理解的模棱两可、表意不明的语言,而是指以模糊、不确定的表达来引发读者联想的语言。比如《红楼梦》中黛玉临死前喊道"宝玉!宝玉!你好……"这种含蓄模糊的空白美使文本的内涵更加丰富,便于学生在探究语言深层内涵时形成问题意识,提升质疑能力。

苏霍姆林斯基曾说:"真正的学校应当是一个积极思考的王国。"语文教学中学生质疑能力的薄弱现状亟须改变,如何唤醒学生沉睡已久的质疑意识、提升学生的质疑能力,都是值得语文教师深思和研究的重要课题。培养学生的质疑能力不可能一蹴而就,但笔者坚信,只要勇于探索,必将迎来教育的"春天"!

(原载《文教资料》2015 年第 14 期)

问出趣味　问出精彩
——初中语文课堂问答模式改革激活语文课堂

苏州市吴中区碧波中学　陆竹婷

著名教育家陶行知先生说:"发明千千万,起点是一问,智者问得好,愚者问得笨。"[1]而在我们的实际教学中,经常会出现学生不会提问的现象。长期以来,学生早已经习惯了教师提问、自己被动思考解答的模式。今天笔者就来谈谈如何以学生的提问来串联课堂,激活课堂,提升课堂效果。

一、课前指导,引领学生提问

宋代著名学者陆九渊认为:"为学患无疑,疑则有进。"[2]问题就像一把金钥匙,使智慧之门豁然开启,从而开发学生潜能,培养学生创新精神,优化教学成效。可是学生面对一篇新课文,往往无从下手,读完文本似乎都懂了,没有问题。可是当教师提出问题时,又都不会,到处都是问题了。

为什么学生会发现不了问题呢?

如何引导学生学会提问并提出有价值的问题也就成了让问题环节在语文课堂中能够成功运用的一个关键。针对学生不会提问的现象,笔者就在教学前做了一个预学案。在预学案中首先出示了学习目标,有价值的问题必然是围绕着教学重点的,是去探索作者的写作意图,是去触摸作者的灵魂思想的。因此,学习目标是对学生提问方向的一个提示。同时,让学生解决生字词这些基础知识,此外,还设置了一个"学生质疑"的板块,有"提问方法指导"环节,指导学生从不同角度来思考、来进行提问。例如在学习《陋室铭》这一课时,在"提问方法指导"环节笔者给出了三个方向:① 关于字词:你有不懂或不确定的吗?② 关于句子:对于重点句,你都会翻译了吗? ③ 关注文本内容:刘禹锡的陋室生活你熟悉了吗?

在这样的指导下,学生知道从字词、句子、文本内容来入手。字词句是我们文言文教学的基础,以陋室的生活来探索作者刘禹锡的情感,引导学生触摸学习难点。学生在具体的问题指向下才知道从何下手,才能提出有价值的问题,才能更好地指引课堂。

---

① 陶行知.陶行知全集[M].成都:四川教育出版社,2005:198.
② 陆九渊.象山先生全集盘洲文集[M].上海:商务印书馆,1921:234.

二、筛选问题,指引课堂走向

学生的问题由学生自己来解决,对于学生来说,这是一种比较新奇的模式,因此,学生会对这样的问题更感兴趣,相较于教师的提问,也就会取得更好的效果。而学生提出的问题往往是各式各样的,这就需要教师对问题进行筛选。

比如在教学郑振铎的《猫》时,有学生在预学案上提出了这样的问题:猫两三个月就会抓老鼠了吗?显然这样的问题对于语文课堂是毫无价值的,也就不需要拿到课堂上去讨论了。所以首先应是与文本密切相关的问题。其次是要值得探究的问题,比如又有学生问:第一只猫死后作者是怎样的心情?这个问题的答案在课文中一下子就能找到,属于认知型的问题,也就毫无讨论的价值了。

在筛选问题时,还有一些虽然对语文课堂价值不大,却是学生感兴趣的问题。比如学习《社戏》,有学生问:"社戏是什么?"其实在书下注释有对社戏的解释:社戏是指在社中进行的一种有关宗教和风俗的戏艺活动。但笔者在课堂上仍然对这一问题进行了详细解释,花费了很多时间介绍"社",以及绍兴社戏、黄冈社戏、安顺地戏等有代表性的社戏。对这样的问题的解答大大激发了学生的好奇心与学习热情。正因为社戏如此有趣,文中的"我"——迅哥儿才会那么想去看社戏。一个看似与文章关系并不密切的问题,却为理解文意奠定了一个极好的基础。

当然还要注意问题的广度,对每一个学生所提的问题都尽量关注到,以免学生把自己当成局外人。最后筛选出来的问题应是面向全体学生的,而不是为少数人设置的。课堂上,学生会发现他提的问题教师也关注到了,只是他的问题可能并不是课文重点,因而没被采纳。

学生提问,教师对问题进行筛选,选择一些有价值的问题来分析与解答,能够指引课堂走向的问题,将这些问题进行筛选、归类、呈现,解决教学重点难点。当然,有价值的问题还需要引导,教师可以在最后对学生所提的问题进行总结,明确怎样的问题是有价值的问题,为什么没有选择有些同学所提的问题,以引导学生学会提问。

三、层层深入,解决教学难点

利用问题将教学内容及教学过程分为几个明显的且彼此之间又有密切联系的教学板块,这几个板块之间又是一步一步地逐层深入的。经过筛选之后的问题必然是少而精的,运用最少的语言去传递最多、最大的信息量,在呈现问题时也采用了板块的方式。比如在《藤野先生》这堂课上,最后呈现了五个问题:

① 藤野先生给"我"的第一印象是什么?从哪些句子中发现的?
② 鲁迅给藤野先生的评价是哪个词?请从文中找到。
③ 文章记叙了与藤野先生有关的哪几件事?试着概括。
④ 请结合相关句子分析鲁迅对藤野先生的情感。
⑤ 现在你能理解鲁迅为何会给藤野先生这么高的评价了吗?

利用学生的问题串联起整节课,这样自然就要思考问题该以怎样的顺序呈现。根据问题的先后顺序,对文本内容层层深入,进而解决教学难点。在教学中,笔者采用了以多媒体出示学生的问题,然后学生用圈点勾画、小组讨论的方法来解决问题。这五个问题中前两个是属于认知型的,只要学生圈点勾画基本就能在文中找到答案,帮助学生初步感知课文的内容。第三个是稍加理解就可以回答的,是对文章内容的概括,理解文本内容。最后两个则是与课文主旨相关的,也就是教学难点。在理解文本内容的基础上学生小组探究作者情感,结合时代背景,挖掘这篇文章的深层内涵。这样五个问题又变成了三个板块,读句子-领文意-悟文情。

所有问题是由易到难呈阶梯式的,利用问题一步步地引导学生理解课文内容、理解作者情感,这恰恰也是符合学生的认知思维过程的。问题的板块化设置,也使得课堂、课文简洁明了,特别是对于一些比较长的课文,学生通过问题对学习目标一目了然:先读懂文章内容,再去学习写作方法,最后要理解作者所表达的情感。

问题是围绕着教学目标展开的,它指引了教师的课堂;问题也是学生的学习目标,它使课堂教学效果的检测也具有了方向。

四、即时评价,推动问题生成

与学生的回答紧密相关的是教师的评价。课堂上要以有效的即时评价来促进问题的动态生成。在课堂上,抓住时机,及时、合理地对学生的学习过程做出评价,一方面适当提出一些鼓励性语言,激发学生的学习热情,增强他们的学习信心,使其主动积极地参与课堂,获得学习的成就感;另一方面也以评价来推动课堂节奏,促进教学环节的一步步深入。

比如笔者在上《最后一课》时,先带学生读了今天上课前的情况,然后问"读完你有什么感想吗?"学生自然就产出了一个疑问:今天的课堂为什么会这么反常?而笔者对学生的这一疑问进行即时评价:"反常"这次用得非常好,小弗朗士也觉得奇怪,那我们一起来找找为什么会这样吧。对学生自己产生的问题,学生自己就会带着浓厚的兴趣去解决,而笔者以即时评价推动了学生问题的生成,也即推动了课堂,促进了课堂效果。

语文课堂是一条未知的道路,随时随地都有亮丽的风景。我们要有一双发现美的眼睛,利用提问来问出趣味、问出精彩,学会用辩证的眼光去看待、评价问题,理性思考,在提问中,扩展思维和眼界,可以收到事半功倍的效果。

陶行知生活教育理论的实践与探究

苏州市吴中区碧波中学 钱玉兰

对陶行知生活教育理论的研究如火如荼,陶行知先生的生活教育理论对我们的教育特别是基础教育如今仍然具有重大的启发意义和指导作用,尤其是近年随着对陶行知教育思想研究的不断深入,其对每门学科的教学都产生了深远的影响,任何一个读了陶行知先生原著或后人的研究著作的,都会下意识地将陶行知思想与自己的教育教学工作结合起来,以希望对自己的教育及学科教学起到一定的启发作用。

陶行知先生耗尽其一生,为我国教育事业鞠躬尽瘁,为我们留下了宝贵的精神财富,其中就包括了生活教育理论。首先,笔者与您一起探知生活教育理论在当前教育界应用的状况。

一、生活教育的基本内容

1. 明确含义

陶行知先生强调"Education of life,Education by life,Education for life",即"生活之教育、凭借生活的教育、为生活的教育",教育的根本意义是生活之变化。所谓"生活教育",就是利用生活中的资源对学生进行道德教育,从而引导学生过有道德的生活,是以生活为中心,从生活出发,在生活中进行并回到生活的教育。陶行知先生教育思想的精髓可以概括为一个理论、三大原理、四种精神、五大主张。

2. 明晰精髓

生活教育理论即"一个理论",这是陶行知教育思想的名称,是其教育理论的核心思想的精辟概括。生活教育的目标在于"教人求真,学做真人"。学校和教师要"教会学生学习,教会学生生活,教会学生做人"。"三大原理"是"生活即教育,社会即学校,教学做合一",这是生活教育理论的本体理论,也叫起源论,陶行知先生认定教育是源于生活的,主张教育要依靠生活,进而改造生活。这是陶行知先生发现他老师杜威的理论在中国完全行不通的情况下,结合中国教育的实际提出来的方法论。四种精神与五大主张是对生活教育理论的进一步诠释与细化,更具体地描述了生活教育理论的完整面貌,同时也是生活教育理论的具体化,为教学工作提供了更明确的方法理论基础。从哲学角度来看,这些具体的描述,把生活教育的理论与教育教学工作的实践紧密地联系在了一起,使得两者相辅相成,互生共长。

3. 明白作用

除此之外,陶行知先生还对学生、教师、学校及教育的功能、目的和标准都有独到的见解与描述。这使得生活教育理论自成一个完整的体系,所以才会有旺盛的生命力,长期在我国教育事业中起到了至关重要的积极作用。在当代中国教育实践中,生活教育理论成为被引用最多的理论,展现出了旺盛的生命力。

二、生活教育的主要困惑

生活教育理论在我国教育界被应用了多年,对于教育工作者来说,存在不少的难题或困惑。整体上来看,虽然数十年间取得了很大的成就,但是仍然存在各种各样的问题。在社会生活及工作中,绝大多数矛盾是需要通过沟通协调关系得到缓解或解决的。而在教学的过程中存在学校、教师、家长、社会四大主体,这四大主体之间的协调配合关系在实施教学过程中困难重重,有些已经成为较为普遍的问题,有些是长期以来一直存在的,有些是随着教学发展与社会进步新出现的,笔者认为概括起来可分为以下几类。

1. 应试与应用之间平衡难

应试对应的是理论能力,应用对应的是实践动手能力。此二者存在相辅相成、互生共长的共存发展关系。首先应试与应用,谁都不可能取代谁而单独存在,没有应用的应试是纸上谈兵,没有应试的应用是空中楼阁;当应用的环节不能向前进步发展,受到应试理论制约时,应试理论就存在改良进步的必要性。在媒体高度发展的今天,特别是在自媒体进入人们视野之后,信息传播效率大大高于以往,同时媒体之间的竞争程度也在加剧,一些媒体为了更好地生存,丧失职业道德,甚至踩踏红线,传播不适言论甚至虚假信息。在应试与应用的问题上,有人片面地追求素质教育,批评抨击应试教育,好像只要有考试的存在,教育就是失败的一样。这种势头甚至有盖过主流媒体的趋势。这在当下非常突出。

2. 学校与社会之间配合难

学生是接受教育的主体,在教学过程中处于核心位置,而社会教育是学生受教育成长过程中不可或缺的一部分。象牙塔内的学生与社会不多的联系,往往也是通过学校这座桥梁建立起来的。而学校需要面对的是社会上各种各样的社会、组织、团体。学校教育与社会接轨、互通存在较大的困难。少数民众缺乏辨识能力,很容易受到迷惑,在教育问题上做出错误的决定,对学生的健康成长产生不利的影响。

3. 教师与家长之间存误解

部分家长与教师的关系已经成为社会关注的焦点问题之一,造成这样的局面从某种程度上来说,媒体"功不可没"。正面的、积极的人物事迹在媒体上出现的频率往往较低,而那些类似于惩办贪腐、校园暴力、教师补课等新闻事件传播速度快,持续时间也比较长,产生的社会影响更深远。在媒体的推波助澜下,给人们的感觉好像大多数人成了不称职、无道德,成为站在与人民对立面的"敌人",由此产生了不良的社会影响。对于教师这个职业,在很多公众眼里,已经不再是朴实无私、以身作则的师表,只要有一个人犯错或者做了不该做的事,就会有人攻击所有的教师。更有甚者,在一些有争议的问题上,也同样大放厥词,言之凿凿。

就在近两年,人们认识到了问题的严重性,尊师重教一时间成了全社会最大的呼声。

为了扭转舆论乱象,《人民日报》等媒体集体发声,为辛勤的园丁正名。一时间"跪着的老师教不出站着的学生"言论在各大媒体上充斥于人们的视线,也警醒了迷茫的心灵。舆论导向与压力给教育教学的工作开展和教师职业的发展增加了一定的困难。

三、生活教育的实践应用

陶行知先生在作品中如此阐述生活教育:"生活教育是生活所原有,生活所自营,生活所必需的教育。教育的根本意义是生活之变化。生活无时不变,即生活无时不含有教育意义。"生活教育理论有着浓重的杜威"新三中心论"的影子,但又做了更多的更新。"我们此地的教育,是生活教育……不是作假的教育。人生需要做什么,我们就教什么。"从陶行知先生的言论中可以看出,生活教育是顺应人生的需要,与时俱进,遵循学生的发展需要、生活需要,教育就是要全方位全过程地为生活服务。所以,我们应用生活教育理论作为教育教学的指导理论,就是回归教育的本性,按照客观规律办事。

1. 立足实践性

(1) 踩准基本点

生活教育的基本点就是实践,在陶行知先生看来,"做是学的中心,也是教的中心"。陶行知先生提出的六个解放观念,即"一、解放他的头脑,使他能想;二、解放他的双手,使他能干;三、解放他的眼睛,使他能看;四解放他的嘴,使他能谈;五、解放他的空间,使他能到大自然大社会去取得更丰富的学问;六、解放他的时间,不把他的功课表填满,不逼迫他赶考,不和家长联合起来在功课上夹攻,要给他一些空闲时间消化所学,并且学一点他自己渴望要学的学问,干一点他自己高兴干的事情"。这些观点与今天的教学要求不谋而合,让学生多看、多想、多体验,多让学生自由快乐地实践所学。可见,实践性无疑是生活教育的基本落脚点。

(2) 鼓励多实践

笔者认为,生活教育的实践性容易存在一些误区。其强调实践的重要性,并不是说可以替代理论的地位,二者存在互依共存的关系。在当今,教育界对素质教育的呼声越来越高,特别是在基础教育阶段,需要培养学生全面发展。不少学生及家长错误地认为素质教育就是不要考试,凡是有考试的地方就是应试教育,就是阻碍限制学生的成长与发展。在教学实践中,学生把实践课经常当成了"游戏"课,浪费了教学资源不说,效率还低。在基础教育阶段,可适当地给学生提供实践的机会和平台,学生需要的是体验式实践,以此促进学生认识自己的现状,从而激发学习的积极性和主动性。对于实践能力比较突出的学生可以在条件允许的情况下适当增加实践的机会和时间,如此既可以提高效率,也可以鼓励先进。

(3) 强调有效性

有效性是建立在可行性基础之上的,生活教育就是把教育生活化,融入生活,让学生接受教育成为其生活的全部,贯穿生活的角角落落。从笔者的教学经验来看,脱离了生活的教育显得单调、乏味、枯燥,学生厌恶、无趣、被动。生活教育不仅体验感强,还容易吸引学生,对提高教学成绩非常有帮助。

2. 顺应时代性

陶行知先生的生活教育理论诞生近百年来,对我国的教育事业产生了深远而广泛的影响。事实证明,生活教育理论生命力非常旺盛,几经社会变革与发展而不衰。陶行知说:"教育可分为三部分,A. 死的教学;B. 不死不活的教育;C. 活的教育。"所谓"活的教育"就是强调要因材施教,强调个体差异性的教育,同时也注意材料内容的丰富性,要用最新颖的教学手段。这与当今教学的新要求也类似,比如教学"活的教育"要针对每个时代的不同需要,立足于每个时代产生的新教学手段,如当今的网络直播、微信、微博等,同时针对不同的学生开展有针对性的指导,这样才能从根本上满足时代发展的需求。陶行知先生讲:"生活教育与生俱来,与生同去。出生便是破蒙,进棺材才算是毕业;学习为生活,生活为学习,只要活着就要学习。"这一思想的根源就在于教育是全程性的,与人的成长紧密相随。由此来烛照教学,生活教育应该是从孩子一出生咿呀学语时的简单对白开始,到成长过程中与父母的交流,再到走进学校进行系统的学习,教学活动是一以贯之的。

3. 覆盖全民性

在过去,教育是小众化的,受教育是一件难事,家境相对殷实的人家的子女才能接受得起教育。陶行知先生提出生活教育思想一个很大的突破,就是把教育的权利交还给了普通大众,让每一位民众都有机会、有能力接受教育。他把教育的路径拓展到了生活的方方面面,把教育的对象延伸到生活中的所有个体,这种里程碑式的突破实现了教育的普及与教育机会的均等。以此思想为指导,真正的教育指导不仅仅是指向直接受益者学生,还应该把教育的触角指向到家长和社区之中,以共同之力构筑起生活教育的合力。终身教育是最先进的,也是最符合社会发展趋势的,比如曾任联合国教科文组织教育研究所专职研究员 R. H. 戴维所说的:"终身教育应该是个人或者集团为了自身生活水平的提高,而通过每个个人的一生所经历的一种人性的、社会的、职业的过程。这是在人生的各种阶段及生活领域,以带来启发及向上为目的,并包括全部的正规的(formal)、非正规的(non-formal)及不正规的(informal)学习在内的,一种综合和统一的理念。"

教育的目的应该是更多地关注学生身心的全面发展,锻炼"健康的体魄",提升"农人的身手",养成"科学的头脑""艺术的兴味""改造社会的精神"。所谓德智体美劳的思想一直贯穿在生活教育理论之中,对于教学而言,同样需要以全面性来关照这一教学方式,因为教育绝不是讲述一个故事,而是关注学生全面的情感和生活,记录成长过程中所有的酸甜苦辣。德智体美劳形成过程中的每一个细节都可以成为生活教育的素材。陶行知先生把他的一生奉献给了我国的教育事业,诚如他自己所言:"人生为一大事来,做一大事去;捧着一颗心来,不带半棵草去。"领悟先生的教育教学思想理念,希望与读者共勉,共同进步,为我国的教育事业添砖加瓦。

初中语文生活化阅读教学探究

苏州科技城外国语学校　耿丽霞

将教育与生活统一为一个整体,把生活本体融入语文阅读教学中去,学生在阅读中感受生活、感受生命,体味作者在写作的过程中所呈现的情感内涵。智慧的阅读就是将生活状态、生活事件、生活原生态的体验与阅读书目链接在一起,让学生去体验文本当中的人物情感状态和生命本真。

一、初中语文阅读教学现状

"生活教育是以生活为中心之教育。"[①]陶行知先生的教育理论告诉我们:生活与教育密不可分。但是教师在教授语文阅读教学方法上会呈现出很多不同形式的。某些教师会从题目本身延伸到阅读,使得课堂发生"满堂灌"现象,教师只注重阅读本身的目的性,学生学习会产生概念化、机械化、程式化的流弊,师生之间少有互动,学生欠缺主动性、积极性,这样很难形成学生主动探究的学习模式。具体表现在以下几个方面。

1. 课程教学脱离学生生活

"阅读教学是学生、教师、教科书编者、文本之间的对话的过程。"[②]阅读是以教科书为基点,拓展到各个领域的阅读,阅读的终极目标是让学生阅读更广阔的人生。但从目前语文教学的现状来看,语文阅读学习存在机械性倾向。课堂教学存在的一些问题正严重阻碍语文阅读教学,教师迫于升学压力,将更多的时间放在周测、单元检测、题目练习的讲解中,不断反复强化知识结构,以便让学生在考试中获取好成绩,但是这种短期的红利,会挫伤学生阅读文本的积极性。

教师就文本说文本,在教授的过程中没有生活化的情境设置,一味地分析文本,这让语文味丧失殆尽。学生没了情趣、没了情感,从而一些有韵味、有情感的一篇篇美文变得干瘪无味,学生在学习的过程中很难得到生命的启示。比如《背影》中有一段对父亲的精彩描写,教师在引导学生分析完文中"父亲"艰难买橘的那一段动作描写后,将"父亲"之爱直接告知学生,没有让学生联系自己的生活实际加以品味,也没有让学生从理性层面对文本进行赏析。教师没有进一步赏析作者与父亲之间的错位的爱及父子之间的矛盾因何而来,没有让学生明白那个年代的社会背景与当代社会之间的差异,这样的教育就未免太

---

① 郭元祥,胡修银.论教育的生活意义和生活的教育意义[J].兰州:西北师大学报,2000(6).
② 陶行知.陶行知全集(第2卷)[M].南京:江苏教育出版社,1986:633.

浅薄。我们教师在文本教学时要抓住每个机会让文本内容与学生所处的时代进行融合，这样在学习的过程中才能碰撞出绚丽的火花。

2. 传统教学模式化制约阅读教学

课堂上教师话语霸权地位，让学生失去思考、失去学习主体性，使学生被动学习的状态长期持续，导致学生不停地机械地背诵经典篇目。这样长期被动式的学习，使学生失去了积极思考的能力，也没有了自我评价的能力，这必然阻碍学生自身能力的发展，最终造成学生不会学习、不会生活的局面。语文阅读一旦和生活实践相分离，阅读的教学价值就难以实现。

二、进行生活化阅读是语文课堂教学的必然追求

"脱离生活的教育是鸟笼教育。"陶行知生活教育理论明确指出，教学活动应与生活实际相联系，既促进学生在生活中学习文化知识，又激发学生学习兴趣，使学生逐渐对语文阅读产生浓厚的兴趣，这对语文教学活动的深入开展发挥了积极的作用。学生的阅读分享只有结合日常生活，才能促使文本的真正内化；学生只有将阅读与生活实践紧密结合，才能体会生活外延和阅读外延的相对性。学生从社会生活的角度设身处地地解读文本，实现生活中理解文本解读的目标，最终提高细读文本的能力，从而学会运用语文的能力。因而进行生活化阅读是语文课堂教学的必然追求。

1. 生活化阅读可以激发学生思维的多元化

"语文课应成为学生思维的自由王国，而不只是教师思想的橱窗。"①"阅读是学生的个性化行为。"②因而教师要尊重学生的这种价值体验。在阅读教学的过程中，引导学生独立思考，鼓励学生进行多元解读，让学生在阅读的过程中与文本产生思维的碰撞。同时鼓励学生发表自己的独创性见解，激发学生阅读的原动力。同龄人之间的分享和对话可以改变阅读的具体形式，他们能够以独特的视角去分享他们的阅读感悟，他们可以用分享的方式去解构在社会实践过程中的共同问题，这种学生之间的共情也是阅读本身的一种外延。

从另一个层面来讲，学生在彼此的分享中也可以给彼此的阅读理解找寻一种互通的学习方式。学生在阅读分享过程中，结合自己的生活体验，重新梳理了文本内容，从而有了新的思维碰撞、新的认知和感受，这些过程又是知识的一次内化。这样的阅读实践是真正的由"知识素养"走向"能力素养"，与陶行知的生活教育理论非常吻合。

2. 生活化阅读可以激发课堂教学的灵动性

当前初中语文教学任务重，教学压力大，教师单向灌输比较多，导致学生的思维处于懒散状态。因而语文生活化阅读教学强调教师在教学方法上要灵活引导学生，根据学情

---

① 李镇西. 从批判走向建设：语文教育手记[M]. 成都：四川少年儿童出版社，2004：95.
② 中华人民共和国教育部. 义务教育语文课程标准(2011年版)[S]. 北京：北京师范大学出版社，2012：22.

进行多元教学方式的交替运用,诸如小组讨论法、表演法、比较法、谈话法等,根据学情和课文内容让学生成为课堂的主体。例如在学习朱德《回忆我的母亲》时,让学生与丰子恺《我的母亲》、邹韬奋《我的母亲》两篇文章进行比较阅读,并分组讨论,让学生重构母亲形象。学生自主讨论,并结合自己的生活体验去赏析文本。这样的探讨让学生更有兴趣去梳理文本,从而进一步丰富学生的认知。因而生活化阅读在语文课堂教学中可以使教学呈现出灵动的理想境界。

三、生活化阅读的实施策略

文学源于生活又高于生活,作者在创作作品时,很多体验、动机和灵感来源于日常生活,作者根据这些生活的世界塑造了不同的作品。因此,在文本阅读的过程中,教师要有意识地紧密结合生活实践,为学生提供生活场域,这样学生才能将文本内容融入自己的生命体悟,学生对本解读更通透、更深入、更接地气,从而完成知识的自我建构过程。在阅读教学的实践中,笔者认为可以实施如下策略。

1. 确立生活化的阅读教学目标

文本内容里的生活就是一桌满汉全席,各有其味,教师只有从生活阅读的角度确立生活化的阅读教学目标,才能引导学生亲自品尝,嚼出个中滋味,使学生真正了解文本的生活,深入文本,将自己的生活体验与文本的生活体验更好地融合起来。

(1) 以生为本、洞察学情

这是确立生活化的阅读教学目标的基础。教师通过了解学生的学习能力、性格特征、生长环境,设置教学目标的导向性,让学生从自我认知的经历中去感悟文本内涵,让学生从生活本源中促进对阅读知识的理解。

(2) 三维目标的生活化

这是确立生活化的阅读教学目标的主要任务。中学阶段阅读教学目标分为知识目标、能力目标、情感目标。知识目标可以选取体现日常生活化要求的知识,使学生将在书本学习中的内容运用到社会生活中。比如,在阅读教学中注重学生的语言表达、语法修辞、文学素养,将语文工具性与人文性相统一。能力目标生活化,学生在阅读中所学的知识和实际生活相联系,通过讨论、表演、分享等方式使知识的情境延伸到日常生活之中,以强化阅读目标,提高学生解决生活问题的能力、社交能力和沟通能力。情感目标生活化,这是对阅读知识目标与能力目标的升华,学生在生活阅读中,通过体验文本中各类人、事、物,重构内在的自我价值。教师结合不同的文本体验,让学生通过这些体验去和作者近距离地对话,那么学生的对文本认知能力、解读能力就有可能得到提升。比如围绕《平凡的世界》进行情感体验,学生为人世间悲惨的爱情叹息,为怒其不争的时代病态愤慨,也为自己生存的这个平凡而又不平凡的世界唏嘘不已。教师在教授时可以从生活本身入手,以女性、事业、爱情、独立等主题入手去解读。教师从社会生活实践探究文本,进行自我认知、自我评价、自我延伸,这才是生活化阅读教学的一项重要目标。

2. 设置生活化的阅读教学情境

生活和教育是紧密关联的,两者在语文教学实践中本应居于同等重要的地位。学生在阅读与思考中将文本内化。让学生在社会领域去深耕阅读原本的意境和情状,由被动接受到主动探究,由灌输式接受到自主研讨,因而教师必须结合文本适当地设置生活化的阅读教学情境。

在疫情期间阅读《骆驼祥子》时,我们给学生设置了一个阅读情景,即《骆驼祥子》里谁是新冠状病毒超级传播者?学生从"谁会得了新冠病毒而欺瞒政府""谁会是超级传播者""谁得了病毒后会积极配合政府安排"等方面去解读文本。

学生在疫情期间把名著从历史的车轮里抽离,又重新遇见,将现代思维带入那个年代的遇见,用洞见的视角去关注社会,产生社会同理心。这个情境的设置源于生活又融入生活,以供学生去反思、去思考,学生的阅读便多了一层社会参与度,学生的阅读活动也就具有了浓郁的生活色彩,他们的阅读兴趣也就得到了一定程度的激发。

3. 开展生活化的阅读实践活动

将生活化阅读落到实处,可以开展多元的生活化的阅读实践活动。例如:初中各学段打破班级界限、打破年级界限,带着自己的阅读感悟、思考,用表演、群组谈论的方式去开展阅读实践活动。比如在学习朱自清的《背影》中父亲在翻过月台去给儿子买橘子的情景时,教师可以让学生到讲台前表演那一系列吃力的动作。无论是表演的学生还是观看表演的学生都能切实地感受到父亲动作的吃力和爱子心切的情感,也会联想到自己的生活实际去感悟文中对父亲复杂的情绪和真挚的情感。

根据中学生不同的差异性和发展规律性,教师在教授阅读时可以根据学生个体不同的性格特征、学习能力进行科学有效的分组,在分组中,每个小组保证在同一水平上,每个小组通过各组自己的方式进行组长竞选,教师为每个小组设置不同的问题,小组成员在讨论问题的过程中,引导学生发现问题、分析问题、解决问题。在这个过程中充分锻炼学生的团队精神、语言思辨力、阅读文本的思维力。例如,在进行《台阶》这一篇课文的教学时,教师可以提出问题:文章中的父亲是作者的父亲吗?可以通过小组讨论的形式进行深入探究,通过学生与学生之间、小组与小组之间的讨论、交流,借助各自的生活体验去探究文本。这样的实践活动可以活跃课堂气氛,让每个学生都有参与和表现的机会,同时又可以提高学生对文本的理解能力。

4. 采用生活化的阅读教学方式

针对传统的程式化教学模式,教师要打破传统的教学模式,在教学实践中多与学生生活相联系,激趣诱思,实现自我认知、自我探究、自我融合,在阅读中找到一个契合点,学生才能在阅读学习中习得语文的乐趣。很多教师采用体验式阅读教学方式,这样的体验式教学过于单一,只能是语文阅读教学的辅助手段。教师应该基于生活,引导学生通过文本的主体体验、过程体验、情感体验来把握文本中丰厚的思想内涵。这种主体体验、过程体验、情感体验的教学方式能够使学生内化文本中其认同的情感模式,从而形成一种对自我生活的认同模式。比如《呼兰河传》中"我"和爷爷在菜园子里,"我"想闹就闹、想玩就玩的生活情景,"我"栽花、拔草、铲地、浇水,甚至睡觉这些日常小事,都可以让学生结合自己的日常生活,从情感体验的角度去体悟文本所蕴含的情感和温暖。在这座园子里,有祖父对"我"的爱,有富有生机的动植物,有更宽广的自由。这个园子成为"我"永远离不开的精神食粮,是后院给了"我"活下去的希望,是园子给了"我"活下去的希望,是园子给了"我"创作的理由。

让语文阅读真正走向由"工具性"到"人文性"相互延伸的学科,从生活实践走进语文教学,从而使语文阅读回归生活本真,语文阅读才能让学生显现出最大的自我认知和自我探究。学生才能由被动阅读转为生活化阅读,这些阅读的外延符合陶行知的教育理念,可以激发学生的创造力和主动性。因此,我们要在生活化理念的指引下,让学生主动去进行生活化阅读,这样既体现了教师的主导作用,也体现了学生的主体地位。

语海探珠

略论黄季刚先生的小学研究观
——重读《文字声韵训诂笔记》有感

苏州大学文学院 王建军

引言

近代著名国学大师黄侃(字季刚)在经学、文学、哲学诸领域造诣深厚,尤其在传统"小学"的声韵、文字、训诂方面成就卓著。他不仅是乾嘉以来传统小学无可争辩的殿军,也是现代语言文字学当之无愧的开路先锋。他早年一心访道求学,青年时期则致力于传道授业,常常语惊四座。出于对学术的虔敬,季刚先生平生少事著述,其真知灼见往往见于日常讲学或答问之中,幸赖学生口述笔记,始得以惠及后学。在这一点上,季刚先生的学术行状足以比肩西方普通语言学的一代宗师索绪尔。由黄侃述、黄焯编的《文字声韵训诂笔记》(以下简称《笔记》)是一本语录体的学术演讲录,尽管称不上是鸿篇巨制,却是季刚先生积数十年精研之功而成的心血之作,内容涉及语言文字的学习门径、研究方法、研究条例、研究功用等各个方面,创获迭现,美不胜收。其中展示的深邃思想和精密方法直接主导了其身后的小学走向,也大致预设了晚清至民国的小学成果。

研究观是一个学者在开展研究时所显示出来的基本理念、基本路径和基本方法,最能体现其学术素养、学术视野和学术倾向。本文试图从宏观层面入手,深入挖掘季刚先生蕴藏于《笔记》中的小学研究观,并逐一诠释其中的内涵,以飨各位同道。

一、季刚先生的小学目标观

对于传统小学的研究目标,清儒戴震有言:"由文字以通乎语言,由语言以通乎古圣贤之心志,譬之适堂坛之循其阶,不可躐等。"①戴氏所谓的"通乎古圣贤之志"其实就是指的经学。与清儒这种"为经学而小学"的附庸观不同,季刚先生的小学目标观充满了现代意识,处处彰显小学的独立性和主体性。这种独立性和主体性集中表现在季刚先生对小学研究的三个追求之上。

第一,为了获得语言文字问题的真知与确解。小学要摆脱附庸的地位,必须树立本体意识。为此,季刚先生首次给小学以明晰的学科定位,指出:"小学者,即于中国语言文字

---

① 戴震. 戴震全集·古经解钩沉序[M]. 北京:清华大学出版社,1991:146.

中研究其正当明确之解释,借以推求其正当明确之由来,因而得其正当明确之用法者也。"①"一切学问皆必求其根本,小学亦何独不然。"②

第二,为了探寻语言文字的演变规律。寻绎客观研究对象的规律性是任何学科的终极目标之一。在《笔记》中,季刚先生不仅屡次陈述语言文字的发展与演变状况,更时时提到了贯穿其中的"条例"。他指出:"小学结果,知其本以推其变。……由变以推本,无条例不可;由本以推变,亦非无条例以为之。故言小学,一不可讲无条例之言,二不可讲无证据之言。"③"故治小学者,必多为条例以求之,则古或以为不相应者,今必能得其相应之证也。"④文中所谓的"条例"即为规则或规律。

第三,为了服务当下的语言文字研究。传统小学一向厚古薄今,对当下的语言文字问题往往不屑一顾,结果使自己走入了死胡同。季刚先生出于拯救小学的初心,大力倡导"古为今用"的思想。他认为:"故小学之用,不仅可探讨古之语言,且可以探讨今之语言矣。"⑤"语根之学,非重在远求皇古之前,乃为当前争取字书之用。"⑥

由此不难看出,季刚先生的小学目标观,触及小学研究的本体任务、历史价值和现实意义,属于"为小学而小学""为条例而小学""为今用而小学",堪称一种科学务实的目标观。

二、季刚先生的小学系统观

重视系统是季刚先生小学研究的一大特色,也是驱动他不断创新的要诀之一。季刚先生深明系统在研究中的重要性,指出:"有系统条理始得谓之小学。"⑦所谓系统,指的是语言要素的横向联系;所谓条理,指的是语言要素的纵向维度。据此,他对学者进行了重新定义:"夫所谓学者,有系统条理,而可以因繁驭简之法也。"⑧显然,在季刚先生的心目中,一个学者只有具备了系统观,才能明其理而得其法。不仅如此,他还将系统观的有无与小学研究的得失紧密关联在一起,指出:"唐宋已降,治小学者率散漫而无统系。有清一代,治学之法大进,其于小学俱能分析条理而极乎大成。"⑨

季刚先生不仅大声疾呼,而且身体力行,以构建富有现代意义的学术框架。毫无疑问,他的小学研究就时时闪烁着系统观的魅力和张力。

首先,他注重揭示语言文字的内在机制与有机联系。他指出:"凡字必有所属,孤立之

---

① 黄侃述,黄焯. 文字声韵训诂笔记[M]. 上海:上海古籍出版社,1983:1.
② 黄侃述,黄焯. 文字声韵训诂笔记[M]. 上海:上海古籍出版社,1983:59.
③ 黄侃述,黄焯. 文字声韵训诂笔记[M]. 上海:上海古籍出版社,1983:12.
④ 黄侃述,黄焯. 文字声韵训诂笔记[M]. 上海:上海古籍出版社,1983:42.
⑤ 黄侃述,黄焯. 文字声韵训诂笔记[M]. 上海:上海古籍出版社,1983:12.
⑥ 黄侃述,黄焯. 文字声韵训诂笔记[M]. 上海:上海古籍出版社,1983:60.
⑦ 黄侃述,黄焯. 文字声韵训诂笔记[M]. 上海:上海古籍出版社,1983:2.
⑧ 黄侃述,黄焯. 文字声韵训诂笔记[M]. 上海:上海古籍出版社,1983:2.
⑨ 黄侃述,黄焯. 文字声韵训诂笔记[M]. 上海:上海古籍出版社,1983:2.

字,古今所无。""中国文字凡相类者多同音,其相反相对之字亦往往同一音根。"① 为此,他一再强调要从形、音、义三者的关系入手来研究中国的语言文字,认为:"小学必形、声、义三者同时相依,不可分离,举其一必有其二。"②

其次,他注重揭示语言文字的演变规律。通观《笔记》一书,除了介绍小学研究的门径、要领、历史与成果外,最为常见的内容就是对语言文字种种演变规律的阐述。例如:

"古今文字之变,不外二例:一曰变易,一曰孳乳。……中国字由孳乳而生者,皆可存之字;由变易而生之字,则多可费,虽《说文》中字亦然。"③

"时代有变迁,文字声音必随之而变,古音之不能合,犹今音之不能分也。汉魏之音不与晋宋同,晋宋之音不与隋唐同,时为之也。明乎此,则古音之学思过半矣。"④

三、季刚先生的小学辩证观

学术研究是一项科学研究,必须树立辩证研究观。在这方面,季刚先生同样导夫先路,为后学树立了标杆。他的辩证观主要体现在以下几个方面:

其一,体现在对语言事实和语言规律的认知上。季刚先生认为语言事实是多变、善变的,而语言规律则是永恒不变的。他指出:"凡言变者,必有不变者以为之根。……夫文字有定,声音无定。以时言之,周秦之与唐宋,年相悬也;以地言之,河北之与江南,势相隔也;通而观之,则南北古今一也。"⑤其中的"变"与"不变"、"有定"与"无定"无不体现出辩证思想。另外,季刚先生对语言演变中时间和空间因素的认识也充满了辩证法思想:"而空间纵之则为时间,时间横之则为空间。"⑥

其二,体现在对前代研究的客观评判上。对时人叹为观止的清代小学,季刚先生丝毫没有溢美,而是给予了颇为中肯的评价:"有清一代,治学之法大进,其于小学,俱能分析条理而极乎大成。然亦间有剽掠古书,以为自媒,别为臆说,自我作古者,是则不足论耳。"⑦后来,他又对前清学者的成败得失进行了详细的剖析:"清代小学之进步,一知求本音,二推求本字,三推求语根。就文字言,渐有增加。然言古文字者,多以意为之,在今日犹有擿埴冥行之叹,盖不知其所以必如此下笔之故也。就训诂论,对于六朝及唐人诗有时亦不能解者。就声音言,不特九州语言不能尽知,即一方之音亦有不能笔之于书者。是故小学之业,仍多有可为也。"⑧

其三,体现在对个人成果的公正鉴定上。在古代,小学曾经是除经学以外的另一门显

---

① 黄侃述,黄焯. 文字声韵训诂笔记[M]. 上海:上海古籍出版社,1983:46-47.
② 黄侃述,黄焯. 文字声韵训诂笔记[M]. 上海:上海古籍出版社,1983:48.
③ 黄侃述,黄焯. 文字声韵训诂笔记[M]. 上海:上海古籍出版社,1983:34.
④ 黄侃述,黄焯. 文字声韵训诂笔记[M]. 上海:上海古籍出版社,1983:152.
⑤ 黄侃述,黄焯. 文字声韵训诂笔记[M]. 上海:上海古籍出版社,1983:55.
⑥ 黄侃述,黄焯. 文字声韵训诂笔记[M]. 上海:上海古籍出版社,1983:262.
⑦ 黄侃述,黄焯. 文字声韵训诂笔记[M]. 上海:上海古籍出版社,1983:2.
⑧ 黄侃述,黄焯. 文字声韵训诂笔记[M]. 上海:上海古籍出版社,1983:12-13.

学。名家辈出,名作蜂起。对此,季刚先生没有盲目崇拜,而是秉承学术公心和诚实之道,或褒或贬。即使是他最为推崇的许慎,他也会在大加赞赏之余留下微词:"古人文辞简质,立说有不相容之处。如《说文·序》既云伏羲画卦,神农结绳,仓颉造字。后乃云:'封于太山者,七十有二代,靡有同焉。'自相冲突。"①他对清儒王筠的《说文释例》的评价是:"王氏《释例》颇精,而多有改窜,又喜凭胸臆。"②甚至对自己的老师章太炎,季刚先生也毫不掩饰其过:"章君制《新方言》,而据声类以求方语众,非无一二精到之说,而比附穿凿者多。虽余亦愧其往日之为也。"③

四、季刚先生的小学历史观

语言文字是历史的产物,必须加以历史地对待,这样才能辨是非、明古今。季刚先生对此抱有异常清醒的认识,他指出:"古今异时,文字、声音、训诂亦为异辙。其前后递相推演,而形、声、义三者遂尔变易多端。"④"夫声音受自古昔,非由人力,其转变之法,自不可以对转、旁转限之。古音者,一贵明古音之原,一贵知今昔之变,语曰:'通古今,辨然否,谓之士。'"⑤为此,他极力批评那些不达时变的研究:"唐宋以来,治小学者率以己意推求。古人言语文字既方俗时代而变易,则以今之心度古之迹,其不合也必矣。"⑥

除了以上所论,季刚先生的小学历史观还大致表现在以下三个方面。

第一,秉持审慎态度,理性对待前代文献。例如,对《说文》所拟就的读音,他就不轻信盲从:"许君生于东汉,又为汝南召陵人,书中拟读之音,即其时其地之音也。若执此以为古音则误。"⑦对清儒动辄改易文献或别出新解的做法,季刚先生就颇不以为然,他指出:"凡读古书,遇有所疑,须辗转求通,不可遽断为误而轻加改易。"⑧"诠释旧文不能离已有之训诂而臆造新解。"⑨

第二,提倡考源溯流,特别倚重对语根(即语源)的探究。季刚先生认为:"凡有语义,必有语根。"⑩他认为《尔雅》《释名》《说文》都属于推求语根之作。鉴于语言是音义结合体,季刚先生遂将声训视作推求语根的法宝。他一反视《说文》为义训之书的成见,力主新说:"《说文》列字九千,以声训者十居七八而义训不过二三。故文字之训诂必以声音为纲领,然则声训乃训诂之真源也。"⑪

---

① 黄侃述,黄焯. 文字声韵训诂笔记[M]. 上海:上海古籍出版社,1983:92.
② 黄侃述,黄焯. 文字声韵训诂笔记[M]. 上海:上海古籍出版社,1983:82.
③ 黄侃述,黄焯. 文字声韵训诂笔记[M]. 上海:上海古籍出版社,1983:138.
④ 黄侃述,黄焯. 文字声韵训诂笔记[M]. 上海:上海古籍出版社,1983:151.
⑤ 黄侃述,黄焯. 文字声韵训诂笔记[M]. 上海:上海古籍出版社,1983:82.
⑥ 黄侃述,黄焯. 文字声韵训诂笔记[M]. 上海:上海古籍出版社,1983:3.
⑦ 黄侃述,黄焯. 文字声韵训诂笔记[M]. 上海:上海古籍出版社,1983:85.
⑧ 黄侃述,黄焯. 文字声韵训诂笔记[M]. 上海:上海古籍出版社,1983:221.
⑨ 黄侃述,黄焯. 文字声韵训诂笔记[M]. 上海:上海古籍出版社,1983:222.
⑩ 黄侃述,黄焯. 文字声韵训诂笔记[M]. 上海:上海古籍出版社,1983:59.
⑪ 黄侃述,黄焯. 文字声韵训诂笔记[M]. 上海:上海古籍出版社,1983:194.

第三,主张雅俗平等,给方言俗语以应有的地位。自扬雄之后,古人对方言一向嗤之以鼻,唐宋以来的学者更是将方言置于雅言或通语的对立面,一律判定方言为讹误现象。季刚先生则力排众议,将方言视为一种正常的语言变化,指出:"大抵今日方言,无不可征于小学六书者。"①"俗语之异于文言者,只可谓为变者,而不可谓为讹者。"②

五、季刚先生的小学主次观

学术研究浩繁无边,当有所为有所不为。为此,季刚先生对初涉学途的学人提出了不少合理化的治学建议。即使在今天,下面这些建议依然不失其指导意义。

一是主张看书要分主次。中国历代文献汗牛充栋,即便是小学著作也举不胜举,常人很难逐一观览。季刚先生明确表示阅读时要分清主次,指出:"若小学书,则当分主要与辅助二者,而二者之中又当分宾主。"③为此,他首先罗列了"十种小学根柢书":《尔雅》《小尔雅》《方言》《说文》《释名》《广雅》《玉篇》《广韵》《集韵》《类篇》,并指出:"此十书中,以前六书为主,后四书为宾。《玉篇》出梁人,去古未远;《广韵》多本《切韵》,此则宾中主耳。《集韵》《类篇》较为后出,则宾中宾也。"④季刚先生鼎力推崇《说文解字》在小学研究中的地位,强调:"《说文》一书,于小学实主中之主也。"⑤随后,他又进一步申明:"治小学当以汉魏之书为体,以后来之书为用,博阅唐以前之书以考其证,参阅有清之书以通其道,谨而守之,触类而发明之,于小学之道,则思过半矣。"⑥

二是主张研究要分主次。学术研究要取得事半功倍的效果,就必须抓住研究的关节点。这个关节点被季刚先生称为"根"。《笔记》中屡见此论。譬如,他就将声音视为"文字之根",认为:"执声音以求文字之根,至为简易。"⑦有时,他也不忽视文字在语言研究中的作用:"形、声、义三者实合而为一,不可分离,故文为形、声、义之根。"⑧不过,相比之下,他最为看重声韵的作用,指出:"文字基于言语,言语发乎声音。四书未造之时,未尝无此言语也。然则推求文字之孳乳统系以得其条例者,非声韵将何由乎?"⑨"文字根于言语,言语发乎声音,则声音者,文字之钤键,文字之贯串。"⑩

每当论及声韵与文字、训诂的关系时,季刚先生总是特别凸显声韵的地位,主张以声韵为枢纽。他一再重申:"文字、训诂亦非以声韵为之贯穿,为之钤键不可。……然则声韵

---

① 黄侃述,黄焯.文字声韵训诂笔记[M].上海:上海古籍出版社,1983:138.
② 黄侃述,黄焯.文字声韵训诂笔记[M].上海:上海古籍出版社,1983:138.
③ 黄侃述,黄焯.文字声韵训诂笔记[M].上海:上海古籍出版社,1983:5.
④ 黄侃述,黄焯.文字声韵训诂笔记[M].上海:上海古籍出版社,1983:5.
⑤ 黄侃述,黄焯.文字声韵训诂笔记[M].上海:上海古籍出版社,1983:6.
⑥ 黄侃述,黄焯.文字声韵训诂笔记[M].上海:上海古籍出版社,1983:7.
⑦ 黄侃述,黄焯.文字声韵训诂笔记[M].上海:上海古籍出版社,1983:34.
⑧ 黄侃述,黄焯.文字声韵训诂笔记[M].上海:上海古籍出版社,1983:61.
⑨ 黄侃述,黄焯.文字声韵训诂笔记[M].上海:上海古籍出版社,1983:44.
⑩ 黄侃述,黄焯.文字声韵训诂笔记[M].上海:上海古籍出版社,1983:193.

之于文字、训诂,犹人身之有脉络关节也"。①

通观《笔记》全书,"声韵学笔记"部分实收82则,无疑占据了其中的最大篇幅。即便是"文字学笔记""训诂笔记"部分,也动辄涉及声韵的内容。例如,在讨论文字的孳乳问题时,他就直言:"故中国文字俱脉络贯通,而声韵者,文字之咽喉也。"②

六、季刚先生的小学专通观

自古术业有专攻。但学术研究要达到专深的程度,绝非一个"专"字所能了得。小学尽管名为"小学",其实内容广博,材料浩瀚,不仅需要充分掌握本专业的核心知识,还需要广泛涉猎许多专业的外围知识。季刚先生作为一代大师,深知个中三昧。为此,他郑重告诫后学:"小学有专有通,治之者必能专而后能通。……既精且通,始可言治小学。"③"说文字者,必于形音义三者淹博棣通。"④"小学之训诂贵圆,经学之训诂贵专。"⑤也就是说,一个人不管致力于小学的哪一门类,都得做到文字、声韵、训诂三者兼通,绝不能得其一而舍其二,或得其二而舍其一。他甚至将"通"和"专"视为小学与经学的差别所在。

按照季刚先生的理念,学者应该走先专后通、专通结合之路。而在文字、声韵、训诂三者之中,声韵无疑是学者人人必专的领域。他指出:"讲小学不宜专究形体,必以声音训诂为先务。知形体与声音相附丽之理,是为最要。"⑥清代小学之所以大盛,正是清儒精通声韵的结果。季刚先生对此无疑是心知肚明的。

为了追求先专后通的效果,季刚先生还提出了学者"专治一书"的主张:"小学必须专治一书,始不同乎肤论。不然,徒讲条例,及至縢览本书,反觉茫然也。"⑦而《说文》和《广韵》自然是季刚先生重点推介的、最适宜专治的两本书,因为"音韵以《说文》通其始,以《广韵》要其终"⑧。季刚先生的这一主张旨在实现对汉儒、清儒优良治学传统的一种回归。

七、结语

综上所述,《笔记》一书尽管有的地方不免前后牵连、内容重复,但字里行间多为治小学的至理名言。季刚先生渗透其中的目标观、系统观、辩证观、历史观、主次观、专通观不仅浸润着传统小学的精粹,更洋溢着现代语言学的光辉。就此而言,称季刚先生为新旧小学标志性的跨界人物并不为过。

---

① 黄侃述,黄焯. 文字声韵训诂笔记[M]. 上海:上海古籍出版社,1983:35.
② 黄侃述,黄焯. 文字声韵训诂笔记[M]. 上海:上海古籍出版社,1983:46-47.
③ 黄侃述,黄焯. 文字声韵训诂笔记[M]. 上海:上海古籍出版社,1983:10.
④ 黄侃述,黄焯. 文字声韵训诂笔记[M]. 上海:上海古籍出版社,1983:15.
⑤ 黄侃述,黄焯. 文字声韵训诂笔记[M]. 上海:上海古籍出版社,1983:219.
⑥ 黄侃述,黄焯. 文字声韵训诂笔记[M]. 上海:上海古籍出版社,1983:15.
⑦ 黄侃述,黄焯. 文字声韵训诂笔记[M]. 上海:上海古籍出版社,1983:12.
⑧ 黄侃述,黄焯. 文字声韵训诂笔记[M]. 上海:上海古籍出版社,1983:144.

从地方志看明清时代的苏州方言

日本熊本学园大学　石汝杰

在地方志里记录本地方言,大概是从宋代开始的。真正兴盛起来,是在明清两代。直到现代,地方志仍然把方言的记录作为一个重要的构成部分。虽然从语言学的角度来看,还有很多问题和不足之处,但是,毕竟对于一个地方来说,本地的语言有一些记录总是好事。苏州地区,乃至吴语地区的地方志有很多,留下了很多宝贵的资料。这里以苏州一地为例,来考察其中的记录,尝试对其成败得失做出一个评价。

本文以波多野太郎编的《中国方志所录方言汇编(第六编)》(以下简称《汇编》)(《横滨市立大学纪要》182号,1968)所收的九部苏州方志为对象,来整理归纳并考察其中所呈现的方言面貌。

根据《汇编》目录,与苏州有关的方志有9种,按时间顺序排列如下:
(1)《吴郡志》,民国三年(1914年)覆宋本;(2)《苏州府志》,洪武十二年(1379年)序本;(3)《姑苏志》,正德年间(1506—1521年)序本;(4)《吴县志》,乾隆十年(1745年)序本;(5)《苏州府志》,乾隆十二年(1747年)序本;(6)《元和县志》,乾隆二十六年(1761年)序本;(7)《吴门补乘》,乾隆三十八年(1773年)序本;(8)《苏州府志》,道光四年(1824年)序本;(9)《吴县志》,民国二十二年(1933年)排印本。

一、各个地方志中的方言记录

首先,我们来考察这些地方志记录的方言资料。下文先列出各个文献的原文(有部分删节),再做分析说明。需要说明的是:(1)原文的分段,以及各个项目前的○,是笔者加的,以表示项目间的界限;(2)原文中的小字注文,都放在【】里;(3)有的方志文字有讹误,不一一改正,在适当的地方讨论时可能会提到;(4)为了有利于进一步讨论,笔者调查了有关的文献,把获得的资料(文献的片段)附在相关条目后面,放在括弧里,并在其前加上"按";(5)每种文献标题最后处标的页码是《汇编》(第六编)里的。

1.《吴郡志》第2卷,民国三年(1914年)覆宋本(第351页)

○吴语谓来为釐,本于陆德明:"贻我来牟,弃甲复来。"皆音釐。德明吴人,岂遂以乡音释注,或自古本有釐音耶。○吴谓罢必缀一"休"字,曰罢休。

宋本《吴郡志》没有特别列出方言类,只在风俗部分有几行字的记录。提到的现象只有两项:(1)"来"读如"釐",这应该是语音问题;(2)"作罢"必须说"罢休"。

2.《苏州府志》,明洪武十二年(1379年)序本(第1页)

风土不同,语言亦异。○吴人以耒为釐,盖有所本。范蠡曰:"得时无怠,时不再来。"

吴氏《补韵》云："怠读作怡,来读作釐。"又本于陆德明"贻我来牟,弃甲复来"。皆音釐。德明吴人,岂遂以乡音释注,或自古本有釐音邪。○谓罢必缀一休字,曰罢休。《史记》:"吴王孙武曰:将军罢休。"盖古有此语。○又多用"宁馨"二字为问,犹言若何也。○谓中州人曰伧。晋周玘以忧愤谓子勰曰:"害我者伧子也。"陆玩食酪得疾,与王道牋云:"仆虽吴人,几作伧鬼。"盖轻易之词。○又自称我为侬。《湘山野录》钱王歌:"你辈见侬底懂喜,永在我侬心子里。"○又谓人为獃子。宋淳祐中,吴樵任平江节度推官,尝谓人曰:"樵居官久,深知吴风。吴人尚奢争胜,所事不切。广置田宅,计较微利。殊不知异时反贻子孙不肖之害。故人以獃目之,盖以此也。"

明初出版的这部《苏州府志》,方言部分篇幅也不大。但是开宗明义,首先强调:"风土不同,语言亦异。"并开启了照抄前志的做法。先把宋本提出的两项方言现象补充、改写一下,列在开头处,又增加了几个方言项目:(1)宁馨,怎样。现代苏州叫"捺亨"。(2)称北方人为"伧"。读音和用法待考。(3)第一人称为"侬",引宋人的《湘山野录》。这一用法早期见于魏晋时期的作品,如《乐府诗集·清商曲辞一·晋宋齐辞·子夜歌四二首之一九》:"欢愁侬亦惨,郎笑我便喜。"(转引自《重编国语辞典修订本》网络版)后来的作品,往往模仿、照抄这一类诗歌,未必是当时当地的方言口语。(4)称人为"獃子"。根据现代吴语的读法,这时应该读为 ɑi(蟹开一疑母字),还需要进一步考证。

3.《姑苏志》第13卷,明正德年间(1506-1521年)序本(第9-11页)

有方言,有方音。大氏语必有义,最为近古。○如相谓曰侬。【《湘山野录》记钱王歌云:你辈见侬的观喜,在我侬心子里。《平江记事》云:吴有渠侬等称,故嘉定号三侬之地。谓隔户问人曰:"谁侬?"应曰:"我侬。"视之,乃识,曰:"却是你侬。"】○谓中州人曰"伧"。【周玘曰:"害我者诸伧子也。"陆玩曰:"几作伧鬼。"顾辟疆曰:"不足齿之伧。"宋孝武目王玄谟为老伧。】○谓不慧曰獃。【范成大诗:"千贯卖汝痴,万贯卖汝獃。"又《卖痴獃词》:"除夕更阑人不睡,厌禳滞钝迎新岁。小儿呼叫走长街,街有痴獃召人买,二物于人谁独无。就中吴侬仍有馀:巷南巷北卖不得,相逢大笑相揶揄。铄翁块坐重簾下,独要买添令问价。儿云翁买不须钱,奉赊痴獃千百年。"又《白獭髓记》石湖戏答同参诗云:"我是苏州监本獃。"】

(按,宋张仲文《白獭髓》:石湖范参政,初官参州,在客位,其同参者闻为吴郡人,即云"呆子",石湖先生闻之在怀。)

○问为何如曰"宁馨"。【《晋书》《世说》等,不备载。】○谓虹曰鲎。○谓罢必缀一休字。【《史记》:吴王语孙武曰:将军罢休】。○又如曰事际【谓举事之际。《南史》:王晏专权,帝虽以事际须晏,而心恶之】、蔑面【谓素昧平生者。盖即《左转》酂明所言"蔑心蔑面"之遗】、伙飞【谓恶少趫捷者。盖即汉伙飞,伙音如侧】、受记【欲责人而姑警喻以伺其悛之词。《夷坚志》亦记】、薄相【谓嬉劣无益、儿童作戏。薄音如教凡】、哉【凡谓已然、将然,皆曰哉。犹北人之曰"了"】。(按,教凡,"凡"当为衍文。)○又如吴江之曰寋【每语绝必缀寋字,按《楚辞》以寋为发语声,吴楚接壤,恐即此】;常熟之曰且【音若嗟,即《诗》中句尾助音】、曰遐箇【犹言何人。按《诗》:遐不作人。注:遐,何也】,此方言也。

○灰韵入支【来音如釐之类,陆德明至用以释经】、支韵入齐【儿若倪,古曰毫倪亦然】、庚韵入阳【羹音若冈之类】、宥韵入真【又音若异之类】、虞韵入麻又入东【呼小儿为孥儿。孥,子孙也。常熟以吴塔为红塔】。此方音也。

跟洪武《苏州府志》相比,这本书的篇幅大了不少,方言词语等也增添了很多。其具体特点有:

(1) 作者强调,方言词语是古已有之的,说:"大氐语必有义,最为近古。"在行文中,也努力贯彻这一点,各个方言词语下,大多有古书的用例。例外的只有一个:"鲎"(虹)。

(2) 也照抄前志的记录,如:㑚、伧、獃、宁馨、罢休。

(3) 增加了几个方言词:事际、蘮面、饮飞、受记、薄相、哉。其中,"薄相、哉"现代苏州方言还用。"薄相"现代常写作"白相"。其中的资料还有助于解读文献,如"受记",《山歌》卷一有:"巡盐个衙门单怕得渠管盐事,授记个梅香赔小心。"(眉注:"授记"如限打之类。)这里的"授记"即"受记",当是警告、告诫。

(4) 这里还列出了附近方言的相关现象,如吴江的"搴"、常熟的"且"。把视野扩大到周边的方言,也是这部地方志的特点之一。

(5) 有"灰韵入支"等多项方言语音现象的记录,虽然还比较零碎。①支韵入齐,指"儿"的白读音同"倪"。②庚韵入阳,指"羹"(梗摄)读音像"冈"(宕摄),现代苏州话读音不同。③宥韵入真,是指副词"又"(流摄,于救切)读为"异"(止摄,羊吏切),这并不是单纯的文白读音的不同,可以算是一种"训读"的现象。《山歌》写作"咦":

○小年纪后生弗识羞,邮了走过子我里门前咦转头?(原注:咦,本当作"又",今姑从俗。)(《山歌》卷一)

④虞韵入麻又入东,指两种不同的语音现象。虞韵入麻(呼小儿为孥儿),是指"孥"(遇摄模韵,乃都切)音同"拿"(假摄麻韵);虞韵入东(常熟以吴塔为红塔),是指"吴"(遇摄疑母)的口语音读成"红"。以上现象在现代吴地方言里还存在,但不都是苏州的方音。

4.《吴县志》24卷风俗,乾隆十年(1745年)序本(第305-306页)

有方言土语,其词似俗,而出处甚典者。○如不慧者谓之獃子【范成大有《卖痴獃诗》】。○怕见人谓之缩朒【汉《五行志》:王侯缩朒】。○骂佣工曰客作【汉《匡衡传》:乃与客作而不求价】。○谓贪纵为放手【《后汉书》:残夫放手】。○绦帨之蕊为苏头【即流苏之意】。○谓葺理整齐曰修(音收)娖(音捉)【《唐书》:中和二年,修娖部伍】。○不冷不热曰温暾【王建诗:新晴草色暖温暾】。○髪久不梳而不通曰䐈【音织。见《考工记》工人注】。

本书方言的篇幅虽然很少,但是同样强调:"有方言土语,其词似俗,而出处甚典者。"值得注意的是,转引前志的记录只有一条(獃子),其余的词语都是新出现的,这是其一大特点。

5.《苏州府志》第2卷风俗,乾隆十二年(1747年)序本(第3-7页)

○吴谓善伊、谓稻缓【《春秋穀梁传》】,谓来为釐。【《吴郡志》:本陆德明"贻我来牟,弃甲复来,皆音釐。"德明吴人,岂遂以乡音释注,或自古本有釐音邪】。

[按,《春秋穀梁传》襄公五年:仲孙蔑、卫孙林父会吴于善稻(善稻,吴地。○善稻,吴谓之伊缓,《左氏》作"善道"。)吴谓善伊、谓稻缓,号从中国,名从主人。]

○谓罢必缀一休字,曰罢休【《史记》:吴王谓孙武曰:将军罢休】。○相谓曰俫【自称我俫,称人你俫、渠俫。隔户问人云:"谁俫?"《湘山野录》记钱武肃王歌云:你辈见俫的欢喜,在我俫心子里】。○谓中州人曰伧【《晋书》周玘传:害我者诸伧子也】。○谓不慧曰獃【《唐韵》:小獃大痴,不解事者】。○谓虹鲎【鲎,详候切】。(按,反切有误,《广韵》在去声候韵,胡遘切。)○谓嬉劣曰薄相【薄音教】。○谓不任事曰缩朒【《汉书·五行志》:王侯缩朒】。

○骂佣工曰客作【《汉书·匡衡传》:衡乃与客作而不求价】。○谓贪纵曰放手【《后汉书》:残吏放手】。○谓钱之美者曰黄撰【撰,与"选"同。《史记·平准书》:白金三品,其一曰重八两,圜之,其文龙,名曰"白选"。钱乃铜铸,故曰黄撰】。

○谓绦帨之垂曰苏头【晋挚虞云:流苏者,缉鸟尾垂之若流,然以其蕊下垂,故曰苏】。

○谓葺理整齐曰修【音收】婗【婗,音捉。《唐书》:修婗部伍】。

(按,《资治通鉴》255卷:庄梦蝶与韩秀升、屈行从战,又败。其败兵纷纭还走,所在慰谕,不可遏。遇高仁厚于路,叱之,即止。仁厚斩都虞候一人,更令修婗部伍。)

○谓当筵犒赏曰喝赐【唐时娼妓有缠头喝赐】。○谓责人而姑警之曰受记,责人曰数说【如汉高祖之数项羽】。

○谓语不明曰含胡。【《唐书·颜杲卿传》:含胡而绝。】

(按,《新唐书》117卷:禄山不胜忿,缚之天津桥柱,节解以肉啖之,骂不绝,贼钩断其舌,曰:"复能骂否?"杲卿含胡而绝,年六十五。)

○谓机巧曰儇利【乡音讹"还赖"】。○谓指镮曰手记【《诗》郑笺:后妃群妾,以礼御于君所。女史书其日月,授之以镮,当御者著于右手。今俗亦称戒指】。

○谓煖酒曰急须【《菽园杂记》:急须,饮器也。赵襄子杀智伯,漆其头为饮器。注:饮,于禁切,溺器也。今人误以煖酒为急须。盖饮字误之耳。俗又讹为滴苏】。

(按,《菽园杂记》:急须,饮器也,以其应急而用,故名。赵襄子杀智伯,漆其头以为饮器。注云:饮,于禁反,溺器也。今人以暖酒器为急须,饮字误之耳。吴音须与苏同。)

○谓以醝醢物曰盐【去声。《内则》:屑姜与桂以洒诸上而盐之】。

(按,《礼记·内则》熬:捶之,去其膀,编萑布牛肉焉,屑桂与姜,以撒诸上而盐之,干而食之。)

○谓搬运曰揗【力展切。《南史》:何远为武昌太守,以钱买井水,不受钱者揗水还之】。

(按:《南史》:武昌俗皆汲江水,盛夏,远患水温,每以钱买人井寒水。不取钱者,则水还之。)

○谓不儇佻为眠娗【《列子》:眠娗諈诿。注:眠,莫曲切;娗,徒典切。萎缩不正之貌】。

(按,《列子·力命》:"眠娗、諈诿、勇敢、怯疑四人,相与游于世,胥如志也。"张湛注:

"眠娗,不开通貌。"明田汝成《西湖游览志馀·委巷丛谈》:"杭人言……蕴藉不暴躁者曰眠娗。"明陈士元《俚言解》卷一:"眠娗音缅忝,出《列子》,俗称人柔媚为眠娗。")

○谓凑合无罅隙曰脗缝【脗,美韵切,合唇也。缝,去声。唇合无间】。

○谓甓瓿甊【《尔雅》:瓱甊谓之甓,注:瓿甊也】。

(按,《周礼注疏》卷42:甓,薄历反。《尔雅》云:瓱甊谓之甓。郭璞云:今瓿甊。)

○谓苇席曰芦蘧【宋琅邪王敬彻遗命,以一芦蘧藉下】。

(按,《通俗编》卷36杂字:簏,《方言》注:江东呼籧篨,直文粗者为笘,斜文为簏。《南史·孙谦传》:其子织细簏装輀,一作莢。《史记·河渠书》:搴长茭兮沉美玉,索隐曰:茭一作莢,音废。亦作蘧。《宋书·琅琊王敬彻传》:遗命一芦蘧藉下,一枚覆上。又作蘪。《博雅》:筜箷蘪簟,曹注曰:蘪,音废。)

(按,《輶轩使者绝代语释别国方言》第五:簟,宋魏之间谓之笙,或谓之籧笛。自关而西谓之簟,或谓之蒜。其粗者谓之籧篨。自关而东或谓之篕棪。)

○谓众多曰多许【许字,音若黑可切;谓所在亦曰场许】。

○语尾每曰那【那,乃贺切。《后汉书》:公是韩伯休那】。

(按,《后汉书·逸民传》韩康:时有女子从康买药,康守价不移,女子怒曰:"公是韩伯休那?乃不二价乎?"康叹曰:"我本欲避名,今小女子皆知有我,何用药为?"乃遁入霸陵山中。)

○谓有事曰事际【《南史》:王晏专权,帝虽以事际须晏,而心恶之】。

(按,明祝允明《前闻纪》蔑面事际:今吴人呼素昧平生者曰"陌面不相识","陌"恐是"蔑"字,即《左传》所谓"昔吾见蔑之面"之语耳。又称"事务"为"事际"。又,《南史》:"王晏专权,明帝虽以事际须晏,而心恶之",二字恐出此。)

○谓死曰过世【《晋书·秦苻登传》陛下虽过世为神】。○嘲笑人曰阿㿑㿑【亦招呼声】。○谓冷热适中曰温暾【唐王建诗:新晴草色暖温暾】。

○谓髮黏曰腒【腒,音织。《周礼·考工记》弓人注:槷,脂膏腒败之腒,腒亦黏也。疏,若今人头发有脂膏者则谓之腒】。

○谓物之不齐曰参差【参,音如仓含切;差,音如仓何切。亦云"七参八差"】。

○谓恶少趫捷曰佽飞【佽,音侧。《汉书》谓佽飞,即此】。

(按,《汉书·元帝纪》:诏罢黄门乘舆狗马,水衡禁囿,宜春下苑,少府佽飞外池,严篥池田,假与贫民。)

○事已了、将了,皆曰哉【常熟曰且,音若嗟,即诗中句尾助字;吴江曰搴,疑即《楚辞》之发语声】。○谓走曰奔【昆山曰跌,常熟曰跑,吴江曰跳】。

○谓睡声曰惛涂【北人曰打呼。惛涂,疑即"呼"字反切】。

○孔曰窟笼。团曰突栾。侦视曰张看,曰望。羞曰钝。扶曰当(去声)。按曰钦(去声)。转曰跋。浮曰吞(上声)。流曰倘。盖曰匦。捧曰掇。藏避曰伴。藏物曰囥。稠密曰猛。积物曰顿。布帛薄者曰浇。门之关曰闩。美恶兼曰暧。见陵于人曰欺负。非常事曰咤异。喜事曰利市;忧事曰钝事。下酒具曰添按。物完全曰囫囵。挏曰唱喏。阶级曰僵磕。所居曰窠坐。托盘曰反供。此处曰聞边；彼处曰个边。作事无据曰没雕当(入声)。谓人不能曰无张主。不便利曰笨,亦曰不即溜。自夸大者曰卖弄。事之相值曰偶凑。六畜总曰众(作平声)生。数钱五文曰一花。觅利曰赚钱。锄地曰倒地。首饰曰头面。鞋袜曰脚手。器用曰家生,亦曰家伙。

○常熟谓何人曰遐个【《诗》:遐不作人。注:遐,何也】。

○灰韵入支【即来为釐之类】、支韵入齐【儿为倪之类】、庚韵入阳【羹为冈之类】、虞韵入麻又入东【小儿为孥儿之类。常熟以吴塔为红塔】。

与以前各志相比较,此志和《吴县志》成书时间只相差两年,但是方言项目大大增加了。其特点有:

(1)前志有的词语等,基本上都收入了,并有文字上的修正。如乾隆十年《吴县志》有:

○髪久不梳而不通曰膩【音织。见《考工记》工人注】。

"工人"有误,当是"弓人",本书改过来了,并充实了引文:

○谓髪黏曰膩。【膩,音织。《周礼·考工记》弓人注:檄,脂膏膩败之膩,膩亦黏也。疏,若今人头发有脂膏者则谓之膩】。

(2)虽然也继承了强调方言是"古已有之"的传统观念,但是有突破。在最后,罗列了"孔曰窟笼"等40多个方言词语,这是没有依照旧例加上文献的用例。

(3)同样列出附近方言的一些说法,还有创新,增加了如下的例子:

○谓走曰奔【昆山曰跌,常熟曰跑,吴江曰跳】。

除了苏州方言,还列出昆山、常熟、吴江的说法。此外,"谓睡声曰惛涂"条中,提到北方话:北人曰打呼。

6.《元和县志》,乾隆二十六年(1761年)序本(第369－370页)

本书收录方言词语不多,完全抄前志,方言词语计有以下几个:

侬、獣、宁馨、薄相、缩胸(按,"缩脑"之误)、客作、苏头、修娖、受记、数说、手记、鲎、阿瘖瘖、温暾、膩、参差、多许、那、哉。

7.《吴门补乘》,乾隆三十八年(1773年)序本(第21－24页)

吴下方言已详郡邑志,然尚有当记者,如:○呼妇人曰女客。○打亦谓之敲。○刺亦谓之擉。○相连曰连牵,亦曰牵连。○折花曰拗花。○言人逞独见而多忤者曰奘奡。【音如列的】。○言人无所可否而多笑貌者曰墨尿【音如迷痴】。○言人胸次耿耿曰佁儗【音如炽腻】。○言人无用曰不中用。○人有病曰不耐烦。○谓人之愚者曰不知萧董。○习气曰毛病。○物不洁曰麋糟。○小食曰点心。○以网兜物曰撄兜【撄,呼孩切,海平声。见《类聚音韵》】。○诱人为恶曰㨰(平声)掇【见《韵会小补》】。○疾速曰飞风。○胡说曰扯谈。○问何人曰陆顾【吴中陆顾两姓最多,故以为问】。○言人举止仓皇曰麋獐马鹿。

○《俗呼小录》载:忍谓之熬,足谓之毅,移谓之捅【按,《集韵》:捅,他总切,进前也,引也。】,热物谓之顿,热酒谓之锡,泻酒谓之筛。遥相授受谓之胃,干求请托谓之钻。断港谓之浜。鸟兽交感,鸡鹅曰撩水,馀鸟曰打雄;蚕蛾曰对;狗曰练,蛇曰交。窍谓之洞。概谓之盝,通称一顿。语物事曰牢曹。疟疾曰愕子。俗牵连之辞,如指某人至某人及某物皆曰打【俗作入声,读如笪】。事在两难曰尴尬。

　　○吾苏亦有之。如积秽物曰垃圾,音腊闸。谓人能干曰啩(亦作唥)嘛;上音如厍平声,下音遮。垃字、啩字不载字书。圾,《集韵》:同岌,危也。嘛,《类篇》:多言也。其解不同。○又物残缺不齐,曰颛颠,上颜入声,下残入声。○齺齺,二字俱五错切。上齿缺也,下器皿缺也。

　　以上文字,抄录时,笔者省略了多数注文。此书不是正式的志书,但是格式与一般志书差不多。值得注意的是,作者首先声明"吴下方言已详郡邑志",所以不重复转抄前志,但是列出了很多其他方志没有的词语。最后抄录《俗呼小录》中的方言词语,从"忍谓之憗"到"上齿缺也,下器皿缺也"。虽然顺序与词句与原文有部分不同。其中,"人有病曰不耐烦"也见于其他近代汉语的文献。"习气曰毛病"到现代已经成为通语了。

　　8.《苏州府志》第 2 卷风俗二,道光四年(1824 年)序本(第 13 - 19 页)

　　本书只是把早期地方志里的方言转抄过来,顺序和文字(包括注文)都没有明显的变动。第一部分与乾隆十二年《苏州府志》同,从"吴谓善伊谓稻缓"抄到"虞韵入麻又入东"。第二部分则是转抄乾隆三十八年的《吴门补乘》,从"呼妇人曰女客"到《俗呼小录》中的"上齿缺也,下器皿缺也。"

　　9.《吴县志》第 52 卷下,民国二十二年(1933 年)排印本(第 25 - 35 页)

　　本书是 20 世纪上半叶出版的铅字排印本,方言部分所用的篇幅是迄今为止最大的,但还只是作为风俗部分的附庸而已,也看不出有现代语言学的影响。作者先抄录前人关于"吴音"的论述,如"吴音轻清而柔缓"(沈彤《声歌说》)等;然后再抄录前朝各家方志的记录。从顺序看:(1)第一部分所列项目与乾隆十二年《苏州府志》同,从"吴谓善伊谓稻缓"到"器用曰家生,亦曰家伙"。没有抄录"常熟谓何人曰退箇"和"灰韵入支"等。但是作者对注文做了一些补充修改。(2)第二部分则是以乾隆三十八年的《吴门补乘》为基础,如"打谓之敲"等,但是顺序和内容都有不同。(3)第三部分则是本书作者补充的,列出"迷露"等很多方言词语,最后有两个数字的例外读音。

　　这里罗列原文第二、三两个部分的方言项目,注文大多省略,只保留少量对语音的说明。

　　吴下方言已详旧志,然尚有当记者如下:○打谓之敲。刺谓之擉。折花曰拗花。○言人逞独见而多忤者曰夐戛【音如列的】。○言人无所可否而多笑貌者曰墨尿【今音如迷痴】。○言人胸次耿耿曰怡惁【音如炽腻】。○言人无用曰不中用。○言人聆言不省曰耳边风。○人有病曰不耐烦。○谓人之愚者曰不知萧董。○习气曰毛病。○物不洁曰鏖糟。○言戏扰不已曰嬲。○小食曰点心。○憎人而不与接曰不睬。○以网兜物曰挡兜【挡,呼孩切,音海。见《类聚音韵》】。○诱人为恶曰揶(平声)掇【《韵会小补》:诱人为恶曰窜,俗曰揶掇】。○疾速曰飞风。○问何人曰陆顾【吴中陆顾两姓最多,故以此为问】。○言人举止仓皇曰麋獐马鹿。

○忍谓之熬。足谓之𩨂。移谓之捅。热物谓之顿。热酒谓之锡。泻酒谓之筛。干求请托谓之钻。断港谓之浜。谓物事曰牢曹。疟疾曰愕子。指某人至某人某物至某物皆曰打【俗作入声，读如笪】。事在两难曰尴尬。谓积秽物曰垃圾，音腊闸。○电曰霍闪。滴水曰渧《广韵》：渧，音帝，瀺渧也】。饭粒曰米糁。吃食曰噆【他答切】。附近曰左近。婢曰丫头。共事曰火。呼痛曰安伟。馈人曰作人情。问辞曰能亨。事烦无条理曰磊墥【《通雅》：今方言皆作累堆，累字平声】。谓事曰正经。谓物曰物事。浣衣曰汱【《说文》：汱，徒盖切，浙漉也。《玉篇》：汱，洗也】。几下函谓之替。谓诈骗曰黄六。○扶持曰抬举。物之阔者曰扁。有所倚曰靠。料事曰打算。畏惧曰寒毛卓卓竖。○负而不偿许而不予皆曰赖。○计簿曰账目。○擘橙橘之属曰扒【《广雅》：扒，擘也】。匠斲木而复平之曰铇。○石声曰躐躐【《通志六书略》：躐，蒲孟切。躐躐，踢地声】。人物作闹声曰击毂。

吴下方言自冯修《府志》外，续得如干（按，当为"若干"）条，汇录如下：○雾曰迷路。疾风曰风暴。○当时曰登时。清晨曰侵早。午后曰下昼。十五曰月半。○事隔已久曰长远。○物之旧者曰古老。○土阜曰高敦。○田陌曰吭岸【今人谓田上陌曰吭，音古杏切，亦作埂】。村居曰庄子。河埠曰马头。灰尘曰蓬尘【蓬，又作埲。《广韵》：塕埲，尘起，蒲蠓切。吴俗谓尘垢飞起为埲起】。○物之真实者曰道地。事之困难者曰鏊屋【今以事费曲折者曰鏊屋】。○入冬河胶曰连底冻。○庭心曰天井。○灶突曰烟囱。○苇篱曰抢篱。○碎瓦曰瓦甄【《说文》：甄，败瓦也。段注：今俗所谓瓦甄，是此字也。今人语如"办"之平声耳】。○私蓄财物曰私房。○言人失意谓之倒灶。○语女曰媛婿【扬子《方言》：吴人谓女曰婿。《集韵》牛居切，音鱼】。谓女婿曰补代。○言人应得罪愆曰自作自受。○言人不务正业曰流宕。○当面羞人曰剥面皮。○事已误而不服输曰错到底。○高自位置曰作声价。○言人不明是非曰无皂白。○事之劳苦者曰毃力【《通俗编》按，《广韵》：毃，音同噢。勤苦用力曰毃】。○作事敏捷曰僻脱。○规避曰躲闪。○絮烦曰唠叨。○诟訾声曰斋糟【今俗读若祭遭】。○庞杂声曰嘈囋【音才曷反】。○然其言不然其言皆曰欸。

○凡发语之辞曰阿。○谓事物果实之类其助字曰子，或曰头。○谓甚么曰舍【俗作啥】。○待曰等。太曰忒。乡曰享。【今吴俗方言谓内曰里享。音如向，本"乡"字也。】思曰仑。汝曰耐。增益曰铙。捧物曰掇。物变色曰蔫。压酒曰醡。淅米曰洮【一作淘】。○以肩举物曰捷【《正韵》：捷，以肩举物也】。○以手去汁曰滗。○以指取物曰孚。○一十五之一读若束【独谓十五为蜀五，音亦如束】。二十并写作廿，读为念。

此皆吴俗方言，三县旧志所未载者也【采访稿。以上声歌方言之属】。

本书的特点有：(1)作者注意核对征引的原文，修正文字的讹误，补充和调整解释。(2)既抄录旧志，又大量补充方言词语。(3)注意语法现象，如"发语之辞曰阿"是说表疑问的副词；"谓事物果实之类其助字曰子，或曰头"，是说名词的后缀。(4)数字的特殊读法。如"一十五之一读若束"（按，第二个"一"应是"十"；"束"，现代苏州话读如"舍"，不是入声）、"廿读为念"，是地方志里首次出现的。

二、传统志书方言部分的特点和问题

以上各书,大致的趋势是,所收方言词语,数量逐步增加,内容也逐渐丰富起来。其记录为我们了解过去几百年苏州方言的面貌提供了宝贵的信息,是值得重视的文献宝库。但是,考察其共同的倾向,可以归纳为以下几点:

(1) 强调方言词语是古已有之,所以引用文献多,有时还使用僻字。

(2) 引用文献和前人著作时,繁简各异,有时则是断章取义,差错也时有所见。

(3) 过分强调古典的出处,但是没有实际用例,有时无法理解方言词语的实际含义究竟是怎样的。如有两部乾隆志:

〇谓贪纵曰放手【《后汉书》:残吏放手】。

意义不清,现代方言也没有这样的用法了。依据其他文献来判断,其意义应该是比喻"贪赃"(又说"放手松"):

〇以后在任年余,渐渐放手长了。有几个富翁为事打通关节,他传出密示,要苏州这卷《金刚经》。讵知富翁要银子反易,要这经却难。(二刻拍案惊奇1卷)

〇今言官府贪污失操守者,曰放手松。……盖以贪纵为非者,曰放手也。(留青日札3卷)

乾隆《苏州府志》有"美恶兼曰暖",更不好理解。与现代方言对比,应该是读为阴上的形容词[nø^{52}],指不挑剔,所取对象比较杂。

(4) 不重视方言语音,只有"灰韵入支"等零碎的信息。其原因,一是缺乏音韵和语音的知识;二是过于追求引用古书里的语句和说法。

(5) 后志抄前志,如宋本《吴郡志》所谓"吴语谓来为釐",到乾隆年间的方志还原封不动地列出来,如果没有其他材料作为证据,很难想象,这七八百年间,这一特点没有发生任何变化。现代苏州话已经不存在这一现象。

(6) 地方志的资料来源不明确,难以了解原作者是谁。后志抄前志,此书抄彼书的现象很多、很普遍。如乾隆《苏州府志》有:

〇谓髪黏曰胹。【胹,音织。《周礼·考工记》弓人注:檠,脂膏胹败之胹,胹亦黏也。疏,若今人头发有脂膏者则谓之胹】。

这一项也见于《象山县志》,从历史年代看,能明确判断其晚于《苏州府志》:

〇妇女发为膏泽所黏,谓之胹。《考工记》注:胹,亦黏也。音职。(道光象山县志1卷)

民国《吴县志》有:

〇擘橙橘之属曰朳【《广雅》:朳,擘也】。

又见于嘉庆《松江府志》第5卷:

〇擘橙橘之属曰"朳"【音如"八",《广雅》】。

但是,仅凭以上材料,我们还是不能肯定地说乾隆《苏州府志》、嘉庆《松江府志》的记录就一定是原创了。

三、小结

综上所述,我们研究方言的历史,要充分利用已有的各种文献,当然包括各种地方志的资料,以求比较全面地了解方言在各个历史阶段的面貌。

在编写《明清吴语词典》时,我们努力追求过这样的目标。但是,因为条件有局限,比如能找到的文献还不够多、电脑的字库不完备等,没有能做得很完美,是一大缺憾。现在,情况变化很大,研究条件也大大改善了。我们能获得更多的文献资料,电脑的技术也有了飞速的发展,所以,这方面的研究有了更进一步深入的可能。

据了解,中国已有一些研究者的群体在大规模搜集方言的历史文献,并将把这些资料编印出版。有的已经有了成果,有的还在进行中。这些都是造福学界、有利于研究的大好事。我们期待今后有更多更好的研究成果出现。

苏州方言俗语选

苏州大学文学院　汪　平

【方愣出角】[fã lən tsʰəʔ koʔ⁴⁴⁴⁰] fãnglen cekkok 形容标准的正方形,常比喻人过分的正派、古板:俚笃爷是~葛,我见仔匣有点吓葛他父亲是很古板,我有点怕他。

【放野火】[fãʔ⁵¹ ia həu²³] fàngyáhu 散布谣言:倷去~是要弄出事体来嘎你去乱造谣是要出事的。

【发极蹦】[faʔ dʑieʔ poŋ⁴⁴⁰] fatjig bong 基本意思同"发极"。"蹦"即蹦跳。因着急而蹦起来,说明~比"发极"的程度更高:平常弗当心,现在出事体哉,再难~匣无妈用平时不小心,现在出事儿了,再蹦多高也没用。

【发老伤】[faʔ læ sã⁴²³⁰] fat láosang 旧病复发,多指伤痛病:哀两日我勒海~。

【翻门槛】[fE⁴⁴ mən kʰE²³] fē ménke 耍花招:倷想~是翻弗过我葛你想耍花招是耍不过我的。

【翻嘴搭舌】[fE tsɿ taʔ zəʔ⁴⁴⁴⁰] fēzy datseg 把甲对乙的议论告诉乙。也可以说"翻嘴搭舌头"。

【反装门印子】[fE tsã⁵²³ mən in tsʅ²³⁰] fězang ményinzii 倒打一耙。

【万宝全书缺只角】[vE pæ zi sɿ²³⁴⁰ tɕʰyəʔ tsaʔ⁴⁴ koʔ⁴³] fébaoshiesy quek zak kok "万宝全书"是旧时类似百科全书的书,什么知识都有。此语说某人像万宝全书,什么都懂,可惜缺一个角,人家要他回答的问题正好在那个角里,这是讽刺人其实不懂:俚样样才晓得葛,~,倷问俚好则他什么都知道,万宝全书缺个角,你问他吧。

【万金油】[vE tɕin ɤ²³⁰] féjinyou ①用来涂抹在额头等处使清脑提神的油膏;②比喻哪里都有用,但少了他又没关系的人:哀种~干部,有勒无不裁一样这种万金油干部,有跟没有都一样。

【饭镬潽】[vE oʔ²³ pʰv⁴⁴] féog pū 煮饭时,水溢出饭锅,叫~,以此沸腾的状况形容人声鼎沸、嘈杂:课堂里吵得来赛过~则教室里吵得人声鼎沸。

【饭吃三碗,闲事弗管】[vE tɕʰiəʔ²³¹ sE uø⁴⁰, E zʅ²³ fəʔ kuø⁵⁵¹] fêqik sēwoe, é'shii fekguoè 指饭吃得不少,却不管事。

【佛脚浪带带】[vəʔ tɕiaʔ lã³⁴⁰ ta ta⁵²³] fegjiaklang dǎda 拴在佛脚上得到佛的携带。喻指跟在有权势、有能力的人后头得到他们关照、提携。

【佛实梗敬俚,贼实梗防俚】[vəʔ zəʔgã³⁴⁰ tɕin li⁵²³, zəʔ zəʔ gã³⁴⁰ bã li²³] fegsegghan jǐnli, segsegghan fángli 像对佛一样尊敬他,像对贼一样提防他。这表现了对"俚他"既怕

又恨的心理。一般来说,贪官可以是"俚"所指对象。

【佛有几等佛,人有几等人】[vəʔ ɤ²⁵¹ tɕi tən⁵¹⁰ vəʔ²³, n̠in ɤ²³ tɕi tən⁵¹⁰ n̠in²²³] fegyòu jìden feg,nínyou jìden nín 以佛比人,有各种不同特性的佛和人。

【弗帮和尚,弗帮道士】[fəʔ pã⁴²³ əu zã²³, fəʔ pã⁴²³ dæ zɿ²³] fekbáng wúshang,fekbáng dáoshii 意为守住中立,保持公正。

【弗到黄河心弗死,到仔黄河来弗其】[fəʔ tæ⁵⁵¹ uã əu²³ sin fəʔ si⁴⁴⁰, tæ tsɿ⁵²³ uã əu²³ lɛ fəʔ dʑi²³⁰] fekdào wángwu sīnfeksi, dǎozii wángwu léfekjhi 不到黄河不死心,到了黄河来不及。

【弗尴弗尬】[fəʔ kɛ fəʔ ka⁴²³⁴⁰] fekgé fekga 就是"尴尬":哀块布~,做件短衫齐巧推板一滴滴这块布真不巧,做件上衣恰恰差一点儿◇也可以说"尴里弗尴尬"。

【弗好撳牢仔牛头吃草】[fəʔ hæ⁵⁵¹ tɕʰin læ tsɿ⁴⁴⁰ n̠ɤ dəu²³ tɕʰiəʔ tsʰæ⁵⁵¹] fekhào qīnlaozii niúdhou qikcào 不能按住了牛的头让它吃草。意为不能强迫人做某事:我看是弗来事葛,倷~我看是不行了,你不能强迫别人。

【弗看僧面看佛面】[fəʔ kʰø⁵⁵¹ sən mɪ⁴⁰ kʰø⁵¹ vəʔ mɪ²⁵¹] fekkoè sēnmie koèfegmiè 不看本人的面子,也要看某第三者的面子:倷~,哪亨好意思回头呢你总得看人家的面子,怎么好意思回绝呢?

【弗壳张】[fəʔ kʰoʔ tsã⁴⁴⁰] fek kokzan 没想到:我看俚平常弗用功,~倒拨俚考取则嗒我看他平时不用功,没想到给他考取了丨~会出哀注事体没料到会出这种事!◇还可以说"阿壳张",但不能单说"壳张"。

【弗领盆】[fəʔ lin⁵⁵¹ bin²²³] fek lìnbén 不服输,不认错:倷用弗着搭俚多伴,俚终归~葛你不用跟他多啰唆,他总是不服气丨明明错则,还~明明错了,还不认错◇也可以说正面的"领盆":哀个我领盆葛这个我认可,但较少。

【弗二弗三】[fəʔ n̠i fəʔ sɛ⁵⁵²²³] fekn̠ifekse 不三不四,不伦不类:俚笃儿子辩种~葛腔调,看仔匣惹气他儿子的不三不四的样子,看着让人生气。也可说"弗三弗四"。

【弗怕红面关老爷,就怕抿嘴弥陀佛】[fəʔ pʰo⁵⁵²³ oŋ mɪ²³ kuɛ læ ia⁴⁴⁰, zøɤ pʰo²³ min tsɿ⁵²³ mi dəu vəʔ²³⁰] fekpǒ óngmie guēlaoya, sóupo mǐnzy mídhufog 意为不怕威严的人,就怕笑面虎。

【弗怕少年苦,只怕老来穷】[fəʔ pʰo⁵⁵²³ sæ n̠ɪ⁵²³ kʰu⁵¹, tsəʔ pʰo⁵⁵²³ læ lɛ²³ dʑioŋ²²³] fekpǒ sǎonie kù, zekpǒ láole jióng 此语意思显豁,劝人趁年轻时多刻苦努力。

【弗吃粥饭葛】[fəʔtɕiəʔ⁴⁴ tsoʔ vɛ kɛ⁵⁵²³] fekqik zokfhěke 意指不按正常逻辑思考问题、处理问题,头脑极其昏聩。是对人言行的严厉批评。

【弗直落】[fəʔ zəʔ loʔ⁴⁴⁰] fek seglog "直落"是平展,不皱。如"衣裳拉拉直落衣服拉直了,不要皱着"。~引申为言行不正直、不正派:辩个人做事体是~葛,倷要当心点那个人做事不正派,你要当心点。

【弗入流品】[fəʔ zəʔ løɤ pʰin⁴⁴²⁰] feksegloupin 不正经,趋于下流,多用来批评年轻人的言行:辩个小人是~葛,勿搭俚搭淘这孩子不学好,别跟他做伴。

【弗识字好吃饭,弗识人弗好吃饭】[fəʔ səʔ⁴⁴ zɿ²³¹ hæ tɕʰiə⁵¹⁰ vE²³¹,fəʔ səʔ⁴⁴ n̩in²²³ fəʔ hæ tɕʰiəʔ⁵⁵¹⁰ vE²³¹] fek seksiî hào qikfê,fek seknín fekhào qikfê 此语意思显豁,强调识人比识字更重要,应是一种人生经验。

【弗失头】[fəʔ səʔ døɤ⁴⁴⁰] fek sekdʰou 运气不好,倒霉(不能单说"失头"):今朝~,皮夹子偷脱哉今天倒霉,钱包给偷了同"触霉头"(第××页)◇不能单说"失头"。

【弗识相,要吃辣火酱】[fəʔ səʔ siã⁴⁴⁰,iæ tɕʰiəʔ³³ laʔ həu tsá⁵⁵¹⁰] fek seksian,yaoqik laghùzian "辣火",辣椒。苏州人原本完全不能吃辣,所以"吃辣火酱"意味着吃苦、倒霉。此语是警告人要知趣点,否则要倒霉:我看㑚~则这是对人的严重警告,不听话可能要倒霉。

【弗上路】[fəʔ zá⁵⁵¹ ləu²³¹] fek shànglû 不讲义气(传统所说的"讲义气"是不论是非的),不仗义。①甲和乙是好朋友,甲有事请乙帮忙,乙不帮,不管理由是否正当,即使乙是出于秉公办事,不徇私情,甲也会说乙~;②不守信用,许诺别人做什么事,最后却落空了,就可以说他~◇也可以说"上路",但以否定式~为多。此语在上海用得更多,可能来自上海。

【弗上台面】[fəʔ zá⁵⁵¹ dE mɪ²³] fek shàngdemie 不体面,不光明正大,拿不到桌面上来:俚终归做点~葛事体他总是做些拿不到桌面上来的事。

【弗上台塔】[fəʔ zã⁵⁵¹ dE tɑʔ²³] fek shàngdetat 大体同"弗上台面"(第××页),不正经的程度似更高:辩种人~葛,弗好去睬俚这种人不正经,不能理他。

【弗像则】[fəʔ ziã tsəʔ⁵⁵¹⁰] fekshiànzek 不成样子了,引申为情况变得很糟糕:辩个小人现在是~这孩子现在变得很糟◇也可以有字面的"不像了"的意思,但这不是俗语,实际用得也少

【弗死活扒杀】[fəʔ si⁵⁵¹ uəʔ bo sɑʔ²⁵¹⁰] fek si wegbosat "扒",折腾。指责人没完没了地折腾,不死也要活活折腾死。

【弗习上】[fəʔ ziəʔ zã⁴⁴⁰] fek sigshang 不学好,多指孩子或年轻人:辩小人是~葛,唔笃勿去搭俚字相那孩子不学好,你们别跟他玩儿。

【弗是生意经】[fəʔ zɿ⁵⁵¹ sãi tɕin⁴⁴⁰] feksiǐ sānyijin 没法谈生意,引申为没有协商馀地:㑚要俚出铜钿~你要他掏钱,没有协商余地。

【弗是冤家弗碰头】[fəʔ zɿ⁵⁵¹ ɤ kɑ⁴⁰ fəʔ bã⁵⁵¹ døɤ²²³] feksiù yoēga fek bàndóu 仇人或不愿相见的人偏偏相遇,也可以比喻情人间又恨又爱的关系:真正叫~,哪亨叶碰着俚则真是不是冤家不碰头,怎么又遇到他了!

【弗汤风水】[fəʔ tʰã⁴²³ foŋ sʮ⁴⁰] fek táng fongsy "汤",遮挡,不能遮挡风雨,意为不起作用:㑚做辩点事体是~葛你做这点事不起作用。

【弗讨虚头】[fəʔ tʰæ⁵⁵¹ ɕy døɤ⁴⁰] fek tào xūdhou 买卖双方讨价还价时,卖方常说此话,意思是自己说的是实价,没有虚假成分,要买方不必还价。

【弗天亮】[fəʔ tʰi⁴²³ liã⁴⁴] fek tiélian 天不亮,实际意思是形容生活困难。多用在以下语境中:今朝请仔一个客,害得我一个礼拜~今天请了一个客,害我要艰苦一个礼拜。

【弗听老人言,吃苦在眼前】[fəʔ tʰin⁴²³ læ zən⁴⁰ ɪ²³¹,tɕʰiəʔ kʰəu⁵⁵¹ zE²³¹ ŋE zɿ²³] fektín lāoshen yiê, qikkù zê ngéshie 强调老人经验丰富,应多接受老人的经验,有时说话者将自己比作"老人",要人听自己的意见,有占人便宜或开玩笑的意思。

【弗听老人言,走到新学前】[fəʔ tʰin⁴²³ læ zə nɪ²³⁰, zøY tæ⁵¹⁰ sinoʔ zɿ⁴⁴⁰] fektín láoshenye, zòudao sīn'ogshie "新学前"是苏州城里一条街,旧时十分荒凉,有人走错路,走到那里,连问讯的人都没有,此语基本意思同"弗听老人言,吃苦在眼前"。

【弗做饿杀,做做气杀】[fəʔ tsəu⁵⁵²³ ŋəu saʔ²³¹, tsəu tsəu⁵²³ tɕʰi saʔ⁵²³] fekzǔn gûsat, zǔzu qǐsat 不干不行,干了又生气,这是对工作的抱怨。

【弗上台盘】[fəʔ zã⁵⁵¹ dE bø²³] fekshàng débhoe 不登大雅之堂:俚做点事体裁~葛他做点事都不登大雅之堂◇也说"弗上台塔"。

【齆吃三日素,就想上西天】[fən tɕʰiəʔ⁴⁰ sE ȵiəʔ⁴⁰ səu⁵²³, zøY siã²³ zã²³¹ si tʰɿ⁴⁰] fēn qik sēnig sǔ, sóusian sâng sītie "齆吃",没吃。还没吃三天素,就想得道成仙。这是批评人信佛不虔诚,引申为批评人不劳而获。

【齆进山门,就想做当家和尚】[fən tsin⁴⁰ sE men⁴⁰, zøY siã²³ tsəu³ tã ka əu zã⁴⁴⁴⁰] fēnzin sēmen, sóusian zu dānggawushang 没进庙门,就想做当家和尚(住持),这是批评人野心太大。

【粪堆里葛牛屎虫——满肚皮臭】[fən tE li kəʔ⁵²³⁴⁰ ȵ̩ sɿ zoŋ²³⁰——mø dəu bi²³⁰ tsʰøY⁵²³] fěndeligek niúsiishong——moédhubhi còu 此语意思显豁。

【未吃端午粽,棉衣弗入笼】[vi tɕʰiəʔ²³ tø ŋ̍ tsoŋ⁴⁴⁰, mɪ i²³ fəʔ zəʔ⁴⁴ loŋ²²³] fíqik doē'ngzong, miéyi fek seglóng 未过端午,棉衣还不能收起来。

【未吃端午粽,还要冻三冻】[vi tɕʰiəʔ²³ tø ŋ̍ tsoŋ⁴⁴⁰, e i doŋ²²³ sE doŋ²²³] fíqik doē'ngzong, e' yao dongsedong 未过端午,天气还会冷。

【未吃先谢,敲钉钻脚】[vi tɕʰiəʔ²³ sɪ ziɑ²³⁴⁰, kʰæ tin tsø tɕiɑʔ⁴⁴⁴⁰] fíqik sieshia, kā odinzoejiak "敲钉钻脚",指追着落实不放松。甲说请乙吃饭,乙还没吃就先谢甲,目的是免得甲反悔。

【未说先笑,弗是好兆】[vi səʔ²³ sɪ siæ⁴⁰, fəʔ zæ⁵⁵¹ hæ zæ⁵¹⁰] físek siēsiao, fekshiǐ hàoshao 没有开口,先露笑容,往往有什么企求,要提出什么要求。

【捧仔卵子过桥】[foŋ tsɿ⁵¹⁰ lə tsɿ²³ kəu⁵¹ dʑiæ²²³] fòngzii loézii gùjiaáo "卵子",睾丸。形容人过于谨慎。此语较粗俗:俚是顶顶胆小则,恨弗得~他是胆子最小的。

【斧头弗敲,凿子弗紧】[fv døY⁵²³ fəʔ kʰæ⁴²³, zoʔ tsɿ²⁵¹, fəʔ tɕin⁵⁵¹] fǔdhou fekkáo, sogzìi fekjìn 凿子是靠斧头敲击工作的,比喻人不自觉,没有别人推动、催逼,不会主动做事。

【富家一席酒,穷人半年粮】[fv tɕiɑ⁵²³ iəʔ ziəʔ⁴⁴ tsøY⁵¹, dʑioŋ ȵin²³ pø ȵi⁵²³ liã²²³] fǔjia yiksig zòu, jióngnin boēnie lián 此语意义显豁。

【武寿武寿】[v̩ zøY v̩ zøY²³¹¹⁰] fûshoufhushou 形容心绪不宁,不知道做什么好:哀两日~,弗晓得做啥好这两天心绪不宁,不知道做什么好。

【舞头噼啪】[v̩ dø pʰiəʔ pʰaʔ²³⁴⁰] fúdʰou pikpak 指人(多指女孩子)爱打闹,不文静:

挏小娘儿有点~葛。

【家眼弗见野眼见】[ka ŋẽ⁴⁰ fəʔ tɕɪ⁵⁵²³ ia ŋẽ²³ tɕɪ⁵²³] gā'nge fekjie yá'ngejie 瞒住了想得到的人,瞒不住想不到的人:倷勥当仔无不人晓得,~啊你别以为没人知道,总会有人知道的。

【家堂里葛大门——弗关】[ka dã li kəʔ⁴⁴⁴⁰ dəu mən²³——fəʔ kuᴇ⁴²³] gādʰang ligek dúmen——fekgué "家堂"是旧时供祖宗灵位的木龛,它正面的门从来都不关,这里的"弗关"是指不关心、不管。

【家鸡打来团团转,野鸡打来满天飞】[ka tɕi⁴⁰ tã lᴇ⁵²³ dø dø tsø²³⁰, ia tɕi²³ tã lᴇ⁵²³ mø tʰɪ fi²³⁰] gāji dǎnle doédhoezoe, yáji dǎnle moétiefi 比喻亲生的孩子再打他,也还是围在身边跑,不会离开;不是亲生孩子,一打就跑了。强调亲生与非亲生的不同。

【街当中拍灰尘——裁落辣众人眼里】[ka tã tsoŋ⁴⁴⁰ pʰaʔ⁴³ huᴇ zən⁴⁰——zᴇ³ loʔ laʔ³⁴ tsoŋ n̠in⁴⁰ ŋᴇ li²³] gādangzong pak huēshen——she loglad zōngnin ngéli "裁",都。街上拍打灰尘,都落在大家眼里。比喻所做的事,大家都看到了。

【茄辣个前八尺】[ga laʔ gəʔ²³⁰ zɪ pø²³⁰ tsʰaʔ²³⁰] gáladgek siébokcak 茄,跻身。指责人挤在前头,不该参与而积极参与:懂末弗懂,有啥事体终归~又不懂,有什么事总是挤在最前面。

【假痴假呆】[ka tsʰʮ ka ŋᴇ⁵²³⁴⁰] gǎ cy ga'nge 有意装傻:搭倷讲闲话倷听好仔,勥~跟你说话你听着,别装傻。

【假花头】[ka ho døɤ⁵²³⁰] gǎ hodou 假意:倷先~答应俚,骗骗俚,省得俚来烦你先假意同意他,骗骗他,免得来纠缠。

【假客气碰着真老实】[ka kʰaʔ tɕʰi⁵²³⁰ bã zaʔ²³ tsən læ zəʔ⁴⁴⁰] gǎkakqi bánshag zēnlaoseg 这是讽刺假客气者。例如甲假意请乙在自己家吃饭,其实没有做请吃饭的准备,乙真留下不走,要在甲家吃饭,使甲十分尴尬。这就成了~。

【假老戏】[ka læ ɕi⁵²³⁰] gǎ laoxi 假的东西或事情:挏爿店里向葛~忒多,勥俚笃搭点去买那家店里的假货太多,别到他们那儿去买|倷挏种~做拨啥人看?无不人会相信骨你这种假戏做给谁看,不会有人信的。

【假儿摩摩】[ka n̠i mo mo⁵²³⁴⁰] gǎn̠imomo 儿童游戏,过家家。

【假掩头】[ka ɪ døɤ⁵²³⁰] gǎ yedhou 假装着(做某事):伲~搭俚讲弗去哉我们假装跟他说不去了◇基本意思跟"假花头、假触头"相近,但那两个多用于贬义,批评他人,~多用于正面意思,用于叙述自己。

【□₂搭搭】[ga taʔ taʔ²³⁰] gá' tattat 形容□₂gâ的样子,也可说是态度冷漠:倷看俚挏种~葛样子,触气得来你看他这么冷漠,让人讨厌!

【轧辣个北斗斋里】[gaʔ laʔ kəʔ³⁴⁰ poʔ tøɤ⁵⁵¹ tsa li⁴⁰] gadlatgek bokdòu zāli 不需要的人硬挤到中间来,或在紧要和忙碌中插入了别的事凑上了热闹,挤到了最热闹的场合里。

【轧神仙】[gaʔ²³ zən sɪ²³] gad sénsie 苏州的民俗。苏州城里有座神仙庙,供奉吕纯阳。农历四月十四日,市民要去那里烧香,因烧香者太多,非常拥挤。传说人们就是要在拥挤中得到仙气。

【轧扁骷浪头】[gaʔ pɪ²⁵¹ kʰəu lã dəʏ⁴⁴⁰] gadbiè kūlangdhou "骷浪头",脑袋。比喻人夹在两个有矛盾的人中间,两头不讨好:俚笃两家头相骂,我蹲辣当中~他们俩吵架,我在中间为难◇也可以说"轧扁头"。

【轧足输赢】[gaʔ tsoʔ sʅ in³⁴²⁰] gadzok syyin 形容非常轧,即非常拥挤。"足输赢"表示非常的意思,前头也可以换成别的谓词,如"吃足输赢",即随意吃,吃了很多。但不常说,常见的主要是~。

【隔年蚊子——老口】[kaʔ ȵɪ⁴²³ mən tsʅ²——læ kʰəʏ²³] gaknié ménzii——láokou 比喻人老于世故,说话审慎,善于应对。

【隔年蚕做茧——无新（心）丝（思）】[kaʔ ȵɪ⁴²³ zø²²³ tsəu⁵¹ tɕɪ⁵¹——m̩ sin sʅ²³⁰] gaknié soé zù jiè——m̩sinsii 此语意思显豁。

【隔年皇历——看弗得】[kaʔ ȵɪ⁴²³ uã li?²³——kʰø fəʔ təʔ⁴⁴⁰] gaknié wánglig——koēfekdek 隔年的历书,过时了,所以说看不得。

【隔山纺线——长纱（沙）】[kaʔ sᴇ⁴²³ fã⁵¹ sɪ⁵²³——zã so²³] gaksé fàong siě——sánso 此语意思显豁,也可以是谐音谜语。

【隔层肚皮隔重山】[kaʔ zən⁴²³ dəu bi²³ kaʔ zən⁴²³ sᴇ⁴⁴] gakséng dúbhi gakshóng sē 指非亲生子女总有隔阂,难以贴心。这是旧时一种人生经验:弗是亲生葛,~,终归弗一样葛 不是亲生的,总有隔阂,总是不同的。

【隔夜饭匣呕出来】[kaʔ ia vᴇ aʔ⁴²³⁴⁰ øʏ tsʰəʔ lᴇ⁵²³⁰] gakyáfhead ǒucekle 令人恶心:辫种拍马屁葛闲话听勒海~这种拍马屁的话听着令人恶心。

【隔夜面孔】[kaʔ ia mɪ kʰoŋ⁴²³⁴⁰] gak yá mie kong 早晨没有洗脸,脸还是昨天的。常把不够乾净,缺乏精神的脸称作~。

【粳匣弗好,糯匣弗好】[kã aʔ⁴⁰ fəʔ hæ⁵⁵¹,nəu aʔ²³¹ fəʔ hæ⁵⁵¹] gānad fekhào,nû'ad fekhào 苏州以大米为主食,大米有粳米和糯米之分,此语比喻人过分挑剔,这也不好,那也不好。

【江西人钉碗——自箍（顾）自】[kã si ȵ.in⁴⁴⁰ tin⁵¹ uø⁵¹——zʅ kəu zʅ²³⁰] gāngsinin dìn woè——siígushii "钉碗",补碗,大约因江西有瓷都景德镇,所以钉碗的是江西人:"自箍自"是钉碗时牵动钻头的声音,都是同音字,但和"自顾自"同音。此语批评某人只顾自己,不管别人。

【江西人觅宝】[kã si ȵ.in⁴⁴⁰ miəʔ pæ²⁵¹] gāngsinin migbào 苏州民间传说江西人喜欢觅宝。这是笑话人到处寻找东西:俚叫~,有得要 kēn 勒他这是~,够得他找呢。

【刚刚碰辣姜姜浪】[kã kã⁴⁰ baʔ laʔ²³¹ tɕiã tɕiã lã⁴⁴⁰] gānggang bânlad jiānjianlang "姜姜",意思同"刚刚",本字不明。此语意为巧之又巧:我前脚走,俚后脚就来,真是~我刚走,他就来,真是巧之又巧。

【讲闲话下巴托托牢】[kã⁵¹ ᴇ o²³ o bo²³ tʰoʔ tʰoʔ⁴⁴ læ²²³] gàng é'o,óbho toktok láo 意为说话要负责任:倷~你说话要负责任！

【讲得头来】[kã tə? døɤ lɛ⁵²¹¹⁰] gàngdekdhoule 说得投机,合得来:伲两家头是蛮～。其反义是"讲弗头来"。

【讲弗头来】[kã fə? døɤ lẽ⁵²³⁴⁰] gǎngfekdhoule 话不投机。

【讲斤头】[kã tɕin døɤ⁵²³⁰] gàngjindhou 斤斤计较地谈判,扯皮:俚笃两家头还勒海～,还勒讲好他们俩还在扯皮,还没谈好。

【讲勒海葛】[kã lə? hɛ kə?⁵¹¹⁰] gàngleghekek 有这可能:俚阿会弗来 za?——～他会不来了吗?——有可能。

【讲忙头里炒螺蛳】[kã mã døɤ li⁵²³⁴⁰ tsʰæ ləu sɿ⁵²³⁰] gǎngmangdhouli cǎolusii 同"讲忙头里膀牵筋"◇不清楚为什么说"炒螺蛳"。

【讲忙头里膀牵筋】[kã mã døɤ li⁵²³⁴⁰ pʰã tɕɪ tɕin⁵²³⁰] gǎngmangdhouli pǎngqiejin 正忙的时候腿抽筋儿。比喻关键时刻偏生变故:讲好仔马上出发,倷～。肚里痛则说好了马上出发,你突然肚子疼了◇也可以说"夹忙头里膀牵筋""讲忙头里炒螺蛳""夹忙头里炒螺蛳"。

【憨人自有憨福】[gã n̠in²³ zɿɤ²³ gã fo?²³] gángnin siíyou gángfok 傻的人往往运气好:倷看俚日脚过得来得个灵,辫叫～你看他日子过得挺美,傻的人往往运气好。

【憨进弗憨出】[gã tsin²³¹ fə? gã⁵⁵¹ tsʰə?⁴³] gângzin fekghàng cek 表面上傻乎乎,其实只占便宜不吃亏,意思是装傻:辫小贼～葛,倷搭俚蹲辣一道要当心点那小子装傻,你跟他在一起要当心。

【告花子唱小调——穷开心】[kæ ho tsɿ⁴⁴⁰ tsʰã⁵¹ siæ diæ⁵¹⁰——dzioŋ kʰɛ sin²³⁰] gāohozii càng siàodiao——jióngkesin "告花子",叫花子。意为苦中作乐。

【告花子请客——穷坦气】[kæ ho tsɿ⁴⁴⁰ tsʰin kʰɑ?⁵²³——dzioŋ tʰɛ tɕi²³⁰] gāohozii cǐnkak——jióngteqi "告花子"叫花子,"坦气",慷慨大方,叫花子虽穷,还要请客,显得很大方。此语可用来笑话人虽然穷,却还要做得很大方的样子。

【告花子弗留宿食】[kæ ho tsɿ⁴⁴⁰ fə? løɤ⁴²³ so? zə?⁴⁴] gāohozii feklóu sokseg "告花子",叫花子。叫花子太穷,没有多余的食品留到第二天,这是批评人有了财物不知道留着慢慢使用,这是旧时物资贫乏时的观念◇也可以说"告花子弗留隔夜食"。

【告花子无不棒——受狗葛气】[kæ ho tsɿ⁴⁴⁰ m pə?²³ bã²³¹——zøɤ²³¹ køɤ kə?⁵¹⁰ tɕʰi⁵²³] gāohozii mbek bāng——sôu gòugek qǐ "告花子",叫花子;"无不",没有;"棒"指打狗棍。受狗的气,比喻受坏人的气。

【告花子吃三鲜——要一样,无一样】[kæ ho tsɿ⁴⁴⁰ tɕʰiə?⁴³ sɛ sɿ⁴⁰——iæ iə? iã⁵²³⁰,m̥iə? iã²³⁰] gāohozii qik sēsie——yǎoyikyan,m̊yikyan "告花子",叫花子。三鲜,指要好多菜配置。叫花子太穷,没有那么多菜配置,根本吃不成。

【告花子吃死蟹——只只好】[kæ ho tsɿ⁴⁴⁰ tɕʰiə?⁴³ si ha⁵²³——tsa? tsa? hæ⁴⁴⁰] gāohozii qik sǐha——zakzakhao "告花子",叫花子。叫花子太穷,选择标准极低,死螃蟹对其来说,也都是好的。

【告花子生鼓胀病——穷人大肚皮】[kæ ho tsɿ⁴⁴⁰ sã⁴⁴ kəu tsã bin⁵²³⁰——dzioŋ n̠in²³ dəu dəu bi²³⁰] gāohozii sān gǔzanbhin——jióngnin dúdhubhi "告花子",叫花子。"鼓胀病",血吸虫病,症状为肚子大。"大肚皮",比喻饭量大。穷人因为油水少,饭量很大。

【告花子杀活猕——极做】[kæ ho tsɿ⁴⁴⁰ saʔ⁴³ uəʔ sən²⁵¹——dziəʔ tsəu²⁵²³] gāohozii saṭ wegsèn——jigzǔ "告花子",叫花子;"活猕",猴子;"极"意为非常困难,难以维持;"极做"意为拼命一搏。

【告花子咽弗落讨饭葛】[kæ ho tsɿ⁴⁴⁰ iəŋ fəʔ loʔ⁴⁴⁰ tʰæ ᴠᴇ kəʔ⁵²³⁰] gāohozii yēfeklog tǎofhegek "告花子",叫花子;"讨饭葛";要饭的。两者是一回事。"咽弗落"是嫉妒。比喻同行、同类人间嫉妒:倷是~,有啥意思末你这是自己人嫉妒,有什么意思?

【教会徒弟,饿杀师父】[kæ uᴇ⁴⁰ dəu di²³ ŋəu saʔ²³¹ sɿ ɣ⁴⁰] gāowe dúdhi, ngûsak siīfhu 旧时观念认为师父要留一手,不能把全部技术教给徒弟◇也可以说"徒弟出山,师父讨饭",意思相同。

【搞七廿三】[gæ tshiəʔ n̩ɪ sᴇ²³⁴⁰] gáociknièse 纠缠不休:我有事体勒海,倷夠登辣边浪~我正有事呢,你别在旁边纠缠◇此语十分常用。

【夹篙撑】[kɑʔ kæ tsʰã⁴²³⁰] gatgáocan 不相干者横插一杠子:本来匣弄弗落勒海,倷还要~本来就解决不了,你还要来插一脚。

【夹夹叫】[kɑʔ kɑʔ tɕiæ⁴⁴⁰] gatgatjiao 形容天气很冷:倷件棉袄忒薄,~冷起来吃弗消葛你这棉袄太薄,真冷的时候顶不住。

【夹夹绕】[kɑʔ kɑʔ n̩iæ⁴⁴⁰] gatgatniao 纠缠不休:倷一直实梗~,别人家哪亨吃得消你一直这么纠缠不休,人家怎么受得了?

【夹脚屁股跟出来】[kɑʔ tɕiaʔ pʰi kəu⁴⁴⁴⁰ kən tsʰəʔ lᴇ⁴⁴⁰] gatjiakpigu gēncekle 一步不落地紧跟在后:我~,已经来弗其则我一步不落地跟在后头,已经来不及。

【夹霎夹霎】[kɑʔ saʔ kɑʔ saʔ⁴⁴²⁰] gatsatgatsat 眼睛中因掉了灰尘或其他原因而不舒服,不得不老是眨眼的样子:我葛眼睛~葛,像杀有沙泥进去则我的眼睛老是不舒服,好像掉沙子进去了。

【夹屎】[kɑʔ sɿ⁵⁵¹] gatsiì 遇到难题无法解决时的心情和表情:倷看俚只~面孔,弄弗落哉你看他一脸无奈,没法办了。

【夹屎硬】[kɑʔ sɿ ŋã⁵⁵¹⁰] gatsiìngan 实际没有底气,嘴上还要强硬,外强中干,硬充好汉:倷叶无不本事,弄弗过别人家,还要~,有啥用场你又没本事,争不过人家,还要硬充好汉,有什么用?

【夹和钢金】[kɑʔ əu kã tɕin⁵⁵²²³] gatwùgangjin 杂七杂八合在一起,多指做菜时各种菜料都放在一起:倷烧葛菜样样~,放辣一道,会得好吃 ɡa 你做的菜什么都放在一起,能好吃吗?◇也可说"夹和金刚经"。

【夹嘴舌】[kɑʔ tsɿ zəʔ⁵⁵²³] gat zɿseg 搬弄是非:挢个人顶怵,专门~这人最坏,老是搬弄是非!

【尴里弗尴尬】[kᴇ li fəʔ kᴇ ka⁴⁴³³⁰] gᴇlifekgega 同"弗尴弗尬"。

【尴尬戏】[kᴇ ka çi⁴⁴⁰] gēgaxi 令人为难的状况:哀个事体倒是~,倷去勒还是弗去呢这事真让人难办,你去还是不去呢?

【改制】[kɛ tsʅ⁵¹¹] gèzy 言行脱离常规:瓣小人哀两日~则,弗晓得完成作业则这孩子这两天变了,不知道完成昨夜了。

【拣佛烧香】[kɛ vəʔ⁵²³ sæ ɕi ã⁴⁰] gěfegsaoxian 对不同的人态度不同:倷办事体要公平,弗好~你办事要公正,不能不同对待。

【橄榄核垫栀脚——活里活络】[kɛ lɛ uəʔ⁵²³⁰ dɪ²³¹ dɛ tɕiaʔ²³——uəʔ li uəʔ loʔ²⁵¹¹⁰] gěleweg diê déjiak——weglìweglog 比喻事情很不稳妥:倷做葛事体,叫~,别人家哪亨会放心你干的事不稳妥,人家怎么能放心?

【隑米囤饿杀】[gɛ²³¹ mi dən²³ ŋəu saʔ²³¹] gêmídhen ngûsat 靠在米囤上饿死,讽刺极端懒惰的人。"隑",斜靠:俚是实头懒葛,真是要~葛他实在太懒,靠在米囤上也要饿死。

【辫牢稳瓶】[gəʔ læ²⁵¹ uən bin⁵²³] geglào wěnbhin 有依靠,十分放心,稍有贬义:有领导答应是俚~则有领导答应,他是十分放心了。

【辫仔金饭碗讨饭】[gəʔ tsʅ²⁵¹ tɕin vɛ uøʔ⁴⁴⁰ tʰæ⁵¹ vɛ²³¹] gegzìi jīnfhewoe tào fê 夹了金饭碗要饭。此语意思显豁。

【合着一条裤子】[kəʔ tsaʔ⁴⁴ iəʔ diæ⁴²³ kʰəu tsʅ⁴⁰] gekzak yikdiáo kūzii 合穿一条裤子,即串通一气,互相勾结。

【割卵弗出血】[kəʔ⁴³ lø²³¹ fəʔ tsʰəʔ²³ ɕyəʔ⁴⁴⁰] gekloê fekcekxuek "卵",男阴。形容刀钝。此语粗俗,但口语常见:倷把刀~葛,哪亨好切肉你把刀太钝了,怎么能切肉?

【跟屁虫,吃蛔虫】[kən pʰi zoŋ⁴⁴⁰, tɕʰiəʔ uɛ zoŋ⁴²³⁰] gēnpishong, qik wéshong 这是孩子常说的开玩笑的话,用来指跟在自己后头的人:倷跟辣我后头作啥?~你跟在我后头干什么?

【跟仔和尚买木梳】[kən tsʅ⁴⁰ əu zã²³ maʔ²³¹ moʔ sʅ²⁵¹] gēnzii wúshang mâ mogsìi 和尚是不用梳子的,对梳子的好坏是外行,跟随和尚买梳子,是跟错了人:倷~,哪亨买得着好货呢你跟了外行买东西,怎么买得到好货?

【甘蔗老头甜,越老越鲜甜】[kø tso⁴⁰ læ døʔ²³ dʏ²²³, iəʔ læ²⁵¹ iəʔ²³ sɪ dɪ⁴⁰] goēzo láodhou dié, yiglào yig sīedhie 这是称颂老人或资格老的人,主要是指老人经验丰富,值得尊敬和请教。

【干饿极奔】[kø ŋəu dʑiəʔ pən⁴⁴⁴⁰] goē' ngu jig ben "乾",渴,"极奔",匆忙地奔波。指又渴又饿地奔波:哀两日我为仔倷~,一分洋钿匣钃拿倷葛这两天我辛苦奔波,一分钱也没拿你的。

【干瘪卜】[kø piəʔ poʔ⁴⁴⁰] goē biebo 形容很乾:只有老卜乾搭饭,~葛,哪亨咽得进只有萝卜干下饭,那么乾,怎么咽得下?

【干净冬至邋遢年,邋遢冬至干净年】[kø zin⁴⁰ toŋ tsʅ⁴⁰ laʔ tʰaʔ³⁴ ɲɪ²²³, laʔ tʰaʔ³⁴ toŋ tsʅ⁴⁰ kø zin⁴⁰ ɲɪ²²³] goēshin dōngzy ladtat nié, ladtat dōngzy goēshin nié "邋遢",脏,这里干净指晴天,邋遢指阴雨天。这是天气谚语,民间以为,冬至日与除夕、春节的天气恰好相反,冬至日晴天,除夕、春节就是阴雨天;冬至日阴雨天,除夕、春节就是晴天。

《海上花列传》中的"苏白"研究

苏州大学文学院　高　群

《海上花列传》是清代章回小说的优秀代表,也是中国方言小说的成熟佳作。在这部作品中,韩邦庆创造性地运用两种语言进行写作,叙事性语言是官话,人物对话运用苏白。胡适高度赞扬了此书的方言书写,认为"《海上花》是苏州土话的文学的第一部杰作"①。

一、"苏白"在上海青楼里地位较高

《海上花列传》中大量运用苏白,有其特定的社会因素。根据邹依仁《旧上海人口变迁的研究》中的相关数据统计:"1885—1910 年间,上海租界外地籍贯的人口比重均在80%以上。其中,江苏移民占到总数的43%左右,居于首位,浙江移民平均占37%,而剩下十七个省的总和才占到20%。"②江苏籍尤其是苏南移民的大量涌入,对当时上海混杂的语言造成巨大冲击,苏白适用范围逐步拓宽。更重要的是,《海上花列传》描写的主要场景是妓院,而当时妓院中流行的语言就是苏白。之所以在妓院以苏白为交际语言,这与苏州评弹传播到上海有关。由于当时苏州的文化地位较高及其对上海的影响较大,因此,苏州评弹在沪上风行一时。来沪演奏评弹的女艺人,在表演之外,还为上海青楼增加了一个新的种类——书寓。书寓的倌人与长三、么二相比,除了貌美外,还有相对高超的说唱技艺,色艺相济,品质自然更胜一筹,因此,提高了整个青楼档次。从此苏州方言便在花界占据了统治地位,成了一种身份地位和文化修养的象征。王韬曾说过:"沪上为烟花渊薮,隶籍章台者,皆非一处之人,以苏帮为上。麋台土艳,芜草皆香,茂苑春浓,名花有种,土著亦能效吴语,学吴歈。歇浦水温,自饶丰韵,泖峰山秀,妙擅风流,皆窃附于苏,如大国之有附庸焉。"③因此,"娇啭黄莺,珠圆玉润"的苏白是《海上花列传》赖以展开情节的必不可少的工具,是使其真实生动、达到"绘声"效果的极其重要的因素。

二、"苏白"展示了上海青楼的生活常态

《海上花列传》中的苏白具有地域特点,展示了上海这个都市繁华图,再现了青楼妓女客人嬉笑怒骂的生活常态。每一种方言都有一些特定的话语方式,特定的习惯用语和

---

① 胡适.中国章回小说考证[M].北京:中国社会科学出版社,2013:380.
② 李常莉.晚清上海风尚与观念的变迁[M].天津:天津大学出版社,2010:20.
③ 王韬.淞滨琐话[M].济南:齐鲁书社,1986:173.

语法修辞,这是在各地的地域文化风俗中浸润而成的,它往往内在地规定了一类语言的能指。刘半农就认为苏白有一种神味,有助于叙事表达。"口白中所包有的,不但是意义,而且还有神味。这神味又可分作两种:一种是逻辑的,一种是地域的。""各人的口白,必须用他自己所用的语言直写下来,方能传达得真确。"①方言就像一种活化石,言说着其特有的地域特征和风土人情,既有空间的限制,又有时间的沉淀。韩邦庆在书中就非常善于运用苏白中特别能显现地方韵味的词语,像"阿"作为疑问副词构成问句,这是苏白中特有的现象,这种特殊用法在书中出现了1140次,占51.9%,所占比重最大,是它最主要的用法。② 作者巧妙地将其运用在文中,吴侬软语特有的那种轻灵、温婉、清丽的感觉就跃然纸上,为小说平添几分生动色彩。

我们可以看看第五回中的一段:

(张蕙贞)因见雪香梳的头盘旋伏贴,乃问道:"啥人搭耐梳个头?"雪香道:"小妹姐啘,俚是梳勿好个哉。"蕙贞道:"蛮好,倒有样式。"雪香道:"耐看高得来,阿要难看。"蕙贞道:"少微高仔点,也无啥。俚是梳惯仔,改勿转哉,阿晓得?"雪香道:"我看耐个头阿好。"蕙贞道:"先起头倪老外婆搭我梳个头,倒无啥;故歇教娘姨梳哉,耐看阿好?"说着,转过头来给雪香看。雪香道:"忒歪哉。说末说歪头,真真歪来哚仔,阿像啥头嘎。"③

在这段话中,以"阿"作为疑问副词,构成问句的共出现了五次(其中有两次是一样的)。其中,"阿要"是反诘语气,无疑而问,目的是加强表达效果,意思是说"这是多么的难看";"阿晓得"表示询问语气,意为"知不知道";"阿好"也表示一种询问,"好不好"的意思;"阿像"表示反诘语气,没有疑问的意思,为实际上的否定,意为"不像什么"。短短一段话,连用同一个"阿"字,却分别表示了不同的含义和口气,海上青楼女子清脆婉转的口音、娇柔嗔怪的神情显露无遗,因而也自然而然地流露了富足繁华的都市生活娇慵气息。连文中在场的其他人物(葛仲英、王莲生)都听得入迷,拳也不划了,酒也不喝了,光听她们两个说话,等听到吴雪香说"歪头",一齐地笑起来。从这里可以看出,在方言中,声音有时比文字更重要,因为即使是相同的一个字词,说话的声调、停顿、语气也可以大不相同,含义也就会迥然有异,由此可见方言的精细微妙、生动形象。

三、"苏白"在反映日常生活和情感方面有优势

苏白作为一种民间语言形式,与吴地的日常生活形态息息相关,在生活用语和反映日常情感等方面有其独特的优势。正如前文分析的那样,苏州方言与青楼女子的音容笑貌、言谈举止乃至身段神情之间是如此的浑然一体,就像索绪尔说的能指与所指的关系一样,紧密相连,无法分离。但"人物使用方言表现出个性的差异,不在于使用了某种方言,而决

---

① 刘复.半农杂文[M].上海:上海书店出版社,1983:243.
② 闫国超,唐韵.《海上花列传》中"阿"的用法[J].重庆科技学院学报(社会科学版),2013(4).
③ 韩邦庆.海上花列传[M].长沙:岳麓书社出版社,2014:30.

定于如何运用这种方言,一种方言的语音、词汇、语调之类是相对稳定的,但每个人所运用的词汇、讲述的方式却是各异,是高度个人化的,人物的个性就在这里见出"①。那《海上花列传》是如何显现人物个性?我们来看看韩邦庆的写作功力。

第九回"黄翠凤舌战罗子富"中,罗子富试探地问黄翠凤:"耐做沈小红末那价呢?"(如果你是沈小红会怎么做?)黄翠凤笑吟吟地说道:"我啊,我倒勿高兴搭耐说来哩。要末耐到蒋月琴搭去一埭试试看,阿好?"(我啊,我倒不高兴和你说呢,要不你到蒋月琴那儿去一次试试看看,好吗?)苏白声调的软糯婉转和话语内容的强势威胁结合起来,真切地体现了黄翠凤的"辣"。接下来两人一问一答,黄翠凤步步紧逼、罗子富节节后退,这么几个回合下来,最终罗子富败下阵来,认输道:"阿有啥说嘎,拨耐钝光哉唲。"(没什么可说的了,我被你怼得无话可说。)这里的"钝"字用得非常精彩,这是属于苏白中特有的字词,包含有讽刺、嘲笑、以其之矛攻其之盾的尖锐,让人无话可说,甘拜下风。黄翠凤的伶牙俐齿、强势泼辣就在此苏白对话中展露无遗,因而非常有质感,栩栩如生、鲜活动人。典耀在整理《海上花列传》的后记中总结道:"作者运用吴语,堪称得心应手。许多对话,无论酒筵的哄饮、清夜的絮语、市井的扰攘、友朋的笑谑,以至交际酬酢、相讥相詈,都能声貌毕现,读来如见其人、如闻其声。可见除了方言,一切书面语都很难把人物的神情表现得如此生动活现。"②

又如第三十三回中,王莲生因又找了张蕙贞,其老相好沈小红除了闹事外,还要王莲生买翡翠首饰补偿,张蕙贞便悄悄地央求帮助办置的洪善卿说:

> 洪老爷难为耐,耐去买翡翠头面,就依俚一副买全仔。王老爷怕个沈小红,真真怕得无淘成个哉!耐勿曾看见,王老爷臂膊浪、大膀浪,拨沈小红指甲掐得来才是个血!倘然翡翠头面勿买得去,勿晓得沈小红再有啥刑罚要办俚哉!耐就搭俚买仔罢。王老爷多难为两块洋钱倒无啥要紧。③

翻译成普通话:"麻烦你洪老爷了,你去买翡翠首饰,就按照她的要求买全了一副吧。王老爷怕沈小红,真的是怕得不像样子了。你没有看见,王老爷胳膊上、大腿上,被沈小红指甲掐得全部是血,如果翡翠首饰不买过去,不知道沈小红再有什么刑罚惩罚他呢!你就给他买了吧。王老爷多花点钱倒也没什么要紧。"意思是翻译出来了,但如果不用"难为""依俚""一副买全仔""真真""怕得无淘成""才是""倒无啥要紧"这些苏白词语,如何能丝丝入扣地体现张蕙贞那种胆怯、委曲求全但又有些怨艾的神情和心理呢?又如何能鲜明逼真地反映王莲生的懦弱无能和沈小红的泼辣蛮横呢?

正如胡适评价:"《海上花》的长处在于他的'无雷同、无矛盾'的描写个性……写黄翠凤之辣,张蕙贞之庸凡,吴雪香之憨,周双玉之骄,陆秀宝之浪,李漱芳之痴情,卫霞仙之口

---

① 李开军.论《海上花列传》中的"苏白"[J].齐鲁学刊,2001(2).
② 典耀.《海上花列传》整理后记[M]//韩邦庆.海上花列传.北京:人民文学出版社,1982:645.
③ 韩邦庆.海上花列传[M].长沙:岳麓书社出版社,2014:198.

才,赵二宝之忠厚……都有个性的区别,可算是一大成功。"①我们甚至可以感受到此时的苏州方言通过口气、语调、语法等方面传递出来的一种生命感觉,它们站在纸面上,不单单是文字,还有声音,还带着说话人的神态和心情,扑面而来。

四、《海上花列传》因"苏白"而重要性凸显

应该说,作为一部方言小说,《海上花列传》确实存在受众面小的问题。汪原放在1926年的《校读后记》中,附了一个"为'非江浙间人''客省人'便利计"的苏州方言解释表,共收词214个。这实际上还没有把这本小说中所有的苏白词语都收录解释,比如上文中所提到的"钝"字就没有收录,这说明非吴语区的读者要读懂此书确实得费不少工夫。但我们也应注意到《海上花列传》语言运用上的另一个特点,即书中人物对话运用的是苏白,但叙述性语言还是官话,这样至少使非吴语区的读者能大致看懂情节,而且也符合传统通俗小说的习惯。韩邦庆用这种方法最大限度地展现人物形象的丰富性、上海花界的真实情境,又尽可能地减少读者的阅读困难。他在这方面的尝试和努力,使得吴语小说在随后的十多年相继出世,成为中国近现代文学的重要组成部分。

对于《海上花列传》的苏白运用,胡适从另外一个角度进行阐述,即与新文学运动和国语运动联系起来。胡适之所以在《海上花列传》再版的序中高度评价韩邦庆的吴语写作,认为"这是有意的主张,有计划的文学革命",并高呼"《海上花》的胜利不单是作者私人的胜利,乃是吴语文学的运动的胜利"②。是因为在胡适看来,韩邦庆对文学语言自觉创新的行为,应该成为新文学作家仿效学习的一种主动姿态。胡适在新文学运动中提出"国语的文学和文学的国语"这一口号,把国语建设和文学创作联系起来,认为要有"标准国语",必须先有用这种语言所写的第一流文学,即国语的小说、诗文、戏本等。胡适还认为:"国语不过是最优胜的一种方言。"③要成就普遍意义上的国语,那就需要仰仗着这些方言土语的书写资源,将各种方言文学发扬光大,用方言土语的所谓"活文学"替代传统的文言书面语的"死文学"。"必须先有方言的文学作品,然后可以有文学的方言。有了文学的方言,方言有了多少写定的标准,然后可以继续产生更丰富、更有价值的方言文学",最终的作用就是"以后有各地的方言文学继续起来供给中国新文学新材料、新血液、新生命"④。从这个意义上看,力图"自我作古,得以生面别开"⑤地进行方言写作的韩邦庆自然是新文学作家努力仿效的对象,而其呕心沥血写成的方言小说《海上花列传》也自然而然地成了新文学创作的新材料和新生命。

---

① 胡适.《海上花列传》序[M]//韩邦庆.海上花列传.长沙:岳麓书社出版社,2014:420.
② 胡适.《海上花列传》序[M]//韩邦庆.海上花列传.长沙:岳麓书社出版社,2014:425.
③ 胡适.中国章回小说考证[M].北京:中国社会科学出版社,2013:380.
④ 胡适.《海上花列传》序[M]//韩邦庆.海上花列传.长沙:岳麓书社出版社,2014:426.
⑤ 孙玉声.退醒庐笔记[M]//韩邦庆.海上花列传.北京:人民文学出版社,1982:614.

为动·因动·把动

——古汉语特殊动宾关系探骊

苏州市吴中区教学与教育科学研究室　周永沛

一、古汉语的为动用法

古汉语动词的特殊用法,除使动、意动两种以外,还有一种为动用法。这种用法,各种古汉语著作很少论及,在中学课文中却偶有所见。

为动用法和使动、意动两种用法一样,也是就动词和宾语的特殊关系说的。它是指动词对于宾语含有"为宾语怎么样"的目的意义,或者说,宾语是动词表示的动作行为的目的所在。兹举数例:

①君子死知己。(《咏荆轲》)——品德高尚的人为了解自己的人而死。
②死国可乎?(《陈涉世家》)——为国家而死可以吗?
③我又当死之。(《中山狼传》)——我又该为它(狼)死了。

上举各例是不及物动词"死"的为动用法。如何判定,要从两个方面去看。首先,从是否能带上宾语看。在一般情况下,及物动词能带宾语,不及物动词不能带宾语。作为不及物动词,如果带上了宾语,可能是使动用法,也可能是为动用法。上例中的不及物动词"死"都带有宾语,就有是为动用法的可能。其次,从动词和宾语的关系上看,一方面,上举各例中的不及物动词"死"对其宾语都含有"为宾语怎么样"的意思,不像使动用法那样对宾语含有"使宾语怎么样"的意思。另一方面,上例的宾语表示的是动作行为的目的所在,不像使动用法那样,宾语是动作行为的发出者。如"死知己"是"为知己者死"的意思,"死"的目的是"为知己"。"死国"和"死之",情况相同,可以类推。

④禹劳天下而死为社。(《淮南子·氾论训》)——禹王为天下人操劳,因而死后被尊为土地神。
⑤既泣之三日,乃誓疗之。(《病梅馆记》)——既为它们(病梅)哭了三天,就发誓为它们(病梅)治疗。

以上两例是及物动词的为动用法。因为及物动词可以带宾语,它是否是为动用法,较难判定。必须仔细分析及物动词与宾语的关系,并推敲整个句意,有时还要联系上下文考虑。在具体判定时,可以采用逐一排除的方法。从及物动词的一般用法看,其宾语应该是动作行为的对象或结果,但上述两例的加点词,其宾语并不表示动作行为的对象或结果。

如"禹劳天下","天下"就不是"劳"的对象和结果。从及物动词的使动用法看,上例的加点动词绝无使动意义,其宾语并不是动作行为的发出者。如"泣之三日","之(病梅)"就不是"泣"的动作行为的发出者。经过这两次排除,再联系上下文意细加分析,可以看出,上述两例的加点动词对其宾语都含有"为宾语怎么样"的意思,宾语正是动作行为的目的所在。如"劳天下"是"为天下劳"的意思,"劳"的目的是"为天下"。"泣之"是"为之泣"的意思,"泣"的目的是"为之(病梅)"。

⑥ 公子皆名之(《史记·魏公子列传》)——公子都为它们取了名字。
⑦ 庐陵文天祥自序其诗。(《〈指南录〉后序》)——庐陵文天祥自己为自己的诗集作序。

此两例是名词用如动词的为动用法。这种用法是名词用如动词的一种类型。名词是不能带宾语的,但例⑥的名词"名"带上了宾语"之",例⑦的名词"序"带上了宾语"其诗"。因此,这两个名词都动词化了,也就是用如动词了。分析一下,显然,这两个名词既非名词用如动词的一般用法,也非名词用如动词的使动用法,它们都对宾语含有"为宾语怎么样"的目的意义,其宾语"之"和"其诗"正分别是这两个名词的目的所在。由此可知,这两个名词是用如动词的为动用法。

二、谈古汉语的因动用法

在古汉语中,动词和宾语之间,一般是直接的支配和被支配的关系,有人把这种关系称为动词的自动用法。但有时候,动词并不直接支配宾语,而是因为宾语才发生某种动作行为,或者说,宾语是动词表示的动作行为的原因。这就不是自动用法,而是因动用法了。它和使动、意动、处动、为动等用法一样,也属古汉语特殊动宾关系的范畴。下面举例说明。

⑧ 魏王怒公子之盗其兵符,矫杀晋鄙,公子亦自知也。(《信陵君窃符救赵》)——魏王因为公子盗了他的兵符,假托他的名义杀害了晋鄙而发怒,公子自己也知道这件事。
⑨ 故予与同社诸君子,哀斯墓之徒有其石也,而为之记。(《五人墓碑记》)——所以,我和同社的几位社友因为这座坟墓空有那一块碑石而感到难过,因而写了这篇碑记。
⑩ 既其出,则或咎其欲出者,而余亦悔其随之而不得极夫游之乐也。(《游褒禅山记》)——已经出了洞,却有人责怪那个提议退出洞的人,而我也因为自己跟着他出洞,不能尽情享受游览的快乐而后悔。
⑪ 屈平疾王听之不聪也……(《屈原列传》)——屈平因为楚怀王听觉(指思想)不明……而感到痛心。

上举四例,"怒、哀、悔、疾"四个不及物动词各自和它们后面的宾语之间存在的仅是原因关系,并没有使动、意动、处动、为动的意思。也就是说,"怒"是因为"公子盗其兵符,矫杀晋鄙"而怒,"哀"是因为"斯墓之徒有其石"而哀,"悔"是因为"其随之而不得极夫游之乐"而悔,"疾"是因为"王听之不聪也……"而疾。宾语正是不及物动词所表示的动作行为的原因,动词则是"因宾语而怎么样"。因此,可以判定,上例各不及物动词是因动词,其用法是因动用法。

⑫ 时人伤之,为诗云尔。(《孔雀东南飞·序》)——当时的人因为这件事儿哀悼,就写了这首诗。

⑬ 郡录事骇之,驰白府。(《书博鸡者事》)——郡录事因为这件事而害怕,就骑着马去报告府佐。

⑭ 以是知公子恨之复返也。(《信陵君窃符救赵》)——因此,(我)知道公子因为我而怨恨,才又回来的啊。

以上三例是及物动词的因动用法。因为及物动词能够带宾语,要判定它是否为因动词,就首先要考察它和宾语之间存在的关系。如例⑫的"伤"与"之"之间,从句意看,不是支配与被支配的关系,自然不是自动用法。再推敲一下,"伤"和"之"之间,既不存在"使之伤"和"以之为伤"的使令、意动关系,也不存在"把之(这件事)当作伤(伤心事)"和"为之伤"的处置、目的关系,有的只是"因之伤"的原因关系,因此可以判定是因动用法。同样,例⑬的"骇之"和例⑭的"恨之"都分别是"因之骇"和"因之恨"这种原因关系,也是因动用法。

笔者在考察因动用法的时候,还发现大量的因动词是表示心理活动的动词。上举例⑧—⑭均是。又如"余悲之"(《捕蛇者说》)、"感时花溅泪"(《春望》)、"叹借者之用心专"(《黄生借书说》)、"惜其用武而不终也"(《六国论》)等句子中的因动词"悲、感、叹、惜"也都表示心理活动。

非表心理活动的动词也有用作因动词的,但为数不多,兹举一例:

⑮(灌夫)非有大恶,争杯酒,不足引他过以诛也。(《史记·魏其武安侯列传》)——(灌夫)没有大罪过,不过因为杯酒而争罢了,不能联系别的过错来杀他。

"争杯酒"即"因杯酒而争",宾语"杯酒"是动词"争"的原因,无疑,是因动用法。如果解作为动用法,成为"为杯酒而争",与句意似有出入。因为此句在于讨论杀他(灌夫)的原因。

用如动词的名词也能用作因动词。

⑯ 而十四司正副郎好事者,及书吏、狱官、禁卒,皆利系者之多,少牵连,必多方钩致。(《狱中杂记》)——而十四司中那些好事的正副郎,以及书吏、狱官、禁卒,都因为关押的人多而得到好处,因此,稍微有点牵连的人,就一定要想方设法把他们捉来。

"利",本为名词,这里用如动词,带上了宾语。它对宾语"系者之多"没有直接的支配作用,只有"因宾语而怎么样(得利)"的意思,宾语"系者之多"正是"利(得利)"的原因所在,因此,此处的"利"是因动用法。

在判定某些动词是否因动用法的时候,很容易和其他几种动词的特殊用法混淆。但只要认真斟酌句意,并联系上下文意来考虑,还是可以得到肯定的答案的。如:

⑰ 从小丘西行百二十步,隔篁竹,闻水声,如鸣佩环,心乐之。(《小石潭记》)——从小丘往西走一百二十多步,隔着竹林,听到水的声音,好像听到使佩环相互碰击发出的声音,我心里因为听到这种声音而感到快乐。

"心乐之",粗粗一看,既像意动用法,又像处动用法,也像为动用法。然而仔细分析一下,即可探知其本质。按照意动用法,"乐之"应是"以之为乐"。但从全句意思来看,作者听到的这种美妙声音是客观存在的事物,他的快乐也是客观存在,并没有主观意谓性,因此,"乐之"不是意动用法。按照处动用法,"乐之"的意思应是"把听到这种声音当作快乐的事情"。但从句意看,作者一听到这种声音就快乐起来,快乐是作者产生的一种客观感受,根本不存在"当作不当作"的意思,因此,"乐之"也没有实际对待的处置性,并非处动用法。按照为动用法,"乐之"应是"为了听到这种声音而快乐",就是说,"听到这种声音"是快乐的目的,从句意看,"乐之"显然不包含这种目的性,因此,更非为动用法。正确的解释应该是"因之乐",意即听到这种声音是作者快乐的原因。既然宾语是动词"乐"的原因所在,那"乐之"是因动用法就理固宜然了。

总之,古汉语的因动用法是一种客观存在,我们应该给它一定的语法地位。弄清了什么是古汉语的因动用法及判定和区分的方法,也可避免滥用使动说、意动说、为动说,尤其是滥用意动说的流弊。

三、把动用法及其兼类初探

古汉语的特殊动宾关系,在语译的时候,往往要通过某种媒介的帮助,才能显示其特殊性。由"使"充当语译媒介的动宾关系,其动词的用法叫作使动用法,它表示动词对宾语有使令意义。由"认为"充当语译媒介的动宾关系,其动词的用法叫作意动用法,它表示动词对宾语有意谓意义。而由介词"把"充当语译媒介的动宾关系,其动词的用法,当可比较使动、意动的称谓,被称为把动用法,它表示动词对宾语含有"把宾语怎么样"的处置意义。在中学文言文教材里,这种把动用法时常出现,学生每每问及,很有探讨的必要。分析起来,它有三种类型,下面分别举例说明。

1. 动词的把动用法

这种把动用法,是指在"动+宾"的格式里,动词对宾语起处置作用的用法。其"动+宾"的格式可以对译为"把+宾+动"的格式。例如:

⑱ 置之河之干兮。(《伐檀》)——把它(檀树)放在河岸上啊。

⑲ 有过于江上者,见人方引婴儿而欲投之江中,婴儿啼。(《察今》)——有个从江边走过的人,看见一个人正拉着一个小孩,想把他(小孩)投到江里去,小孩啼哭起来。

⑳ 收天下之兵,聚之咸阳。(《过秦论》)——收集天下的兵器,把它们(兵器)集中到咸阳。

㉑ 即连楮为巨幅。(《书博鸡者事》)——就把纸连接起来,成为又长又大的横幅。

例⑬中的"置之",根据语意,动词"置"并不是一般地支配宾语"之"。它对"之"的支配,只是在于把"之"怎么样处置。这种意义,在语译的时候,大多需要用"把"来提宾,才能顺适准确地表达出来。"置之"只有按"把+宾+动"的格式译为"把它(檀树)放"才妥当。所以,它是动词的把动用法。要是按照动词的一般用法将"置之"译为"放它(檀树)",乍看起来,似乎可以通融,但处置性就不明显,也不太合乎语言表达的习惯。其余三例,可照此类推。

有时候,动词的把动用法会和动词的一般用法混淆起来,要善于区分,才不致望文生义。区分的标志是看动词对于宾语是否带有处置性。比如:

㉒ 明日,徐公来,孰视之,自以为不如。(《邹忌讽齐王纳谏》)——第二天,徐公来了,邹忌仔细地打量他,自己认为不如徐公漂亮。

㉓ 今也天下之人怨恶其君,视之如寇仇。……(《原君》)——天下的人民怨恨、厌恶他们的君主,把他看作像强盗、仇敌一样。……

将这两个例句比较一下,就可看出两者的不同。例㉒的"视之"是一般的动宾关系,是"看他"或"打量他"的意思。动词"视"带有受事宾语"之",但并不对"之"起处置作用,因此,"视"只是动词的一般用法。而例㉓的"视之",虽然在形式上和例㉒毫无二致,意思却不一样。这是因为,动词"视"对宾语"之"含有"把之(君主)视"的处置意义。在语译的时候,"视"要通过"把"的媒介作用,把"之"提前,才能达到处置"之"的目的。因此,例㉓中的"视"是动词的把动用法。

2. 形容词的把动用法

这种把动用法,是指形容词用作动词后,出现在"形(动)+宾"的格式里,对宾语带有处置作用的用法。其"形(动)+宾"的格式可以对译为"把+宾+形(动)"的格式。例如:

㉔ ……而高其直,亦无售者。(《促织》)——……可是把它的价钱抬高,也没有买主。

㉕ 殚其地之出,竭其庐之入。(《捕蛇者说》)——把他们土地上的出产都拿出去,把他们家里的收入(也)都拿出去。

例㉔的形容词"高",在句中已用如动词,意为"抬高"。根据语意,它对宾语"其直"含有"把'其直'怎么样"的处置意义,用"把+宾+形(动)"的格式将"高其直"译为"把其直抬高",就可昭示出"高"对宾语的处置性。因此"高"是形容词的把动用法。例㉕的形容词"殚"和"竭",在句中用如动词,根据语意,也都对宾语有处置作用,它们也都是形容词的把动用法。

形容词的把动用法很容易同形容词用如动词的一般用法混淆起来,也要善于区分。区分的标志就是看这个形容词用如动词后是否对宾语带有处置性。如"敌人远我"(《冯婉贞》)、"严大国之威以修敬也"(《廉颇蔺相如列传》)中的形容词"远"和"严",虽然已用如动词,但它们对宾语"我"和"大国之威"都不带丝毫的处置意义,都不能按"把+宾+形(动)"的格式对译为"把我远离"和"把大国之威尊重",因此,这里的"远"和"严"都不是形容词的把动用法。

3. **名词的把动用法**

这种把动用法是指名词用作动词后,出现在"名(动)+宾"的格式里,对宾语带有处置作用的用法。其"名(动)+宾"的格式可以对译为"把+宾+名(动)"的格式。例如:

㉖ 买五人之脰而函之。(《五人墓碑记》)——买了五个人的头,并把它们(五人的头)用木匣装起来。

㉗ 名之为独夫。(《原君》)——把他(君主)称为独夫。

㉘ 陡者级之。(《游黄山记》)——陡峭的地方,把它凿成石级。

㉙ 吾所以为此者,以先国家之急而后私仇也。(《廉颇蔺相如列传》)——我之所以这样做,是因为把国家的危急放在前头,把私人的怨仇放在后头啊。

在这些例句中,普通名词"函""名""级"和方位名词"先""后"都已经用如动词,从语意看,它们带上宾语以后,就分别对宾语具备了处置性质,一旦用"把+宾+名(动)"的格式来对译,这种处置性就显示出来了。可见,这里的"函、名、级、先、后"都是名词的把动用法。

名词的把动用法很容易同名词用如动词的一般用法混淆起来,同样要善于区分。区分的标志就是看这个名词用如动词后是否对宾语带有处置性。如"先主器之"(《隆中对》)、"策之不以其道"(《马说》)两句,其名词"器"和"策",虽然在句中已用如动词,但对宾语"之"都不起处置作用。"器之"和"策之"也都不能按"把+宾+名(动)"的格式译为"把它重用"和"把它驱赶"。所以,这里的"器"和"策"都不是名词的把动用法。

此外,还须说及,把动用法还可兼作动词的其他用法,兹举三种:

(1)兼为使动用法。如"恢宏志士之气"(《出师表》),"恢宏"是用如动词的形容词,它带上了宾语"志士之气",就既可看作把动用法,译为"把志士之气发扬光大起来",也可看作使动用法,译为"使志士之气发扬光大起来"。这两种译法都无损于原意,"把动"所以能兼作"使动",是因为使动用法的致使意义有时也会带有一定的处置意味。但不是所有的把动用法都可兼作使动用法。如例㉖的"函之","函"就不能兼作使动用法。

(2)兼为动词的一般用法。如"又数刀毙之"(《狼》),"毙之"可以按把动用法译为"把它(狼)杀死",也可按动词的一般用法译为"杀死了它(狼)",两种译法,均甚恰当。之所以会出现这种兼类现象,是因为把动动词对宾语的处置作用也是对宾语的一种支配,只不过是一种特殊的支配而已。但不是所有的把动用法都可兼为动词的一般用法。一般来说,在把动式的动宾结构后面,如果不带补语,有时会出现这种兼类现象;如果带上了补语,通常要按把动用法来译。

（3）把动用法、使动用法和动词的一般用法集于一身。如"公子从车骑、虚左,自迎夷门侯生"(《信陵君窃符救赵》)一句的"虚左",就集三种用法于一身。它既可按把动用法译为"把左面的位子空着",也可按使动用法译为"让左面的位子空着",还可按动词的一般用法译为"空着左面的位子"。三种译法都和原意相符。之所以会出现这种兼类现象,是因为"虚"这个形容词用如动词后,既对宾语含有处置意义,也对宾语含有致使意义,宾语"左(位)"又是"虚"的直接受事对象。不过,这种兼类现象较为少见。

注意到古汉语动词用法的这些兼类现象就可以帮助我们准确灵活地理解和语译原文。在具体进行语译的时候,要是碰到这些兼类现象,究竟采用何种译法,则应视上下文意的联系和语势的需要,择善从之。

近代汉语选择复句的语用分析

苏州高新区实验小学校　戚　悦

只有在具体语境中对语句加以语用分析，人们才能了解语句的具体交际含义。近代汉语选择复句也不例外。在实际运用中，因说话人、听话人、话语内容和语境的相互作用，选择复句会呈现不同语用意义。本文将从语气类型、省略现象和表达功能三个方面对近代汉语选择复句进行分析，以揭示其语用特征。

一、近代汉语选择复句的语气类型

语气是通过语法形式表达的说话人针对句子命题的一种主观意思。[①] 汉语语气一般包含陈述、疑问、祈使、感叹四类。其中，疑问语气又可分为询问和反问。

近代汉语选择复句一般由前后两分句构成。每个分句都是一个命题，语气上也有陈述、疑问、祈使、感叹之分。据此，选择复句前后项搭配起来可以构成"陈述+陈述""询问+询问""陈述+反问""陈述+祈使""陈述+感叹"五种类型。

1. "陈述+陈述"句

"陈述+陈述"指选择复句前后分句都是陈述语气，此类型在近代汉语选择复句中最常见。任选式复句、决选式复句、比较式复句和限选式复句都存在这种语气模式。例如：

（1）或是打几下子，或是他开恩饶了他们。（《红楼梦》第七十一回）
（2）若等开门，须吃拿了，不如连夜越城走。（《水浒传》第三十一回）
（3）衬锦铺绫花烛夜，强如行脚礼弥陀。（《西游记》第二十三回）
（4）我就疑惑，不是买办脱了空，迟些日子，就是买的不是正经货，弄些使不得的东西来搪塞。（《红楼梦》第五十六回）

例（1）为任选式复句，前后分句都是未然之事，王熙凤陈述了对婆子的两种处理方式——"打几下子"和"开恩饶了他们"。例（2）为决选式复句，前分句是武松的虚拟性陈述"若等开门"，后分句是陈述武松最后选择"连夜越城离开"。例（3）是比较式复句，话语出自由菩萨变成的妇人之口，意在试探三藏取经之心是否坚定，前后分句都是陈述语气。例（4）为限选式复句，平儿对贾府中存在的两种弊端进行了陈述——"买办脱空，迟了日子"和"买的不是正经货，用不好的东西搪塞"。

[①] 齐沪扬.论现代汉语语气系统的建立[J].汉语学习,2002(2).

2."询问+询问"句

"询问+询问"是指选择复句前后分句都表询问。这种搭配也是近代汉语选择复句最常见的类型之一。这类句子需要听话人对选择结果进行回答,后一分句的句末常用问号。疑问语气任选式复句,包括所有意合型任选式复句都属此类。例如:

(5) 你们却要长做夫妻,短做夫妻?(《水浒传》第二十五回)

(6) 姑娘们都到了藕香榭,请示下,就演罢还是再等一会子?(《红楼梦》第四十一回)

(7) 姑娘,你这话是真话,是顽儿话?(《儿女英雄传》第二十二回)

(8) 你真心和我好,假心和我好呢?(《红楼梦》第四十七回)

例(5)是前项带标记的任选复句,王婆用前后两个疑问语气分句向潘金莲和西门庆提出问询。例(6)是后项带标记的任选复句,婆子向贾母请示奏乐时间,让她从"现在就演"和"等一会再演"中选一个。例(7)是前、后项均带标记的任选复句,何玉凤表示要做舅太太的女儿,舅太太激动询问"是真话"还是"说着玩的"。例(8)是意合型任选复句,柳湘莲对薛蟠是否真心提出问询。

3."陈述+反问"句

此类句的前一分句为陈述语气,后一分句为反问语气。前一分句是陈述句,说话人已加以选择;后一分句是表无疑而问的反问句,不需要听话人回答,句中常出现语气词"何必""怎"等反问标记。近代汉语中部分决选式复句和比较式复句有此类型的用例,但后者的使用频率要高于前者。例如:

(9) 宁可没有了,又何必生事。(《红楼梦》第七十三回)

(10) 未免觉得与其看燕北闲人这部腐烂喷饭的《儿女英雄传》小说,何如看曹雪芹那部香艳谈情的《红楼梦》大文?(《儿女英雄传》第三十四回)

例(9)是决选式复句,前一分句"宁可没有了"是假设性陈述,后一分句"又何必生事"是反问句,转换为陈述句即"不必生事"。例(10)是比较式复句,前一分句"与其看《儿女英雄传》"表让步,后一分句用反问语词"何如",意在说明《红楼梦》比《儿女英雄传》好看。

4."陈述+祈使"句

此类句的前一分句表陈述语气,后一分句表祈使语气。前项是陈述选择,后项劝诫听话人不要做某事。这种语气类型在近代汉语选择复句中很少见,只有决选式复句中有少量用例。例如:

(11) 这事宁可信其有,不可信其无,天亮咱们且别开船,到船头看看,到底有人来没人来。(《儿女英雄传》第二十回)

(12) 宁可咱们短些,又别讨没意思。(《红楼梦》第七十四回)

例(11)的前句表明戴勤选择相信老爷显灵之事,后句"不可信其无"是对听话人的一种劝诫。例(12)的前句"自己省些用度"表陈述,是凤姐的选择;后句用"别讨没意思"表祈使,劝平儿"不要讨没意思"。

值得注意的是,这种类型的决选式复句的前一分句有时由俗语或谚语构成,以经验之谈表示对人们的教导或规劝,比如例(11)就是这种情况。

5. "陈述+感叹"句

此类句的前一分句为陈述语气,阐述未然之事;后一分句为感叹语气,表达强烈的情感。这种类型的选择复句在近代汉语中极为少见,笔者只在任选式复句和限选式复句中找到些许用例。例如:

(13) 不知是我送命,是你送命!(《西游记》第五十一回)

(14) 不能够侵天松柏长三丈,则落的盖世功名纸半张!(《新校元刊杂剧三十种·关张双赴西蜀梦杂剧》第一折)

例(13)是任选式复句,前一分句"我送命"和后一分句"你送命"是相对关系,孙悟空在前几番均斗不过魔王的情况下很恼怒,此番他请了救兵,所以很自信地说出"这场打斗你还不一定能赢我"。例(14)前一分句"如果不能够做插入云霄的三丈松柏"表假设,后一分句"留功名于后世"在假设的基础上做出选择,表明对关羽和张飞英雄气概的赞许之意。

二、近代汉语选择复句的省略现象

省略是汉语中普遍存在的一种句法现象。省略的成因大致有两个:一是客观原因,句子的深层结构或语境的预设具有弥补信息缺失的作用,致使语句表达趋于简约;二是主观原因,人们在日常交流中会自觉或不自觉地遵循语言的经济性原则。汉语中常被省略的成分主要有主语、谓语和宾语。但在近代汉语选择复句中,笔者只发现了主语和谓语省略的情况。具体说来,近代汉语选择复句省略类型大致可分为四种:前句主语省略、后句主语省略、前后句主语均省略、复杂性省略。

1. 前句主语省略

前句主语省略主要存在于决选式复句和比较式复句中。在此类复句中,主语不见于前一分句,只在后一分句出现。其省略的条件是:前后分句主语一致,且主语已在后一分句出现。例如:

(15) 与其等他搬运,<u>我</u>何不搬运来用用?(《儿女英雄传》第八回)

(16) 交砺可可签头在枪上,强如<u>你</u>叫丫丫赌赛在阶旁。(《新校元刊杂剧三十种·诸葛亮博望烧屯》第三折)

例(15)是决选式复句,主语"我"出现在后一分句中,前一分句主语蒙后而省。例(16)是比较式复句,后一分句主语是"你",前一分句主语同样蒙后而省。

2. 后句主语省略

在此类句中,前一分句已出现主语,后一分句主语承前而省。其省略的条件是:前后

分句主语一致,且主语已在前一分句出现。此类省略最常见,近代汉语四种选择复句都有相关用例。例如:

(17) 还是<u>姐姐</u>会算命啊,会合婚呢?(《儿女英雄传》第二十五回)

(18) <u>空处</u>写"大吉利",或写"余白"两字着。(《朴通事》上)

(19) <u>我</u>宁可自己落不是,岂敢带累你呢。(《红楼梦》第四十五回)

(20) <u>男人们</u>读书不明理,尚且不如不读书的好。(《红楼梦》第四十二回)

(21) <u>你</u>放了我孩儿,胜如做万斋僧。(《新校元刊杂剧三十种·薛仁贵衣锦还乡杂剧》第二折)

(22) 但有走错了的,<u>他</u>不是用棍打,便是用刀背钉,因此那班孩子怕的神出鬼没,没一个不听他的指使。(《儿女英雄传》第十八回)

例(17)和例(18)分别是任选复句疑问语气和陈述语气的用例,前一分句主语分别为"姐姐"和"空处",后一分句主语承前句主语省略。例(19)和例(20)分别是决选式复句疑问语气和陈述语气的例子,后一分句主语应分别是"我"和"男人们",因前一分句已出现,所以后句省略。例(21)为比较式复句,前后分句主语都是"你"。例(22)是限选式复句,后一分句主语"他"承前省略。

3. 前后句主语均省略

前后句主语均省略是指选择复句前、后分句主语都省略。这种现象尽管对语境的依赖性很强,听话人完全能够依据语境确认选择复句的主语。这类省略在近代汉语选择复句中占一定比例,主要存在于决选式复句和限选式复句中,以后者为多见。例如:

(23) 晁盖喝道:"此间不好说话,不如去后厅轩下少坐。"(《水浒传》第十四回)

(24) 若和他说话,不是呆话,就是疯话。(《红楼梦》第七十一回)

例(23)为决选式复句,前后分句省略的主语都是"我们",具体语境是:雷横抓到刘唐,把他押到晁盖庄上,并已告知晁盖前因后果,因此对话的双方只能是"我们"——晁盖和雷横。例(24)为限选式复句,前后分句省略的主语都是"贾宝玉的话",具体语境是:众人听了贾宝玉谈论生死,都认为贾宝玉讲话呆傻,因此文中所谓的呆话和傻话自然指的是"贾宝玉的话"。

4. 复杂性省略

所谓复杂性省略,即在一个选择复句中省略两个或两个以上的句子成分。在近代选择复句中,存在"前句主语、后句主语和谓语的省略"和"后句主语和谓语的省略"两种情况,只是用例不多。

① 前句主语、后句主语和谓语的省略

前句主语、后句主语和谓语的省略指选择复句前后分句均不出现主语,且后一分句谓语也因承前省而不再现。近代汉语任选式复句有这种省略现象。例如:

(25) 是雷公,夜叉?(《西游记》第九十三回)

例(25)是差官看到孙悟空后对他是何方神圣的疑问。此例句补充完整,应该是:这人(孙悟空)是雷公,这人(孙悟空)还是夜叉?可见,前后分句都省略了主语"这人(孙悟空)",这是从语境而省。后一分句省略谓语"是",因为前一分句已出现了相同谓语"是"。

② 后句主语和谓语的省略

后句主语和谓语的省略是指选择复句前一分句已出现主语和谓语,后一分句主语和谓语均承前而省。近代汉语任选式复句有此用例。例如:

(26)你的马是家生的那?元买的?(《老乞大谚解》下)

例(26)后一分句省略主语"你的马"和谓语"是",因为前一分句已出现过这两个成分。

三、近代汉语选择复句的表达功能

表达功能是选择复句在语言交际中的一种语用功能。考察近代汉语选择复句的表达功能,须从内外两个方面出发:"内"指的是内在结构,即选择复句各种句式本身具备的表达功能;"外"指外在语境,即要将选择复句放入具体语境分析,因为篇章语境会影响复句的表达效果。近代汉语选择复句的表达功能大致有以下六种:列举、选择、比较、应变、推断和劝诫。

1. 列举功能

列举功能是指选择复句展示出某话题的几种现实情况或可能情况,说话人并不表现出个人倾向,重在给听话人提供选择范围。例如:

(27)凡背人之处,或夜晚之间,总不与宝玉狎昵。(《红楼梦》第七十七回)

(28)与我把这城中各街坊人家鹅笼里的小儿,连笼都摄入城外山凹中,或树林深处,收藏一二日,与他些果子食用,不得饿损。(《西游记》第七十八回)

例(27)列举了袭人与贾宝玉狎昵的两种情况,这是实际已发生的事情;例(28)列举了孙悟空想出的藏孩子的两个地点,说的是尚未发生的可能情形。

2. 选择功能

选择功能是指选择复句不仅将不同选项列举出来,而且说话人还做出选择,或者让听话人从中选择,重在表达说话人观点或获取听话人的选择。说话人直接从中做出选择的是决选式复句,让听话人从中选择的则是疑问语气任选式复句。例如:

(29)有在这里哭的,不如到那边哭去。(《红楼梦》第一一四回)

(30)你的马是家生的那?元买的?(《老乞大谚解》下)

例(29)是说话人从两种情况中做出选择,宝钗怕宝玉因凤姐的死而悲伤,替他做出"到那边哭去"的选择。例(30)是说话人让听话人选择,目的是想获知马的来源。

3. 比较功能

比较功能是指将选择复句的两个选项进行比较,以分出孰优孰劣,确立优劣的标准是

说话人主观决定的。具备比较功能的主要见于比较式选择复句。例如:

(31) 要甚么两行祇从闹交参,怎如马头前酒瓶十担。(《新校元刊杂剧三十种·好酒赵元遇上皇》第四折)

(32) 你道我担荆筐受苦,强如你担火院便宜。(《新校元刊杂剧三十种·三度任风子》第三折)

例(31)中,赵匡胤想让赵元做大官,赵元将"两行祇从闹交参"(做大官)和"马头前酒瓶十担"(做管酒的小官)进行比较后认为"做管酒的小官更好"。例(32)是出家后的任屠对妻子说的话,他认为"出家每天担柴挑水"比"世俗的生活"要好。

4. 应变功能

应变功能是指说话人用选择复句表明决心,或给受话人提出对策。例如:

(33) 要讲给丈夫纳妾,我宁可这一生一世看着他没儿子都使得,想纳妾? 不能!(《儿女英雄传》第二十七回)

(34) 你们要不认得,宁可再到店里柜上问问,千万不要误事。(《儿女英雄传》第四回)

例(33)前一分句通过选择"让丈夫一生一世都没儿子"来表明后一分句"不让丈夫纳妾"的决心,后一分句所述情况应该还未发生。例(34)前一分句"再到店里柜上问问"是说话人安骥的择定,也是他给听话人提供的解决对策:如果不认识路,可以再去店里柜上问问。

5. 推断功能

推断功能是指说话人据自身经验,用选择复句前后分句对某对象的性质属性、发生原因或未来走向做出推测。近代的任选式复句和限选式复句都有一些相关用例。从用例看,前一分句可以是肯定句,也可以是否定句,后一分句通常是肯定句。例如:

(35) 如今二奶奶这样,都因咱们无福,或犯了什么,冲的他这样。(《红楼梦》第六十九回)

(36) 倘若再有个也好歹,或是老太太气坏了,那时上下不安,岂不倒坏了。(《红楼梦》第三十四)

(37) 明儿留着不是火烧了就是贼偷了。(《红楼梦》第一百一十一回)

例(35)和例(36)作为任选式复句,前后分句都是肯定形式。例(35)表达对已然之事的原因推断,尤二姐因服虎狼之药而堕了胎,血亏昏迷,凤姐对此事缘由做出两种推测——"咱们无福"和"冲犯了什么"。例(36)是王夫人对袭人说的话,前一分句指"宝玉有个好歹",后一分句是"老太太气坏了",都是对未然之事的推测。

例(37)是限选式复句,前一分句是否定句,后一分句为肯定句。何三对贾府金银钱财未来走向做出猜测:今后可能会"被火烧了",也可能会"被贼偷了"。

6. 劝诫功能

劝诫功能是指说话人用选择复句告诉听话人某个道理,这个道理通常是约定俗成的

谚语,并跟听话人遇到的某事有关。近代决选式复句有此类用例,只是数量不多。例如:

(38) 常言道:宁少路边钱,莫少路边拳。(《西游记》第七十二回)

(39) 这事宁可信其有,不可信其无,天亮咱们且别开船,到船头看看,到底有人来没人来。(《儿女英雄传》第二十回)

例(38)中,"常言道"引用的是谚语,这是猪八戒用来劝诫孙悟空对妖精不要留根,应该斩尽杀绝。例(39)中的"宁可信其有,不可信其无"是古今沿用的谚语。戴勤用它来劝诫宋官儿不要不相信显灵,还是去船头看看为好。

结 语

综上,近代汉语选择复句前后分句语气主要包括陈述、询问、反问、祈使、感叹五种,前后分句的语气搭配也有五种——"陈述+陈述""询问+询问""陈述+反问""陈述+祈使""陈述+感叹"。在近代选择复句中,成分省略很常见,主要有四种情况:前句主语的省略、后句主语的省略、前后句主语均省略、复杂性省略。另外,近代汉语选择复句的表达功能也丰富多样,主要有列举、选择、比较、应对、推测、劝诫六种功能。

为了让读者一目了然,笔者在此将近代汉语选择复句的语气类型、省略情况、表达功能列表如表1:

表1　近代汉语选择复句语气类型、省略情况和表达功能简表

语气类型	省略类别	表达功能
"陈述+陈述" "询问+询问" "陈述+反问" "陈述+祈使" "陈述+感叹"	前句主语的省略 后句主语的省略 前后句主语均省略 复杂性省略: ・前句主语、后句主语和谓语的省略 ・后句主语和谓语的省略	列举 选择 比较 应对 推测 劝诫

先秦两汉时期经解类典籍中所反映的语气观

苏州大学文学院 袁 也

引 言

中西方认知语气的视角和途径并不相同：中国通过声气认识语气，而西方通过词的形态变化来认识语气。早期印欧语属于形态变化丰富的语言，语气的表达在动词形态上都有所体现，所以印欧语很早就将语气看作一种语法范畴。[①] 汉语中不存在这种表达语气的方式，因而语文学时期的中国学者侧重于从"声气"（即说话时发出的声音与气息）方面来认识语气。刘勰认为"夫""惟"等字是语句的发端之声，而《楚辞》类文体中"兮"字则是辅助语句成句的余声。元代卢以纬也是从声气方面对"也""矣""焉"三个语气词进行辨析。[②] 清代袁仁林的《虚字说》中首次明确使用"语气"这一术语，他认为"虚字"是用来传递情感和语气的，这与今人对语气词功能的认识已基本一致。[③] 直到 20 世纪初，人们对汉语的语气研究才逐渐放弃通过声气认识语气的途径，转向仿照西方语气的研究成果来进行对比分析。[④] 如果往上溯源，就可以发现，依托"声气"来认识语气的途径早在先秦两汉时期便已产生。[⑤]《谷梁传》《毛诗诂训传》《说文解字》《毛诗传笺》等经解类典籍中就用一批含"辞"的释语来解释典籍中与语气相关的词。[⑥]

鉴于前人的研究大多只涉及南北朝以后的两方面资料：散见于一般专著中对语气词的认识和虚字专著中对语气词的训释[⑦]，本文拟将研究的触角往前延伸，即聚焦于先秦两汉时期经解类典籍中的含"辞"释语，希图揭示此阶段不同学者语气观的区别与联系。

---

　　① Hadumod Bussmann. *Routledge Dictionary of Language and Linguistics*（《语言与语言学词典》）[M]. Gregory P. Trauth, Kerstin Kazzazi, 编译. 北京：外语教学与研究出版社, 2000: 312 - 313.
　　② 何九盈. 中国古代语言学史[M]. 4 版. 北京：商务印书馆, 2013: 421 - 425.
　　③ 王飞华. 汉英语气系统对比研究[M]. 上海：复旦大学出版社, 2014: 29.
　　④ 马建忠. 马氏文通[M]. 北京：商务印书馆, 2017: 329; 刘复. 中国文法通论[M]. 上海：中华书局, 1939: 87 - 89; 章士钊. 中等国文典[M]. 上海：商务印书馆, 1930: 15 - 18.
　　⑤ 本文所谓的"语气"与今天学界通行的"通过语法形式表达的说话人针对句子命题的一种主观意识"的"语气"有所不同。如果不特加说明，文中"语气"均指依托声气的轻重缓急来认识的语气。
　　⑥ 本文所指的经解类典籍含义较为宽泛，凡是解释五经的著述均可包含在其中。因此，本文将《公羊传》《谷梁传》视为解释《春秋经》的著述，将《说文解字》《尔雅》等小学类著作也视作为解经服务的著述。
　　⑦ 王飞华. 汉英语气系统对比研究[M]. 上海：复旦大学出版社, 2014: 25 - 32.

一、先秦时期关于"辞"的认识

在梳理经解类典籍反映的语气观前应先确认先秦时期"辞"的语义及它出现的语境。"辞"字早在商周时期就已出现,为从"𤔔"从"辛"的会意字。"𤔔"为"乱"之本字,表治理之义。"辛"为一种刑具,表示刑法。"辞"的造字本义即为"以刑法治乱","两辞"为原告的控辞与被告的辩词。后来"辞"引申出日常语境中使用的辩词、言辞之义。如《礼记·表记》:"仁之难成久矣,人人失其所好,故仁者之过易辞也。"郑玄注:"辞,犹解说也。"此处"辞"表示解说、辩词。

依据数部先秦典籍《周易》《论语》《孟子》《荀子》《韩非子》《墨子》《礼记》中的名称"辞",可以大致归纳出"辞"出现的以下三类语境:

第一类"辞"出现在相当于今天所说的"修辞"类的语境中。如《礼记·表记》:"情欲信,辞欲巧。"这类"辞"出现的语境多与言辞的修饰和辞藻的使用相关,但在训诂释语里,表"修辞"类意义的"辞"基本未见。

第二类"辞"出现在"辞令"类的语境中,这类"辞"多表示出于交际或辩论的目的而使用的语词,如《庄子·徐无鬼》:"今夫儒、墨、杨、秉,且方与我以辩,相拂以辞,相镇以声,而未始吾非也,则奚若矣?"作为交际使用的言辞还具有表达言外之意的功用,今文经学的《谷梁传》《公羊传》就主要着眼于阐释《春秋经》用词的言外之意,他们在释义过程中用到了许多含"辞"的释语。此类释语中有一部分与语气相关,下一节会重点讨论这一方面。

第三类"辞"出现在"辞情"类的语境中,这首先反映在人们注意到说话过程中声音和气息的产生。如《论语·泰伯》:"君子所贵乎道者三:动容貌,斯远暴慢矣;正颜色,斯近信矣;出辞气,斯远鄙倍矣。笾豆之事,则有司存。"其中将"辞""气"并举,说明人们已经意识到人在表达言辞的过程中,需要调整气息,使得表述层层递进、严密有序。同时,这也表明人在不同情感状态下表达言辞时,最直观的就是说话人脸色的差别与气息在轻重缓急方面的不同,所以《周易·系辞下》中说"圣人之情见乎辞"。上述例子可以视为文献中较早将"辞""情""气"三者联系在一起的例证。

以上三类语境中,第三类"辞情"类语境中的"辞"与后世从"声气"方面认识语气联系得最为紧密,这也是此后用含"辞"释语的主要源头。第二类"辞令"类语境中的"辞"有少部分与后世语气相关,主要出现在《谷梁传》这类解《春秋经》的著作中,经传作者从语气方面推测孔子的言外之意。而第一类"修辞"类语境中的"辞"与后世的语气基本没有关联。

二、先秦至西汉经解类典籍中的语气观

承接着先秦时期学人对于"辞"的认识,早期经传作者在释经过程中使用了一批含"辞"的训释语句,其形式为"(×)辞也"。这些含"辞"的释语基本承袭了"辞令"与"辞情"类中"辞"的用法。按照本文对"经解类"著作的定义,成书于先秦至西汉且有含"辞"的释语之经解类典籍有《谷梁传》《公羊传》《毛诗诂训传》三种。笔者将以这三部书中含

"辞"的释语为研究对象,探究早期学人的语气观念。

1. 《谷梁传》中的语气观

据我们统计,《谷梁传》中共有42种含"辞"的释语,其中可分为两类:一类释语仅用来说明《春秋经》的言外之意,种类多且杂,有"内辞""远国之辞""外鲁之辞""无君之辞"等38种,这类辞与声气、语气基本没有关联,因而本文对这部分不加展开;另一类释语承接"辞情"类中"辞"的用法,从声气方面对《春秋经》使用的特定文辞进行解释,并将解释语气的术语分为"缓辞""急辞""重辞""疑辞"4种。

① 缓辞

例如:

(1) 经:晋人执卫侯,归之于京师。

传:归之于京师,缓辞也,断在京师也。(《谷梁传·僖公二十八年》)

(2) 经:八年春,晋侯使韩穿来言汶阳之田,归之于齐。

传:于齐,缓辞也,不使尽我也。(《谷梁传·成公八年》)

《谷梁传》中"缓辞"共出现5次。例(1)中范宁集解:"辞间容之,故言缓。"此条可与例(3)对读,经传作者认为僖公二十八年有"之",较成公十五年无"之",语句更长,语气更加宽缓。例(2)中杨士勋疏:"此以缓辞言之者,讳不使制命于我也。"经传作者认为如果没有"于齐",作"为之请归",从语义上更像是鲁国受晋国强迫所为,所以增添"于齐"表明鲁国是自愿归还田地给齐国,而不是受到了命令,从语气上说更加舒缓。

② 急辞

例如:

(3) 经:晋侯执曹伯归于京师。

传:不言之,急辞也,断在晋侯也。(《谷梁传·成公十五年》)

(4) 经:齐人侵我西鄙。公追齐师至酅,弗及。

传:人,微者也。侵,浅事也。公之追之,非正也。至酅,急辞也。(《谷梁传·僖公二十六年》)

《谷梁传》中"急辞"共出现4次。例(3)可与例(1)对读,解说见上文"缓辞"。例(4)中传文指明齐国人因小事侵袭鲁国,但鲁君兴师穷追齐军至酅地,双方差点发生战争。杨士勋疏指出庄公十八年"公追戎于济西"为常规文例,因此,这里增添"至酅"二字用以表明情势的危急。

③ 重辞

例如:

(5) 经:郑伯乞盟。

传:以向之逃归乞之也。乞者,重辞也,重是盟也。(《谷梁传·僖公八年》)

(6) 经:秋,宋公、楚子、陈侯、蔡侯、郑伯、许男、曹伯会于雩。执宋公以伐宋。

传:以,重辞也。(《谷梁传·僖公二十一年》)

《谷梁传》中"重辞"共出现5次。例(5)中以"重辞"解释"乞"字。范宁集解:"人道贵让,故以乞为重。"经传作者认为向对方乞求某物时,表明求者非常重视对方,因此用"乞"字加重语气。例(6)用"重辞"释"以"字。例(6)中范宁集解:"国之所重,故曰重辞。"所以《春秋》为了表明对这件事的重视,使用"以"字来加重语气。

④ 疑辞

例如:

(7)经:冬,十有一月,公会宋公、卫侯、陈侯于袤,伐郑。

传:地而后伐,<u>疑辞</u>也。非其疑也。(《谷梁传·桓公十五年》)

(8)经:宋公、陈侯、卫侯、曹伯会晋师于棐林,伐郑。

传:于棐林,地而从伐郑,<u>疑辞</u>也。(《谷梁传·宣公元年》)

《谷梁传》中"疑辞"共出现2次。例(7)、例(8)两处经文文例相似,传文均作"疑辞也"。经传作者认为《春秋经》在语序的安排上先写地名,再写伐某国,是因为君主在决定是否要讨伐的过程中产生了疑问。例(7)中范宁集解:"郑突欲篡国,伐而正之,义也。不应疑,故责之。"因此,通过这种"地而后伐"的语序来表明含有疑问的语气。

归结一下,《谷梁传》的经传作者认为语气分缓、急、重、疑四种,并通过句子中实词的有无及先后顺序来体现。他对语气的认识是以整部经文为基础,比较前后内容相近而形式不同的句子所得。

2.《公羊传》中的语气观

《公羊传》中含"辞"释语共有21种,但无一例外它们都属于第二类揭示《春秋经》言外之意的用法,没有与声气、语气相关的部分。《公羊传》与《谷梁传》中含"辞"的释语名称相同的共有3种:内辞、远国之辞、有姑之辞,其余释语无论是在名称还是给出释文的位置都存在较大的差别。这部分内容因与本文主题相去甚远,在此不详细展开。

3. 毛亨《毛诗诂训传》中的语气观

汉初注《诗经》的齐、鲁、韩、毛四家中,独毛亨所注《毛诗诂训传》因被郑玄作笺而基本保存下来,成为现存最早且最完整的《诗经》注本。毛亨在注《诗经》的过程中首次使用独立的"辞"与"叹辞",以此来训释他观念中表示声气或语气的词。

① 辞

例如:

(9)薄言采之,不盈顷筐。毛传:薄,<u>辞</u>也。(《诗经·周南·芣苢》)

(10)汉有游女,不可求思。毛传:思,<u>辞</u>也。(《诗经·周南·汉广》)

(11)亦既见止,亦既觏止。毛传:止,<u>辞</u>也。(《诗经·召南·草虫》)

毛传一共使用了6次"辞也"的释语,来解释"薄""思""止""忌""且"这5个语气词。在训释这些词时,毛亨没有像《谷梁传》的经传作者一样,将这些词放入全经或全诗之间进行对比分析,而是就该句直接解释。毛亨认为这类词与一般词语不同,并没有具体实在的意义,仅有表达语气的作用。同时,当兼有具体的实词义与表达语气的虚词义的"思"

字均出现在句末时,毛传也将它们区别开来。这从例(10)中"不可求思"毛传将"思"释作"辞",而《诗经·邶风·终风》中"悠悠我思"毛传不出释文可以看出。

② 叹辞

例如:

(12) 于穆清庙,肃雝显相。毛传:于,叹辞也。(《诗经·大雅·清庙》)

此为术语"叹辞"首次出现。《说文·欠部》"叹"字下云:"吟也。"段玉裁援引《文选》李善注卢谌《览古诗》文补"吟也"后十字为"谓情有所悦,吟叹而歌咏"。因而"叹"是用以表达人喜乐时发出的声气。"于"字在《经典释文》中注音同"乌",此处用于句首,赞叹周公在清庙主持的文王祭祀活动美盛异常、肃静雍和。

③ 急辞

例如:

(13) 求我庶士,迨其今兮。毛传:今,急辞也。(《诗经·召南·摽有梅》)

毛传此处"急辞"的用法与《谷梁传》中"急辞"一致,均表示语气的急促。"今"字本身不是语气词,有"今天""如今"的具体语义。这里毛亨将其放在全篇语境中解释,梅花此时已经凋落七成,这隐喻女子最好的韶华即将逝去,女子渴望今天或当下就出现适合的人将她娶走,可见其心中充满焦急。"今"字的使用正反映了这种急不可耐的语气。

除了"急辞"这一例可以视作毛亨受《谷梁传》中的语气观有所影响外,《毛诗诂训传》中的语气观已与《谷梁传》中有所不同。毛亨认为句子可以独立表示语气,不必依据整部经文或整首诗来判断,语气主要体现在不具有实义的词上。

先秦至汉初学人对于语气的认识尚处于萌芽阶段,具体标记是:

第一,在训释术语方面,训释语气的术语较少,仅有"缓辞""急辞""重辞""疑辞""叹辞""辞"数种,各类释语出现的次数也不多。

第二,在训释模式方面,尚未形成一种专门训释语气词的模式,如《谷梁传》中用大批"(X)辞也"来揭示《春秋经》的言外之意,而不是用以说明语气。这表明两种功用不同、形式相近的释语尚未明确分工,以含"辞"释语解说语气的模式尚在形成过程中。

第三,在训释体系方面,释语系统性不强,对经文前后出现的相同语气词,没有都给注释。譬如例(11)中"亦既觏止"毛传作"止,辞也",而《诗经·大雅·抑》中"于乎小子,告尔旧止"中,同样是语气词的"止"毛传却不出释文。这些情况都将在东汉时期得到改善。

三、东汉时期经解类典籍中的语气观

东汉时期,经解类典籍主要有郑玄《毛诗传笺》《周礼注》《仪礼注》《礼记注》、何休《春秋公羊传解诂》、赵岐《孟子章句》、何晏《论语集解》、许慎《说文解字》、刘熙《释名》。这一阶段,无论是解释语气词的释语数量还是释语方式都较上一阶段有更大的进展。笔者将其分成两个部分,从许慎《说文解字》和东汉经学家的释语来探究这一阶段的语气观念。

1. 许慎《说文解字》中的语气观

《说文解字》(以下简称《说文》)在解释与语气相关的字时,用了"辞"与"词"两个不同的字。我们将《说文》释语中含"辞"或"词"的字找出,制成了表1。①

表1　《说文》中含"辞"或"词"的被释字及其释义

编号	被释字	出处	释义
——	辞	辛部(卷十四下)	讼也。从䛅、辛。䛅,犹理辜也。𤔲,籒文辞从司。
1	各	口部(卷二上)	异辞也。从口、夊。夊者,有行而止之,不相听也。
2	欸	言部(卷三上)	可恶之辞。从言矣声。一曰欸然。《春秋传》曰:"欸欸出出。"
3	弯	兮部(卷五上)	惊辞也。从兮旬声。𢖢,弯或从心。
——	词	司部(卷九上)	意内而言外也。从司从言。
4	尒	八部(卷二上)	词之必然也。从入、丨、八。八象气之分散。【臣锴曰:尔,词者,言之助也。《礼》:"鼎鼎尔,悠悠尔。"是必然。凡今试言尔则敷上唇,收下唇,气向下而分散也。指事。】
5	曾	八部(卷二上)	词之舒也。从八从曰,囧声。【臣锴按:《诗》曰:"曾是掊克。"缓气言之,故曰舒。】
6	只	只部(卷三上)	语已词也。从口,象气下引之形。凡只之属皆从只。【臣锴按:《诗》曰:"母也天只,不谅人只。"是只为语已词也,八气下引也。今试言只则气下引也。】
7	㕣	㕣部(卷四上)	此亦自字也。省自者,词言之气,从鼻出,与口相助也。凡㕣之属皆从㕣。
8	皆	㕣部(卷四上)	俱词也。从比从㕣。
9	鲁	㕣部(卷四上)	钝词也。从㕣,䰻省声。《论语》曰:"参也鲁。"
10	者	㕣部(卷四上)	别事词也。从㕣炗声。炗,古文旅字。
11	畴	㕣部(卷四上)	词也。从㕣弓声。弓与畴同。《虞书》:"帝曰:畴咨。"
12	矯	㕣部(卷四上)	识词也。从㕣从亏从知。𥎊,古文矯。
13	曰	曰部(卷五上)	词也。从口乙声。亦象口气出也。凡曰之属皆从曰。【臣锴曰:今试言曰则口开而气出也。凡称词者,虚也,语气之助也。】

---

① 徐锴《说文系传》在解释这类词时对许氏之义颇多阐明。为了便于读者理解,表中有时会附上徐锴注文。

续表

编号	被释字	出处	释义
14	曶	曰部（卷五上）	出气词也。从曰，象气出形。《春秋传》曰："郑太子曶。"𠚖，籀文曶。一曰佩也。象形。
15	乃	乃部（卷五上）	曳词之难也。象气之出难。凡乃之属皆从乃。
16	甹	丂部（卷五上）	亟词也。从丂从由。或曰甹，侠也。三辅谓轻财者为甹。【臣锴曰：侠，任侠也；侠者，便捷任气自由之为也。会意。】
17	宁	丂部（卷五上）	愿词也。从丂𡧧声。
18	粤	亏部（卷五上）	亏也。审慎之词者。从亏从宷。《周书》曰："粤三日丁亥。"【臣锴曰：凡言粤，皆在事端句首，未便言之，驻其言以审思之也，"粤三日"是也。心中暗数其日数，然后言之。宷，审字也。其声气舒久，故从亏，会意。】
19	䇷	矢部（卷五下）	况词也。从矢，引省声。从矢，取词之所之如矢也。【臣锴按：《尚书》曰："刳惟外庶子训人，诸侯族，乃况如矢之疾也。"】
20	知	矢部（卷五下）	词也。从口从矢。【臣锴曰：凡知理之速，如矢之疾也。会意。】
21	矣	矢部（卷五下）	语已词也。从矢以声。【臣锴曰：矢气直疾，今试言矣，则口出气直而疾也。会意。】
22	㬅	仈部（卷八上）	众与词也。从乑自声。《虞书》曰："㬅咎繇。"，古文㬅。
23	欥	欠部（卷八下）	诠词也。从欠从曰，曰亦声。《诗》曰："欥求厥宁。"【臣锴曰：诠，理也，理其事之词也。一曰发声，今《诗》假借聿字。会意。】
24	𢇛	旡部（卷八下）	屰恶惊词也。从旡㕚声。读若楚人名多夥。
25	魖	鬼部（卷九上）	见鬼惊词。从鬼，难省声。读若《诗》"受福不傩"。

"词"字的产生比较晚，大致出现于战国时期，这一点从传世文献和出土文献均能得到印证。传世文献中较早写作"词"的有《楚辞·九章·抽思》"结微情以陈词兮，矫以遗夫美人"，战国时期的"词"字从言𠘨声，表示名词的言辞，当是专为"辞"字的"言辞"义所造之字。① 依据许慎用字的本义来作训释的方式，"各""诶""呺"三字明显与诉讼义无关，应用"词"来训释。段玉裁《说文解字注》（下文简称"段注"）改此三处"辞"为"詞"亦可作为佐证。后世在表言辞这一意义上，两字可以互通。因此，释语中无论使用"词"还是"辞"都不会影响它们解释语气的功用。

《说文》用"词"字统摄了25个与语气相关的字。先前已有学者关注到了此类现象②，

---

① 徐在国. 战国文字字形表[M]. 上海：上海古籍出版社，2017：1284 – 2005.
② 班吉庆. 试论《说文》对古汉语虚词的认识[J]. 扬州师院学报（社会科学版），1988(3).

但他们从虚词角度出发,认为许慎所说的"词"就是今天理解的"虚词"。① 这其中存在两个问题。第一,虽然从两个术语的所指来看这个结论基本成立,但这种观点容易让人理解成,许慎对"词"的认识和我们今天对"虚词"的认识差不多。实际上,直接代入这个结论去理解古代含"词"的术语,将会掩盖古代理解"词"与现代理解"虚词"两者在认识方式上的差异。第二,如果依照今天的"虚词"概念来理解《说文》中含"词"的释语,则势必会产生两种疑难。一是这 25 个字中有部分如"曶""曰""智""粤""知"等都很难理解成虚词,二是不容易解释为何将如"粤""鷸"这些典籍中比较生僻的字释作虚词,而典籍中更加常见的"也"等字不释作虚词。

这需要先理解《说文》中对"词"的解释,段注:"意主于内而言发于外……意者,文字之义也。言者,文字之声也。詈者,文字形声之合也。""意内而言外"即"意于内而言于外","词"在内为意,在外为言。"司"字《说文·司部》中作:"臣司事于外者。"许慎认为"词"从司从言,更重于"词""言于外"的功能。"词"表示发声于外的言辞,这与上文以"辞"来理解语气的释语具有一脉相承的关系。

从表 1 可以发现,这 25 个字在字形上均与声气相关,《说文》主要从四个方面来体现这一点。

第一,被释字的字形整体或其中一部分象声气之形。"曰"小篆字形"口"上"象口气出也","智"小篆字形"曰"上"象气出形",与说话时口中发出的气息相关,因此释作"词也"。"只"字小篆字形"口"下与"八"相近,所以许慎字形分析为"从口,象气下引之形"。"乃"字字形"象气之出难",发声时声气不能直出,所以释作"曳词之难也"。

第二,被释字所从之部首在字形上与声气相关。"尒""曾"小篆字形从"八",许慎认为"八象气之分散",所以两字与声气相关,字义分别释作"词之必然"与"词之舒也"。"欥"字从欠从曰,"欠""曰"二字均与声气相关,"欠"字《说文·欠部》作"张口气悟也。象气从人上出之形",所以"欥"释作"诠词也"。"鷸"字《说文》认为从反"欠"之"旡","旡"表示"歔食气屰不得息",所以从"旡"之"鷸"释作"屰恶惊词也"。"粤""宁"两字均从"丂"部,"丂"字《说文·丂部》作:"气欲舒出。𠃋上碍于一也。"所以从"丂"部的两字"粤""宁",与气相关,分别释作"亟词也"与"愿词也"。

第三,被释字在释义时将字形与声气相连。"矤""知""矣"三字,许慎认为它们从矢的原因是"取词之所之如矢也",段批注释道"说从矢之意。今言矧,则其詈有一往不可止者",表示发声时语气如矢出。表中所列徐锴对于这三字的解释更为详细,并且应当符合许慎的理解。

第四,许慎将与声气相关的字排列在一起。"皆""曶""者""𪒠""矯"皆是"白"部所统摄的字,"自"字许慎解作象鼻之形的象形字,鼻与口均是发声时气息流通经过的部位。许慎认为"白"是发声出气过程中的鼻子。《说文》以形系连各字,因此从"白"的"皆"

---

① 王力.汉语史稿[M].北京:中华书局,1980:12;吕叔湘.语文常谈[M].北京:生活·读书·新知三联书店,1998:45.

"鲁""者""䚋""矯"的释语均作"（×）词也"，表示与语气相关。"曰""㗖""乃""粤""宁""粵"这几个字所从的部首分别为"曰""乃""丂""亏"，许慎在《说文》中将这几个部首排列在一起，中间虽有"兮"部、"号"部相隔，但间隔的部首也与声气相关联。"兮"字在《说文·兮部》释作："语所稽也。从丂，八象气越亏也。""号"字在《说文·号部》释作："痛声也。从口在丂上。""粵"字从"亏"，《说文·亏部》"亏"下云："象气之舒亏。从丂从一。一者，其气平之也。"所以"粵"字释作"审慎之词"，同时，"亏"部的其他三个字"亏"（气损也）、"吁"（惊语也）、"平"（语平舒也）也均与声气相关。

综上，许慎的语气观与此前经传作者的角度略有不同，他认为能够表达语气的字在字形上（整体字形、部分字形或所从的部首）会有所反映。词义的虚实与语气关系并不大，声气是具体反映在小篆字形上的。同时，他通过字形形体的分析与同类字的精心排列，也认为与语气相关的字是能够脱离经文、脱离语句直接训释的。

2. 东汉经学家的语气观

东汉经解类典籍中流传下来数量最多的要数郑玄所注的典籍，主要有《毛诗传笺》《周礼注》《仪礼注》《礼记注》。由于上文已经谈论过《毛诗诂训传》中含"辞"的释语，因此这里先选取《毛诗传笺》与《毛诗诂训传》中的释语进行比较，呈现出郑玄相较于毛亨在语气方面产生的新认识，这主要体现在如下两个方面。一方面，郑玄对与语气相关但毛传中未出释文的词进行解释，如：

（14）有頍者弁，实维何期？笺云："何期"犹"伊何"也。期，辞也。（《诗经·小雅·頍弁》）

（15）匪伊垂之，带则有余。匪伊卷之，发则有旟。毛传：旟，扬也。笺云：伊，辞也。此言士非故垂此带也，带于礼自当有余也；女非故卷此发也，发于礼自当有旟也。旟，枝旟扬起也。（《诗经·小雅·都人士》）

（16）于乎小子，告尔旧止。听用我谋，庶无大悔。笺云：旧，久也。止，辞也。庶，幸。悔，恨也。（《诗经·大雅·抑》）

另一方面，郑玄不局限于使用"（×）辞也"的训释语，而尝试更为具体的描写方式，如：

（17）式微式微，胡不归？郑笺：式，发声也。（《诗经·邶风·式微》）
（18）猗与漆沮，潜有多鱼。郑笺：猗与，叹美之言也。（《诗经·周颂·潜》）
（19）于嗟乎驺虞。郑笺：于嗟者，美之也。（《诗经·召南·驺虞》）
（20）懿厥哲妇。郑笺：懿，有所伤痛之声也。（《诗经·大雅·瞻卬》）

例（17）为"发声"一词首见于释语中，"式"不具有实际语义，仅作为声气的发出。例（18）、例（19）、例（20）也更具体地将声气中所包含的情感描写出来，例（18）、例（19）是声气中蕴含了赞美之情，例（20）中是声气中包含了伤痛之情。此外，郑玄在批注其他典籍

中与声气相关的词时,首次使用了"语助""语之助"的训释语①,如:

(21)《诗》曰:"神之格思,不可度思,矧可射思。"郑玄注:思皆<u>语之助</u>也。(《礼记·中庸》)

(22)三日斋,一日用之,犹恐不敬,二伐鼓,何居。郑玄注:居读为姬,<u>语之助</u>也。(《礼记·郊特牲》)

(23)何居?我未之前闻也。郑玄注:居读为姬姓之姬,齐鲁之间<u>语助</u>也。(《礼记·檀弓上》)

(24)尔毋从从尔,尔毋扈扈尔。郑玄注:尔,<u>语助</u>。(《礼记·檀弓上》)

郑玄认为语气词是用来辅助语句的,这也是语气的认识史上首次明确说明语气词的功能在于辅助语句声气的完整,而"语助""语之助"的名称也成为后世"助语""助词"等术语的滥觞。

东汉其他经学家在批注典籍时除了扩大释词范围外,还在三个方面与前代有所不同。

第一,在使用的训释文字方面,少数经学家以"词"为"辞",如:

(25)不识天下之以我备其物与。高诱注:与,邪,<u>词</u>也。(《淮南子·精神训》)

(26)搴谁留兮中洲。王逸注:搴,<u>词</u>也。(《楚辞·湘君》)

(27)羌内恕己以量人兮。王逸注:羌,楚人<u>语词</u>也。(《楚辞·离骚》)

虽然上文提到许慎《说文》中多以"词"训释与声气相关的词,他认为"辞"表示诉讼之辞,但似乎这是许慎自己的区分。在东汉经解类典籍中"词""辞"两字可以在训释过程中互用,并且以使用"辞"为主流。

第二,经学家对于语气词出现的位置及功用有了更进一步的认识:

(28)庆夫闻之曰:"嘻!此奚斯之声也。诺!已。"何休注:嘻,<u>发痛语首之声</u>也。(《公羊传·僖公元年》)

(29)司烜氏掌以夫遂取明火于日以鉴。郑玄注:夫,<u>发声</u>。(《周礼·秋官·司烜氏》)

(30)上其堂,则无人焉。何休注:焉,<u>绝语辞</u>。(《公羊传·宣公元年》)

(31)是何足与言仁义也云尔。赵岐注:云尔,<u>绝语之辞</u>也。(《孟子·公孙丑下》)

从例(28)、例(30)中的"发痛语首"及"绝语"可以看出,经学家对语气词出现的位置已经有了一定的关注,区分出句首与句末的语气词,并认为句首的语气词为语句之首,具有发出语句声气的功用,句末的语气词为语句之末,具有收拢语句声气的功用。

第三,对于出现在不同语境中的同一语气词有更细致的理解,这体现在经学家批注过程中将语气词代入相应的语境去理解:

---

① 孙良明.中国古代语法学研究(增订本)[M].北京:商务印书馆,2005:51.

(32) 噫！斗筲之人,何足算也。何晏集解:噫,心不平之声。(《论语·子路》)

(33) 噫！天丧予！天丧予！何晏集解:噫,痛伤之声。(《论语·先进》)

(34) 噫！毋。郑玄注:噫,不寤之声。(《礼记·檀弓下》)

例(32)中的语境是子贡向孔子请教"士"的标准,最后他向孔子提问今天的从政者用这套标准衡量如何？孔子发出"噫"的长叹,并认为这些气量狭小的人算不上"士",言语中透露出他看不上这些从政者,所以"噫"释作"心不平之声"。例(33)中为颜回死后,孔子向天长呼的言语,因痛失心爱的弟子,不断重复"天丧予",所以"噫"释作痛伤之声。

综上,东汉经学家的语气观是以西汉毛亨《毛诗诂训传》的语气观为基础进一步发展成的,他们认为句子的声气有其开头与结尾两端,开头为发声、发语,结尾为绝语,语气词不具有实义,但是有辅助语句声气得以完整的功能。他们将不同语境义的解释代入语气词的解释中,从而形成对相同语气词的不同理解。

与先秦至汉初时期相比,这一时期的经学家们对于语气的认识有了如下发展:

第一,在训释模式方面,逐步形成以"辞/词"来训释语气词的模式。

第二,在训释术语方面,语气词的分类更加细致,这体现在含"辞/词"类训释语的多样化,如出现"语已词""愿词""亟词""诠词"等。

第三,在训释方法方面,开始用描述法来解释声气,这体现在训释语中出现"发声也""有所伤痛之声""绝语之辞"等。

第四,在训释体系方面,经学家对语气开始有更为系统的认识,这主要反映在许慎的《说文》从字形出发,系连字形上与声气相关的字,并统一用含"词"释语对它们进行训释。

第五,在语气观念方面,东汉末年的经学家们在已有的三种先行观念下,确定以毛亨的语气观为基础,并将其进一步发展。此后,语文学时期学者对语气的认识基本出自东汉经学家的语气观为出发点。

余论

以上主要梳理了先秦两汉时期学人对于语气的认识。可以说,先秦两汉人士最早是依靠发声时气息轻重缓急的不同来认识汉语语气的,并在此基础上观察到表达不同情感时声气也各不相同。在术语使用上,他们将与语气相关的词称为"词""辞""语助""语之助"。到了隋代,慧远法师首用"助辞""助词"来解释语气词[1],唐代孔颖达则在此基础上创立"语辞"这一名称,并继续沿用"语助""助辞""辞"等前代术语,这类现象一致持续到清代。这些术语多是异名同实,从它们的所指来看,不只是对应于今天的"语气词",而且包含了叹词、连词、副词和介词等,范围比较广,与今人所说的"虚词"范围大体相近。

综上,以"声气"认识语气这一途径从先秦两汉时期便已产生,表现形式是经解类典籍中有一批解释语气的含"辞"释语。在此期间,不同学人对语气的具体观念不尽相同。《谷梁传》的经传作者通过句子中实词的有无及先后顺序将语气分缓、急、重、疑四种,他

---

[1] 孙良明."助词"和"助辞"的出现[J].词库建设通讯,1998(15).

对语气的认识是以整部经文为基础,比较前后内容相近而形式不同的句子所得。毛亨在《毛诗诂训传》中的语气观与《谷梁传》不太相同,他认为句子可以独立表示语气,不必依据整部经文或整首诗来判断,语气主要体现在不具有实义的词上。到东汉时期,许慎在《说文》中的语气观与前两者都不太一致,他认为词义的虚实与语气关系并不大,声气是具体体现在小篆字形上的,因而与语气相关的字是能够脱离语境直接被训释的。在面对这三种先行观念时,东汉末年的经学家主要采纳并发展了毛亨的语气观,并明确语气词有辅助语句声气得以完整的功能。南北朝以后,刘勰、颜之推、孔颖达、柳宗元、陈骙、卢以纬等继承并发展了东汉经学家的语气观,并将这一传统持续到《马氏文通》以前,形成了语文学时期一条以"声气"认识语气的完整线路。

汉语夸张性量词修辞特点探析

苏州大学文学院　刘双双

汉语量词的产生与发展是一个极其漫长的过程。量词的丰富离不开世俗生活的不断变化。与其他实词不同，不少量词往往自带修辞功能。随着量词的广泛运用，其修辞效果日益为文学作品所重视。魏晋南北朝以后，量词的修辞手段更是在文学作品中呈现出丰富而多样的特点。

《汉语修辞学》一书对夸张的定义是："修辞学上将通过语言意义与现实意义的严重背离而再现现实，利用扩大或缩小降级的办法虚化现实的修辞格叫作夸张。"[①]汉语量词在具体的运用过程中，有时会根据使用者的主观意图，将用于一种事物上的量词用在另一种与前者性质、特征相较甚远的事物上，这种量词往往会起到夸张、突出的作用，我们可以称之为夸张性量词(夸量词)。

一、夸张性量词的分类

夸张的方式主要有三种，扩大、缩小及超前。[②] 夸张性量词与其所修饰的名词往往紧密结合在一起，几乎不存在分属不同时空的情况出现，因此，也不具备超前属性。我们认为夸张性量词主要有两种：夸大型和夸小型。

1. 夸大型

一个量词本该用于大事物却被用在了小事物上，这个量词就临时起到了夸大的作用。

　　（1）白发三千丈，缘愁似个长。（李白《秋浦歌》）

"丈"，古代十尺为一丈（浪高数~|水面千~）。[③] 一丈现在大概为3.333米，多用来称量本身较长或者较高的事物。北魏即有用例："石高五丈，石上赤土又高匹，广四十五步。"（北魏郦道元《水经注》卷十一）明代《西游记》里也常出现："道高一尺魔高丈，性乱情昏错认家。可恨法身无座位，当时行动念头差。"（明代吴承恩《西游记》第五十回）直至现当代使用频率降低，这与法定计量单位"米、分米、厘米"的广泛使用不无相关。[④] 一丈

---

① 黎运汉,盛永生.汉语修辞学[M].广州:广东教育出版社,2006:339.
② 史仲文,胡晓林.中华文化精粹分类辞典·文化精粹分类[M].北京:中国国际广播出版社,1998:189.
③ 刘子平.汉语量词大词典 [M].上海:上海辞书出版社,2013:257.
④ 郭先珍.现代汉语量词用法词典[M].北京:语文出版社,2002:175.

有三米多,但是例(1)中"丈"用来计量"白发",这显然是不合常理的,更别说李白还使用了"三千丈"这样的数量词组。这里的"丈"就是典型的夸大型夸量词,它夸大了"白发"的长度,生动地描绘出一个有着深深愁思的五十多岁老人的形象,具有寻常量名组合不具备的浪漫主义色彩。

(2)我有一轮明镜,从来只为蒙分。(张伯端《西江月十二首二》)

"轮"古时可用于"车",如"寺有陈后主羊车一轮"(明代顾起元《客座赘语》卷一);中古时期便常常用于日月等,如"此夜一轮满,清光何处无"①(五代·谦明《中秋》)。此例中的张伯瑞却称"明镜"为"一轮",将古诗词中常用来称量月亮的量词用于称量镜子,有以大称小之效,写出了"明镜"之大、之清亮,内含隐喻。

(3)一说是志和,她心上像有一缸眼泪,同时涌了出来。(梁斌《红旗谱》第六章)

"缸",原本指盛东西的器物,一般底小口大(~盖|水~),或者指像缸的东西(汽~)。②后用于量词,可以计量液体,比如"一缸水""一缸汽油",往往在液体较多的时候使用。但例(3)中,作家用"缸"来修饰"眼泪",说明了主人公流出的眼泪之多,夸张地表现出主人公极度伤心的精神状态。

(4)但他钻到第三——也许是第四——层,竟遇到见一件不可动摇的伟大的东西了,抬头看时,蓝裤腰上有一座赤条条的很阔的背脊,背脊上还有汗正在流下来。(《鲁迅全集》第二卷)

作为量词,"座"常"用于较大或较固定的物体"③,如"一座高山""一座森林""一座大坝""一座茅庵"等。此例则不然,"座"计量的不再是高山大坝或建筑物,而是变成了大汉的背脊。人的背脊要如何与高山相比?鲁迅先生就是利用这样巨大的反差,生动形象地表现出大汉身体上的健壮,用以反衬其精神上的麻木。

(5)天夜了,有一匹大萤火虫尾上闪着蓝光,很迅速地从翠翠身旁飞过去。(沈从文《边城》)

作为一个名量词,"匹"既可以用来计量动物(不限于马、骡)④,也可以用于成卷的布、绸等(今天卖了一~绸子三~布)。无论是马、驴,还是布、绸,都是体积或者面积不算小的事物,此例却用来计量身体娇小的萤火虫,这是使用了夸大的修辞技巧,凸显出萤火虫在黑夜中的亮眼程度之深。

---

① 刘子平.汉语量词大词典[M].上海:上海辞书出版社,2013:142.
② 周士琦.实用释义组词词典[M].北京:华文出版社,2000:113.
③ 刘子平.汉语量词大词典[M].上海:上海辞书出版社,2013:279.
④ 许宝华,宫田一郎.汉语方言大词典·第一卷[M].北京:中华书局,1999:519.

2. 夸小型

一个量词本该用于小事物却被用在了大事物上,这个量词就临时起到了夸小的作用。

汉语量词发展至魏晋南北朝以后,无论是数量结构的位置,还是称量关系,都相对稳定下来。许多文学家为了追求艺术上的超常效果,往往会倾向于使用一些非常规的量名搭配。其中夸小型夸量词出现频率尤为频繁,《全宋词》中便有诸多用例。例如:

(6) 叠秀危横,黛拔山千朵。(杜安世《凤栖梧》)

(7) 身如一叶舟,万事潮头起。(陈璀《卜算子》)

(8) 帘外一眉新月、浸梨花。(谢逸《南歌子》)

"朵"本身常用于花朵或与其相似的东西(一～玫瑰花|一～火花)①,所搭配的名词所指对象往往不大。例(6)中"黛拔山千朵"却是用"朵"来计量山峰,这是眺望远景时由于山体距离过远造成群峰变小、如同朵朵小花的假象,直言群峰重峦叠嶂的壮观场景。"叶"含轻小义,常用于如叶的东西②,例(7)中将小船说成"一叶舟",偌大的船身仿佛突然变成了一片落叶,在水面上无声地荡漾。词人便是利用这样的"夸小"手法,刻画出孤寂无依的心理状况。月亮本应用"一轮""一个"形容,例(8)却使用了"一眉",让人不禁联想到柳叶弯眉的盈盈姿态,以小称大,不仅不会让读者感到突兀,还让人充满了遐想的空间;这新月一定不是满满的圆盘,她秀气、温婉、袅娜地挂在梢头,不经意间便将月光洒向了人间。

明代是通俗文学大放异彩的时期,各种诗词、话本层出不穷。汉语量词发展至此时,已经显得更加从容。此时的文学作品里经常会出现夸小型夸量词。例如:

(9) 湖上影子,惟长堤一痕,湖心亭一点,与余舟一芥,舟中人两三粒而已。(张岱《湖心亭看雪》)

"点"可计量少量的事物③,如"一点小事""喝点儿水"等;"芥"原为名词,指芥菜或者小草,后可比喻细微④,作为量词可用于轻微纤细的事物⑤;"粒"作为量词,一开始用于谷粟,如"春种一粒粟,秋收万颗子",后又多用于小而圆的东西,如"获佛牙一枚,舍利十五粒"(南朝梁·释慧皎《高僧传·兴福篇》)。⑥"点""芥""粒"原本都只适用于小而轻的事物,但在例(9)中,"点"用于一座亭子,"芥"用于一条小船,"粒"则用于人,量词与名词之间形成了巨大的反差,勾勒出疏落、寂寥的环境,从而起到了夸小的作用。

(10) 冯燕见了,怒从心起,道:"天下有这等恶妇,怎么一个结发夫妇,一毫情义

---

① 刘子平.汉语量词大词典[M].上海:上海辞书出版社,2013:55.
② 刘子平.汉语量词大词典[M].上海:上海辞书出版社,2013:243.
③ 刘子平.汉语量词大词典[M].上海:上海辞书出版社,2013:42.
④ 张永言,杜仲陵,向熹,等.简明古汉语字典[M].成都:四川人民出版社,2001:381.
⑤ 刘子平.汉语量词大词典[M].上海:上海辞书出版社,2013:110.
⑥ 刘子平.汉语量词大词典[M].上海:上海辞书出版社,2013:132.

也没,倒要我杀他?我且先开除这淫妇!"(陆人龙《型世言》第八回)

"毫"原本为名词,后来被借用为量词,可以充当长度、地积或重量单位。由于古代十丝方为一毫①,后世的文学作品有时会利用"毫"表示极其微小的量。在此例中,作者用"一毫"来计量情义,传神地写出了冯燕与丈夫无情无义的婚姻状态。

(11)及到家,却是一斗之室。(陆人龙《型世言》第八回)

早在上古时期,"斗"便作为度量衡量词出现在了人们的语言生活中。古代十升为一斗,十斗为一石。②《型世言》里却用"斗"来计量房屋大小,这未免与逻辑不符。可正是这样的超常搭配,形象生动地描摹出一幅窄小的房间速写图,突出了屋舍之"小"。

二、夸张性量词的特点

与其他量词相比,夸张性量词具有主观性、开放性、临时性等特点。

1. 主观性

一般说来,"一头牛""一条尾巴""一顶帽子"这样的表述是十分自然且非常符合语言逻辑的,很少有人会说成"一粒牛""一颗尾巴""一朵帽子"。用"头"来计量脑袋大的牛,用"条"来计量长条状的绳子,和用"顶"来计量戴在头上的帽子,这些都属于量名短语中的常规搭配。而文学作品往往会打破常规的量名搭配,有时会出现"一粒牛""一颗尾巴""一朵帽子"这样的量名组合,产生言简义丰的效果。这样的修辞搭配技巧往往具有主观性,夸量词也是如此。但是具体运用哪种夸量词来计量名词所指代的事物,这就取决于作者的主观意图和具体的表达需要。

2. 开放性

据统计,现代汉语常用的量词数目多达六百余个③。其中有多少夸张性量词,一时很难用数字统计,因为夸张性量词在使用上具有明显的主观性,往往因人而异、因时而异。可以说,夸张性量词是一个动态的开放的系统。

一方面,夸量词与被修饰的名词之间是紧密联系着,以致人们无法撇开名词来谈夸量词本身的性质。一个量词是否为夸量词,必须借助于被修饰词和上下文语境才能进行判断。例如:

(12)伯爵问他要香茶。西门庆道:"怪花子,你害了痞,如何只鬼混人!"每人掐了一撮与他。(兰陵笑笑生《金瓶梅词话》第五十二回)

(13)他看得津津有味,边看边摸茶杯,眼不离书,往嘴里送,其实茶水已经喝干,他砰地放下杯子,伸进三个手指捏一撮残茶,边看书,边往嘴里送。(张笑天,等《开国大典》)

---

① 刘子平.汉语量词大词典[M].上海:上海辞书出版社,2013:86.
② 刘子平.汉语量词大词典[M].上海:上海辞书出版社,2013:47.
③ 王碧玉.汉语比喻性量词研究[D].济南:山东大学硕士学位论文,2016.

(14) 现代中国人,除了一小撮反动分子以外,都是孙先生革命事业的继承者。(毛泽东《纪念孙中山先生》)

(15) 邓拓是他和吴晗、廖沫沙开设的"三家村"黑店的掌柜,是这一小撮反党反社会主义分子的一个头目……(梁晓声《一个红卫兵的自白》)

以上四例都用到了量词"撮"。"撮"是容量单位,现代汉语方言里常用于"两三个手指或不大的工具所摄取的事物"①。根据上下文,例(12)里的"撮"修饰的是"香茶",例(13)中修饰的是"残茶",均符合量词"撮"的基本用法,所以不存在特殊的修辞技巧。而例(14)、例(15)中,分别用"撮"计量"反动分子"和"反党反社会主义分子",两者都指的是特定人群,显然不能与茶叶相提并论。此处便是运用了夸张的手法,把"坏人"的形象往小里夸张,内含轻蔑之义。因此,一个量词是否为夸量词,必须结合其所搭配的名词与上下文语境进行剖析。

另一方面,夸量词多是临时借用而来的。一旦某个临时借用的量词与被修饰词搭配起来产生了夸张的修辞效果,那么该量词就可以算作一个夸张性量词。例如:

(16) 一掬吴山在眼中,楼台叠叠间青红。(汪元量《湖州歌》其五)

古代一掬②是"一捧"的意思。我们可以说"一掬泪""一掬土""一掬泉水",但是不可以说一掬山,因为这显然是不合常理的。上文提及的很多夸量词,由于使用频率高、适用范围广等特点,其中一些夸张性用法已经被人们广泛接受,如"一小撮反动势力"。但上例的"一掬吴山"显然不属于这种情况。作者用通常只形容清泉的"掬"来形容高山,表明是从远视角度眺望吴山,这样就起到了夸张的修辞效果。在这首诗里,该量词就可以算作夸量词。

3. 临时性

夸量词往往是使用者主观上使用量名组合的产物,这也表明大多数夸量词是被临时借用而来的。这种突破常规搭配的做法,往往是创作者吸引读者的法宝之一。

现代汉语中有一部分夸张性量词与名词的组合属于约定俗成的,这种搭配大多源自一些经久不衰的文学作品。像量词"缕"可能就是如此。例如:

(17) 无情不似多情苦,一寸还成千万缕。(晏殊《玉楼春·春恨》)

(18) 何时却得,低帏昵枕,尽诉情千缕。(李之仪《留春令》)

(19) 归棹双溪渚,歌一曲,恨千缕。(王之道《贺新郎·送郑宗承》)

"缕"常用于细丝状物,比如"一缕丝""一缕线""一缕阳光"等。③ 例(17)—(19)里,"情""恨"等抽象事物原本是无法计量的,各作者却使用了"缕"来形容,突出情思之细小、绵密,这是同时使用了比喻和夸张的修辞手法。后来用的人多了,人们也就逐渐接受了类

---

① 刘子平.汉语量词大词典[M].上海:上海辞书出版社,2013:32.
② 刘子平.汉语量词大词典[M].上海:上海辞书出版社,2013:112.
③ 刘子平.汉语量词大词典[M].上海:上海辞书出版社,2013:141.

似"一缕情思"这样的表述。

不过,更多的夸量词依然具有使用频率小、传播范围窄的特性,在具体使用时具有临时性的特点。这些临时借用而来的夸量词往往出其不意,极易给人耳目一新的感觉。例如:

(20)叠秀危横,黛拔山千朵。(杜安世《凤栖梧》)

(21)一说是志和,她心上像有一缸眼泪,同时涌了出来。(梁斌《红旗谱》第六章)

(22)天夜了,有一匹大萤火虫尾上闪着蓝光,很迅速地从翠翠身旁飞过去。(沈从文《边城》)

以上三例,其中的"朵"本与"山"不搭,"缸"本与"眼泪"不搭,"匹"本与"大萤火虫"不搭。这些夸量词与名词之间的搭配均为临时生成的,离开具体语境便不复存在。

三、夸张性量词的作用

夸张性量词的使用常常会带来意想不到的效果,总结起来主要有三点:生动形象,言简义丰,增强感情。

第一,生动形象。合理使用夸量词有利于充分体现不同事物的特点,为文学作品增添独特的张力。例如:

(23)渔舟点点前江去,载尽斜阳不载愁。(郭柱《四月十五日江上独行因思去两年忧患之日感恨次旧韵》)

重叠形式的量词"点点"原与渔舟也不太搭配,用在此处却可以形象地勾勒出渔舟零零落落向前驶去的样子。

第二,言简义丰。很多时候,作者通过生动形象地描绘事物特点来传达言外之意,而这一点往往是使用常规量名搭配所做不到的。例如:

(24)他抬头一看那多少日子没见了的一线天空,悲喜交集地叫道:"宾他娘啊宾他娘,你该当是个寡妇命约!"(孙少山《八百米深处》)

"线"常用于狭细的事物,如"一线细流""一线阳光"等。[①] 作家这里却用形容狭细线状物品的量词"线",来形容实际上无比广阔的天空,利用两种不同事物之间巨大的反差,刻画出了主人公久不见天日的精神状态。这种对言外之意的透视感,是常规搭配"一片天空"所无法做到的。

第三,增强情感。夸量词有时候会附带浓重的感情色彩,隐含着作者对事物的褒贬态度,极大地增强了文学作品的情感表现力。像例(14)、例(15)中,作者就借助量词"撮"来表现主人公或者说话者内心的不屑和嘲讽之情。

---

① 刘子平.汉语量词大词典[M].上海:上海辞书出版社,2013:234.

魏晋南北朝以后，汉语量词不论是在数量上还是在类别上都得到了长足的发展与完善。因此，本文的用例主要选自魏晋南北朝以后（主要是唐、宋、元、明清、现当代时期）的经典文学作品。囿于时间与篇幅的限制，对有些夸量词历时发展的细节并没有展开详谈，希望今后能有机会加以弥补。

现代汉语意愿类情态动词的对比研究

苏州大学文学院　柯爱凤

人类的日常交流过程是一个传达自己情感与态度的过程,情态是人们对客观事件的主观评价。根据所表达意义的不同,情态可分为三大类型:认识情态、道义情态与动力情态。其中,动力情态主要表现为说话人对实施主语完成动作的能力及想要完成动作的意愿的主观评价,也即意愿类情态。意愿类情态是指说话者发出愿望并通过自己或他人在未来达成该愿望的一种情态,意愿类情态动词是表达意愿情态的直接标记。

本文拟在前人研究成果的基础上,归纳出较为典型的情态动词并加以分类,然后从"意愿"这一语义特征出发,分组对意愿类情态动词在句法、语义、语用等方面的特征分别进行对比研究。

意愿类情态动词在不同的语法专著中有不同的统计结果:丁声树《语法讲话》列举了6个:敢、肯、愿、愿意、要、得[1];朱德熙《语法讲义》列举了7个:敢、肯、愿意、情愿、乐意、想、要[2];赵元任《汉语口语语法》列举了12个:想、要、情愿、乐意、愿意、肯、敢、爱、想要、要想、欢喜、高兴[3];吕叔湘主编的《现代汉语八百词》列举了6个:敢于、敢、要、肯、得、情愿[4];刘月华等《实用现代汉语语法》则有19个:要、想、愿意、肯、敢、应该、应当、应、该、得、能、能够、可以、可、准、许、得、配、值得[5];胡裕树《现代汉语》列举了4个:要、肯、敢、愿意[6];钱乃荣《现代汉语》列举了7个:愿意、应该、应当、要、敢、肯、值得[7];张斌《新编现代汉语》列举了5个:要、肯、敢、愿、愿意[8];马庆株列举了22个:乐意、愿、愿意、情愿、想、想要、要、要想、希望、企图、好意思、乐意、高兴、乐于、肯、敢、敢于、勇于、甘于、苦于、懒得、忍心[9];邢福义《现代汉语》列出了5个:愿、愿意、肯、敢、要[10];黄伯荣、廖序东《现代汉语》列

---

[1]　丁声树.现代汉语语法讲话[M].北京:商务印书馆,1983:91-93.
[2]　朱德熙.语法讲义[M].北京:商务印书馆,1982:63.
[3]　赵元任.汉语口语语法[M].北京:商务印书馆,1979:327.
[4]　吕叔湘.现代汉语八百词(增订本)[M].北京:商务印书馆,2015:168.
[5]　刘月华.实用现代汉语语法[M].北京:商务印书馆,1983:105.
[6]　胡裕树.现代汉语[M].上海:上海教育出版社,1982:319.
[7]　钱乃荣.现代汉语[M].上海:学林出版社,1990:181.
[8]　张斌.新编现代汉语[M].上海:复旦大学出版社,2002:305.
[9]　马庆株.能愿动词的连用[J].语言研究,1988(1).
[10]　邢福义.现代汉语[M].北京:高等教育出版社,1991:271.

举了6个:能、愿意、会、敢、要、应该①。取其并集,可得到以下29个词作为意愿类情态动词成员的最大考查范围:愿、愿意、情愿、想、想要、要、要想、希望、企图、好意思、乐意、乐于、乐得、肯、敢、敢于、勇于、甘于、苦于、懒得、值得、忍心、应该、应当、打算、准备、预备、欢喜、高兴。其中比较典型的意愿类情态动词有10个:想、要、肯、愿意、愿、情愿、乐意、高兴、欢喜、敢。根据意愿的来源,本文将比较典型的意愿类情态动词分为自发性和回应性两组。自发性意愿类情态动词包括要、想、想要、喜欢、高兴5个,回应性意愿类情态动词包括愿意、情愿、乐意、肯、敢5个。

一、自发性意愿类情态动词

自发性意愿类情态动词可细分为两种:一种与意愿义直接相关,包括"想""要""想要";另一种情绪化色彩较浓,包括"喜欢""高兴"。

1. "想""要""想要"的句法、语义、语用特征

"想"除了可做实义动词之外,还可做表达"希望、打算"意义的情态动词;表意愿义的"要"表达主语做某事的意愿和决心;"想要"是"想"和"要"的复合形式,用来表示较强的个人意愿。三者都表示主语内心主动自发的意愿,既可在特定条件下进行互换,也存在诸多不同。以下将从句法、语义、语用三个方面进行对比分析。

① 句法特征对比

(1) 前面所带修饰语不同

"想"的前面经常受"很、挺、极、非常、十分"等程度副词修饰,但是"要"一般不能。例如:

① 我很/挺/极/非常/十分想开学。

② *我很/挺/极/非常/十分要开学。

表意愿的"要"前面所带的修饰语多是"决心""一定""执意""坚决""偏""硬"等一些表示"意志"的词。例如:

③ 我偏要喝。

依照沈家煊"有界和无界"②的观点,在"动作是否持续"这个认知域里,"想"是持续的,是无界动词;"要"相对于"想"来说则是一个有界动词;"很"等表程度,是一种模糊的量,后面要接无界动词"想"才能匹配。另外,助动词"想"本身就偏重于表达内心活动和意愿,因此,从语言的简洁性出发,它一般不再受"一定、坚决、偏、硬"等表示强烈意愿副词的修饰;而"要"偏向于表达主体的"意志",常以"一定""偏"之类的副词作状语,这样有利于凸显意志的坚定性。

另外,"想要"也常受"很、极、挺、十分、特别、多么、非常"等程度副词修饰。例如:

---

① 黄伯荣,廖序东.现代汉语[M].北京:高等教育出版社,2019:10.
② 沈家煊."有界"与"无界"[J].中国语文,1995(5).

④ 我非常想要换一份工作。

（2）否定形式不同

"想"和"想要"可以受"不"和"没"等否定副词的修饰,而表意愿的"要"在表示否定意思时一般不用"不要",而用"不想""不打算";但在对举的情况下,"不要"和"没要"也可表示否定的意愿。例如:

⑤"我不想吃",瑞珏第一个懒洋洋地说。"我也不要吃",淑华接着说。（巴金《家》第二十章）

② **语义特征对比**

"想""要""想要"都可以用来表达主动自发的意愿,但它们在语义上的侧重点不同:"想"强调内心的意愿,这种意愿可能只停留在心愿的阶段且仅有"行动的可能性";"要"则强调把这种意愿付诸行动的意志,一般有相应的后续行为,即有"行动的必然性";"想要"在意义上复合了"想"和"要",既有"想"的意愿,又有"要"的意志,偏重于表达哪个方面的意义多由语境决定。例如:

⑥ 他本想要学钱先生的坚定与快活,可是他既没作出钱先生所作的事,他怎么能坚定与快乐呢。（老舍《四世同堂》五十一）

⑦ 老王顾不上身体虚弱,挣扎着想要马上去一趟学校。

例⑥中的"想要"更偏向于内心的打算,与"想"更为接近;而例⑦中的"想要"则更偏重于表达"去学校"的意志,意义更接近于"要"。

③ **语用特征对比**

由于"想""要""想要"在语义上都表示内心自发的意愿,所以有时可以互换并且保持基本语义不变。但在有些语境里,由于交际对象不同,它们之间的区别特征又会显现出来:当偏向于表达主体内心的意愿时多用"想",这样显得语气委婉和缓和,有利于实现交际目的;当偏向于表达主体行动的意志时则多用"要",以强调实现行动的决心。可见,人们只有根据不同的交际对象来使用不同的交际语言,才能处理好交际关系,才能实现更好的语用效果。

2."喜欢""高兴"的句法、语义、语用特征

"喜欢""高兴"等做动词时宣导人的积极的主观情感或情绪,表示"快意、愉悦"的心理状态。当这些词后接动词时,不再单纯表达一种积极的情感或情绪,进而蜕变成为意愿类情态动词。因两者的语义区别较小,故将之放在一起讨论。

① **"喜欢""高兴"的句法特征**

"喜欢""高兴"与"想""想要"基本一致,前面可接受程度副词修饰。例如:

⑧ 他很喜欢来这里吃饭。

因为"喜欢""高兴"表示的是当事人主观上的一种积极情绪,故在构成否定式时一般用"不",而不用"没"。例如:

⑨ 我不高兴去了。

② "喜欢""高兴"的语义特征

"喜欢""高兴"往往强调一种积极的情绪与意愿,而这种情绪与意愿可能只停留在主观想做的阶段,仅表示"行动的可能性",未必有相应的后续行为发生。

③ "喜欢""高兴"的语用特征

"喜欢""高兴"尽管与"想""要""想要"一样,在语义上也可表示内心自发的意愿,更倾向于情绪化的意愿表达。若人们偏向于表达主体内心的意愿与态度时,则多用"想""要""想要"。

二、回应性意愿类情态动词

情态动词"愿意""情愿""乐意""肯""敢"都能用来表达"回应外界的意愿或选择"。前三者在语义上区别较小,可以将它们放在一起讨论,与"想"和"肯"分别进行对比;"敢"除了表达主体回应外界的意愿外,更强调主体回应外界的勇气,需要单独加以讨论。

1. "愿意""情愿""乐意"与"想"的句法、语义、语用特征对比

① 句法特征对比

(1) 前面的修饰语不同

"愿意""情愿""乐意""想",前面都可以受"很、极、太、非常、十分"等程度副词的修饰。例如:

⑩ 这是他们非常情愿付出的。

(2) 否定形式不同

"愿意""情愿""乐意"前常加"不"构成否定形式,传达当事人不乐意的主观态度;若受"没"修饰,则更偏向于从旁观者的角度描述当事人的态度。例如:

⑪ 小明不乐意做家务活。

⑫ 她没愿意签这份合同。

② 语义特征对比

"愿意""情愿""乐意""想"都表达当事人内心的意愿,但这种意愿不一定付诸行动并最终实现,仅表示行动的可能性。

不过,"想"是当事人内心主动产生的意愿,而"愿意""情愿""乐意"等则是对他人意愿所做的一种回应或选择。所以,当说话人主动向别人陈述自己的意愿时,一般用"想"而不用"愿意"等。例如:

⑬ 我想和你交个朋友。

③ 语用特征对比

"愿意""情愿""乐意""想"都表示内心的一种意愿,很多情况下四者可以相互替换。例如:

⑭ 毕业之后,我愿意/情愿/乐意/想当一名光荣的人民教师。

究其原因,首先是由于"愿意""乐意""情愿""想"都有表达当事人"内心的意愿"这一共同的语义特征,这是它们在一些情况下可以替换使用的基本前提;其次,沈家煊认为:"事物的显著度跟人的主观因素有关,当一个人把注意力集中在某一事物时,往往不显著的事物会变成显著的事物。"①依照这一观点,人们认知外部世界的角度是不同的,由此产生的主观认识和解释自然也会有所不同。因此,"愿意""乐意""情愿""想"在语用上有时会出现"自发意愿"和"回应意愿"的偏差。对例⑮而言,若用"愿意",则是表示一种回应性的选择意愿;若用"想",则是内心自发的一种意愿。所以,"想"和"愿意"这种语用上可以替换的现象,建立在表达"内心的意愿"这一共同语义特征的基础上,是由说话人观察问题的不同视角决定的。可见,若句子重在表示当事人的自发性意愿,就只能使用"想";若句子重在表示"回应性"意愿,就只能使用"愿意""乐意"。

2."愿意""情愿""乐意""肯"的句法、语义、语用特征对比

"肯"表示主观上乐意或接受要求。例如:

⑮ 他肯借钱给我。

⑯ 他不肯接受安检。

例⑮中"肯"表示主语愿意"借钱给我",例⑯中则表示不接受"安检"的要求。

① 句法特征对比

(1) 前面的修饰语不同

"肯"与"要"一样,能接受"一定、偏、硬"等词修饰以加强意志的坚定性;而"愿意""情愿""乐意"则更多受程度副词修饰。例如:

⑰ 宿管阿姨一定肯帮我们忙的。

(2) 否定形式不同

"肯"与"愿意""情愿""乐意"一样,可接受"不"和"没"修饰,前者表示主观上的不愿意,后者多表示以旁观者的目光传达他人的不乐意。例如:

⑱ 年轻的妈妈不肯离开自己的孩子半步。

⑲ 小明没肯借我车。

② 语义特征对比

"肯"所表达的"内心意愿"含有一定的行动意味,其意愿和后续的行为必须一致,具有行动必然性;而"愿意""情愿""乐意"仅具有行动可能性。例如:

⑳ 别人说话他肯听。

---

① 沈家煊.语言的"主观性"和"主观化"[J].外语教学与研究,2001(4).

③ 语用特征对比

"肯""愿意""情愿""乐意"都表达"消极被动"的意愿,所以在一定的语境里它们可以互相替换使用。例如:

㉑ 想起上次在祁家门口与钱先生相遇的光景,他不肯/愿意再去吃钉子。(老舍《四世同堂》)

当意愿和后续行动不一致时不能用"肯",但可以用"愿意""情愿""乐意"等。例如:

㉒ 他不肯离开这里。

与"愿意"等词相比,在回应的选择上,"肯"所预设的范围更小,即"肯"只能就一种情况进行肯否定选择,而不能像"愿意"等词一样,可以从多个选项中选择其一。例如:

㉓ 你肯去北京还是去上海?
㉔ *你肯去哪个地区?

另外,"肯"多出现在"难以做出选择"的语境中,而"愿意"等可用于没有难度的常理性的选择意愿,也可以用于有难度的选择意愿。例如:

㉕ 要不是为折债,谁肯花几百元钱买个姑娘?"以人易钱"不过是经济上的通融!(老舍《老张的哲学》)

3."敢"的句法、语义、语用特征

"敢"做表意愿的情态动词,表示有胆量,敢于做某事。例如:

㉖ 英芝却仍然一副不把他们放在眼里的嘴脸,心想,我给你们生了孙子,看你们还敢给我脸色看?(方方《奔跑的火光》)

①"敢"的句法特征

"敢"后接动词,多用于肯定句、否定句及疑问句中,能够单独回答问题,前可受"不"或"没"修饰构成否定形式,也可进入"×不×""不×不"格式,如"敢不敢""不敢不"。其中"不敢不"表示肯定,但并不等同于"敢",有被迫、不得已的意思。例如:

㉗ 敢告诉我你叫什么,住哪儿吗?(王朔《一半是火焰,一半是海水》)
㉘ 他没敢叫"姑爷",可也不敢不显出亲热来,他怕那支手枪。(老舍《四世同堂》五十三)

"敢"的"有胆量、敢于做某事"义决定了其后续成分必须是自主性动词性结构,如"告诉""叫""显出"。例㉗中听话者可直接用"敢"回答问话,"敢"可单独用作谓语。例㉘中"不敢不"表现出"他"显出亲热样子的不得已。

② "敢"的语义特征

吕叔湘认为,"敢""表示有勇气做某事"①。这与"肯""愿意""情愿""乐意"表"消极被动"的意愿相比,"敢"在回应态度的选择上更积极主动,且强调回应时当事人的勇气,其行动的可能性要明显大于"愿意""情愿""乐意"。例如:

㉙ 他在自己的岗位上敢负责,敢担担子。

㉚ 他愿意负责孩子的生活起居。

例㉙与例㉚中,"敢"与"愿意"后都接同一个动词"负责"。"敢"传递出当事人"负责"工作的勇气、胆量与魄力,而"愿意"虽然也表示应允的意愿,但略显消极被动,因此,"敢"行动上的主动性明显高于"愿意"等词。

③ "敢"的语用特征

在否定句中,"敢"的使用能够增加句子委婉的感情色彩,即当人们表达"不愿意去做某事"的时候,可以委婉地说成"不敢做某事"。例如:

㉛ 尽管对您推崇备至,但我还是对您的结论不敢苟同。

㉜ 他到现在还不敢承认这个事实。

例㉛、例㉜"不敢"的表达中含有不情愿的弦外之音,但语气上比直说"不愿意"等更加委婉,从而取得了特殊的表达效果。"敢"这种委婉礼貌的意愿表达方式古已有之,但在现代汉语中已较为少见。"不敢"在更多的场合中其用法是表示"没有勇气做某事"。例如:

㉝ 小红不敢上台发言。

三、结语

本文以动力情态中的意愿类作为研究对象,在参照前人相关研究成果的基础上,首先对现代汉语意愿助动词的成员加以确定,并从中选取"想、要、想要、高兴、愿意、情愿、敢"等作为个案考察重点,逐一进行了句法形式、语义及语用方面的对比分析。

为了让读者一目了然,在此将上述常用意愿类情态动词的句法、语义、语用特征系统归结如表1所示。

表1 "想、要、想要、高兴、愿意、肯、敢"的句法特征

情态动词	否定形式	重叠式	句中位置
想	不/没想	想不/没想	主语之后,后接动词
要	不想	想不想	主语之后,后接动词
想要	不/没想要	想不想要	主语之后,后接动词

---

① 吕叔湘.现代汉语八百词(增订本)[M].北京:商务印书馆,2015:.

续表

情态动词	否定形式	重叠式	句中位置
高兴	不高兴	高不高兴	主语之后,后接动词
愿意	不/没愿意	愿不愿意	主语之后,后接动词
肯	不/没肯	肯/没肯	主语之后,后接动词
敢	不/没敢	敢不敢/不敢不	主语之后,后接动词

在句法形式上,"想""愿意""情愿""乐意"能受"很、最、极、太、非常、十分、极其"等程度副词的修饰;"要"和"肯"则不能,多受"一定、偏、硬"等词的修饰,以强调当事人坚决的意志和决心;"想要"的修饰语则要视具体语境而定。

表2 "想、要、想要、高兴、愿意、肯、敢"的语义特征

情态动词	自发	回应	主动	被动	行动可能性	行动必然性
想	+	-	+	-	+	-
要	+	-	+	-	-	+
想要	+	-	+	-	+/-	+/-
高兴	+	-	+	-	+	-
愿意	-	+	-	+	+	-
肯	-	+	-	+	-	+
敢	-	+	+	-	+	-

*说明:"+"表示具有这特征,"-"表示不具有这种特征;"+/-"表示有可能具有这种特征。

在语义特征上,"想""要""想要""高兴""愿意""情愿""乐意""肯""敢"都是表达句子主语"内心的意愿"。从"自发"和"回应"的角度可分成两种情况:自发性意愿包括"要""想""想要""高兴""喜欢";回应性意愿包括"愿意""情愿""乐意""肯""敢"。其中,自发性意愿表达的是一种发自内心的主动而积极的意愿,"要"表达的意愿和后续行为结果是一致的,具有行动必然性;而"想"所表达的意愿仅具有行动可能性,与后续行为结果之间既有可能一致,也有可能不一致。回应性意愿表达的是一种针对特定预设选择的被动的意愿。"愿意""情愿""乐意"所表达的意愿具有行动可能性,而"肯"所表达的意愿具有行动必然性;"敢"重在强调"勇气",其所表达意愿的行动可能性要大于"愿意""情愿""乐意"。

表3 "想、要、想要、高兴、愿意、肯、敢"的语用特征

情态动词	说话人的观察角度	说话人的意愿表达	自发/回应选择的预设范围
想	自发	偏意愿	多个
要	自发	偏意志	多个
想要	自发	意愿/意志	多个
高兴	自发	偏情绪	多个
愿意	回应	意愿	多个

续表

情态动词	说话人的观察角度	说话人的意愿表达	自发/回应选择的预设范围
肯	回应	意愿	一个
敢	回应	偏重勇气	一个

在语用特征上,"想""要""想要""喜欢""高兴"都表示内心自发的意愿,但各自的区别特征决定了它们在不同语境、不同交际场合的使用差异:偏向于表达主体内心的意愿时多用"想";偏向于表达主体行动的意志时则多用"要";"喜欢""高兴"则更倾向于情绪化的意愿表达。说话人不同的出发点和观察视角所造成的"自发意愿"和"回应意愿"的差异,使得人们在表达主体的回应性意愿时只能使用"愿意""情愿""乐意",而不能用"想"。"肯"虽然也能表达"消极被动"的意愿,但所预设的回应选择范围更小,只能就一种情况进行肯定或否定选择,而"想""要""愿意"等词则可以从多个选择中择一。"敢"偏重于表达主体有勇气做某事,用在否定句中时能够使句子的感情色彩趋于委婉,这是语言交际礼貌原则作用的结果。

豫剧电影《花枪缘》字幕中的异体字

苏州大学文学院　李子晗

影视剧作品中的手写字幕具有不可改动的特点,承载着即时传递唱词信息的职能而淡化了个性与艺术色彩,因而能够较为真实地反映当时的文字形体面貌。豫剧电影《花枪缘》上映于 1985 年 6 月,剧中配有手写字幕。此时《简化字总表》与《第一批异体字整理表》已公布,正处于以汉字规范化、标准化为主题的汉字规划稳定阶段。① 本文通过对该影片手写字幕异体字的分析来看这一时期的汉字手写形体的面貌。

学界关于异体字的定义有很多。李运富先生立足于汉字研究"三个平面"的理论认为,异体字是指在形体系统中功能相同而形体不同的字。② 本文将以国家颁布的《简化字总表》《第一批异体字整理表》等作为正字表,对《花枪缘》字幕内部系统中的异体字进行全面的描写,并总结异体字的特点。

本文以豫剧电影《花枪缘》手写字幕中清晰可辨、不与影片背景相混淆的字形作为分析对象。其中有部分用法相同的汉字多次出现,若前后出现的字形样态基本一致,则只收取更为清晰的那个形体;若前后出现的字形有所不同,则多种形体全部收录,并将之作为内部系统的异体字进行分析。

一、手写字幕中异体字的基本状况

1. 笔画的混同与变异

笔画是构成汉字的线条,是汉字构形的最小单位。写字时从落笔到提笔留下的线条痕迹叫一笔或一画。③ 下面将从笔形的混同、笔画的数目、笔画的组合方式等方面对《花枪缘》字幕的异体字进行描写。

① 笔形的混同

在《花枪缘》字幕中,有些用法相同的汉字因部分笔形发生混同而出现了不同的形体,这就成了因笔形混同而形成的异体字。

(1) 竖长撇与竖的混同

"反"字的第二笔出现了竖长撇与竖两种写法:,前者的第二笔为竖长

---

① 许念一. 中国汉字规划研究[D]. 武汉:武汉大学博士学位论文,2015.
② 李运富. "汉字学三平面理论"申论[J]. 北京师范大学学报(社会科学版),2016(3).
③ 苏培成. 现代汉字学纲要[M]. 北京:北京大学出版社,1994:55.

撇,而后者的第二笔为长竖。这种类型的混同很少,且前者出现在唱词部分,后者出现在职务表部分的字幕,应是书写者有意区分两部分文字的样态所致。

(2) 短撇与短横的混同

在《花枪缘》字幕中,短撇与短横的混同较为常见,如"兵"(兵)与"兵"(兵)的第一笔,前者为短撇而后者为短横。又如,"伯"(伯)与"伯"(伯)的第三笔,前者为短撇而后者为短横。

(3) 短撇与捺的混同

"影"(影)的末笔为短撇,而"影"(影)的末笔为捺。此类混同仅此一例,应是书写者为追求隶书形体的美观而将撇笔改为捺笔,使字形的体样趋于扁平,进而突出字体特征。

(4) 斜点与短竖的混同

"主"(主)的第一笔为斜点,而"主"(主)的第一笔为短竖。这属于斜点与短竖的混同。

(5) 捺笔与长点的混同

"人"(人)的第二笔为捺笔,而"人"(人)的第二笔为长点。此类混同较多,可能与书法中捺笔的写法有关。书法中有"雁无单飞,字无双捺"一说,故"文"(文)单独成字时,末笔为捺笔;而"文"在"这"(这)中作为部件出现时,第三笔的捺笔就变为了点笔。

(6) 横折提与横折的混同

这一类混同现象仅在讠部中出现:"词"(词)的第二笔为横折钩(横折提),而同属讠部的"讲"(讲)第二笔为横折。此类混同现象系统性强,应与书写者的书写习惯有关。

(7) 横折钩与横折的混同

"他"(他)的末笔为横折钩,"他"(他)的末笔则为横折,钩的部分消失了。

(8) 折笔中折与弯的混同

在曲折较多的折笔中,常常存在折与弯的变异。主要包括以下几个类型:

a. 横折钩与弯钩的混同。如"万"(万)的第二笔为横折钩,而"万"(万)的第二笔为弯钩。

b. 横折斜钩与横折折钩的混同。"风"(风)的第二笔为横折斜钩,而"风"(风)的第二笔为横折折钩。

c. 横折弯钩与横折折钩的混同。"[图]"（瓦）的第三笔为横折弯钩,而"[图]"（瓦）的第三笔为横折折钩。

d. 竖折弯钩与竖折折钩的混同。"[图]"（马）的第二笔为竖折弯钩,而"[图]"（马）的第二笔为竖折折钩。

② 笔画数目的增减

笔画数目的衍增与减少也是异体字的一大成因。下面将结合字例进行分析。

(1) 笔画数目增添

如"[图]"（门）与字形"[图]"（门）,后者衍增出一个点笔。

(2) 笔画数目减少

笔画数目减少现象在《花枪缘》字幕文字中仅有一例。如"[图]"（道）与"[图]"（道）,前者的前字头下边为"自",而后者则为"目",后者比前者少了一撇。

(3) 一笔断裂为多笔

《花枪缘》字幕中还存在一笔断裂为多笔的现象,如"[图]"（实）与"[图]"（实）。前者的宝盖头为"斜点-短竖-横钩",而后者的宝盖头为"斜点-短竖-横-撇",将横钩断裂为横与撇两笔。又如,"[图]"（乐）将竖折断裂为短竖与长横两笔,"[图]"（英）草字头由三笔断裂为四笔。草字头的断裂在《花枪缘》的字幕中非常常见,这可能与繁体中草字头的写法有关。又如,"[图]"（片）将末笔横折断裂为横与捺两笔。

(4) 笔画的粘连

在《花枪缘》字幕中,也存在多笔连为一笔的情况,大多是追求书写速度而借用行书或草书写法所致。如"[图]"（信）与"[图]"（信）的两种写法中,后者将第五笔短横与第六笔短横连成了一笔。有的粘连形体与正体的笔顺并不一致。比如"[图]"（兵）与"[图]"（兵）,前者的前两笔是"短撇-短竖",而后者则是"撇横-短竖"。此外,《花枪缘》字幕中也存在借用草书形体而造成的笔画粘连现象。如"[图]"（虎）与"[图]"（虎）,前者楷书意味较浓,笔画比较清晰;而后者草书意味较浓,看不出具体的部件,明显借用了草书的写法与形体,从而导致了笔画粘连。

③ 笔画组合方式的混同

笔画的组合方式主要有相离、相接、相交三种。相离是指笔画间彼此没有接触,互相分离;相接是指笔画互相接触,但未互相穿透;相交是指笔画间互相接触且互相穿透。

(1) 相接与相交的混同

如"罗"(罗)与"罗"(罗),前者部件"夕"的横撇与斜点是相接关系,而后者为相交关系。

(2) 相接与相离的混同

如"同"(同)与"同"(同),前者的竖与横折钩是相接关系,而后者的竖与横折钩则是相离关系。

2. 部件的变形与混同

部件是汉字的基本构字单位,介于笔画和整字之间。下面从部件的变形和部件的变异两个角度来对《花枪缘》字幕的异体字进行描写。

① 部件的变形

在字幕中,部分相同用法的汉字部件出现了两种写法,但不与其他部件混同,可以称之为部件的变形。

(1) 草字头的变形

草字头在《花枪缘》字幕中出现了两种写法。如"荣"(荣)与"苦"(苦),前者的草字头为一横两竖,而后者的草字头则保留了早期草字头的写法,中间的横笔是断开的。

(2) 宝盖头的变形

宝盖头的变形表现为一笔断裂成两笔。如"实"(实)与"实"(实),后者宝盖头的横钩一笔断裂为横笔和撇笔两笔。

(3) 立字旁的变形

立字旁的两点粘连为一笔,部件发生变形。如"站"(站)与"站"(站),后者部件"立"中的两点粘连为一笔。

② 部件的混同

有些相同用法的汉字部件出现了两种写法,而这两种写法其实表示不同的部件,这就出现了部件的混同现象。

(1) "支"与"攴"的混同

如"鼓"(鼓)与"鼓"(鼓),前者右边部件为"支",而后者右边部件为"攴",二者发生了混同。

(2) "己"与"巳"的混同

如"起"(起)与"起"(起),前者右边部件为"己",后者右边部件为"巳",二者发生了混同。

3. 简体与繁体并存而形成的异体字

尽管《花枪缘》上映时《简化字总表》已经发布,繁体字已经成为不规范字形,但在影片字幕中,仍存在简体繁体混用的现象,这样就形成了新的异体字,如"▇"(装)与"▇"(装)。

二、《花枪缘》字幕中异体字的成因

1. 因简体与繁体混用产生的异体

字幕中的繁体字集中出现在职务与演员表的部分,如"▇"(凯,凯的繁体字形)、"▇"(辉,辉的繁体字形)、"▇"(國,国的繁体字形)等,但繁体字形总数不多,仅有9例。此外,也存在部分简化的字形,如"▇"(简体字形为锁,繁体字形为鎖),只遵从了"贝(貝)"这一简化原则,其偏旁釒却没有按照《简化字总表》的写法写成钅,这样的字形仅此一例。

另外,《花枪缘》字幕中也存在使用二简字的现象。当时《第二次汉字简化方案(草案)》还未正式废止,因而剧中出现了"▇"(舞台)和"▇"(阎王)两例二简字。

2. 因笔形混同与笔画增减产生的异体

① 笔形的混同

例如,"气"规范形体的末笔应为横折斜钩,而"▇"则是横折弯钩。又如,"▇"(我)将第一笔的短撇写成短横,"▇"(公)将第二笔的捺写成点,"▇"(外)将末笔的点写成短横。此外,还存在笔形长短与规范字表不相符合的现象。例如,"▇"(鼓)的规范形体的左上角部件应为"士",而这里是土。又如,"▇"(未)的规范形体中第一笔横笔应比第二笔横笔短一些,而这里两笔的差异并不明显,字形易与"末"相混。字幕中还存在着笔形方向与规范字表不合的现象,如"▇"(弟)的对点应呈"倒八字",而这里却呈正八字;又如"▇"(尖)的对点应为正八字,而这里却是"倒八字"。

② 笔画的增减

《花枪缘》字幕中有不少笔画增加的现象,如"▇"(改)在第三笔竖提之后增加了一个点笔,"▇"(围)在第二笔竖之前增加了点笔。此外,笔画的断裂也会造成笔画增加,如"▇"(今)的横撇断裂为短横和短竖。

《花枪缘》字幕中也有笔画减少的现象。如"▇",规范字表中应为三横,而这里只有两横。部分字形还出现了笔画的省简现象,如"▨"(魂),部件厶省简为一个点,又如"▨"(留),田以外的部件省简成了三个点。有些字形存在多笔之间的特殊粘连现象,大多是借用行书或草书的写法所致。如"▨"(安),点笔与撇点发生粘连;"▨"(兵)的短撇和短横粘连为撇折。再如"▨"(所)、"▨"(虎),均借用了草书的形体,表现出与规范字表不相一致的样态。

③ 笔画组合方式的变更

一种是相接变相交,如"▨",第二笔与第三笔应为相接关系,而这里相交了。另一种是相离变相交,如"▨"(景)、"▨"(南),规范字形中,中间部位笔画的位置关系均是相离的笔画,在这里变成了相交。

3. 因部件混同或变异产生的异体

部件混同如"▨"(颜),其部件"彡"与"氵"发生混同;"▨"(导)的部件"巳"与"己"发生混同;"▨"(示)的部件"小"与"山"发生混同。部件变异如"▨"(望),右上角部件"月"的方向发生了变化。

三、《花枪缘》字幕文字的异体字特点

王宁先生在《汉字构形学讲座》一书中将异体字分为异写字与异构字。异写字是指汉字职能完全相同,笔画或部件的写法不同,或部件的位置不同而形成的形体不同的字。① 异构字则是指汉字的职能完全相同,但构形属性有所不同形成的异体字。②

在《花枪缘》字幕异体字中,除"▨(罈)-坛"一例为异构字外,其余均属于异写字。异写字内部情况较为复杂,其中数量最多的是笔画混同形成的异写字,而由笔画增减、组合方式变异、部件变形与混同等形成的异写字相对较少。

《花枪缘》字幕中虽然也有繁简字并存、使用繁体字、使用部分简化字形的现象,但不规范字形的数量总体不多,繁体字与二简字仅有 12 例,已废止的异构字也仅有 1 例。

影片的字幕文字中,唱词部分采用楷书字体,剧务与演员表中的人名采用行书字体。但楷书字形中有时会杂有行书写法,如"▨"(棋)、"▨"(缘)等字。这应当与书写者追求写字速度有关。

---

① 王宁.汉字构形学讲座[M].上海:上海教育出版社,2002:80.
② 王宁.汉字构形学讲座[M].上海:上海教育出版社,2002:83.

四、结语

在汉字规范化不断取得实效的阶段,汉字的形体样态已经基本趋于稳定。本文选取豫剧《花枪缘》手写字幕来考察异体字的类型,在一定程度上能够反映当时的文字形体样貌,同时也会给予汉字规范化工作一定的启示。

影视剧作品的手写字幕是研究汉字形体的很好的材料。囿于篇幅与时间,本文只分析了《花枪缘》这一部作品的字幕。如果能对同时期影视作品中的手写字幕进行更广泛的考察描写,相信可以从中更好地归纳出当时文字的形体与样貌特点。

古代汉语课程网络教学新尝试

西交利物浦大学语言学院　齐圣轩

无论是对中文相关专业学生还是其他相关专业学生而言,古代汉语课程的工具性都是极为明显的。① 不难看出,即使充分考虑到母语非汉语的国际学生等新教学对象的影响,古代汉语课程的设计核心仍离不开相关能力的培养。尽管古代汉语立足于传承性,但其也具有发展性,仍是高校相关教师奋力研修的目标之一。作为汉语教学的主板块之一,古代汉语教学研究仍可以在力度、层面、深度、效用等方面取得突破。② 新冠疫情下的高校在线教学,虽然始于对传统线下教学的应急替代方案,却在运用过程中涌现出了不少值得借鉴沿用的优秀模式,对后疫情时代的教学产生了深远影响。长期来看,今后的高校教学必将顺应线上线下融合的趋势。③ 网络教学的强力推行与铺开客观上加速了古代汉语学科建设的进度,并在从认知到实践的多个层面上为学科带来了新的发展契机。

一、古代汉语课程网络教学内容及课程建设新尝试

网络教学对古代汉语学科的影响首先是以危机的形式呈现的。在疫情肆虐的背景下,当高校不得不使用网络开展教学时,许多一线教师对直播和"慕课"普遍存在恐惧和抵触心理,其直接原因可概括为知识壁垒、工作负担和社会舆论三个方面带来的成本问题。④ 面对新模式带来的"技术陷阱"⑤,以商业、媒体直播标准要求高校网络教学显然不切实际。为了应对这种危机,高校网络教学只能从教学内容方面发掘潜在优势。

与之相呼应的是,古汉语教学为了适应教育现代化的趋势,本身就孕育着合理设计、积极开发和充分利用教学资源的内在需求。⑥ 在新冠疫情暴发之前,古汉语教学研究界就已提出了很多成熟的改革构想,并积累了不少成功的教学经验。具体而言,古汉语教学改革,必须从古今联系、教材建设、现代化教学手段三个角度入手。⑦ 这种改革,实质上就

---

① 柳士镇.古代汉语教学与教材琐谈[J].中国大学教学,2003(6).
② 吕志.古代汉语教学研究综述[J].湘潭大学社会科学学报,2000(6).
③ 杨海军,张惠萍,程鹏.新冠肺炎疫情期间高校在线教学探析[J].中国多媒体与网络教学学报(上旬刊),2020(4).
④ 郭英剑.疫情防控时期的线上教学:问题、对策与反思[J].当代外语研究,2020(1).
⑤ 张端鸿.在线教学是一场长期教学革命[N].中国科学报,2020-02-18(05).
⑥ 李瑾华.运用现代教育技术促进古汉语教学改革[J].宁夏大学学报(人文社会科学版),2001(2).
⑦ 王敏红,高兴娟.关于古代汉语教学改革的思考[J].绍兴文理学院学报,2006(1).

是根据学生在学习实践中产生的更新、更具体的要求,打造更符合时代要求的新课型。随着基础教育阶段强化古汉语教学的成效逐渐显露,以及高等教育阶段学生科研眼界的日趋开阔,古代汉语学科在高校课程体系中的性质逐渐由基础性转变为工具性,课程的组织不再单纯围绕教材展开,而是要努力实现新的"三结合",即"古今结合、传统方法与现代方法结合、与其他学科结合"①。

综上,在网络课程的建设中,古代汉语学科应凸显工具性,强化与其他领域知识技能的联系,与现代汉语学科之间的紧密度尤应加强。

二、古代汉语课程网络教学法及技术手段新尝试

毋庸置疑,中国高校在网络教学领域扮演着先行者、探索者和引领者的角色。中国教育不仅率先进入 OMO(Online-Merge-Offline)时代②,并且通过比较在线教育和传统教育,开创了吸收网络教学相关技巧、继承其互动性的 O2O(Online to Offline)模式。③ 中国高校网络教学的先进性,充分地体现在各个特色学科中。古代汉语就是其中之一。

疫情期间,在线教学的成功实践聚焦于如下关键举措:分层、分类、分阶段;资源整合为主,教师导学为辅;自下而上,从注重学生学习到注重教师学习。④ 从其中任意一点均能明显地看出,以学生为中心的教学理念已处于网络教学实践中的内核地位。有别于传统教学,网络教学不受时空限制,学生在学习的很多环节中都是自主摄取信息的。整个课程不再由教师主导,教学安排由限定时间地点、框定内容转变为提供辅导、拓宽视野。原本封闭、规则的课程模式转变为发散、开放的状态,其中大量离散的资源难以为传统的教学框架所容纳。显然,以往"教师中心"的课堂教学已不能服务于教学目标⑤,必须创立"学生中心"的新体系⑥。

任务型教学、翻转课堂等新兴教学法在网络教学中大展身手,逐渐成为常态化的教学法,并在实践中衍生出各种可操作的教学方案。在古代汉语教学中,翻转课堂已被证实能在教学中起到很大的作用⑦;引入任务型教学法更可以有效提高学生的学习兴趣,并且能进一步优化课程设计和评价体系。⑧

在技术手段上,计算机辅助教学长期以来一直被视为古代汉语教学的重要组成部分,

---

① 钱毅.古代汉语教学之现状分析与改革建议[J].内蒙古师范大学学报(教育科学版),2008(3).
② 马骁飞,马亚鲁,田昀,等.疫情背景下"完全线上"远程混合式教学的实践与思考[J].大学化学,2020,35(5).
③ 王运武,王宇茹,李炎鑫,等.疫情防控期间提升在线教育质量的对策与建议[J].中国医学教育技术,2020,34(2).
④ 杨金勇,裴文云,刘胜峰,等.疫情期间在线教学实践与经验[J].中国电化教育,2020(4).
⑤ 黄德宽.谈谈古代汉语课程的教学改革与教材建设[J].中国大学教学,2015(12).
⑥ 刘振天.一次成功的冲浪:应急性在线教学启思[J].中国高教研究,2020(4).
⑦ 张丽霞,刘慧英.古代汉语课堂教学中的实践性探索[J].文学教育(上),2019(3).
⑧ 薛蓓.以任务促学习:"古代汉语"课程任务教学模式探讨[J].常熟理工学院学报,2013,27(6).

用以弥补教材形象性弱的不足。① 网络教学基于计算机技术,必然要融合计算机辅助教学手段。可见,网络教学模式与古代汉语学科之间具有良好的互通共融性。

综上,为了激发学习动机、优化课堂教学、重构评价体系,古代汉语学科应该大力实施网络课程的建设,立足"学生中心"这一基点,结合任务型教学、翻转课堂等教学手段,依托计算机辅助教学,创造全新的教学模式。

三、古代汉语课程网络教学实践及其反馈

依据以上分析,笔者将2019—2020学年第二学期所执教的古代汉语网络课程与前一学年的线下平行课程进行对比,并进行了如下归纳(表1)。

表1 古代汉语传统课程与网络课程的要素对比

教学板块	2018—2019第二学期 线下课程	2019—2020第二学期 网络课程
通论解析和语言学基础知识	切分为10个话题,包含语言学通论和音韵、文字、训诂等小学专题,以讲座的形式教学,辅以相关的讨论和练习	切分为超过80个具体问题,包含理论讲解及其在热点问题研究中的应用,录制成微课、慕课视频供学生自学,通过在线自测练习引导学生完成
文选解读和重点语句翻译	切分为10个专题,以辅导课的形式当堂完成练习	以直播的形式开展小组合作完成练习,根据学习进度穿插在教学安排中
任务型教学和翻转课堂	在学生初步掌握核心技能后,改为由学生轮流主持辅导课的练习环节	学生志愿参与课程建设:为课程补充资源,参与慕课视频录制,主持直播的生生互动环节
考核评价	根据课程进度安排和学生知识技能掌握情况,依次以翻译、论文写作和重点考察本学期所学知识技能的期末闭卷考试的形式进行考核	串联学习和考核内容进行过程化评价,加大作业成绩占比,期末考试改为重点考查学生本学科综合素质和科研能力的在线开卷考试

依据学生的考核成绩和反馈,该学期的古代汉语网络课程总体上较为成功,激发了学生的兴趣,优化了学习体验,保障了学习质量,凸显了本学科的工具性。从表2的反馈中,似乎不难看出学生对古代汉语课程的认可。

---

① 张新.古代汉语多媒体教学模式初探[J].连云港师范高等专科学校学报,2002(3).

表 2　部分学生反馈摘录

Comments on Module Questions
The teacher is very responsible and helpful to students. Atmosphere of the class is very good, everyone actively speaks, which makes me feel the class very happy.
I try to read all the materials to better enrich my knowledge.
The teacher is great and the lecture is clear and well-organized.
I now have a systematic understanding of Chinese Linguistics.

＊注：为保护学生隐私，反馈经过筛选和脱敏处理。

四、古代汉语课程网络教学的局限和挑战

截至目前，网络教学仍不能完全取代传统线下教学。在教学实践中，网络教学的主要局限性已被证实和学生管理问题①、学生个人差异问题②密切相关。来自教学一线的大量数据显示：学生、教师、平台三者在网络教学过程中都可能遇到适应性问题。其中，学生对网络教学中遇到的技术故障、个人难以自律、互动性不足、教师答疑不便捷这四个问题的反应最为集中。③ 尽管网络等现代通信手段已经将全球同步交流变为可能，并使交流成本日益降低，零隔阂的完全沉浸式在线交流目前仍无法实现。在网络教学的诸多变量中，只要少数几个核心因素得不到有效的控制，就可能影响整体教学效果。如何拿捏好分寸，有效实现课程自由开放和稳定可控之间的平衡，同时兼顾学生自主学习、师生交流、生生交流，并妥善处理好教学和考核中遇到的各种技术问题，依然是中国高校教师在继续领跑古汉语课程网络教学过程中必须直面的问题。

---

① 李克寒,刘瑶,谢蟪旭,等.新冠肺炎疫情下线上教学模式的探讨[J].中国医学教育技术,2020,34(3).

② 胡小平,谢作栩.疫情下高校在线教学的优势与挑战探析[J].中国高教研究,2020(4).

③ 王渊,贾悦,屈美辰,等.基于"见屏如面"在线教学的实践和思考[J].中国医学教育技术,2020,34(2).

初级汉语水平留学生领有义"有"字句的教学探究

苏州大学海外教育学院　郭博菡

前言

"有"字句是对外汉语教学中较早出现的一个重要句型,跨越对外汉语初级和中级两个学习阶段,其中"有"字句的领有义是最早出现的,是学习"有"字句其他意义和用法的基础。不过,在教学实践中可以发现,外国学生对此类句式的掌握情况并不理想,相关的偏误貌似简单,但在大概率和高复现率偏误背后的一些深层原因并未被发现,需要引起相关人士的足够关注。

一、领有义"有"字句的习得情况调查

笔者针对领有义"有"字句的知识点设计了一次调查问卷,借以了解学生的习得情况和偏误类型。此次调查对象为苏州大学海外教育学院零起点班的 34 位留学生,为了便于分析,我们按地域及母语情况将这些留学生分为两组:欧美学生(17 人)、日韩学生(17 人)。

1. 调查问卷

① (1) 你觉得汉语里的"有"和英语里的"have"一样吗?

　　　Do you think "有" is same to "have" ? (　　　)

　　　A. completely same　　B. partly same　　C. not same

(2) 你觉得汉语里的"一"和英语里的"a/an"一样吗?

　　　例:"a book" = "一本书"

　　　Do you think "一" is same to "a/an" ? (　　　)

　　　A. completely same　　B. partly same　　C. not same

② Judge True(√) or False(×)

(1) A. 我有一词典。(　　　)

　　B. 我有一本词典。(　　　)

　　C. 我有词典。(　　　)

　　D. 我没有一本词典。(　　　)

　　E. 我不有词典。(　　　)

F. 我没有词典。(　　)

(2) A. Question 1：你有一个女朋友吗？(　　)

B. Question 2：你有女朋友吗？(　　)

C. Answer 1：我有一个女朋友。(　　)

D. Answer 2：我有女朋友。(　　)

E. Answer 3：我没有一个女朋友。(　　)

F. Answer 4：有/没有。(　　)

(3) A. 我有很少的钱。(I have very little property.)(　　)

B. 她有绿色的眼睛。(She has green eyes.)(　　)

C. 长颈鹿有一根长脖子。(Giraffes have long necks.)(　　)

D. 长颈鹿有长脖子。(Giraffes have long necks.)(　　)

2. 外国学生领有义"有"字句的偏误情况

鲁健骥认为,外国人学汉语的语法偏误有几种常见的类型,主要是遗漏、误加、误代和错序。[①] 通过教学实践和问卷调查,笔者发现,外国学生在掌握领有义"有"字句时所犯的错误主要有三种:句式成分的遗漏、误加和误用。具体情况如下。

(1) "有"字句肯定形式中的数量词遗漏

在对外汉语教学初级阶段,当脱离上下文语境时,诸如问卷2(1)C"我有书""他有词典"这样的句子被认为是不完整的句子。只有在有上下文语境的情况下,肯定句才可以省略数量词,比如类似问卷2(2)B 与 2(2)D 这样的问答。从问卷调查情况来看,这种遗漏的偏误在"有"字句习得偏误中所占的比例非常高,其中欧美学生的错误比例为47.06%,日韩学生为100%,总错误率达73.53%。

(2) "有"字句否定形式和疑问形式中的数量词误加

例如,问卷2(1)D 为否定形式数量词冗余的偏误。欧美学生这种类型的错误率为58.82%,日韩学生为47.06%,总错误率为52.94%。又如,问卷2(2)A 为疑问形式数量词冗余的偏误,欧美学生的错误率为70.59%,日韩学生为52.94%,总错误率为61.76%。

(3) "有"字句中的形容词定语误用

例如,问卷2(3)题考察"有"字句形容词定语的错误率。这种情况的错误率最高,最低为76.47%,最高为97.06%。

(4) "有"字句中的其他非典型错误

如问卷2(1)A,从严格意义上讲,这不属于"有"字句的错误而属于量词遗漏的错误。这种错误率很低,日韩学生为0,欧美学生为17.65%,总比例为8.82%。问卷2(1)F 为将"有"的否定形式"没有"误用为"不有"的错误,错误率也较低。

综上,领有义"有"字句的主要错误类型为定语的错误。当定语为数量词时,"有"字句的肯定形式常常遗漏数量词,而否定、疑问形式中常出现数量词冗余的偏误。当定语为

---

① 鲁健骥.外国人学习汉语的语法偏误分析[J].语言教学与研究,1998 (3).

形容词时,大多为句式的误用。

二、领有义"有"字句的汉英对比分析

众所周知,语言学习者的第一语言(L1)对第二语言习得(SLA)有非常大的影响。第一语言促进或干扰第二语言的过程叫作语言迁移(language transfer)。一些研究者(如美国语言学家 Nelson Brooks 和 Robert Lado)鼓励教师在教学上重视负迁移引起的难点并进行大量的操练来克服这些难点。为了识别这些难点,对比分析(contrastive analysis)的方法应运而生。下面,笔者将通过汉英对比来发现这两种语言在表达领有义时的异同,并据此分析学习者在哪些地方容易产生英语语言知识的迁移而导致偏误,以便在教学中预防并想办法克服。

1. 汉英领有义句式在结构上的异同比较

先来对比两个例子:

汉语:我有一本书。
英语:I have a book.
汉语:我有两本书。
英语:I have two books.

以上是汉英两种语言在表达领有某物时最简单的一种句式,也是初级阶段对外汉语教学中最早接触的"有"字句。通过句式对比,可以看到,这两种语言在句子的语序及语法成分上几乎一一对应。不同之处仅有两点:一是汉语有量词,而英语里没有;二是汉语通过数词来表现复数意义,但名词本身没有数的变化形式,即不管是"一本书"还是"两本书","书"的形式不变;而英语里则有数的变化,"a book"中 book 为单数," two books"中"books"为复数。一般认为,语言中"数"范畴和量词是互补的。汉英两种句式成分的差别正好体现了数与量词的这种互补。

再来对比一下两种语言的否定及疑问结构:

汉语否定句:我没有词典。
英语否定句:I have not a dictionary.
或者:I don't have a dictionary.
汉语疑问句:你有女朋友吗?
英语疑问句:Have you a girl friend?
或者:Do you have a girl friend?

通过结构对比,我们可以发现:在汉语"有"字句的否定及疑问形式中,当宾语的数量为"一"时,省略数词"一",而英语中使用不定冠词"a(an)"。问卷调查显示,学生在"有"字句的否定形式和疑问形式中出现的偏误多为名词前面使用数量词,如"我没有一本词典。""你有一个女朋友吗?"等。

2. 汉英领有句在词汇义项上的差异比较

汉语数词"一"与不定冠词"a/an"的差异

英英词典及英汉词典中对"a/an"的注解有一个义项为"一"(one),比如美国兰登书屋为母语非英语的学习者编写的《韦氏美语学习词典》中对"a"的第一个注释:one, a friend of mine(我的一个朋友);a month ago(一个月以前)。但"a/an"等同于"one"仅仅是不定冠词"a"的一个义项,词典中同时提到"a"的另一个功能:"used to refer to the class of things the noun belongs to"。试比较下面的句子:

A horse is a quadruped.(《牛津高阶英汉双解词典》)

＊一匹马是四足动物。

马是四足动物。

An owl can see in the dark.(来源同上)

＊一只猫头鹰在黑暗中能看见东西。

猫头鹰在黑暗中能看见东西。

上面这两个例子中的"a"并不指数量"一",可以看作与英语单数可数名词一起出现的一个标记,这样的名词表示一类事物。因为汉语是一种无标记语言,所以不仅学汉语的外国人会弄错,很多中国人学英语时也常常会把不定冠词"a"当作数词"一",因此,会说出一些奇怪的欧化句。上面所列举的错误的汉译均是这个原因造成的。如果只把"a"看成是帮助表达概念的标记,在汉译时不翻译,句子就会显得自然合理。

普拉克特提出的难度等级模式第三级为:"第一语言中的某个语言项目在目的语中虽有相应的项目,但在形式、分布和使用等方面又存在着差异,学习者仍需把它作为新项目重新习得。"①正因为英汉两种语言在表达这一语义的结构上既有相同又有差异,学习者很难克服英语语言知识的负迁移,从而就容易产生偏误。当认为汉语里的数词"一"和英语里的不定冠词"a/an"二者完全相同时,就会导致"有"字句否定和疑问形式中数量词的冗余现象;而当学习者认为二者完全不同时,则会导致肯定式中量词的遗漏。

三、汉语领有义"有"字句对形容词定语的限定

调查问卷发现,无论是欧美学生还是日韩学生,在"有"字句中形容词做定语上的错误率都非常高。外国学生在学习领有义"有"字句时大多为初级水平,词汇量还不大,所表达的"有"字句多是表示一些物品或者家庭关系方面的领有,且宾语有形容词定语的情况并不多,一般是数量词或名词做定语,比如"我有一本词典""她没有中国地图"等。学生词汇量的不足,在一定程度上掩盖了他们习得"有"字句时可能产生的形容词定语的偏误。而当他们想要表达更复杂的句子时,相应的问题就会暴露。在调查问卷中,他们常常将以下错句视为正确用例:

---

① 刘珣.对外汉语教育学引论[M].北京:北京语言大学出版社,2000:118.

*我有很少的财产。(I have little property.)(《韦氏美语学习词典》)

*她有绿色的眼睛。(She has green eyes.)(《韦氏美语学习词典》)

*长颈鹿有一根长脖子。(Giraffes have long necks.)(《牛津英汉高阶双解词典》)

  这些例子引发的思考是:当"有"字句的宾语有定语修饰时,这个定语有什么样的限制作用?刘丹青通过对大量含有形容词定语的领有义"有"字句的分析,得出了如下结论:"汉语'领有句'表多表好的倾向特别强烈,以至于形成了某种程度的句法制约,主要表现在对主观少量定语及组合性贬义定语的强烈排斥。"[1]显然,第一个句子因为"有"字句表多的语义倾向和"很少"一词产生语义冲突而成为病句。此外,汉语是一种尾焦点的句式,很多主动宾句句末的宾语就是句子的焦点。而当宾语带定语时,自然焦点的范围有所扩大,包括定语在内的宾语核心绝不能舍弃定语。汉语的尾焦点特点加上"有"字句的语义倾向使领有义"有"字句中的形容词定语受到很大限制。像第二句"人有眼睛"和第三句"长颈鹿有脖子"中的宾语不是信息焦点。而当宾语有定语修饰时,定语便成了句子的信息焦点,这样就势必跟汉语"尾焦点"的特点产生矛盾。刘丹青的文中也提道:"假如需要作为焦点凸显的成分不是宾语或不是宾语的核心,则汉语会调动其他语序手段以尽量让真正的自然焦点位于句末,而让宾语改作其他成分。"[2]这就可以解释为什么词典中对第三个句子的翻译不是"长颈鹿有一根长脖子",而是"长颈鹿的脖子很长"。同样,如果把前面两个句子分别改成形容词谓语句或由"是"+"的"字短语构成的强调句来描述主语性质,就很符合汉语句子的尾焦点原则,句子自然非常合理。例如:

  我的财产很少。

  她的眼睛是绿色的。

  初级阶段的外国学生因为不了解汉语句式的尾焦点特点及"有"字句自身语义倾向对定语的限制,就极易出现领有义"有"字句中形容词定语使用上的错误。

四、领有义"有"字句的教学难点及教学策略

  学习者的偏误不仅是语法层面上的,有时还涉及其他很多方面。沈家煊指出,解释语法现象大体有两条路子:一条是形式主义路子,企图从语言结构即句法结构内部去寻求解释;一条是广义的功能主义之路,从语言结构之外,即语言的交际功能、语言使用的环境、人的认知方式等方面去寻求解释。[3] 本文将从认知学角度来分析领有义"有"字句教学中的难点,并据此制定相应的教学策略。

1. 从认知学角度看领有义"有"字句

  前面的分析告诉我们,汉语学习初级阶段的外国学生在学习领有义"有"字句时最大

---

[1] 刘丹青."有"字领有句的语义倾向和信息结构[J].中国语文,2011(2).
[2] 刘丹青."有"字领有句的语义倾向和信息结构[J].中国语文,2011(2).
[3] 沈家煊.认知语法的概括性[J].外语教学与研究,2000(1).

的问题之一就是：该使用数量词时，常常会遗漏；不该使用时，往往会滥用。因此，数量词使用或省略的原因必须明确。我们认为，沈家煊（1995）提出的"有界（bounded）"和"无界（unbounded）"理论有助于从认知学角度来揭示领有义"有"字句中数量词使用或省略的原因。

沈家煊认为，"有界"和"无界"的对立在语法上的典型反映就是名词有可数和不可数的对立。有界名词最典型的形式是"数量名"（但不限于"数量名"），其本质是体现所指事物的个体性和可数性，无界名词则指非个体性和不可数性。"有"字句的初始语义是领有，即拥有某种具体的事物，这就解释了为什么领有义"有"字句中做宾语的名词往往是需要数量词限制的有界名词。至于"有"后面出现一些不需要数量词限制的无界名词则是后有的现象，应当是领有义进一步抽象的产物，如"他很有能力"。而在"我有一个爱好"这种句子里，宾语虽然是抽象名词，但仍然可以使用有界名词的数量名形式。越来越多的研究表明，人类具有一种"完形（gestalt）"的心理。如果把"爱好"看成是占据一定时间和心理位置的东西，"爱好"就变成了一个"有界"名词。这充分说明，语言和人的认知是密切相关的，甚至可以说语言是以人的认知为基础的。

动作也存在有界和无界的对立，这与有界事物和无界事物的对立是平行的。有界动作在时间轴上有起点也有终点；无界动词则没有起点和终点，或者有起点而没有终点。动作的"有界"或"无界"反映在语法上就是动词有"非持续动词（perfectives）"和"持续动词（imperfectives）"之分。汉语的领有义"有"后面可以加"着"（如"中国有着五千年的文明历史"），因此是一个有界动词。根据物以类聚的原则，"有"的宾语常用有界名词的典型形式——"数量名"，而跟"有"对立的"没有"则是无界的，后面宾语自然不再需要数量词来加以限定。沈家煊也说过，"没"否定有界成分，而"不"则否定无界成分。这就可以解释为什么"有"的否定是"没有"，而不是"不有"。

2. 领有义"有"字句的教学对策

根据前面的调查与分析，可以确定领有义"有"字句的教学难点为定语问题。据此，对领有义"有"字句的教学应当从以下几个方面入手。

第一，开展针对"有"字句偏误的语法教学。

要解决因目的语规则泛化导致的偏误，学生需要充分了解领有义"有"字句与汉语其他句式的不同。领有义"有"字句本身在肯定形式与否定、疑问形式上不对称，同时与英语在句式结构和词汇义项上也不完全对等。因此，教师在教学中可以通过对比法使学生了解这种不对称，强化学生对不同语言之间差异的认知，尽量减少由目的语规则的泛化及英语语言知识所造成的负迁移。

第二，开展明示"有"字句使用条件的语法教学。

对于初级阶段的外国学习者，不妨直接告诉他们：在领有义"有"字句的肯定形式中，宾语前一般需使用数量词，以此来强化他们对"数量名"宾语形式的认识。对于"有"字句否定形式不需要数量词的原因，可以跟学生做如下解释：汉语里的"没有"所表现的语义是"零"，后面自然不需要其他数词了，当然对比情况除外。这样的解释，也许并不十分科学或严密,但从对外教学实践来看,效果是很明显的,学生普遍都能接受,而且的确能有效地减少"有"字句否定形式使用数量词的偏误。

在教"有"字句的疑问形式时,需要强调名词前通常不使用数量词。虽然句中的名词前面不加数词"一",但其意义通常默认为"一"。例如:

　　你有词典吗?
　　＊你有一本词典吗?
　　你有女朋友吗?
　　＊你有一个女朋友吗?

教师可以告诉学生:"有"字句的疑问形式通常不需要使用数量词,因为该句式关心的是"有"还是"没有",而不是"有多少"的问题。当需要问具体数目时,会通过疑问代词"几"或者"多少"来实现。例如:

　　你有孩子吗?(问题重点:有没有)
　　你有几个孩子?(问题重点:有几个)

下面这些"有"字句的疑问形式中,虽然使用了数词,但并不常见,属于欧化句的一种,且含有需要确认数目的口吻和语用功能。例如:

　　你有两支笔吗?(语用功能:猜测或确认)
　　你有两个孩子吗?(语用功能:确认新信息,含有不相信的口吻)

上面这些句子更适合换成由"是不是"构成的正反疑问句来表示确认。例如:

　　你是不是有两支笔?
　　你是不是有两个孩子?

语气及语用的问题不属于初级阶段对外汉语教学的主要内容。因此,初级阶段的学习者在习得领有义"有"字句的疑问形式时应当回避数量词定语的使用,尤其当所有物的数量为"一个"时,更需强制省略数量词。

对于领有义"有"字句中宾语前面因使用形容词定语而产生的偏误问题,可以明确告诉学生:当"有"的宾语需要形容词定语修饰时,一般只能是那些表示多且好的形容词。如果想使用其他形容词,可以改用其他句式,以免产生病句。像下面的这些病句,完全可以借助"有"字句肯定形式与否定形式的转化或者"有"字句与形容词谓语句的转化来加以避免:

　　＊我有很少的钱。
　　→我没有很多钱。("有"字句肯定与否定形式的转化)
　　→我的钱很少。("有"字句与形容词谓语句的转化)
　　＊他有一个贫穷的爸爸。
　　→他的爸爸很贫穷。(同上)

结语

　　领有义"有"字句中数量词定语的使用与省略看似简单,背后却体现着人类复杂的认知方式。领有义"有"字句的语义倾向及汉语的尾焦点特点都对形容词定语形成了严格的限制。应该说,领有义"有"字句中定语的使用既涉及语法层面,又涉及认知学方面。在对外汉语教学初级阶段,这些深层原因很难跟学生解释清楚,再加上由目的语规则泛化和英语语言知识所造成的负迁移,偏误便极易产生。由此可见。领有义"有"字句中的定语问题是对外汉语初级阶段教学中的难点之一。教师只有通过不断揭示领有义"有"字句句式成分的使用条件,才能使学生生成正确的句子,进而减少习得中的偏误现象。

情境式教学法下的对外汉语词汇教学线上与线下教学活动设计

苏州大学海外教育学院 杨 漾 李亚宁

课堂活动是对外汉语教学的中心环节,是提高教学有效性,开展"以学生为中心"教学的常用手段。对外汉语教师在运用课堂活动中,常常会思考其背后的教学法、学生参与度、活动效果等。

《国际汉语教师课堂技巧教学手册》曾经给对外汉语的课堂活动做过如下解释:课堂活动包括两方面,一是语言游戏活动;二是语言实践活动。① 其中,语言游戏活动是指通过有趣的游戏帮助学生更好地习得给定的语言点;而语言实践活动是指在实践中运用所学语言点。据此,我们将对外汉语课堂活动定义为"为实现教学目标而采取的活动"。

一、情境式教学法与对外汉语课堂活动

1. 教学活动在教学中的意义及重要性

课堂活动的需求是由学生的特点所决定的。留学生作为一个特殊的学习群体,有着他们自身的一些特点,例如笔者所在的教学点苏州大学海外教育学院 SKEMA 商学院,学生大部分来自法国、比利时、英国、西班牙等。平时的课堂中学生活泼,能言善辩,集中注意力的时间在 5~10 分钟,采用传统的教学方法很难开展一个半小时甚至三个小时的教学。通过教学活动的开展,教师能够在最大限度运用他们的性格特点,提高教学质量。

课堂活动作为对外汉语教学过程中的重要组成部分之一,是课堂有效性的重要手段:

(1) 引起学习兴趣,学生成为真正的主体;

(2) 开发语言潜能,提高运用汉语的思维能力;

(3) 改善人际关系,培养合作精神(师生,生生);

(4) 创造相对真实的一个语言环境,提高听力能力及口头表达能力。

2. 对外汉语中情境式教学法的定义

情境,指具体场合的景象、情形、境地。《辞海》中的定义:情境是一个人在进行某种活动时所处的社会环境。可见,它是人际互动过程时使用的概念。从第二语言学习角度来看,情境是以学生的生活实际及第二语言教学材料为基础,促进学生主动参与,优化学生第二语言学习的环境。

---

① 王巍.国际汉语教师课堂技巧教学手册[M].北京:高等教育出版社,2011:18.

情境认知概念,首先由 Brown、Collin、Duguid 在 1989 年一篇名为《情境认知与学习文化》①(Situated Cognition and the Culture of Learning)的论文中提出。他们认为"知识只有在它们产生及应用的情境中才能产生意义"。

3. 情境式教学法在对外汉语中的运用

情境教学法是指在教学过程中教师为了达到教学目的,总是从教学需要出发引入或创设与教学内容相适应的具体场景和氛围,帮助学生快速而正确地理解教学内容,提高教学效率。情境式教学法以学生的生活实际及汉语语言教学材料为基础,以促进学生主动参与为目的,优化了汉语的学习环境。②

二、以情境教学法为基础的汉语词汇教学

1. 情境教学法的理论基础

① 建构主义理论

建构主义理论是皮亚杰儿童认知理论的进一步发展。建构主义强调的是从自身经验背景出发对客观事物的主观理解和意义建构,注重学习的主动性、社会性和情境性,反对现成知识的简单传授。③

建构主义教学理论认为教学并非传递客观世界的知识,而是教育者根据明确的知识目标,指导和促进学生根据自己的情况对新知识进行建构活动,以达到建构起有关知识的目的。④

建构主义学习情境包含四大要素:一是有利于学生构建认知体系的情境;二是在学习过程中,师生或生生之间产生的人际协作活动;三是在协作过程中所需要的商讨;四是个体对事物本身的性质和对事物之间联系的深刻理解。而情境教学法强调的,正是在教学过程中学习者在良好的创设情境中通过师生或生生之间的协作来学习新知识,从而达到使学生对当前掌握知识进行意义建构的目的。⑤

② 费厄斯坦中介作用理论

费厄斯坦的中介作用理论认为,自出生起儿童的学习就受到对他有重要意义的成人的干预和影响。他把这些在儿童学习中起重要作用的人物叫作中介者,把他们为儿童提供的学习经验叫作中介作用下的学习经验。对儿童有重要意义的首先是父母,其次是教师。他们为儿童提供和组织在他们看来是合适的刺激,用他们认为最有利于促进学习的方式呈现这些刺激。他们还干预儿童对刺激的反应,通过向孩子做出解释而引导和鼓励

---

① 王文静.情境认知与学习理论研究述评[J].全球教育展望,2002(1).
② 圣薇.情境教学在大学英语教学中的应用[J].科技信息,2007(16).
③ 陈平.情境理论在词汇教学中的应用[J].中国电力教育,2010(3).
④ 刘鸿雁.建构主义理论在英语教学中的应用[J].佳木斯教育学院学报,2006(1).
⑤ 李晴.基于情境教学法的对泰初级汉语综合课教学设计[D].安阳:安阳师范学院硕士学位论文,2020.

孩子做出更为恰当的反应。① 教师的中介作用的主要特征如下：第一，重要性，教师需要认识到某个学习任务的意义，让学生明白该活动对他们个人及对社会的价值；第二，超越当前的目的学生还需要认识到某个学习经验除了达到眼前目的外，还有更深远的意义；第三，在呈现某个学习任务时，教师必须有清醒的意图，并让学生明白这个意图，从而使学生做出反馈。这三个特征适用于所有学习情境。② 因此，教师应该是学生建构知识的支持者，是学生建构知识的帮助者和引导者，能帮助学生创造良好的学习环境和构建正确的学习方式。

③ 情境认知学习理论

1989 年，布朗和克林斯发表论文《情境认知与学习文化》，标志着情境认知学习理论的产生。他们认为，知识只有在与之相关联的情境中才有意义，知识理解无法脱离情境，学习知识的最好方法就是在情境中进行。

情境认知学习理论强调个体的心理产生于构成、指导和支持认知过程的环境中，学习是个体和环境互动的过程，脱离个体生活的真实环境来谈学习将会毫无意义，学习的重点是学习者在不同情境中进行知识建构。③

2. 对外汉语词汇教学的重难点

汉语词汇量大、意义丰富、用法复杂，这也成为词汇教学的难点。

① 控制词汇量有一定难度

控制词汇量指的是需要教哪些词及教多少词的问题。课程的不同对于词汇量的要求也不同。词汇教学由读写课、口语课、阅读课、听力课一起构成。但是，由各课教学内容及课时安排来看，通常词汇教学集中在阅读课中。同一阶段各门课程间的词汇教学需要相互补充，且每一节课学生学习多少词汇也是极为复杂的问题，这与记忆规律有关。学习量太大，学生掌握不了，容易打击学生积极性；学习量太少，则无法完成学习任务。因此对于词汇量的控制具有一定难度。④

② 汉语词汇本身特点决定了词汇教学的难度

大部分学者认为整个对外汉语词汇教学过程中出现的难点主要集中在近义词、同义词、离合词上。其中张博根据影响学习者词语误解的因素，将汉语中介语易混淆的词分为狭义近义词、同语素词、语音相同或相近的词、字形相近的词、母语一词多义对应的汉语词、母语汉字词与对应的汉语词及方言词与对应的普通话词。⑤ 汉语当中大量的近义词、多义词，在一定程度上增加了汉语的复杂度。而且汉语缺少变化，语法关系主要是通过语序和虚词来进行表达的。虚词不具有实在意义，理解起来比较困难，教师解释时也存在一

---

① 付百枫.教师对语言学习的促进作用[J].辽宁科技大学学报,2009(4).
② 赖定来.中学英语教师的中介作用调查[J].基础教育外语教学研究,2004(4).
③ 李晴.基于情境教学法的对泰初级汉语综合课教学设计[D].安阳:安阳师范学院硕士学位论文,2020.
④ 贺婷.对外汉语词汇教学的原则研究[J].才智,2017(15).
⑤ 张博.同义词、近义词、易混淆词:从汉语到中介语的视角转移[J].世界汉语教学,2007(3).

定难度,留学生更是难以理解、掌握。除此之外,汉语中有很多成语、文化词汇等,只从字面上往往也很难理解其词语意义。

3. 对外汉语词汇教学方法中存在的问题

通过调查和查阅文献可以了解到,在汉语词汇教学的课堂上,学生所学的课文大多是现代白话文文章,这些著作里大部分的生字词在实际生活中基本使用不上。而且传统的词汇教学活动,先学一个一个的生字,再学习词语,经过字与字的搭配来类推和理解词义。训练的方式也是以抄写和默写为主,学生的学习是被动的。而且教师一般无法将语境充分利用,留学生脱离了语境就不了解不同语境下词汇的运用,词的不同语义功能和各种各样的搭配习惯留学生都无法掌握,根本无法激起留学生学习汉语词汇的兴趣,再加上汉语词汇规模庞大,所以,外国留学生掌握起来十分困难。

我国早期的对外汉语教学一直以语法教学为中心,将此作为最基本的教学单位,在教材中通常只写出词义而不写出字义,"直接将汉字和词的紧密关系扯开,最后使得学生看不清汉语词汇的规律,不知道词语跟汉字的密切关系,学习和记忆起词汇困难很大"①。不仅如此,教材中的汉语词汇练习题也有问题:形式单一枯燥,只有词语搭配、用指定的词语回答问题、选词填空和词语连线等几项,这些练习的实质其实是语法练习,并没有词汇形态变化和意义多变方面的特点,学生难以真正掌握上课所学习的词汇,难以把握实质。②

4. 情境教学法在对外汉语教学应用时要遵循的原则

① 实用性原则

第二语言学习者学习的最终目的是将课堂上学到的内容运用到实际生活中,因此,教师给学生创设的情境要贴近真实生活,在课堂上的操练必须是根据实际情况来进行的。

② 互动性原则

通过设置情境,增加教师与学生的互动及学生与学生之间的互动,促进交流,是加快熟悉语言最有效的途径。

③ 针对性原则

设置情境要考虑学生年龄、性格及文化背景等因素。教学设计要针对学生的特点,不能模式化。同一情境不一定适合所有的学生。

④ 趣味性原则

有趣的情境能增加学生学习语言的兴趣,使其更好地发挥自主学习的能力,积极地探索并实践所学的语言。③

---

① 贾颖.字本位与对外汉语词汇教学[J].汉语学习,2001(8).
② 樊蕾.情境教学法与对外汉语词汇教学[D].开封:河南大学硕士学位论文,2013.
③ 王歆宁.情境式教学法在对外汉语初级口语教学中的应用[J].中华少年,2018(5).

三、情境式教学法下的词汇教学

1. 情境式教学法与词汇教学的结合

情境式教学法运用在词汇教学中,能够最大限度地帮助学生寻找到学习兴趣,创设情境,让学生身临其境融入情境中,在情境中学习词汇,形象、生动。同时,提高学生的自主学习能力,通过各种技术手段,学生自觉参与学习,由被动学习转变为主动吸收。[①]

2. 线下词汇教学活动设计与运用

① 课堂辩论赛设计

主题:该不该生二孩?

课文选段:

> 近年来,随着物价飞涨,抚养一个孩子长大的费用也越来越高。从生孩子开始到孩子成长,都是需要很大开支的,比如衣服、奶粉、玩具、保险这些都是很大的花销,一个孩子已经需要花费很大的精力去疼爱他,生了两个,孩子的生活水平就会下降,家长不愿意委屈孩子,不想生二孩。很多单位部门也不欢迎结婚后还没生孩子的女性职员,他们很担心一旦双方签了合同,录取了对方,对方就怀孕了,没有人干活。
>
> ——(《你好!中国》第五册试用版)

规定使用词汇:全面,实施,老龄化,独生子女,费用,开支,委屈……

辩论安排:

(1)教师进行随机抽签分组。

(2)学生进入自己小组以后,按照给定的词语思考自己的论点和论据,并且进行辩手分工。

(3)教师根据辩论情况进行打分,并记录词汇的使用情况。

(4)辩论结束后,教师对学生的表现情况进行点评,学生进行互评、自评(可选最佳辩手);汇总规定词汇的使用情况。

② 分角色扮演(即兴情景剧编排)

主题:昨天我去相亲了。

课文选段:

> 爱丽:你为什么骂他是渣男呢?
>
> 小雅:他啊,不但长得丑,而且一点儿也不诚恳!看到我的第一面除了问我家里有没有房有没有车外,还命令我结婚以后辞职在家带孩子,照顾公婆,没有他的允许,我不能出来工作。服务员把账单递来的时候,他假装没看见,我只能自己结账了。付完钱他还凑过来和我说,他没有点饮料和点心,当然是我自己单独付钱,听了后,我都

---

① 樊蕾.情境教学法与对外汉语词汇教学[D].开封:河南大学硕士学位论文,2013.

想把开水泼他脸上,但我只是气得转头就走了。

——《你好!中国》第五册(试用版)

规定使用词汇:渣男,账单,单独,气,凑,结账……

表演方式:

(1)学生根据教师给定的词汇思考在接下来的表演中可能会用到的句子。

(2)学生上台随机分角色。

(3)将使用的词汇写在小纸条中,学生一边表演,一边捡纸条,用上面所写的词说句子,教师可以根据句子的情况给分。

(4)观众可以将课文中其他一些相关的词随时递给表演者,看表演者是否也能够顺利给出句子。

(5)最后教师根据学生即兴表演的情况综合评分。

主题:你朋友圈里的照片真漂亮。
课文选段:

马修:你前段时间去哪儿了?看你朋友圈里的照片真漂亮啊!

山本:谢谢!我去了中央公园。

马修:中央公园?是不是在我们学校东边?那里的风景真好,像一幅画儿!

——《你好!中国》第三册(试用版)

规定使用词汇:东边、风景、画儿、蓝、绿、树、花、篮球、跟……一起、骑、自行车、公共汽车、城市、安静、街道、声音、动物、空气、新鲜、习惯、河边、跳舞、聊天、划船、太极拳、游泳

要求:

(1)教师准备一些朋友圈的截图,并将之做成卡片,学生两两一组,根据图片进行描述,注意使用给定的词汇。

(2)教师展示所有朋友圈的图片,学生可以上前选择自己最喜欢的图片,然后用给定的词汇进行描述。

主题:房产中介推销租房。

规定使用词汇:安全,感觉,租,吵,付费,电梯,选择,图片,差别,最好,堵车……

(1)全班同学分扮房东和房客两组。房东各自或两人一组设计一份招租广告,尽量使用规定的词汇。

(2)房客(可两人一组)写下自己的求租条件。尽量使用规定的词汇。

(3)互动开始后,房东向房客推荐自己的房子,并尽快出租;房客要尽快找到合适的房子。

3. 线上词汇教学活动设计与运用

① 人工智能及虚拟现实的教学创新实验

2019年,笔者与教学团队的教师共同进行了虚拟现实及人工智能辅助教学的教学实验,为期一个学期。教学团队的教师们结合现有技术设计了一个课上的运用模式和课下的练习模式。在课上,我们首先会同学生一起进行内容学习,教师会讲解VR中的重点词汇及句型,然后让学生进入练习模式。学生可以两两分为一组,一位同学用VR进行训练,另外一位同学通过微信练习,然后隔一段时间以后交换。教师还可以通过VR的竞赛模式让学生进行比赛。在课下,我们团队教师可以通过微信公众号服务平台获得学生的学习数据,其中包括VR眼镜的评分及错频统计,教师们鼓励学生来办公室进行VR训练并获得办公室值班教师的帮助。

情境式词汇教学的体现在于:VR眼镜展示场景,带入场景词汇;学生可以跟读,跟读正确,场景中的"老师"会说"对了!"学生可以在微信中也获得同样的词汇练习,练习分数(AI打分)传输到教师手机,教师可以进行汇总。

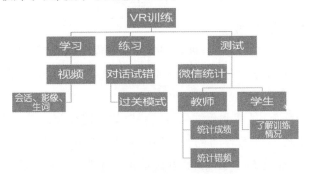

图1　VR + AI 辅助教学基本流程图示

总体来说,VR + AI 辅助教学的优势在于,创设模拟真实的"情境",学生带上眼镜,身临其境;在技术创设的"情境"中学习,解放教师,教师成为真正的指导者;玩转课堂,打破沉寂,做到真正意义上的以学生为中心。科技是语言事业发展的助推器,科技会让语言工作获得更快、更大的发展,人工智能时代的语言科技,可以彰显语言的多样性,为人文交流、文化传递、科技发展和人类福祉书写新的篇章。

② 新型融合型教材在网络词汇教学中的运用

随着疫情来袭,国内对外汉语教学受到了一定的冲击和影响。面对迟迟不能开展的线下课程,很多高校、教学机构,将课程搬到了线上,这就面临一个问题,就是教材的选用。很多教师采取拍照、扫描等方式,但实际上,笔者认为,新一代的网络教材应该是立体化的,是结合文字、图片、视频及多种模板实现多种功能,最大限度地减轻教师工作量的。

想要在网络课上开展情境式词汇教学,离不开立体开发的融合型教材的帮助,下面,笔者以《你好!中国》第一册、第二册为例,展示如何在线上开展教学活动。

在设计图(一)的活动时,教师运用 ipandarin 的网络平台展示两幅图,通过找不同的小游戏学生练习句型"A 跟 B 不一样"。图(二)的活动是根据不同的邮票和公司找出相应的国家,练习说出不同国家的名称。两个活动均可在网络平台立体化展示,通过技术手段创造练习情境,减少教师说汉语的情况。

图2 设计图(一)

图3 设计图(二)

四、现代科技下的情境式教学法

1. 现代科技帮助提高"情境感"

科技的发展日新月异,从互联网、物联网到人工智能、区块链等,这些科技在影响社会发展的同时,也在为对外汉语教学中的情境式教学法提供更好的技术支持。

① 互联网通讯提供交流平台

当下移动通信领域5G技术和无线局域网获取的便捷性及以手机和平板电脑为代表的智能移动终端的普及,为移动学习的发展创造了硬件基础和网络环境,使得学习可以走出课堂、随时随地进行情境式学习。学习者观看如微课视频等学习资源,或者进行远程在线汉语学习时,速度会更快,交互形式会更多样(如佩戴虚拟现实眼镜,增强沉浸感),从而更有利于碎片化、情境化的语言学习。此外,教师在课堂中使用移动设备进行课堂管理、学生在课堂中使用移动设备进行协作的过程会更顺畅。移动技术和GPS、物联网、虚拟现实和增强现实等技术的结合,使学习形式更为多样,且更为紧密地整合虚拟与现实、正式与非正式、个人与社群学习空间。①

② 虚拟现实技术提供真实语境

虚拟现实(Virtual Reality,简称VR)指的是通过计算机技术生成与真实环境在视、听、触感等方面高度近似的数字化环境,用户借助装备与数字化环境中的对象进行交互,产生身临其境的感受和体验。② 增强现实(Augmented Reality,简称AR)是广义上虚拟现实的扩展,通过计算机技术将虚拟的信息叠加到真实世界,真实的环境和虚拟的物体实时融合到同一个画面中。③ 虚拟现实和增强现实技术使身临其境的感知效果成为现实。学

---

① 陈晨. 移动学习在大学汉语课中的应用[C]//第十届中文教学现代化国际研讨会论文集. 北京:清华大学出版社,2016:67.
② 赵沁平. 虚拟现实综述[J]. 中国科学:信息科学,2009(1).
③ 蔡苏,张晗. VR/AR教育应用案例及发展趋势[J]. 数字教育,2017(3).

习者可以在体验中实现自主探索和发现,在情境中深入理解文化和学习语言。

2. 科技发展与汉语教学

基于科技的发展,对外汉语的学习方式、环境及评测等都在发生着一些变化。

① 更灵活的汉语学习方式

技术的发展让学习方式更加灵活。随着学习环境中软硬件的发展,语言的学习不再局限于课堂内,还可以在课下通过移动学习软件等随时随地学习,实现线上和线下相结合的混合式学习。① "翻转课堂"教学模式就体现了这一学习方式。传统的教学过程一般是,教师在课堂上讲授知识,学生在课后通过作业或实践来进行内化。而在翻转课堂上,这种形式被颠覆,知识传授通过信息技术的辅助在课下完成,知识内化则是在课堂中经教师与同学的协助完成的。② 不少研究者还探究了翻转课堂在汉语教学中的应用③,证实了其在汉语教学中的可行性及有效性。

互联网的发展及网络汉语平台的增加,使得学习者可以获得更多的汉语学习资源。网络平台为人际沟通、交流与协作提供了即时、多样的工具,学习者既可以是知识的获取者,也可以成为知识的分享者和贡献者。

② 虚实结合的汉语学习环境

近年来,随着可穿戴式设备技术的发展,虚拟环境的沉浸感更强。身临其境的参与感有利于让学习者在沉浸式的交际环境中感受文化和语言,实现语言学习的5C目标,在语言教学中具有很大的应用潜力。目前将可穿戴式VR和AR技术应用于汉语学习的实践还相对较少,多针对汉语母语儿童群体。④ 未来的第二语言教学将在目的语环境、非目的语环境外增加一个虚拟环境,克服现实世界的空间局限。

③ 客观高效的学习评价

第二语言学习强调及时的反馈和评价,而在传统教学过程中,学习评价仅仅依靠平时的课堂表现、作业、测试等,结果多带有主观色彩。但如今借助大数据和学习分析技术能对学习过程中的阶段性表现进行评价与归因分析。⑤ 借助智能语音、文字测评技术,可以更客观、更高效地对学生的学习效果进行评价。

3. 新时代对外汉语教师的自我修养

对外汉语教师需要培养世界眼光。目前汉语国际教育已经形成"来华留学生汉语教学"和"海外汉语推广"这种"一体两翼"的态势,都需要对世界格局有充分的了解,对汉语

---

① 张会,陈晨."互联网+"背景下的汉语国际教育与文化传播[J].语言文字应用,2019(2).
② 张金磊,王颖,张宝辉.翻转课堂教学模式研究[J].远程教育杂志,2012(4).
③ 孙瑞,孟瑞森,文萱."翻转课堂"教学模式在对外汉语教学中的应用[J].语言教学与研究,2015(5).
④ 李铁萌,苏力博,吕菲,侯文军.基于增强现实的学前儿童识字教育系统及实验研究[J].软件,2015(4).
⑤ 牟智佳,俞显.教育大数据背景下智能测评研究的现实审视与发展趋向[J].中国远程教育,2018(5).

教学的国际性有充分的了解。①

对外汉语教师需要具备现代科技能力。随着时代的发展,运用以互联网为核心的现代科学技术支持语言教学,已成必然。国际语言教学界也早有相关论述。美国"21世纪外语学习标准"提出要达到5个C的目标,认为学习者需要学习七方面的内容:语言系统、文化知识、交际策略、批判性思维能力、学习策略、其他学科和技术(technology)。在这里,"技术"是作为学习内容即教学内容出现的。② 教师需要了解互联网背景下的时代发展,掌握现代信息网络和智能技术,并将其用于教学之中。

最后,对外汉语教师需要把握线上线下混合式的教学方法。如今受到疫情的影响,教学方式发生了集体大变革,大大改变了以往人们对线下和线上教学的某些观念,尤其应该促使我们对线下教学观念和方式的深刻变革。③

刘利民认为,这次在线教育实践"对运用信息化手段推进教育教学方式改革具有革命性意义,最重要的是极大地促进了教育观念的转变"④。李宝贵认为,目前看疫情后面临的挑战包括"中文教师的信息素养亟待提升,数字化教学资源建设亟待加强,传统的教育教学模式亟待改革,现行的教学管理模式急需创新等"⑤。交际终究是要运用到现实生活当中的。在虚拟现实学习环境中做得再好,也无法代替人与人的交流。所以,现代科技可以传授知识,训练技能,但是难以形成最终的交际能力。因此,将传统授课方式同科学技术紧密联系在一起的混合教学模式,其中的比例和多种组合方式,还需要教师根据具体情况准确把握。

五、结语

新时代、新技术的到来,给我们每一位一线的对外汉语教师都带来了很大的挑战,如何结合技术手段,更好开展词汇及其他汉语要素教学,是我们每个人都需要思考的问题。本文仅以一些较浅的实践及理论,给教师们提供一些思考和帮助。

---

① 张旺熹. 后疫情时代的国际中文教师培养[J]. 世界汉语教学,2020(4).
② 崔永华. 关于汉语教师现代科技素养的培养问题[J]. 世界汉语教学,2020(4).
③ 李泉. 对外汉语教学的学科理论体系[J]. 海外华文教育,2002(2).
④ 刘利民. 这是一次世界上规模最大的"教育实验"[N]. 人民政协报,2020-03-25.
⑤ 李宝贵. "后疫情时代"国际中文教育如何转型[N]. 人民日报(海外版),2020-07-06.

附　录

苏州市语言学会成立大会暨第一次学术讨论会纪要

苏州市语言学会成立大会暨第一次学术讨论会于1991年7月14日至15日在苏州大学举行。出席大会的会员计61人。会议选举产生了首届理事会,进行了学术交流和讨论,并对今后的学术活动和重大研究课题做了部署。

14日上午大会开幕。筹备组召集人翁寿元致开幕词。苏州市人大常委会副主任、苏州市社科联名誉主席俞明,苏州市社联副主席、苏州教育学院党委书记冯逸庭做了重要讲话。苏州大学副校长张圻福、江南社会学院院长罗祥意、常熟高等专科学校副校长林家风、苏州大学中文系副主任徐斯年、苏州市逻辑学会顾问蔡希杰,分别致了贺词。会上,苏州市民政局代表徐大赞宣读了《关于准予"苏州市语言学会"登记的批复》,苏州市委宣传部副部长、苏州市社科联主席岳俊杰做了总结讲话,对学会今后工作做了指示。

会上,江苏省语言学会副会长唐文宣读了江苏省语言学会的贺信。会议还收到了《汉语大词典》江苏省领导小组办公室、南京市语言学会的贺电,以及无锡、常州、扬州、镇江、徐州、连云港、淮阴、盐城、南通等市语言学会的贺信。

章锡良同志代表筹备组向大会汇报了筹备情况,宣读了《苏州市语言学会章程》,并介绍了学会理事候选人的情况。大会通过了《苏州市语言学会章程》,选举产生了苏州市语言学会第一届理事会,并由理事会第一次会议选举了会长、副会长、秘书长、副秘书长,并决定聘请三位顾问。

苏州市语言学会历届会长和秘书长

第一届

会　长：翁寿元
副会长：雷应行　王存学　蔡大镛　朱明珠
秘书长：章锡良
顾　问：王　迈　唐　文　黄岳洲

第二届

会　长：章锡良
副会长：雷应行　蔡大镛　朱明珠　孟守介
　　　　周永沛
秘书长：石汝杰
顾　问：王　迈　黄岳洲　翁寿元

第三届

会　长：石汝杰
副会长：骆伟里　蔡大镛　朱明珠　周永沛
秘书长：王家伦
顾　问：翁寿元　章锡良

第四届

会　长：汪　平
副会长：朱明珠　周永沛　王建军　王玲玲
　　　　傅嘉德　沈正元　沈　坚　李建邡
秘书长：王家伦
顾　问：翁寿元　章锡良　石汝杰

第五届

会　　长：王建军
副会长：傅嘉德　王玲玲　李建邡　薛法根
　　　　沈正元　王　健
秘书长：高　群
顾　问：汪　平　周永沛　朱明珠　李国平
　　　　徐俊良

第六届

会　　长：王建军
副会长：王玲玲　李建邡　黄　斐
秘书长：蒋祖霞
顾　问：汪　平　周永沛　王家伦　傅嘉德
　　　　薛法根　韩星婴　徐俊良

后　记

　　常言道:万事开头难。不过,对苏州市语言学会而言,这种开头之难好像异乎寻常,颇有点难于上青天的感觉。从当初提出动议,直到学会落地生根,这中间竟然耗费了整整十年时间。大概谁也不会相信,作为江苏语言研究的一方重镇,语学历史悠久、专业人才济济的苏州竟然是全省地级市中最晚成立语言学会的一个。这个"老大难"甚至一度成为江苏乃至全国语言学界热议的话题之一。这其中的艰辛与坎坷、矛盾与纠结绝非三言两语所能道尽,也绝非局外人所能想象与体会。所幸在苏州市社科联和民政局的大力扶持下,在苏州大学各级党政部门的积极推动下,在许多前辈学者的不懈努力下,苏州市语言学会最终于1991年7月正式成立。屈指算来,至今恰好三十周年。当年,我适逢硕士研究生毕业被分到苏州某高校任教,有幸躬逢盛会,这不能不说是上天对我的一种眷顾和恩赐。几十年来,尽管我加入过不少学会组织,参与过很多学术盛会,跻身苏州市语言学会成立大会的情景却一直历历在目。那张拍摄技术很一般的合影也一直压在我书桌的玻璃台板下面,时时勾起我内心深处的记忆。

　　从零起步,三十而立。几乎从诞生之日起,苏州市语言学会就义不容辞地履职尽责,在语言研究、语文教学及语文现代化等领域辛勤耕耘,取得了令人瞩目的骄绩。放眼江苏全省的市属语言学会,能够坚持常年开展活动并且依旧保持勃勃生机的似乎非苏州市语言学会莫属。在学会生存空间备受挤压、学会运营成本日益高昂的当下,苏州市语言学会之所以能够勇立潮头而不倒,我想原因大概不外乎以下三点。

　　第一,不忘初心。学会自成立以来,一直以接续苏州语学传统、振兴苏州语学事业为己任,孜孜矻矻,奋力前行,始终坚守当年的办会宗旨。尽管长期为经费问题所困扰,但学会坚持为会员服务的理念不变,开展了大量卓有成效的教学与科研公益活动,堪称各级各类社会组织中的一股清流。

　　第二,立定脚跟。为了保持活力、彰显特色,学会在提升理论研究的同时,始终聚焦于中小学语文教学实践,高度关注课程改革,并为之举办了一系列的教学研讨会和名师示范课,从而吸纳了大批的语文教学精英,并为他们的成长与成才提供了得天独厚的条件。

　　第三,协同精进。学会尽管成立艰难,但之后的运作十分顺畅,归根结底,是因为拥有一个坚强有力的工作班子。大家不谋名利,不尚空谈,同心同德,群策群力,遇事不扯皮,干活不掉链,真正体现了讲和谐、有担当、敢作为的协作精神。

　　在学会的发展壮大过程中,我们绝不能忘记那些为了学会的事业而呕心沥血的贤良方正之士。这里面既有学养深厚的正副会长、能力超凡的正副秘书长和业务精湛的常务理事,也有初出茅庐的年轻学子。他们无私奉献,甘愿牺牲,保证了学会各项工作的正常开展。

基于上述认知,学会的众多同人认为,我们有责任有义务对学会所走过的三十年历程加以回顾与总结,以告慰前贤、激励当下、启迪后人。不忘来时路,方知向何行,于是就有了这本纪念文集的诞生。

出现在文集封面上的编者尽管只有三位,实际参与策划与编写的人员远不止这些。周永沛、王家伦、傅嘉德、王玲玲、蒋祖霞、韩星婴、徐俊良、黄斐等同志都为之倾注了不少心血。特别值得一提的是周永沛先生!作为学会曾经的副秘书长和副会长,周先生精心保存了大量珍贵的历史文献。文集中的图片和附录内容大多出自他的珍藏。

本文集的出版得到了苏州大学文学院提供的经费支持。在此特向曹炜院长致以谢意!苏州大学出版社的周建国副编审为本书的顺利问世做了大量技术性和事务性的工作。对他,再多的感谢都不为过!

王建军
二〇二一年春节于五方庐